KB209007

성도가 죽기 전에
꼭 해야 할
63가지

성도가 죽기 전에 꼭 해야 할 63가지

지은이 김향안 | **펴낸이** 김 일 | **펴낸곳** 도서출판 글로리아
초판 1쇄 발행 2018년 06월 15일

등록 2007년 3월 9일 제 3-235호
주소 (06919) 서울시 동작구 상도로 265-14
Tel 1566-3004
Fax 02-824-4231

www.kcdc.net

성도가 죽기 전에 꼭 해야 할 63가지

김향안 지음

GLORIA

성도가 죽기 전에 꼭 해야 할 63가지

사람은 누구나 세상에 태어나면 죽게 되어 있다. 아무도 죽음을 거부할 사람은 없다. 죽음을 준비한 사람이든 미처 죽음을 준비하지 못한 사람이든 죽음 앞에서는 어쩔 수 없다. 죽음은 삶(生)이 끝나는 사람에게 주어지는 하나님의 마지막 선물이지만, 죽음을 미소 지으며 기쁘게 받아들여 영생(永生)에 이르는 사람이 있는가 하면 고통과 절망으로 받아들이는 사람도 있다.

삶과 죽음은 인간의 숙제이자 해답이다. 믿음으로 아름답게 산 사람은 죽음을 두려워하지 않는다. 그는 죽음에 대한 정답을 가지고 있기 때문이다. 그러나 불신앙으로 아름답지 못하게 산 사람은 죽음을 두려워한다. 왜냐하면 그는 죽음에 대한 정답을 갖고 있지 않기 때문이다. 우리는 어떤 삶으로 죽음을 준비할 것인가? 삶과 죽음은 친구와도 같다. 어느 순간도 서로 떨어질 수 없는 지척에서 호흡을 같이 한다. 삶은 눈 깜짝할 사이에 죽음이 된다. 그럼에도 불구하고 죽음은 삶의 뒤편에 있다.

죽음은 누구도 아직 가보지 않은 길이지만 언젠가는 반드시 가야 할 길이다. 오늘 산다는 이 순간이 어쩌면 죽음의 서곡일 수 있다. 죽음이 창문 밖에서 미소 짓고 있으니 모르는 척 할 수는 없다. 그런다고 친구 삼기는 거북한 이웃이지만, 이 세상에 태어난 모든 사람은 한 삶도 예외 없이 모두가 죽음이라는 친구에게로 가야만 한다. 미처 죽음의 공포를 생각할 사이가 없이 한 순간 죽어야 한다.

어떻게 아름답게 살아갈까?

우리는 세상에 사는 동안에 어떻게 살아야 할까? 세상에 사는 사람들을 유심히 지켜보면 삶과 죽음의 모습이 다르다. 아름답게 살다가 멋지게 죽는 사람이 있고, 멋없이 살다가 부끄럽게 죽는 사람이 있다. 사람은 누구나 멋없이 살다가 초라하게 죽고 싶은 사람은 없을 것이다. 사람은 누구나 기왕에 죽을 바에야 아름답게 살다가 멋지게 죽고 싶을 것이다.

우리는 어떻게 멋지고 아름답게 살 수 있을까? 멋지고 아름답게 사는 방법이 없지는 않다. 멋지게 살고자 노력하고 좋은 사람을 많이 만나면 생활이 아름다워질 수 있다. 좋은 글이나 아름다운 시를 많이 읽고 예쁜 사진이나 명화를 보고 명언을 많이 들으면 마음이 아름다워진다. 자신의 머리끝부터 발끝까지 많은 신경을 쓰고 좋은 옷을 입으면 멋진 사람이 될 수 있다. 맛있는 음식을 먹고 세계를 여행하면 행복할 수 있다. 그렇다면 그것이 진짜로 멋지고 아름답고 행복하게 사는 방법일까? 미안하지만 그건 정답은 아니다. 특히 하나님을 믿는 성도(聖徒, Christian)라면 그따위 것으로 아름답고 멋진 사람이라고 평가할 수 없다.

'성도(聖徒)'란 문자 그대로 '거룩한 무리(백성)'라는 뜻이다. '거룩하다(Holy)'는 히브리어로 카도쉬이고 헬라어로 하기오스라고 한다. 이 말은 원래 '자르다', '나누다', '구별하다', '분리하다'라는 말에서 파생된 단어다. 그런데 성경에서 '거룩하다'는 '어떤 특별한 사람이나 사물을 신성하게 보기 위해 구별해 놓은 것'을 의미한다. 그래서 하나님을 섬기기 위해서 성막에서 사용된 물건을 '성물(聖物, 거룩한 물건)'이라 불렀고, 사람을 대신해서 하나님께 제사를 드리던 제사장을 '성직자(聖職者)'라고 불렀다.

베드로 사도는 "너희는 택하신 족속이요 왕 같은 제사장들이요 거룩한 나라요 그의 소유된 백성이니 이는 너희를 어두운 데서 불러내어 그의 기이한 빛에 들어가게 하신 이의 아름다운 덕을 선포하게 하려 하심이라"(벧전 2:9)고 했다. 베드로 사도는 복음을 믿은 사람들을 선택받은 족속, 왕 같은 제사장, 거룩한 나라, 하나님의 백성이라고 불렀다.

베드로 사도가 복음을 믿은 사람들을 거룩한 백성, 즉 성도라고 부르는 것은 그들이 예수님을 통해서 죄와 세상으로부터 분리되어, 하나님의 형상을 닮아가는 구별된 사람들이 되었기 때문이다. 특히 하나님은 구원받은 자들 안에 거룩한 영(성령)을 보내주셨기 때문에 복음을 믿은 사람들은 성령을 소유한 거룩한 성전이 되었다(고전 6:19). 이러한 의미에서 복음을 믿는 사람들을 '성도', 즉 거룩한 무리(구별된 무리)라고 부르는 것이다.

죽음을 준비해야 하는 성도

하나님의 백성인 성도도 때가 되면 죽는다. 그러나 주님 안에서 죽는 자는 복이 있다(계 14:13). 성도가 아름답게 죽어서 주님 앞에 떳떳하게 서려면 죽음을 위한 준비가 있어야 한다. 성도가 아름답게 죽는 방법은 멋지게 사는 것이다. 멋지게 사는 방법이 무엇일까?

평생 한 번쯤 해보고 싶은 일, 혹은 죽기 전에 해야 할 일들을 적은 목록을 '버킷리스트(Bucket list)'라고 한다. 이 말은 '죽다'라는 뜻의 속어인 'Kick the Bucket'와 관련이 있다. 중세 유럽에서 교수형에 처할 때에 목에 줄을 건 다음에 딛고 서 있던 양동이(Bucket)를 발로 찼던 관행에서 유래한 말이다. 그후에 이 말은 죽음이 오기 전에 결심하고 한 번쯤 해야 할 일들의 목록을 적어서 과감하게 실천한다는 의미로 사용되고 있다.

성도가 과연 죽기 전에 꼭 해 봐야 할 일은 무엇일까? 필자는 이 책에서 성도가 죽기 전에 꼭 해보아야 할 목록 63가지를 정리해 보았다. 제 1장에서는 '행복한 믿음생활을 위해서', 제 2장에서는 '행복한 경건생활을 위해서', 제 3장에서는 '행복한 가정생활을 위해서', 제 4장에서는 '행복한 교회생활을 위해서', 제 5장에서는 '행복한 사회생활을 위해서', 제 7장에서는 '행복한 천국시민을 위해서', 모두 합해서 63가지의 주제로 성도의 밀접한 삶을 이야기한다.

이 책을 읽는 순간에 '바로 이거야! 나도 그렇게 할 수 있어!'라는 결단을 하고 아름답고 멋진 죽음을 준비하는 성도가 되기 바란다. 그리고 죽은 후에 주님 앞에서 "잘 하였도다 착하고 충성된 종아 네가 적은 일에 충성했으매 내가 많은 것을 네게 맡기리니 네 주인의 즐거움에 참여할지어다"(마 25:21)는 말씀을 듣는 성도가 되기를 기원한다.

2018년 6월 1일

김 항 안 목사

| Contents |

제 1 장 행복한 믿음생활을 위해서

01 매일 일정 시간 이상 기도하라 . 14

02 예수님을 만난 경험을 확보하라 . 18

03 구원의 확신을 간직하라 . 23

04 교회 예배 참석을 생활화하라 . 28

05 자신만의 은혜체험 간증을 만들라 . 33

06 누군가를 위해서 주기도문 일천 번 하라 . 38

07 세례 받은 날을 자신의 축제일로 지켜라 . 43

08 십일조 드림을 생활화하라 . 48

09 신앙의 멘토를 만나라 . 53

제 2 장 행복한 경건생활을 위해서

10 가정예배를 생활화하라 . 60
11 매일 일정 분량의 성경을 읽고 묵상하라 . 65
12 평생 자기 나이만큼 찬송가를 외워라 . 72
13 자신의 신앙을 간증하라 . 77
14 성경을 필사본하라 . 82
15 항상 기뻐하라 . 88
16 성령충만을 체험하라 . 93
17 악은 어떤 모양이라도 버려라 . 99
18 성전에 모이기를 힘쓰라 . 104

제 3 장 행복한 가정생활을 위해서

19 가족을 위해 한 주간의 식단표를 만들어 실천하라 . 112
20 온 가족이 일 년에 한 번 건강검진을 하라 . 118
21 자녀의 영성을 위한 계획을 세워라 . 126
22 자녀에게 축복의 안수기도를 하라 . 134
23 일주일에 한 번 이상 배우자의 일을 도와주어라 . 143
24 가족과 가까운 친척들의 기념일을 챙겨라 . 150
25 정기적으로 가족 여행을 하라 . 157
26 가족이 모이는 날을 정하고 실천하라 . 166
27 가까운 친척을 초대하고, 자녀와 함께 친척집을 방문하라 . 173

| Contents |

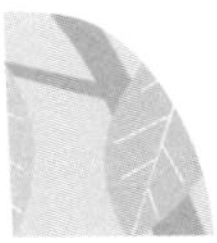

제 4 장 행복한 교회생활을 위해서

28 예배당을 청소하라 . 182

29 말없이 1년 정도 교회 화장실을 청소하라 . 188

30 사랑의 순교현장을 가지라 . 192

31 자기 나이 앞 숫자만큼 전도하라 . 197

32 전 교인에게 한 끼 식사를 대접하라 . 203

33 1년에 한 번은 교회 성전을 장식하라 . 208

34 한 주간에 한 번 교회에 나와 헌신하라 . 215

35 어버이주일에 경로 선물을 실천하라 . 222

36 목회자의 목회에 협조하라 . 228

제 5 장 행복한 사회생활을 위해서

37 매달 기아 어린이들을 위해 일정액을 헌신하라 . 238

38 집 주변과 골목길을 청소하라 . 244

39 자신의 재능을 기부할 곳을 찾아 나누라 . 249

40 자원봉사 활동에 참여하라 . 254

41 악을 버리고 선한 생활을 하라 . 260

42 불우이웃 돕기를 실천하라 . 266

43 정기적인 헌혈을 하라 . 272

44 시민사회 운동 캠페인에 참여하라 . 277

45 매사에 정직하고 진실하게 살라 . 284

제 6 장 행복을 나누는 삶을 위해서

46 마음을 나눌 친구들과의 관계를 잘 유지하라 . 294

47 가정에 전승되는 음식 레퍼토리를 만들어 보라 . 301

48 악기 하나를 다룰 수 있게 노력하라 . 306

49 매일 일정 분량의 책을 읽어라 . 314

50 매일 정해진 시간만큼 운동하라 . 321

51 자신만의 취미를 정하고 실천하라 . 328

52 자신만의 예술(문학) 장르를 가지라 . 335

53 성경의 위인 중 한 사람을 신앙모델로 정하라 . 342

54 하나님의 나라와 그의 의를 구하라 . 350

제 7 장 행복한 천국시민을 위해서

55 매월 하루를 정해 죽음을 연습하라 . 358

56 사후 장기 기증을 신청하라 . 366

57 자신의 유언장을 미리 써라 . 375

58 자신의 장례의견서를 써라 . 383

59 가까운 분의 애경사에 적극 동참하라 . 393

60 생의 마지막 순간 연명치료에 대한 의견서를 미리 써놓아라 . 401

61 천국을 기대하는 일기를 써라 . 412

62 천국에 보내는 편지를 써라 . 417

63 한 달에 한 번 정도 주변(옷장, 책장)을 정리하라 . 427

하나님께서 아브라함을 믿음의 조상으로 세우셨다. 하나님께서 아브라함을 믿음의 조상으로 세우신 이유는 그의 도덕성이나 윤리생활 때문이 아니었다. 아브라함이 매일 제단을 쌓고 새벽 기도를 하고 어떤 헌금을 많이 바쳤다는 기록도 없다. 또한 그가 전도를 많이 해서 공은 세운 것도 아니다. 그런데 왜 하나님은 아브라함의 믿음을 인정하셨을까? 그 이유는 단 하나밖에 없다. 아브라함이 오직 하나님을 믿고 순종했기 때문이다.

교회를 다닌다고 다 믿음이 좋은 건 아니다. 잘 믿는 것이 무엇인지를 모르기 때문에 자기의 생각대로 살면서도 스스로 잘 믿는다고 생각한다. 오랫동안 믿음 생활을 했으면서도 믿음의 정의를 모르기 때문에 올바로 믿지 못하는 경우가 많다. 새벽기도회에 출석하고, 열심히 전도하고, 많은 헌금을 바치면 잘 믿는 사람이라고 평가한다. 그 따위 평가는 전혀 옳지 않다.

믿음은 "하나님이 그리스도를 통해서 내게 해 주신 일들에 관한 지식"에서 출발한다. 그 지식이 없이는 믿을 내용도 없다. 그 지식을 많이 알고 믿는다면 엄청난 능력이 수반된다. 하나님이 내게 해 주신 일들을 안다면 내가 어떤 존재로 바뀌었는지도 알게 된다. 그리하여 세상 사람들은 알 수 없는 새로운 삶을 살게 된다.

제 1 장

행복한 믿음생활을 위해서

001 매일 일정 시간 이상 기도하라

002 예수님을 만난 경험을 확보하라

003 구원의 확신을 간직하라

004 교회 예배 참석을 생활화하라

005 자신만의 은혜체험 간증을 만들라

006 누군가를 위해서 주기도문 일천 번 하라

007 세례 받은 날을 자신의 축제일로 지켜라

008 십일조 드림을 생활화하라

009 신앙의 멘토를 만나라

매일 일정 시간 이상 기도하라

Bucket List **#001**

기도는 성도의 호흡과 같다. 생명이다. 믿음의 목숨을 이어주는 숨통이다. 숨통이 막히면 죽는다. 사람이 숨을 쉬지 않으면 죽는 것처럼 성도가 기도하지 않으면 영혼이 죽는다. 교회에 다니는 성도에게서 기도가 사라지면 죽은 송장이나 마찬가지다. 송장에게서는 고약한 냄새가 난다. 그래서 사도 바울은 "쉬지 말고 기도하라"(살전 15:17)고 했다. 기도를 멈추지 말라는 말씀이다. 성도가 기도를 멈추면 영력이 죽고 믿음이 죽고 축복이 죽고 능력이 죽고 하나님과의 관계가 죽고 은혜가 죽는다. 그래서 성도가 기도를 멈추면 안 된다. 기도를 영적호흡이라고 하는 이유는 살아 있는 성도가 되라는 의미다.

모든 생명체는 호흡이 멈추면 죽게 되어 있다. 어느 생명체이든 호흡이 멈추면 모두 죽는다. 동물이든 식물이든 바다의 생물까지도 호흡을 멈추면 모두 죽는다. 성도의 기도도 마찬가지다. 성도의 기도가 멈추면 영혼을 비롯하여 그의 귀한 것들이 모두 죽는다. 기도는 성도의 영적 생활필수품이다. 성도의 신앙생활에서 절대로 빠질 수 없는 것이 기도다.

성도는 눈만 뜨면 기도하고, 눈을 감아도 기도해야 한다. 밥을 먹기 전이나 운전하기 전에도 기도를 앞세워야 한다. 성도는 자나 깨나 기도하고, 꿈속에서도 기도하고, 죽을 때까지 기도해야 한다. 바쁜 세상에 웬 기도타령이냐고 반문할지 모르지만 그래도 기도를 해야 한다. 기도하면 안 되는 일이 없다고 우리는 믿는다. 기도는 만능의 열쇠이기 때문이다. 특히 부모가 '기도가 막힌 담도 허문다' 고 믿으면서 정작 자녀가 보는 앞에서 기도를 하지 않는다면 기도를 하는 척 하는 위선을 임삼는 것일 뿐이다.

부모들이여! 사랑하는 남편(아내)와 자녀를 위하여 기도하라. 부모 자신의 영성을 위하여 기도하라. 부모가 먼저 건강한 사고와 건강한 정서, 건강한 삶과 건강한 육신을 위해서 기도하라. 당신의 가정과 가족을 위해서 기도하라. 기도를 하지 않는 부모는 결코 자녀에게 하늘 복의 통로가 될 수 없다는 것을 명심해야 한다. 하는 일이 잘 풀리지 않고 가정에 우환이 생기는가? 간절한 기도는 기적을 일으킴을 믿어야 한다. 원망하기 전에 기도하라, 불평하기 전에 기도하라. 기도가 우선이다. 그렇다면 꽉 막혀있는 하늘 축복의 통로가 뚫리고 반드시 승리할 것이다.

성도는 왜 일정 시간 이상 기도해야 하는가?

많은 성도가 기도를 부담스러워 한다. 대표 기도나 식사기도를 부탁하면 서로 미루는 것만 봐도 그렇다. 기도할 때는 무릎 꿇고 앉아서 오랜 시간을 보내야 한다. 그것도 아무 대답이 없는 상대를 향해서 말해야 한다. 기도할 때마다 응답이 금방오지 않는다. 십중팔구는 "예스, 노, 기다려라", 이 셋 중 하나다. 그래서 기도를 마치 중노동처럼 힘들어 한다.

기도는 부담스럽게 하는 게 아니다. 누구와 만나는데 고생스럽다는 것은 무엇을 의미하는가? 좋은 만남이 아니다. 가까운 사이도 아니다. 하나님을 만나는 것은 절대로 부담스럽지 않아야 한다. 기도가 무엇인지 알면 기쁘고 재미있을 것이다. 그것이 어떤 모양이건 힘이 너무 들고 억지로 하는 것이라면 바른 기도가 아니다. 말씀대로 기도하면 기도는 즐거운 것이 된다. 기도는 시간과 장소에 구애받을 필요가 없다. 무조건 하면 된다. 또한 반드시 이루어진다. "내 이름으로 무엇을 구하든지 내가 시행하리라”(요 14:14). 여기 아무런 조건을 첨가하지 말라. 무엇을 구하든지 주께서는 시행하신다고 했다. 얼마나 자신 있고 긍정적인 말씀인가!

기도는 자기의 무능을 한탄하는 것은 기도가 아니다. 기도는 하나님의 자비와 도우심으로 옷입는 성도에게 주어진 특권이다. 그런데 우리는 가끔 기도 없이 신앙생활을 할 수 있겠다고 생각한다. 이보다 더 무서운 착각은 없다. 기도 없이는 신앙의 성장은 고사하고 현상유지도 못한다. 사무엘 선지자는 기도하지 않는 것을 죄라고 했다. “나는 너희를 위하여 기도하기를 쉬는 죄를 여호와 앞에 결단코 범하지 아니하고 선하고 의로운 길을 너희에게 가르칠 것인즉”(삼상 12:23). 기도하지 않는 죄의 결과는 파멸이다. 신앙생활에서 축복으로 살지 못하고 불행해지는 사람들의 특징은 기도 없이 신앙생활하고 있기 때문이다. 기도는 축복으로 가는 지름길이 되고 있다.

성도가 “쉬지 말고 기도하라”(살전 15:17)는 말씀은 하나님의 지엄한 명령이다. ‘기도 좀 하시죠’가 아니라, 마땅히 ‘기도하라’는 분부다. 성경은 “쉬지 말고 기도하라”는 것이 성도를 향한 “그리스도 예수 안에서 너희를 향하신 하나님의 뜻이니라”(살전 15:18)라고 전한다. 하나님께서 성도가 쉬지 않고 기도하며 살기를 원하고 계신다. 성도가 하나님의 뜻대로 살기를 원하는가? 주님께서도 하나님의 뜻대로 사셨다. “나의 원대로 마시옵고 아버지의 원대로 하옵소서”(마 16:39). 기가 막힌 기도다. 성도에게 기도가 사치품이 되지 않기를 바란다. 성도는 기도를 입맛에 맞추는 신앙생활이 되지 않고 목숨을 걸고 쉬지 말고 기도해야 한다.

성도가 죽기 전에 매일 일정 시간 이상 기도해야 하는 이유

하나님은 우리에게 하루 24시간을 주셨다. 물론 24시간은 하나님의 시간을 인간이 편의상 정해 놓은 시간이다. 우리는 하루 24시간을 하나님을 위해서 사용해야 할 소중한 시간이다. 그런데 하루 24시간을 누구를 위하여 사용하고 있는가? 대부분의 사람들은 자신을 위하여 사용하고 있다. 성도의 입장에서 가만히 생각해 보면 하나님께 죄송할 따름이다.

성도는 하나님께 받은 24시간 중에서 십일조의 시간을 드려야 할 것이다. 하루 24시간의 십일조는 2시간 15분이다. 성도는 일상에서 하나님을 위하여 일한다고 하지만 최소한 일정 시간 이상은 기도하는 시간으로 정해 놓고 드리는 것이 당연하다고 생각한다.

성도가 죽기 전에 기도하라는 말은 무슨 뜻인가? 성도가 숨이 넘어가기 바로 직전에 기도하라는 말은 아니다. 성도는 살아 있는 동안에 쉬지 말고 기도하라는 말이다. 성도의 기도에는 반드시 이것만은 이루고 죽겠다는 신앙적인 각오가 있어야 한다. 죽음과 일생을 투자해도 아깝지 않은 목적을 기도의 제목으로 정해놓고 쉬지 않고 기도를 해야 한다. 기도하지 않으면 응답도 없다. 성도가 죽기 전에 하나님께 응답을 받기 위하여 어떻게 해야 할까? 평생 기도해야 한다. 매일 일정 시간 이상의 시간을 정해 놓고 기도해야 죽기 전에 응답을 받을 수 있을 것이다.

부모의 간절한 믿음의 기도는 기적을 일으킨다. 하루에 꼭 기도하는 시간을 정하고 실천해야 한다. 기도해야 하나님을 만날 수 있다. 만나야 뭔가가 해결되지 않겠는가! 잠깐이라도 혼자 기도하는 시간을 가지면 된다. 그 순간 자신을 하나님께 내려놓으면 새로운 자신을 발견한다. 오직 하나, 기도뿐이다. 기도는 약하고 볼품없는 사람을 강하고 아름다운 사람으로 변하게 하는 힘을 가지고 있다. 기도는 하나님의 능력이 나의 능력이 되게 해 준다. 참으로 놀라운 하나님의 은혜 아닌가? 기도하지 않고 승리한 사람은 없다. 지금 생기는 문제의 원인은 바로 기도를 멈춘 당신 때문임을 왜 모르고 살아가는가?

예수님을 만난 경험을 확보하라

Bucket List **#002**

성도가 누구인가? 교회 다니면서 예수를 만나 생각과 말과 행동이 변한 사람이다. 성경에는 하나님을 만나 변한 사람들이 많다. 모세는 광야에서 하나님을 만나 히브리 민족을 애굽에서 구해냈다. 이사야는 하나님을 만난 후 백성들에게 하나님의 아픔과 계획을 외칠 수 있었다. 바울이 하나님을 만난 후 이방의 빛이 되는 엄청난 사명을 감당할 수 있었다. 호렙산에서 하나님을 만난 엘리야는 죽음의 위협과 극심한 탈진에서 벗어날 수 있었다. 얍복강에서 하나님을 만난 야곱은 극심한 불안감을 이기고 승리의 경험을 맛 볼 수 있었다. 언제나 하나님은 성도가 위기에 처할 때 찾아오신다. 그래서 위기는 곧 하나님을 만나고 경험하는 기회라고 믿어야 한다.

부모는 가정에서 사랑하는 자녀가 예수를 만나게 해 주어야 한다. 그러려면 부모 자신이 먼저 하나님을 만나야 한다. 요한복음 1장 12절에 나오는 '영접(迎接, Reception)'의 헬라어 동사원형인 '람바노'는 '취하다', '붙잡다', '소유하다', '수용하다'라는 의미를 가지고 있다. 예수님을 만난다는 말과 예수님을 영접한다는 말은 서로 다른 뜻이 아니다. 좀 더 구체적으로 예수님을 만난다는 말은 예수님과 하나[合一, One]가 된다는 뜻이다. 우리가 눈에 보이는 사람과 만난다는 문제는 그리 어려운 일이 아니다. 하지만 예수님을 만나다는 말은 결코 쉽게 생각할 수 있는 문제는 아니다. 왜냐하면 예수님은 우리 눈에 보이지 않으시는 분이기 때문이다.

우리말에서 '영접' 혹은 '만난다'는 말은 손님을 맞아 받아들인다는 의미로 사용된다. 그래서 많은 사람이 예수님을 믿으면서도, 만난다고 하면 생소하게 느낀다. 이러한 정서적 느낌 때문인지 예수님을 그저 손님을 맞이하는 정도로 생각한다. 그러나 예수님을 만난다고 하는 말에는 좀 더 깊은 의미가 있다. 실제로 예수님을 주님으로 만난다고 하는 말은 결단을 의미한다. 이 말은 그냥 손님맞이가 아니다. 비전성경사전에서는 그 의미를 '누군가의 삶을 붙들거나 붙잡다'로 해석하고 있다. 이것이 예수님을 믿는다는 의미다. 예수님의 삶을 내가 붙잡고 이제는 내 안에 모시어 들여서 완전히 나의 주인이 되는 상태를 의미한다.

은혜와 진리가 충만한 삶

사도 요한은 예수님을 영접하는 의미를 더욱 구체적으로 말씀하고 있다. "말씀이 육신이 되어 우리 가운데 거하시매 우리가 그의 영광을 보니 아버지의 독생자의 영광이요 은혜와 진리가 충만하더라"(요 1:14). '은혜(恩惠, Grace)'라는 말은 헬라어의 '카리스' 인데 이것은 '특별한 호의', '은혜', '총애'라는 뜻이다. 은혜는 예수님께서 죄인을 긍휼히 여기심으로 하늘 보좌를 내어 놓으시고, 사람이 되셔서 인간의 죄를 대신하여 십자가에서 고난을 받으시고 그의 공로로 말미암아 인류를 구원하신 것을 의미하고 있다.

진리(眞理, Truth)는 헬라어로 '알레데이아' 인데 '진실', '참된 것'이라는 뜻이다. 진리는 상대적 진리와 절대적 진리가 있다. 상대적 진리는 인간이 발견한 학문적 과학적 진리를 말한다. 이 진리는 영원하지 않고 다른 진리가 나올 때는 여지없이 그 자리를 내 주어야 한다. 그러나 절대적인 진리는 시간이 지나고 세상이 바뀌어도 변하지 않는 것을 말한다. 예수님은 절대적 진리이기 때문에 영원히 변하지 않으신다.

참 진리가 되시는 예수님께서 오셔서 모든 문제가 해결이 되었다. 예수님은 모든 인류가 찾고 찾는 진리가 되시며 하나님의 은혜 자체이시다. 우리는 신앙생활에서 가장 많이 쓰는 말이 은혜라는 말과 진리라는 말이다. 은혜 중의 은혜, 은혜 그 자체가 예수님이시고 진리가 자체가 예수님이시다. 그래서 예수님의 오심을 은혜 위에 은혜라고 하였고, 길이요 진리요 생명이신 예수님으로 말미암지 않고는 하나님 아버지께로 갈 자가 없다고 하셨다.

예수님을 믿는다는 것은 그분을 구주로 영접한다는 것이다. 예수님은 태초에 '말씀' 으로 계셨다. 그 말씀은 하나님과 함께 계셨고, 그 말씀이 바로 하나님이시다. 세상의 모든 것이 말씀으로 말미암아 창조되었으니, 말씀이 없이 창조된 것은 하나도 있을 수 없다. 그 말씀에 생명을 얻었으니, 그 생명이 곧 사람의 빛이었다. 그 빛이 어둠 속에서 비치니, 어둠이 그 빛을 이기지 못하고 깨닫고 받아들이지 못했다. 그래서 하나님께서 세례 요한을 보내셨다. 세례 요한은 그 빛이신 예수님을 증언하러 왔으니, 자기를 통하여 모든 사람을 믿게 하려는 것이었다. 세례 요한은 빛이 아니었다. 그는 그 빛을 증언하러 왔을 따름이다.

우리가 죽기 전에 예수님을 만나야 하는 이유

우리가 죽기 전에 예수님을 만나야 하는 이유를 간략하게 세 가지로 정리할 수 있다.

첫째는 주님 예수 그리스도를 영접하고, 둘째는 하나님의 영이신 성령을 영접하고, 셋째는 죄인을 영접해야 하기 때문이다. 주님을 만나서 영접하여 구원을 받는다는 이야기는 앞에서 설명했으니 여기서는 생략하고 성령님 영접하는 일과 죄인을 영접할 일을 정리해 보도록 하겠다.

성령은 하나님의 영이시다. 태초에 하나님이 천지를 창조하시기 전에 땅이 혼돈하고 공허하며 흑암이 깊음 위에 있을 때에 "하나님의 영"(창 1:2)이 수면 위에 운행하고 있었다. 하나님은 이 성령을 통해서 일하신다. 동시에 성령이 우리로 하여금 하나님을 믿고 구원받도록 역사하신다. 하나님을 믿는 성도는 성령을 떠나서는 아무 것도 할 수 없다.

성경은 성령을 '호흡'과 '숨'이란 뜻을 가진 '프뉴마'로 표현하였다. 그래서 성경은 성령을 '거룩한 영', '진리의 영', '하나님의 선물' 등으로 부른다. 성령의 사역은 성도들을 가르치시고 평안하게 보호하고 지키는 "보혜사(保惠師)"(요 14:26)이시다. 성령이 하나님의 영으로 임하실 때 바람(행 2:2), 물(요 7:38), 불(왕상 18:38), 기름(왕하 4:4) 등으로 비유되었다. 이처럼 성령을 다양한 상징으로 표현한 까닭은 하나님께서 하시는 일을 우리에게 이해시키기 위해서다. 그러나 상징이 성령은 아니라는 사실을 기억해야 한다.

성도는 죽기 전에 성령을 영접하여 충만하게 받아야 한다. 성도가 성령을 영접하지 않으면 마귀와 악한 영이 그의 심령에 들어와 자리 잡고 그를 다스리고 지배한다(마 12:43). 많은 사람이 특히 성도가 실수하고 죄를 짓는 이유는 성령을 영접하지 않았기 때문이다. 성도는 죽기 전에 성령을 영접하되, 성령을 충만히 받아 자신과 마귀를 이길 수 있어야 한다.

예수님은 세상에서 죄인들을 영접하고 함께 음식을 드셨다. "모든 세리와 죄인들이 말씀을 들으러 가까이 나아오니 바리새인과 서기관들이 수군거려 이르되 이 사람이 죄인을 영접하고 음식을 같이 먹는다 하더라"(눅 15:1-2). 예수님께서 세상에 오신 목적이 죄인들을 회개시키고 구원하시기 위해서다. 그런데 바리새인들과 서기관들이 예수님을 비난하였다.

예수님은 비유로 "어떤 사람이 양 백 마리가 있는데 그 중의 하나를 잃으면 아흔아홉 마리를 들에 두고 그 잃은 것을 찾아내기까지 찾아다니지 아니하겠느냐 또 찾아낸즉 즐거워 어깨에 메고 집에 와서 그 벗과 이웃을 불러 모으고 말하되 나와 함께 즐기자 나의 잃은 양을 찾아내었노라 하리라"(눅 15:4-6). 성도도 죽기 전에 죄인을 영접하고 구원의 길로 인도해야 할 것이다. 이것은 성도가 죽기 전에 마땅히 해야 할 의무라고 생각해야 한다.

구원의 확신을 간직하라

Bucket List **#003**

구원의 확신은 예수 그리스도가 자신이 하나님의 아들이고, 자신을 죄에서 구주가 되신다고 믿는 '신앙고백(信仰告白, Confession of Faith)'에서 출발한다. 대표적인 신앙고백이 사도신경이다. 사도신경은 초대교회 사도들의 신앙을 표준으로 신앙인의 믿음과 행동을 다짐하는 규범이다. 신앙고백은 성도들이 지켜야 할 서약이다.

예수님은 제자들에게 "누구든지 나를 따라오려거든 자기를 부인하고 자기 십자가를 지고 나를 따를 것이니라"(마 16:24)고 하셨다. 이 말씀은 제자들에게 자신의 십자가를 지고 죽을 각오로 주님을 따르라는 다짐이다. 신앙고백은 구원의 확신이 있는 성도의 신앙을 과감하게 표출하고 어떤 환란과 핍박에도 변치 않고 주님을 믿고 따르겠다는 맹세다.

신앙고백 전문

"나는 전능하신 아버지 하나님, 천지의 창조주를 믿습니다. 나는 그의 유일하신 아들, 우리 주 예수 그리스도를 믿습니다. 그는 성령으로 잉태되어 동정녀 마리아에게서 나시고, 본디오 빌라도에게 고난을 받아 십자가에 못 박혀 죽으시고,

장사된 지 사흘 만에 죽은 자 가운데서 다시 살아나셨으며, 하늘에 오르시어 전능하신 아버지 하나님 우편에 앉아계시다가, 거기로부터 살아있는 자와 죽은 자를 심판하러 오십니다. 나는 성령을 믿으며, 거룩한 공교회와 성도의 교제와 죄를 용서 받는 것과 몸의 부활과 영생을 믿습니다. 아멘."

신앙고백의 내용 분석

신앙고백은 주로 예수 그리스도에 대한 고백이다. 모두 12개의 항목으로 나눌 수 있는데 그중에 절반인 6개가 예수 그리스도에 대한 신앙고백이다. ① '나는 그(하나님)의 유일하신 아들 우리 주 예수 그리스도를 믿습니다.' ② '그는 성령으로 잉태되어 동정녀 마리아에게서 나시고,' ③ '본디오 빌라도에게 고난을 받아 십자가에 못 박혀 죽으시고,' ④ '장사된 지 사흘 만에 죽은 자 가운데서 다시 살아나셨으며, ⑤ '하늘에 오르시어 전능하신 아버지 하나님 우편에 앉아계시다가,' ⑥ '거기로부터 살아있는 자와 죽은 자를 심판하러 오십니다.'

신앙고백은 모두 '성부, 성자, 성령' 삼위일체 하나님께 관한 고백이다. 사도신경의 12가지 항목은 삼위 하나님에 대한 신앙고백을 기준으로 크게 3부로 분류할 수 있다.

제 1부 : 성부 하나님에 대한 신앙고백(1개 항목)
제 2부 : 성자 예수님에 대한 신앙고백(6개 항목)
제 3부 : 성령 하나님에 대한 신앙고백(5개 항목)

신앙고백은 성경 전체의 내용을 창조에서부터 종말에 이르기까지 역사적인 순서로 되어있다. 제 1부는 창세기 1장 1절을 기초로 해서 전능하신 하나님과 천지창조하신 하나님께 대한 고백으로 신구약성경 전체를 요약하였다. 제 2부는 사복음서와 사도행전에 나타난 예수님의 신분과 사역, 승천과 재림 그리고 심판을 요약하였다. 제 3부는 사도들의 서신서와 요한계시록에 나타난 성령과 교회와 구원과 종말에 대한 요약이다. 사도신경의 신앙고백을 통해서 성경전체를 창조-구원-종말의 시간적인 순서와 핵심적인 내용을 요약한 것이다.

구원의 확신과 신앙고백의 관련성

사도 바울은 "사람이 마음으로 믿어 의에 이르고 입으로 시인하여 구원에 이르느니라"(롬 10:10)고 했다. 구원은 예수님을 마음으로 믿어 구원을 받는 것은 사실이다. 그러나 믿음을 마음속에 숨겨두면 그가 예수님을 믿는지 안 믿는지 알 수 없다. 그러므로 자신이 예수님을 확실히 믿는다면 입으로 시인해야 한다. 입으로 시인하지 않으면 불신앙자라고 할 수밖에 없다. 그래서 신앙고백이 필요하다. 신앙고백은 그리스도가 중심이 되어야 한다. 성도는 그의 피로 죄 사함을 받아 구원을 받았다. 예수님은 사람의 몸을 입으신(道成人神, Incarnation) 하나님이시다. 그리스도는 교회의 머리요, 그가 친히 만물의 으뜸으로 높임을 받으셔야 하고 모든 충만으로 거하시며 만물 곧 땅에 있는 것들이나 하늘에 있는 것들의 모든 것이 그 안에서 화평을 이루게 하시는 이다.

성도는 예수 그리스도의 한 지체로서 교회의 지체이고 신앙공동체의 한 부분이다. 그러므로 성도는 신앙고백의 삶으로 사랑과 섬김, 베풂과 나눔의 의무를 감당해야 한다. 성도는 그리스도의 몸이요, 지체로서 서로에게 책임이 있다. 우리의 선조들은 유교의 전통사회에서 사람과 봉사, 나눔과 배려를 하지 않았다. 그러나 우리는 기독교적인 신앙고백으로 하나님의 영원하시고 불변하신 진리를 선포하고 평화와 조화를 얻기 위한 삶을 살아야 한다.

웨스트민스터 신앙고백의 핵심의 두 가지는 사탄의 궤계, 즉 무지와 오류를 제거하고 그리스도인의 신앙을 견고하게 하려는 것이다. 무엇보다도 성도들로 하여금 "그 눈을 뜨게 하고 어두움에서 빛으로, 사탄의 권세에서 하나님께로 돌아오게 하고 죄 사함과 나를 믿어 거룩하게 된 무리 가운데서 기업을 얻게 하리라"(행 26:18)는 것이다. 결국 신앙고백은 성부, 성자, 성령 삼위일체 하나님을 주님으로 고백하고, 자신의 신앙을 견고하게 하려는 것이다.

성도가 죽기 전에 구원의 확신을 간직해야 하는 이유

성도가 죽기 전에 구원의 확신을 간직해야 하는 이유는 세 가지다.

첫째, 신앙고백은 구원의 확신을 얻기 위한 것이다. 구원은 성도가 쟁취해서 얻는 것이 아니고 순전히 하나님의 선물이다. 하지만 감나무 밑에서 입을 벌리고 있다고 감이 입으로 떨어지지 않는 것처럼, 구원도 그냥 받는 것이 아니다. "네가 만일 네 입으로 예수를 주로 시인하며 또 하나님께서 그를 죽은 자 가운데서 살리신 것을 네 마음에 믿으면 구원을 받으리라"(롬 10:9). 자신이 스스로 예수님을 믿는다고 신앙고백을 해야 구원을 받을 수 있다.

둘째, 신앙고백은 믿음의 행위를 위한 것이다. 믿음에는 행위가 따라야 한다. 입으로만 골백번 믿는다고 하면서도 신앙적인 행위가 따르지 않으면 그 믿음은 죽은 믿음이다. "내 형제들아 만일 사람이 믿음이 있노라 하고 행함이 없으면 무슨 유익이 있으리요 그 믿음이 능히 자기를 구원하겠느냐"(약 2:14). "행함이 없는 믿음은 그 자체가 죽은 것이라"(약 2:17). 신앙고백은 말이 아니고 행함이어야 한다. 성도는 죽기 전에 행함이 따른 신앙고백을 해야 한다.

셋째, 신앙고백은 마귀와 죄악을 물리치기 위한 것이다. 마귀는 믿음이 약한 자를 노린다. 마귀는 우유부단한 신앙생활을 하는 성도에게 접근하여 달콤한 말로 죄를 짓도록 유혹한다. 이때 확실한 신앙고백, 결단하는 신앙고백을 하면 마귀는 무서워 도망치고 만다. "너희가 주 안에서와 그 힘의 능력으로 강건하여지고 마귀의 간계를 능히 대적하기 위하여 하나님의 전신 갑주를 입으라" (엡 6:10-11). 마귀를 물리치는 신앙고백을 해야 천국에 갈 수 있다.

교회 예배 참석을 생활화하라

Bucket List **#004**

예배(禮拜, Worship)는 땅에서 벌어지는 천국잔치다. 예배에서 선포되는 말씀을 듣고 생각이 바뀐다. 말이 바뀐다. 행동이 바뀐다. 죄인이 작은 예수로 변한다. 예배가 없이는 아무도 하나님을 만날 수 없다. 물론 하나님께서는 일정한 예배가 없이도 사람을 직접 찾아주시고 만나게 하시기도 하지만 일반적인 경우는 예배를 통해서 하나님을 만날 수 있다.

기독교의 모든 행사는 예배로 시작하고 예배로 마친다. 예배는 신앙생활에서 그만큼 중요하다. 그런데 오래 예수를 믿다보면 예배가 습관화 되어서 예배의 소중함을 잃어버린다. 기독교인이 예배의 참 뜻을 모르고 있다면 마치 허공을 치는 것과 같다. 예배에는 형식이 있지만 형식만 따르면 죽은 예배가 되고 만다. 그렇다고 형식을 무시하고 마음 내키는 대로 드리면 하나님 없는 예배가 되고 만다. 하나님 없는 예배는 헛짓이고 미친 짓이다.

예배는 누구에게 드리는가?

예배는 하나님께 드린다. 예배의 대상과 주인은 하나님이시다. 그러나 예배에 사람들이 모이다 보면 사람 위주로 드리는 경우도 있다. 사람 중심의 예배는 인본주의가 되고 하나님께서 받지 않으신다. 사람 중심의 모임은 예배가 아니고 강연회나 세미나가 되고 만다. 어떤 사람은 강대상 뒤에 있는 십자가에 예배 드린다고 여기기도 한다. 그것은 올바르지 않다. 참 예배는 사람이나 어떤 형상(십자가, 성자, 마리아 등)에게 드리는 것이 아니고 하나님께 드리는 것이다.

하나님은 우상숭배를 가장 싫어하신다. 이스라엘 백성이 하나님께 버림을 받아 이방인에게 침략과 노략질을 당한 것은 그들이 우상을 숭배했기 때문이다. 이스라엘 백성이 스스로 저주를 불러온 것은 그들이 하나님께서 금지하신 우상을 숭배하고 절했기 때문이다. 같은 종교이지만 기독교가 불교나 천주교와 다른 것은 어떤 형상이나 인간(마리아)을 대상으로 섬기지 않는다는 점이다. 기독교의 예배는 오직 하나님께만 드린다는 것이다.

예배의 조건은 무엇인가?

예배가 갖추어야 할 핵심 조건은 기도, 고백, 찬송, 말씀, 봉헌, 친교, 축도이다. 예배는 "이 산에서도 말고 예루살렘에서도 말고" (요 4:20) 아무데서나 드려도 된다. 그러나 하나님의 집인 성전에서 드리는 것이 좋다. 두세 사람만 모이는 곳에 주님이 함께하겠다고 하셨다. 예배 중에 기도와 고백과 찬송과 봉헌은 하나님께 나아가는 조건이다. 말씀과 축도는 하나님 편에서 인간에게 찾아오시는 은혜와 축복이다. 친교는 하나님의 나라와 신앙공동체를 넓혀가는 조건이다. 이 세 가지 조건이 융합되어야 하나님이 받으시는 예배가 된다.

우리가 하나님께 드릴 영적예배는 우리의 몸을 하나님께서 기뻐하시는 거룩한 산제사로 드리는 것이다. 하나님께서 기뻐하시는 거룩한 산제사는 거듭난 삶으로 하나님을 기쁘시게 하고 영광을 돌리는 것이다. 초대교회 당시에 '산제사' 는 생소한 말이었다. 당시의 제물은 항상 죽은 것이었다. 제사장들이 하나님께 제사를 드릴 때에 동물을 데려다가 동물에게 손을 얹고 자기 죄를 고백함으로써 모든 죄가 그 동물에게 전가된다고 생각했다. 그리하여 그 동물은 죄를 대신하여 죽임을 당해야만 했다. 이와 같이 구약의 관습에 따라 하나님께 드려지는 모든 제사는 동물을 죽여 동물의 피로써 드려진 죽은 제사였다.

오늘날 우리가 하나님께 드리는 산제사는 죽은 동물이 아니라 살아있는 우리 몸을 드리는 것이다. 그 이유는 예수님께서 단번에 십자가에서 우리의 죄를 대신하여 죽으셨기 때문이다. 이제는 더 이상 옛사람을 위해 살지 않고 하나님과 예수님을 위해서 살아야 하는 진정한 산제사, 즉 예수님의 속죄의 십자가 피가 흐르는 거룩한 예배가 될 수 있다.

예배의 생활화

예배를 예배당 안에 묶어두고 몸만 빠져나가는 교인이 있다. 그가 일단 예배당을 나가면 전혀 기독교인으로 보이지 않고 불신자와 동일하게 보인다. 솔직히 말해서는 그는 그리스도인이 아니다. 성도는 예배시간 마지막에 목사님의 축도와 함께 일상생활로 예배가 이어져야 한다. 이러한 성도가 예배를 생활화한다고 할 수 있다.

첫째, 예배를 생활화하려면 기도를 쉬지 않아야 한다. 어떻게 쉬지 않고 기도할 수 있을까? 항상 기도하는 마음으로 또는 하나님과 영적 교제를 나누는 심정으로 살아야 한다. 주님께서도 늘 기도하셨고 주님의 제자들도 기도하였다. 참으로 기도하는 성도는 예배를 생활화하고 하나님과 동행할 수 있다.

둘째, 예배를 생활화하려면 찬송하는 삶을 살아야 한다. 하나님께서 성도의 찬송 중에 거하신다. 때문에 우리가 진정으로 찬송을 하며 주님을 바라볼 때 성령충만한 역사가 나타난다. 성도는 희로애락(喜怒哀樂) 간에 찬송을 멈추지 않으면 하나님께서 기뻐하시고 언제 어디서나 동행하시고 은혜와 축복을 베풀어주신다.

셋째, 예배를 생활화하려면 성령충만한 생활을 해야 한다. 초대교회 성도들은 핍박과 위협이 상존해 있었지만 모여서 기도하며 성령의 충만함을 받았다. 성령에 충만할 때 기쁨이 있고, 평강이 있고, 승리하는 삶이 있다. 성령이 충만하지 않는 삶은 실패와 슬픔뿐이다. 성령을 충만하게 받으면 모든 일이 형통하고 하나님께서 함께하신다는 증거가 된다.

성도가 죽기 전에 예배를 생활화해야 하는 이유

성도에게서 예배를 빼버리면 남는 것은 아무 것도 없다. 종종 주일 예배시간인데 누구를 만난다거나 무슨 모임에 참석하는 사람은 그 순간만은 하나님의 자녀나 주님을 믿는 사람이 아니다. 그는 이름만 '교인'이요, 진짜 '성도'는 못된다. 그러므로 성도가 죽기 전에 예배를 생활화해야 한다는 이유는 분명한 가르침이고 또한 명령이다. 그 이유는 무엇일까?

첫째, 성도가 예배를 생활화하면 하나님께서 축복을 베풀어주신다(출 20:24). 하나님께서 모세에게 십계명을 주시고 제단을 쌓고 화목제(예배)를 드리면 그 곳에 임하셔서 크신 축복을 내려 주신다고 하셨다. 목회자나 성도는 최후로 이 세상을 떠날 때가 예배를 드리는 순간이기를 바라야 한다. 이에서 더 기쁘고 큰 축복은 없을 것이다.

둘째, 성도가 예배를 생활화하면 하나님께서 자유를 주신다(행 16:25,31). 바울과 실라가 억울하게 옥에 갇혀서 죽을 수밖에 없는 상황에서도 하나님께 찬송과 기도를 드렸다. 그럴 때 옥문이 열려지며 간수장이 스스로 구원을 요청했고, 바울과 실라는 자유의 몸이 되었다. 예배는 이렇듯 얽매인 자에게 자유를 제공하는 은혜가 있다. 세상의 일에 얽매여 예배의 실패자가 되지 말아야 한다.

셋째, 성도가 예배를 생활화하면 하나님께서 기쁨을 주신다(빌 4:4). 사도 바울은 로마의 옥에 갇혀서 언제 죽을지 모르는 상황에서 빌립보 교인들에게 "주 안에서 항상 기뻐하라 내가 다시 말하노니 기뻐하라" 고 했다. 불신자의 죽음은 기쁨이 아니고 슬픔이다. 그러나 성도의 죽음은 기쁨이 될 수 있다. 성도가 죽기 전에 예배를 생활화하여 기뻐할 수 있다는 것은 하나님의 놀라운 축복이 아닐 수 없다. 기쁨으로 죽음을 준비하는 성도가 되자.

자신만의 은혜체험 간증을 만들라

Bucket List **#005**

신앙생활은 이론이 아니고 체험이다. 우리는 일반적으로 하나님을 눈으로 직접 볼 수 없고 귀로 들을 수 없다. 그러므로 목회자의 설교나 성도의 간증을 통해서 하나님을 알 수 있다. 이것을 하나님께 대한 신앙적인 간접체험이라고 한다. 특별히 간증은 하나님의 은혜를 체험한 성도의 신앙을 생생하게 들어서 자신의 신앙을 키울 수 있다. 그런데 다른 성도의 간증에만 의존할 것이 아니라, 자신의 은혜체험 간증을 만들면 후손들에게 도움이 될 수 있다.

간증이란 무엇인가?

'간증(干證, Testimony)'이란 자신의 신앙체험을 사실대로 증언하는 것이다. 간증의 기초는 하나님께서 살아계신다는 증거이다. 특히 간증은 하나님과 성령님께서 역사하신 증거가 없이는 불가능하다. 만일 하나님과 성령님의 체험이 없는 간증은 거짓말이 되고 만다. 하나님의 능력은 무한하시다. 하나님은 절망을 희망으로 바꾸어주시고, 불가능을 가능으로 전환시키고, 질병을 건강으로 치유하며, 죽을 수밖에 없는 자에게 생명을 주신다.

예수님은 지금도 살아 계셔서 역사하신다. 예수님은 믿고 회개하는 성도에게 무한한 용서와 속죄를 베풀어주신다. 무엇보다도 복음을 증명하기 위해 부름 받은 성도들에게 믿음의 확신과 부활의 소망을 주셔서 믿음이 없고 낙심하거나 절망한 자에게 간증을 통해서 믿음과 소망을 갖게 하신다. 이러한 사실을 기반으로 하여 간증은 복음의 원리를 수용하게 하신다.

하나님의 구원에 대한 간증은 말이나 웅변이 아니고 은혜의 경험에 의한 것이다. 아무리 뛰어난 웅변으로 말을 잘해도 진실성과 성령의 역사가 없는 간증은 듣는 사람에게 은혜로운 감동을 주지 못한다. 간증을 할 때는 성령의 도움을 받아 경험한 사실들은 참되게 말해야 한다. 간증이 참되다는 것은 자신이 체험한 것에 대해서 성령님에 의해 자신의 영혼에 생긴 개인적인 증언이 되기 때문이다.

간증의 종류에는 무엇이 있는가?

신앙생활에는 간증이 필요하다. 말씀과 함께 간증이 있어야 성도들의 신앙이 성숙해진다. 간증은 하나님을 체험한 생생한 이야기를 전하는 것이다. 그렇기 때문에 간증은 자기 자랑이나 과시가 되어서는 안 된다. 이것은 간증하는 성도나 간증을 듣는 사람이 반드시 명심해야 할 사항이다. 간증은 오늘도 살아계셔서 역사하시는 하나님을 자신이 체험한 사건을 사실대로 드러내는 것이다. 그럴 때 성도들은 간증을 통해서 대리은혜를 받을 수 있다.

간증은 복음의 기본 진리를 가르치는 것과 하나님을 증언하는 최선의 방법과 수단이 된다. 간증은 주관적인 체험의 영역이기 때문에 그것을 객관화하는 일은 조심해야 한다. 어떤 개인에게 그런 체험이 있다고 하여 다른 사람도 반드시 그와 같은 경험을 하는 것은 아니다. 그럼에도 불구하고 간증의 성격상 공적으로 계시된 하나님의 말씀에 근거하여 하나님께서 자신의 삶에서 생생하게 활동하신 사실을 증언하는 데는 큰 역할을 한다. 그렇기 때문에 교회는 말씀과 함께 개인적인 실제의 간증이 있어야 신앙적인 유익을 얻을 수 있다.

신앙 간증을 다음 9가지의 종류로 간략하게 나눌 수 있다.

① 구원 간증 : 죄악 가운데 살다가 주님을 영접하고 새롭게 받은 바 구원을 간증한다.

② 은혜 간증 : 생활 가운데서 이전에 제대로 알지 못했던 하나님의 은혜를 간증한다.

③ 은사 간증 : 하나님을 섬기기 위해서 받은 능력과 은사를 체험한 사실을 간증한다.

④ 치유 간증 : 질병 중에 살면서 기도하다가 하나님께 특별히 치유 받은 것을 간증한다.

⑤ 회복 간증 : 사업과 경제적인 문제가 하나님의 역사로 회복된 경험을 간증한다.

⑥ 화목 간증 : 불화했던 가족, 친척, 친지, 이웃과의 인간관계의 화목한 것을 간증한다.

⑦ 축복 간증 : 불행하였던 삶이 주님으로 말미암아 축복을 받은 사례를 간증한다.

⑧ 섬김 간증 : 부모님이나 교역자를 섬김으로 받은 기쁨과 감사의 심정을 간증한다.

⑨ 나눔 간증 : 헌혈, 불우이웃 돕기, 기아어린이 돕기 구좌를 개설한 경험을 간증한다.

성도가 죽기 전에 자신만의 간증을 만들어야 하는 이유

신앙고백이 하나님께 대한 신앙을 표현하는 것이라면, 간증은 자신의 은혜를 성도들에게 증언하는 것이다. 간증의 주체는 가지 자신이고 객체는 성도들이다. 여기서 우리가 주의해야 할 것은 간증의 객체와 주체를 혼동해서는 안 된다는 사실이다. 다른 말로하면 간증을 할 때에 항상 하나님 앞에 있다는 정직한 심정으로 해야 한다. 그리고 간증은 하나님의 은혜를 체험한대로 표현하는 것이고, 그 말을 하나님께서 듣고 계신다는 것을 잊어서는 안 된다.

성도는 왜 자신만의 은혜 체험을 간증해야 하는가? 대개 교역자가 성도에게 간증을 부탁하면 먼저 사양부터 한다. 그것을 일반적으로 겸손해서라고 생각하지만, 사실은 그렇지 않은 경우가 많이 있다. 첫째는 하나님의 은혜나 은사를 체험하지 못해서이고, 둘째는 신앙적인 용기가 없어서다. 셋째는 말주변이 없거나 대중 앞에서 말하기가 쑥스러운 경우도 있다. 그러나 은혜 체험 간증은 성도들과 자신에게 놀라운 은혜가 된다. 그 이유는 무엇인가?

첫째, 은혜 체험 간증은 하나님께 영광이 된다. 하나님은 우리에게 무한한 사랑과 은혜를 베풀어주셨다. 그렇다면 성도가 은혜를 베풀어주신 하나님에게 해야 할 마땅한 의무는 무엇일까? 그것은 두 말할 것도 없이 하나님께 영광을 돌리는 것이다. 성도가 하나님에게 받은바 사랑과 은혜의 체험을 다른 성도들에게 간증하여 하나님께 영광을 돌리면 하나님이 기뻐하신다.

둘째, 은혜 체험 간증은 성도들에게 은혜가 된다. 유익한 신앙 체험은 혼자만 소유할 것이 아니라 다른 성도와 공유하면 은혜가 더욱 넘친다. 신앙 간증을 통해서 미처 경험하지 못한 신앙 간증을 들으면 직간접적으로 큰 은혜가 된다. 성경은 구약의 선지자들과 신약의 사도들은 자신들이 체험한 신앙을 간증한 기록들이다. 그러므로 신앙 간증으로 자신의 신앙 경험을 다른 성도들과 나누면 피차에 생각하지도 못했던 놀라운 은혜가 될 수 있다.

셋째, 은혜 체험 간증은 불신자들에게 전도가 된다. 사도 바울은 "듣지도 못한 이를 어찌 믿으리요 전파하는 자가 없이 어찌 들으리요" (롬 10:14)라고 말하면서 간증의 중요성을 강조하였다. 결국 은혜 체험 간증은 불신자가 간증을 듣고 그들이 주님을 영접하고 믿을 수 있는 기회를 만들어 줄 수 있다. 많은 불신자가 은혜

체험의 간증을 듣고 구원을 받은 사례가 많이 있다. 용기를 잃지 말고 과감하게 은혜 체험을 간증하여 불신자들을 구원하자.

넷째, 은혜 체험 간증은 자신의 신앙을 성장시킨다. 우리가 아무리 잘 믿는다고 해도 마음속에 감춰두고 있으면 그를 성도라고 할 수 없다. 믿음은 간증이 필요하다. 자신이 믿는 하나님을 체험적으로 간증하면 자신도 모르게 믿음이 성장한다. "만일 네 입으로 예수를 주로 시인하며 … 네 마음에 믿으면 구원을 받으리라"(롬 10:9). 신앙은 자라는 속성이 있다. 자주 자신의 신앙을 간증하여 날마다 성장하도록 하는 것이 신앙생활에 유익할 것이다.

누군가를 위해서 주기도문 일천 번 하라

Bucket List **#006**

기도는 성도의 생명이다. 사람이 숨을 쉬지 않으면 죽는 것처럼 성도가 기도를 안 하면 그의 영혼이 죽는다. 기도를 안 하고 신앙이 좋은 성도는 있을 수 없고, 기도를 잘 하고 신앙이 나쁜 성도는 있을 수 없다. 그러므로 성도는 자나 깨나, 사나 죽으나 기도해야 한다. 그런데 기도의 중요성을 잘 알면서도 기도를 못하는 성도가 있다. 정말로 말주변이 없어서 기도를 못하는 성도가 있는가 하면, 하나님의 은혜를 체험하지 못했거나, 실제로 기도할 시간이 없어서 못하는 경우도 있다. 그래서 중보기도가 필요하다. 중보기도란 하나님과 인간 사이에서 어려운 문제나 기도의 제목이 있을 때에 대신하여 기도해 주는 방법이다.

특히 사랑하는 가족이나 절친한 이웃이나 친구가 기도하지 못할 때에 그를 위해서 중보기도를 해줄 수 있다. 물론 누군가를 위해서 시간을 정해 놓고 기도할 수 있지만, 또한 주님께서 가르쳐주신 주기도로 대신 기도해 줄 수 있다. 우리가 잘 아는 대로 주기도문은 간편하면서도 기도의 모든 내용이 포함되어 있기 때문에 가장 효과적이고 유익하다.

주기도문란 무엇인가

주기도란 예수님께서 가르쳐주신 기도문이다(마 6:9-13, 눅 11:2-4). 주기도문은 예수님의 기도이고, 그 속에는 기독교 신앙의 모든 본질이 녹아 있다. 예수님께서 가르쳐 주신 주기도문에는 3가지 특성이 있다. 첫째는 간결하다. 둘째는 쉽다. 셋째는 깊이가 있다. 우리가 기도생활을 할 때에 개인기도는 자기 사정에 따라 얼마든지 길게 기도드릴 수 있겠지만 공중기도는 간결하여야 한다. 기도가 길어지면 그것은 일종의 공해라고 할 수 있다. 특히 예수님께서 일러 주신 주기도는 누구든지 알아들을 수 있는 내용이다.

사람들 중에 어려운 문자를 써가며 장황하게 기도드리는 사람이 적지 않다. 무슨 일에든지 도가 깊어지면 쉬워진다. 정말로 좋은 기도는 누구나 '아멘' 할 수 있는 쉬운 기도가 진짜로 잘하는 기도다. 주기도문은 비록 세 절로 이루어진 짧은 내용이지만 그 깊이로 말하면 성경 전체를 포함한다고 할 수 있다. 이 주기도를 자신과 누군가를 위해서 일천 번 해보자. 그러면 자신도 알 수 없는 신비한 은혜를 체험할 것이다.

성도는 자신과 누군가를 위해 기도해야 한다. 성도의 기도는 호흡과 같다. 기도에는 생산력이 있다. 기도에는 신비한 능력이 있다. 기도는 자연 법칙을 초월한다. 기도의 효과는 임상학적으로나 통계학적으로 볼 때 어떠한 효과보다도 많은 증인과 증거를 가지고 있다. 은혜 받은 성도들을 모아 놓고 기도의 간증을 하라고 하면 시간 가는 줄 모른다. 조지 뮐러는 기도로 5만 번의 응답을 받았다고 한다. 우리가 받은 기도의 응답을 적어 보면 너무나도 많다.

주기도의 능력(ability)

기도는 성도의 영성을 회복하게 하는 자산이다. 성도는 기도에 열심이 있어야 하며 기도가 살아있어야 한다. 주기도는 성도의 신앙과 교회 부흥의 원동력이다. 교회가 살아있고 뜨거워지기 위해서는 주기도가 살아있어야 한다. '부흥사 없는 부흥은 있어도 기도 없는 부흥은 없다'고 한다. 기도하는 성도들이 많아 열심을 다할 때 마음이 하나 되고, 은혜와 성령이 충만해져 교회부흥의 역사가 일어난다. 기도하는 사람은 긍정적인 사람이며 믿음의 용기가 있는 사람이다.

다니엘은 기도할 수 없는 조건에서도 예루살렘을 향해 창문을 열어놓고 하루 3번씩 기도했다. 박해와 핍박을 당해도 능력의 하나님을 의지하고 기도한 다니엘은 풀무불과 사자의 입에서 구원받을 수 있었다. 아무리 환경이 어려워도 기도하는 성도에게 하나님은 기적을 베풀어주신다. 기적은 명상에 의해서 이뤄지는 것이 아니라 열심히 기도하는 가운데 이루어진다. 주기도가 살아 있어야 일반기도가 산다. 주기도에 불이 붙어야 일반기도도 불붙는다.

1940년대 미국의 백만장자 '존 밀턴(John Milton)'은 불면증에서 온 합병증으로 몸의 일부가 미비되는 증세를 보였다. 그런 그가 주기도문을 하루에 300번씩 드린 후에 치유되었다.

찬송가 305장 '나 같은 죄인 살리신'을 작사한 존 뉴턴(John Newton)은 상선의 선장이었던 아버지를 따라 열한 살부터 선원이 되었다. 어렸을 때에는 경건한 어머니의 영향으로 신앙적인 훈련을 받았지만, 17세 되면서 어머니가 돌아가시고 선원들과 함께 살면서 성격도 거칠어지기 시작하였다. 그는 더욱 난폭하여 모든 사람들로부터 미움을 받게 되었다. 특히 아프리카에서 흑인들을 노예로 잡아오는 노예선에서 일하게 되면서 배 안에서 온갖 나쁜 짓만 골라서 하는 잔인한 사람이 되었다. 그러던 중에 1748년 3월 1일, 그는 배 안에서 토마스 아킴퍼스의『그리스도를 본받아』란 책을 우연히 발견하고 읽기 시작하면서 주기도문을 수천 번 드렸다. 결국 그가 작사한 은혜로운 찬송은 주기도문의 소산이라고 할 수 있다.

누군가를 위해서 주기도를 일천 번 드리자

자신만을 위한 이기적인 기도는 하나님께서 기뻐하시지 않는다. 물론 자신을 위해서도 기도할 수 있지만 다른 사람, 누군가를 위하여 드리는 기도를 하나님께서 더 받으시고 응답하신다. 누군가를 위해서 주기도를 일천 번 해 보아라. 중보기도가 필요하신 분이나, 가족이나 지인이나 성도를 정해 놓고, 그를 위해 주기도를 드려보라. 필자가 쓴 "주기도 일만 번드리기"를 참조해보라. 우선 당신 자신에게 이상한 일이 생겨나고 당신이 달라질 것이다. 신비스런 성령의 체험을 하게 될 것이다. 그리고 누군가를 위해서 주기도를 일만 번 드리면 그도 달라질 것이다. 병이 치유될 것이다. 죽기 전에 한 번 쯤 일만 번 주기도를 해 보아라. 기적은 주기도로 일어날 것이다.

성도가 죽기 전에 누군가를 위해 주기도를 일천 번 해야 하는 이유

성도가 죽은 후에 할 수 있는 일과 할 수 없는 일이 있다. 성도가 죽은 후에도 계속할 수 있는 일은 하나님을 예배하고 찬양하고 경배하는 일이다. 그러나 할 수 없는 일은 전도, 헌금, 기도가 대표적인 것이다. 성도는 죽으면 더 이상 기도가 필요없다. 성도는 세상에 살아 있는 동안에 기도를 많이 해야 한다.

첫째, 기도는 누군가를 구원할 수 있는 방법이다. 초대교회에서 성령을 충만히 받는 사도들은 기도했고 예루살렘 거기에 나아가 복음을 외쳤을 때 무려 3,000명씩이나 회개하고 구원을 받았다(행 2:41). 기도는 수많은 사람을 구원할 수 있는 능력의 원천이 된다. 누군가를 위해 주기도를 일천 번 드리는 그 사람을 구원할 수 있다.

둘째, 기도는 최고의 봉사다. 기도로 안 되는 일은 세상에 없다. 복음성가에 '기도할 수 있는데 왜 걱정하느냐' 라는 구절이 있다. 기도는 모든 것을 할 수 있다. 특히 기도할 수 없는 가족이나 이웃이 있을 때에 그 누군가를 위하여 주기도를 일천 번 드리는 봉사를 한다면 그의 소원이 성취되는 은혜가 있을 것이다. 누군가를 위해서 주기도로 일천 번 봉사하면 놀라운 일이 있을 것이다.

셋째, 기도는 문제해결의 열쇠가 된다. 사람이 살다보며 여러 가지 어려운 문제에 봉착할 때가 있다. 하지만 사람의 지혜나 돈으로도 해결이 안 되는 경우가 허다하다. 그럴 때는 하나님 앞에 엎드려 기도해야 한다. 어려운 문제로 교회에 가서 기도하지 못할 때에 유일한 방법은 속으로 주기도를 하면 해결될 수 있다. 누군가가 어려운 문제로 고민할 때에 그를 위하여 주기도를 일천 번 드리면 하나님께서 해결해 주실 줄 믿는다. 성도가 죽기 전에 누군가를 위해 주기도를 일천 번하는 것은 복된 일이다.

세례 받은 날을 자신의 축제일로 지켜라

Bucket List **#007**

하나님을 믿고 일정 기간 동안 교회에 다닌 사람은 누구나 세례를 받는다. 누구든지 세례를 받아야 정식 교인이 된다. 세례는 성도의 삶을 완전히 바꾸어 놓을 수 있는 새로운 출발점이다. 세상에서 살며 마귀의 종으로 타락한 삶을 살던 사람이 세례를 받음으로 새로운 생활을 하는 경우를 많이 볼 수 있다. 에디오피아 여왕 간다게의 국고를 맡은 관리인 내시가 예루살렘에 예배하러 왔다가 돌아가는 길에 빌립 집사에게 전도를 받고 자발적으로 세례를 받았다(행 8:26-39). 전설에 의하면 그로 인하여 에디오피아가 기독교 국가가 되었다고 한다.

세례란 무엇인가?

'세례(洗禮, baptism)'란 헬라어로 '밥티조' 라고 하는데 물속에 잠긴다는 뜻을 가지고 있다. 구약에는 세례란 말이 없지만 학자들은 세례가 구약시절에 물로 정결 예식을 행했던 데서 유래한 것으로 보고 있다(레 14:6, 민 19:19). 신약에서 세례는 세례 요한의 등장과 함께 복음서의 첫마디로 시작한다(막 1:4). 세례 요한은 회개의 세례를 강조했으며 반복적인 세례가 아닌 일회적인 세례를 베풀었다. 그는 예수님에게 세례를 주었으며 예수님의 신들메가 되었다.

세례는 물로 '성부와 성자와 성령의 이름' 으로 죄를 씻는 거룩한 예식이다. 세례는 옛 사람이 예수 그리스도와 함께 죽어 장사되어 부활하신 주님과 함께 새사람으로 거듭나는 것을 뜻한다(롬 6:1-7,고후 5:17). 그러므로 세례를 받은 다음에는 옛 사람을 벗어버리고 새사람을 입어야 한다. 주님의 말씀에 순종하고 책임과 의무를 감당해야 한다.

세례는 구원받은 사실을 전제로 하며 당사자의 신앙고백에 근거해서 시행한다. 엄격히 말하면 구원을 받기 위한 조건으로 세례를 받는 것이 아니라, 구원을 받았기 때문에 사실적인 그의 신앙고백에 근거해서 세례를 베푼다. 이 원칙은 반드시 준수되어야 할 것은 성경적이며 교회적인 원리와 지침이기 때문이다(마 28:19-20,막 16:15-16,행 8:34-36).

세례를 베푸는 방법에는 일반적으로 약식 세례와 침례의 두 가지가 있다. 약식 세례는 목사가 수세자의 머리 위에 손으로 물을 뿌리는 방식으로 대부분의 장로교회 계통에서 선용한다. 반면에 침례는 목사가 수세자의 온 몸을 물속에 잠기게 하는 침수의 방식이다. 칼뱅은 그의 『기독교 강요』의 세례를 언급하는 대목에서 '옛 교회' 에서 침례(baptize, 물에 잠그다)를 행한 것이 확실하지만 그렇다고 침례나 세례 중 어느 것을 택할 것이냐의 문제는 중요하지 않다고 기술했다. 어느 한 편을 고집하지 말고 교회가 소속된 교단의 헌법에 따라서 교회적인 결정에 따르는 것이 바람직하다고 여겨진다.

세례는 받고 나면...

세례를 받은 성도에게는 다음 세 가지의 권리가 주어진다. 첫째, 성찬에 참여할 권리가 있다. 주님의 몸과 피를 상징하는 떡과 잔은 아무나 받을 수 없다. 둘째, 교회의 최고의결기관인 공동의회에 참석하여 의결권을 행사할 수 있다. 셋째, 세례를 받으면 교회의 제직(장로, 집사, 권사)이 될 수 있고, 제직을 선출하는 선거권과 피선거권을 얻게 된다.

세례를 받은 성도에게는 다음 세 가지의 의무가 있다. 첫째, 교회의 공식 예배에 모두 출석해야 할 의무가 있다. 대개 세례 받은 교인이 주일 낮 예배만 출석하는데 그것은 교인의 의무를 다하지 못하는 것이다. 세례교인은 주일예배, 찬양예배, 수요기도회를 출석할 의무가 있다. 둘째, 당회의 치리에 복종해야 할 의무가 있다. 당회는 성도의 신앙생활을 지도한다. 그러므로 교인은 당회에서 결의하고 지도하는 내용을 따라야 한다. 셋째, 헌금을 해야 하는 의무가 있다. 교인의 헌금은 하나님의 나라와 그의 의를 위해서 사용되기 때문에 교인은 당연히 하나님께 헌금을 드려서 하나님의 뜻을 이루어야 할 의무가 주어지는 것이다.

성도가 죽기 전에 세례 받은 날을 자신의 축제일로 지켜야 하는 이유

자신이 세례 받는 날은 기억하고 있어야 한다. 세례 받은 날조차 잊고 지내는 성도가 많이 있다. 자신이 세례 받은 날은 자신의 삶이 세상에서 하나님께로 전환된 날이다. 그런데 그 날을 기억도 하지 못한다는 것은 하나님과 자신에게 부끄러운 일이다. 만일 자신이 세례 받은 날을 기억하지 못한다면 세례를 받은 교회를 찾아가서 물으면 가르쳐 줄 것이다.

우리가 세례는 여러 번 받지 않는다. 세례는 한 번만 받기 때문에 자신에게 아주 뜻이 있는 날이다. '처음'은 항상 특별한 의미를 지니고 있다. '처음처럼'이란 소주가 인기 있듯이, 성도들에게도 처음이자 마지막으로 세례를 받은 날은 죽을 때까지 기억해 두어야 할 날이다. 한 번 세례를 받은 성도가 죽기 전에 언제 다시 세례를 받을 것인가? 다시는 없다.

성도가 죽기 전에 세례 받은 날을 축제일로 지키는 것은 좋은 일이다. 유유히 흐르는 세월 속에서 자신이 세례 받은 날을 기억하고 지키면 첫째로 하나님께서 기뻐하실 것이고, 둘째로 다른 성도에게 신앙의 본이 될 것이고, 셋째로 자신의 신앙이 성숙해질 것이다.

죄 가운데 태어난 생일을 축제로 보내는 것보다는, 천국 입성이 획정된 날을 축제일로 정하고 깜짝 놀랄만한 이벤트를 만들자. 가족과 가까운 분들과 교역자에게 부탁하여 예배를 드리자. 예배를 마친 후에 자신이 세례 받은 날을 축제일로 정한 이유를 설명하고 자신의 신앙 경력과 신앙고백을 하자. 그리고 케이크를 자르고 하나님의 영광과 모두를 위한 박수를 치고 음식을 나누며 기쁨을 교환하자.

축제일은 처음부터 정해진 것은 아니다. 누구든지 특별한 날에 의미를 부여하고 즐기면 축제일이 될 수 있다. 특히 하나님을 믿는 성도에게는 매 주일이 하나님을 기쁘시게 하고 자신이 은혜를 받는 축제일이다. 그리고 성탄절과 부활절, 성령강림절 등 교회의 절기가 축제일이다. 우리는 축제일을 아무 의미 없이 보낼 것이 아니라, 그 날에 하나님의 은혜와 축복을 감사하며 기념하고 즐기면 언제까지나 기억에 남는 축제일이 될 수 있다.

첫째, 세례 받은 날을 축제일로 지키면 하나님께서 기뻐하신다. 하나님은 우리를 공연히 작란으로 택하시지 않으셨다. 하나님은 성도 한 사람 한 사람을 천의 하나 만에 하나 뽑으시고 택하셨다. 예수님은 한 사람의 생명이 천하보다 소중하다고 하셨다(마 17:26). 하나님께서 구원받도록 예정하신 성도가 주님을 영접하고 세례를 받은 날을 기억하고 감사하는 축제를 하면 누구보다도 하나님께 기뻐하시고 더 많은 은혜를 주실 것이다.

둘째, 세례 받은 날을 축제일로 지키면 다른 성도에게 본이 된다. 하나님을 믿고 예수님을 영접하는 것은 보통일이 아니다. 물론 불신자에게는 아무 의미도 없어 보일지라도, 최소한 하나님을 처음 믿기 시작한 성도에게는 '나도 어서 잘 믿고 세례를 받아야지' 하는 부럽게 보이는 하나의 사건이다. 무엇보다도 세례를 받은 후에 자신의 삶이 아름답게 보였을 때에 세례를 받은 날은 기쁨과 즐거움 그리고 축복의 날로 여겨질 것이 틀림이 없다.

셋째, 세례 받은 날을 축제일로 지키면 자신의 신앙이 성숙해진다. 사람의 다짐과 결심을 자주 변한다. 하나님을 믿는 성도가 신앙고백을 했을지라도, 여건과 사정에 따라서 잘 못 될 수 있고, 최악의 경우에는 불신앙에 빠질 수 있다. 그러므로 자신이 세례를 받은 날을 축제일로 지키면 신앙적인 일탈을 막을 수 있고, 더욱 나아가서 자신의 신앙을 성숙한 자리로 끌어올릴 수 있다. 축제나 이벤트는 자주할수록 향상되고 발전한다. 성도는 죽기 전에 자신이 세례 받은 날을 축제일로 지켜서 신앙생활의 기쁨과 축복을 누리면 좋을 것이다.

십일조 드림을 생활화하라

Bucket List **#008**

성경에서 언급하는 헌금의 가장 대표적인 형태는 십일조다. '십일조(十一條)'는 문자적인 의미로 십분의 일(1/10)이다. 십일조는 레위인 제사장의 기업이고(민 18:21-24), 레위인과 객과 고아와 과부에게 식량으로 주어서 먹고 배부르게 하는 양식이다(신 26:12).

개정개역성경에는 '헌금'이라는 용어가 8회, '연보'라가 용어가 8회, '십일조'라는 용어가 27회가 기록되어 있다. 근자에 대한예수교장로회(통합)에서는 '헌금'이라는 용어가 '돈'을 연상시킨다고 해서 '예물'이라는 용어를 사용하도록 했다. 우리는 하나님께 예배를 드리면서 헌금을 봉헌한다. 헌금은 성도의 의무이자 하나님을 섬기고, 선교에 동참하는 일이다.

돈은 성도에게 필요하면서도 가까이 해서는 안 되는 예민한 것이다. 사도 바울은 "돈을 사랑함이 일만 악의 뿌리가 되나니"(딤전 6:10)라고 했고, 정몽주의 어머니는 아들에게 '돈을 돌로 여기라'고 했다고 한다. 그런데 그 돈을 하나님께 헌금한다는 것은 묘한 정서를 가지게 한다. 그럼에도 불구하고 성경은 하나님께 헌금을 드리라고 하셨다(민 31:50).

십일조의 성경적인 유래

최초의 십일조는 믿음의 조상 아브라함에게서 유래하였다. 소돔성이 전쟁으로 망하고 거기에 살고 있던 조카 롯이 잡혀가게 되었다. 아브라함은 롯을 구하려고 318명의 훈련된 자들을 데리고 가서 롯을 구하고 돌아오게 되었다. 그런데 돌아오는 길에 살렘왕 멜기세덱을 만나서 떡과 포도주를 받고 축복을 받았다. 아브라함은 승리하고 축복을 받은 것이 너무 감사하여 전쟁에서 얻은 것 중에서 십분의 일을 멜기세덱에게 봉헌하였다. 이 사건에 나오는 예물이 성경에 나오는 최초의 십일조로 기록되어 있다(창 14:18-20).

믿음의 조상 아브라함이 십일조는 하나님의 은혜에 감사함으로 드렸다. 멜기세덱은 예수 그리스도를 말하며(히 7:3), 떡과 포도주는 예수 그리스도의 살과 피를 의미하고(마 26:26-28), 멜기세덱이 아브라함을 위해 복을 빈 것은 십일조를 드리는 성도에게 예수님께서 하늘에 속한 신령한 복을 주신다(엡 1:3)는 것을 나타내는 것이다. 아브라함이 드린 십일조는 율법에 의해서 드려진 것이 아니다. 승리와 축복에 감사하여 자발적으로 십일조를 드렸다. 여기서 십(10)은 전체를 의미하며 그중의 하나(1)는 전체를 대표한다. 우리가 받은 전체가 하나님의 것인데 그중의 하나를 떼서 전체를 대표하여 하나님께 드리는 것이 십일조의 정신이다.

십일조의 언약

이스라엘 백성이 매년 모든 곡식과 가축의 십분의 일을 성전에서 봉사하는 레위인을 위해서 따로 떼어놓아야 한다는 것을 말씀하셨다(레 27:30-33, 민 18:21-32). 또한 레위인들도 그들이 받은 것의 십분의 일을 같은 레위인이지만 아론의 자손인 제사장들을 위해서 내어놓으라고 가르쳤다. 레위인들은 이스라엘에서 어떤 기업도 받지 못했다. 대신에 그들은 성막(성전) 봉사와 백성을 하나님의 말씀으로 가르치도록 구별되었다. 사실 레위인들은 하나님을 봉사함으로써 이스라엘 백성을 대신하였다. 반면에 열한지파는 땅을 소유하고 일을 해서 소득을 얻는 것에서 레위인의 몫을 대신하였다. 그것은 레위인의 생계를 책임지는 것이다. 결국 이스라엘의 십일조는 레위인들의 생계수단으로 제공되었다. 이때 레위인들도 이스라엘이 그들에게 제공한 십일조로 인해서 소득이 발생한 까닭에 그 소득에서 십분의 일을 제사장에게 드림으로써 사실상 모든 이스라엘이 십일조 생활을 하게 되었다.

이스라엘은 적지 않은 헌금을 생활화했다. 소산의 '첫 열매'를 가축의 첫 새끼와 함께(출 34:19-26) 하나님께 바쳤다. 때로는 십일조와 첫 열매를 구별하기도 했는데, 이는 십일조와 함께 드려졌던 서원한 예물이나 자원한 제물이었다(느 12:44). 그리고 이스라엘은 십일조와 함께 헌물도 바쳤다. 이스라엘 백성들은 성막(성전)에서 제사를 드리는 데 필요하며 또는 성막을 위한 건축 재료로 쓰일 기부금과 기증물을 바쳤다. 이 십일조의 언약에는 반드시 축복이 수반되었다.

십일조의 축복

성도가 온전한 십일조를 하나님께 드리면 어떠한 축복을 받을 수 있을까? 하늘 문이 열리는 복을 받는다. "만군의 여호와가 이르노라 너희의 온전한 십일조를 창고에 들여 나의 집에 양식이 있게 하고 그것으로 나를 시험하여 내가 하늘 문을 열고 너희에게 복을 쌓을 곳이 없도록 붓지 아니하나 보라"(말 3:10). 결국 십일조는 본인이 선택할 상황이 아니고 하나님의 지엄하신 명령이라는 뜻이다.

하나님은 "온전한 십일조"를 드리라고 말씀하셨다. 하나님을 속이지 말고 수입의 십분의 일을 온전하게 바치라는 것이다. 온전한 십일조가 축복 받는 황금열쇠(royal key)다. 때를 따라 비가 풍족하게 오면 농사가 잘되어 목축도 잘되고 사람도 풍족하게 된다. 하늘문이 열리면 사업도 잘 되고 장사도 잘 되고 모든 일이 만사형통한다.

하나님께 온전한 십일조를 드리는 성도의 땅은 아름답고 복 된 옥토가 되게 하셔서 농사가 잘되고 풍성한 결실을 맺는다. 주님께서 "온유한 자는 복이 있나니 그들이 땅을 기업으로 받을 것임이요"(마 5:5)라고 말씀하셨다. 마음이 온유한 성도가 기업으로 받을 땅은 하나님께서 함께하시는 자손의 영적 유산을 의미한다. 온전한 십일조를 드리는 성도는 하나님께서 하는 모든 일을 형통하게 하셔서 기쁨과 만족을 얻는다는 말씀이다. 이삭과 같이 하나님께서 함께하셔서 한 해 농사에 100배의 추수를 거두었다.

성도가 죽기 전에 십일조 드림을 생활화해야 하는 이유

십일조는 감사하는 마음으로 기쁘게 바쳐야 한다. 십일조는 의무적으로 낼 것이 아니라 즐겁게 바쳐야 한다. 하나님께 드리는 예물은 숫자에 메이지 말고 기쁜 마음으로 넉넉히 드려야 할 것이다. 십일조를 율법적으로 드리면 하나님께서 기뻐하시며 받지 않으신다. 은혜시대에 사는 우리에게 십일조는 새 언약이다. "각각 그 마음에 정한 대로 할 것이요 인색함으로나 억지로 하지 말지니 하나님은 즐겨 내는 자를 사랑하시느니라"(고후 9:8). 십일조를 생활화하여 억지로 하지 말고 즐거운 마음으로 하나님이 기뻐 받으시고 약속하신 대로 축복하실 것이다. 성도가 죽기 전에 십일조 드림을 생활화해야 하는 이유가 무엇인가?

첫째, 십일조는 자신의 것이 아니라 하나님의 것이기 때문이다. 세상에 살면서 공짜로 하나님의 것을 누리고 살면서 최소한 십분의 일마저 하나님께 드리지 않으면 죽고 난 다음에 하나님 앞에 가서 창피해서 얼굴도 들지 못할 것이다. 그러므로 최소한의 신앙양심이 있다면, 죽기 전에 온전한 십일조를 봉헌해야 떳떳하게 하나님 앞에 나아갈 수 있을 것이다.

둘째, 십일조를 드리지 않으면 하나님의 것을 도적질하는 것이 된다. 성도가 되어 가지고 하나님의 것을 도적질하고 복을 받겠다는 생각은 말도 안 된다. 이 세상에서도 사람의 것을 도적질하면 절도죄로 처벌을 받는데 하물며 하나님의 것을 도적질해서야 어떻게 구원을 받겠는가?

셋째, 온전한 십일조는 하나님의 말씀에 순종하는 방법이다. 사무엘 선지자는 순종이 제사, 즉 예배보다 낫다고 하셨다(삼상 15:22). 하나님께 대한 순종이 신앙생활에서 가장 중요하다는 뜻이다. 솔직히 믿음이 부족한 성도에게 온전한 십일조 생활은 부담이 될 수 있다. 하지만 기복신앙을 떠나서 하나님의 말씀에 순종하려는 믿음으로 십일조를 드리면 하나님께서 기뻐하시고 축복하실 것이다.

신앙의 멘토를 만나라

Bucket List **#009**

사람이 혼자 살아가기에는 힘든 세상이다. 다양한 정보가 홍수처럼 밀려와도 자신에게 알맞은 정보를 찾기도 힘들고, 자칫 잘못 된 정보는 인생을 후회하게 만든다. 특히 성도에게는 자신을 신앙적으로 바르게 살아갈 수 있는 멘토가 필요하다. 아무리 성경을 많이 읽고, 기도를 많이 하고, 교회에 열심히 출석해도 신앙의 멘토가 없으면 난감할 때가 있다. 주변에 있는 신앙의 선배를 자신을 위한 신앙의 멘토로 정하고 자주 만나는 것이 성숙한 신앙인이 되는 비결이다.

멘토란 무엇인가?

'멘토(mentor)'란 '조언자의 역할을 하는 사람'을 이르는 용어로 『오딧세이』에 나오는 노인의 이름이다. BC 1200년경에 고대 그리스의 이타이카 왕국의 오딧세우스가 트로이 전쟁에 출정할 때 그의 사랑하는 아들을 가장 믿을만한 친구에게 돌봐달라고 맡기고 떠났는데 그 친구의 이름이 멘토였다. 오딧세우스가 전쟁에서 돌아오기까지 무려 10년이라는 세월을 멘토는 친구의 아들 텔레마쿠스를 때로는 엄격한 스승으로, 때로는 가장 친한 친구로, 때로는 자상한 아버지처럼 돌보아 훌륭한 왕자로 키워주었다. 이후로 "멘토"라는 그의 이름은 '지혜와 신뢰의 사람'으로 인생을 이끌어가는 조언자의 동의어로 사용되게 되었다.

멘토라는 말은 일반적으로 한 사람이 다른 사람에게 의도적으로 영향을 끼치는 관계를 설명할 때 사용하게 된다. 멘토란 경험을 통해 삶의 통찰력과 지혜를 소유한 사람이 다른 사람의 성장을 돕기 위해서 그에게 찾아가 삶의 안내자, 상담자, 후원자가 되어주는 것을 의미한다. 멘토에게 배우는 사람을 프로테제(protege, 피보호자), 혹은 멘티라고 부른다.

성경에 나오는 멘토

사도행전 9장을 보면 바울이 회심하는 장면이 나온다. 바울(옛 이름 사울)은 예수 믿는 사람들을 핍박하고 옥에 가두던 사람이었다. 그가 다메섹까지 가서 예수님을 믿는 사람들을 잡아 오려고 가다가 홀연히 하늘에서 빛이 비추어 땅에 그만 쓰러지고 말았다. 그때 예수님의 음성이 들렸다. "사울아 사울아 네가 어찌하여 나를 핍박하느냐" "주여 누구시니이까" "나는 네가 핍박하는 예수라" 그때 그는 말할 수 없는 큰 충격으로 눈이 멀고 말았다.

예수님께서 아나니아라는 사람을 미리 예비하셔서 그에게 안수하게 하시고 눈을 뜨게 하셨다. 이때부터 바울이 예수님이 하나님의 아들이심을 깨닫고 주님의 복음을 전파하게 되었다. 이 사건으로 많은 사람이 놀라면서도 사실을 믿으려고 하지 않았다. 바울이 예루살렘에 가서 제자들을 사귀고자 하나 모두 두려워하여 그의 제자 됨을 믿지 않았다. 이제는 거꾸로 유대인들이 바울을 죽이려고 하였다. 그때 등장한 인물이 바나바다.

바나바가 사울을 데리고 사도들에게 가서 이렇게 말했다. "그가 길에서 어떻게 주를 보았는지와 주께서 그에게 말씀하신 일과 다메섹에서 그가 예수의 이름을 담대히 말하였는지를 전하니라"(행 9:27) 이 바나바의 모습을 통해서 우리는 멘토의 자세를 알 수 있다.

첫째, 멘토는 함께하는 자다. "바나바가 데리고"라고 했다. 바나바가 누구를 데리고 갔는가? 사울이다. 멘토는 혼자서 가는 사람이 아니다. 멘토는 멘티를 혼자 가도록 하지 않는다. 멘토는 함께 가는 자다. 둘째, 멘토는 변호해 준다. 바나바는 "그가 길에서 어떻게 주를 보았는지와 주께서 그에게 말씀하신 일과 다메섹에서 그가 예수의 이름을 담대히 말하였는지를"(행 9:27) 제자들에게 말해 주었다. 사울이 예전의 사울이 아니라는 것을 변호해 주었다. 그랬더니 "사울이 제자들과 함께 있어" 이제는 복음을 전하게 되었다. 그리고 유대인들이 그를 죽이려고 하자 그들이(믿음의 형제들이) 그를(사울을) 보호해 주게 되었다.

사울, 즉 바울이 제자들과 함께 복음을 전할 수 있도록 만든 것은 바나바의 위대한 역할이었다. 바울은 기독교의 역사를 바꾸어 놓았고, 신약 27권 중에 13권을 쓴 사람이 되었다. 바나바는 사울에게서 영적 멘토였다. 바나바가 없었다면 바울이 없었을 것이다. "바나바는 착한 사람이요 성령과 믿음이 충만한 사람이라"(행 11:24)고 했다. 바나바가 바울과 함께 안디옥에 가서 하나님의 사역을 하였다. 그때부터 교인들이 역사상 처음으로 '그리스도인(Christian)'이라는 일컬음을 받고 교회 사상 최초로 선교사로 나가게 되었다.

신앙의 멘토란 성숙한 성도가 영적 자녀가 주님을 섬기며 동행하는 삶을 스스로 할 수 있도록 세워주는 훈련과정을 말한다. 신앙의 멘토가 성도의 믿음을 적절하게 보살핀다. 성도는 신앙적으로 많은 문제에 노출되어 무엇인가를 알아야 하고 어떻게 해야 하는지를 배워야 한다. 마치 부모가 신생아를 돌보는 것과 같이 성도가 개인적으로 영적 지도를 받아야 한다.

신앙의 멘토는 성도에게 적절한 말씀을 제공한다. 성도는 영혼에 필요한 영적 양식으로 성경말씀을 취할 때에 자기의 능력에 맞는 수준의 말씀을 신앙의 멘토에게 공급받아야 한다(벧전 2:2). 생명은 자연적 성장을 갖고 있지만 올바른 성장을 위해 적절한 도움이 필요하기 때문이다. 그래서 멘토는 사랑과 용납으로 성도를 이해해 주고 해야 할 일과 알아야 할 것을 꾸준히 구체적으로 제시하고 자극해 준다.

성도가 죽기 전에 신앙의 멘토를 만나야 하는 이유

우리는 불확실성의 현대를 살아가고 있다. 솔직히 말하면 우리는 불안한 세대에 살고 있다. 언제 어디서 어떤 사고를 당할지 모르고, 언제 불치의 질병을 앓을지도 모르며, 또한 누구에게 배신을 당할지 모른다. 이쯤 되면 불안한 세상에서 자신을 지켜줄 만한 보험에 가입하고 싶은 충동을 받는다. 그러면 어떻게 할까? 여기서 자신을 완벽하게 지켜주실 하나님을 믿는 길밖에 없다. 하나님은 제대로 믿는 방법은 여러 가지가 있지만, 자신의 믿음을 지켜주고, 올바로 성장하게 해주고, 구원을 이루어 천국에 가도록 도움을 줄 신앙의 멘토가 있어야 한다.

첫째, 자신의 믿음을 지키기 위해서 신앙의 멘토가 필요하다. 아브라함은 롯의 삼촌이자 신앙의 멘토였다. 아브라함이 하나님의 부르심으로 고향을 떠날 때에 함께 하였다. 물론 롯은 육신적으로 의지할 사람이 없는 것이 직접적인 원인이었지만 그는 삼촌 아브라함의 믿음을 배우며 동행했다.

둘째, 세상으로 나가지 않기 위해서 신앙의 멘토가 필요하다. 데마는 세상을 사랑하여 사도 바울의 동역자의 영광을 버리고 떠나간 사람으로 알려지고 있다. 바울이 로마에서 첫 번째 옥에 있거나 감금 상태에 있을 때만해도 데마는 바울의 곁에서 함께하였다. 사도 바울은 데마에게 신앙의 멘토였다.

그러나 사도 바울이 두 번째 로마의 옥에 갇혀서 순교를 피할 수 없게 되었을 때에 데마는 더 이상 바울과 고난을 함께할 마음이 없어진 것으로 추정된다. 그래서 데마는 세상의 유혹을 뿌리치지 못하고 데살로니가에 떠나가고 말았다. 데마가 세상을 사랑하는 유혹을 뿌리치고 사도 바울과 끝까지 함께하였다면 기독교 역사에 길이 남을 신앙의 위인이 되었을 것이다. 이처럼 신앙의 멘토는 중요하다.

셋째, 천국은 오직 자신의 믿음으로 들어간다. 천국에 갈 믿음을 위해서 조력자가 필요하다. 자신을 전도한 사람이나 교회의 목회자가 천국에 갈 수 있도록 도울 수 있다. 40년 이스라엘의 외로운 광야 생활에서 모세의 후계자가 된 여호수아의 멘토였고, 여호수아는 모세의 멘티였다.

성도들은 죽어서 천국에 가기까지는 서로 사랑하고, 서로 베풀고, 서로 나누는 교제(fellowship)가 필요하다. 성도에게 집단적인 교제도 중요하지만, 자신을 위한 개인적인 신앙의 멘토를 만들면 천국에 들어가는 데에 있어 많은 도움을 받을 수 있다.

성도에게 경건생활이 신앙생활의 모든 것이라고 할 만큼 중요하다. 그러나 많은 성도가 경건생활을 등한히 하여 세상 사람들에게 눈총을 받는다. 하나님을 믿는 성도라면 최소한의 경건생활을 해야 한다. 성도는 이 세대를 본 받지 말고 마음을 새롭게 하여야 한다(롬 12:2). 그리고 망령되고 허탄한 생각을 버리고 경건에 이르는 연습을 해야 한다(딤전 4:7). 더 나아가 의와 경건과 믿음과 사랑과 인내와 온유를 지켜야 한다(딤전 6:11).

『경건 생활의 기초』(에이든 토저 지음/ 강귀봉 옮김/ 생명의말씀사)라는 책이 있다. 저자는 '20세기의 선지자'라고 불릴 만큼 예리한 통찰력으로 우리가 지녀야 할 경건생활을 기록하고 있다. 그는 "어느 시대든 의인의 수는 적다. 너는 그들 중에 있음을 확신하라." 고 했다. 이 말은 현대를 살아가는 성도들에게 경건생활의 중요성과 사명감과 함께 죽음을 준비하는 데 많은 도움을 주고 있다. 과연 우리는 죽기 전에 어떤 경건생활을 해야 행복할까?

제 2 장

행복한 경건생활을 위해서

010 가정예배를 생활화하라

011 매일 일정 분량의 성경을 읽고 묵상하라

012 평생 자기 나이만큼 찬송가를 외워라

014 자신의 신앙을 간증하라

014 성경을 필사본하라

015 항상 기뻐하라

016 성령충만을 체험하라

017 악은 어떤 모양이라도 버려라

018 성전에 모이기를 힘쓰라

가정예배를 생활화하라

Bucket List **#010**

하나님께서 태초에 만물을 창조하시고 맨 마지막 날에 남자와 여자를 만들어 같이 살게 하심으로 '가정'이 생겼다. 가정은 하나님의 맨 마지막 창조 작품이다. 이 말은 가정이 빛이나 궁창, 물과 뭍, 해와 달과 동식물보다도 위에 존재한다는 말이다. 가정은 인간의 출발이자 마지막이다.

가정은 하나님 창조의 질서에 속한 가장 빼어난 집단이다. 가정은 하나님 형상에 대한 물리적인 표현방식이다. 또한 가정은 하나님이 인간 사회에 머물러 계실 수 있는 보금자리다. 나아가서 가정은 인간이 생육하고 번성하는 출발점이기도 하다. 땅을 정복하고 만물을 다스리고 세상만사를 경영하는 말씀도 가정에서부터 출발한다. 가정은 이런 창조적인 성격을 가지고 있다. 하나님께서 내주하여 계시고, 축복을 베풀어주시는 가정에서 하나님을 기쁘시게 하는 최고의 방법이 바로 '가정예배'다.

경건한 가정생활

유교에서는 이른바 '삼강오륜(三綱五倫)'으로 부위자강(父爲子綱 ; 어버이와 자식 사이에 마땅히 지켜야 할 도리), 부위부강(夫爲婦綱 ; 남편과 아내 사이에 지켜야 할 도리), 부자유친(父子有親 ; 어버이와 자식 사이에는 친함이 있어야 함), 부부유별(夫婦有別 ; 부부 사이에는 구별이 있어야 함)을 가르치고 있다. 유교에서 가르치는 어버이와 자식, 남편과 아내, 그리고 부부 사이의 도리도 바람직하다. 그러나 너무 엄격하고 교조적이어서 가족 사이에 따뜻한 정이 오가지 않는 경우가 있다. 가족 사이에 사랑이 흐르는 가정은 어떤 가정일까?

성경은 경건한 가정생활을 이른다. 경건한 가정생활이란 무엇이며 어떻게 하는 것일까? 어버이가 된다고 하는 것은 하나님께로부터 이 세상에서는 가장 귀한 '생명'을 받는 것이다. 어버이에게는 그 생명을 잘 키워 어떤 보물보다도 더 귀한 인간으로 하나님과 세상 앞에 세우는 중한 책임이 있다. 유대교에서는 할례, 기독교에서는 유아세례를 베푸는 깊은 뜻이 여기 있는 것이다. 어버이에게 있어서는 하나님께 받은 자녀를 바로 키우는 것이 무엇보다도 귀한 책임이다.

믿음의 조상 아브라함의 가정은 오직 하나님 중심이었다. 그는 가는 곳마다 하나님께 제단을 쌓았으며 언약의 자손을 기다리고 또 그 언약의 자손을 백세가 되어서 받았는데 하나님께 바치라고 하니까 바쳤다. 그래서 그의 자손 이삭과 야곱과 요셉이 이스라엘 민족의 신앙적 조산이 되었고, 다윗의 후계로 메시아 그리스도가 탄생하게 되었다.

욥이 그 자녀와 더불어 얼마나 경건한 생활을 했다. 그래서 최악의 시험을 견디고 갑절의 축복을 받았다. 모세 역시 경건한 가정의 출신이다. 사무엘, 디모데도 경건한 신앙가정을 배경으로 하고 있다. 고넬료도 온 집안과 더불어 하나님을 경외하고 백성을 구제하며 기도하였는데 그와 그의 가족은 복음이 이방인에게로 나아가는 동기와 모델이 되었다.

성경에는 경건한 부모에게는 경건한 자녀가 있었다. 그래서 성경은 자녀에게 경건을 가르칠 것을 여러 곳에서 교훈하고 있다. "마땅히 행할 길을 아이에게 가르치라 그리하면 늙어도 그것을 떠나지 아니하리라"(잠 22:6). 경건한 부모는 항상 부족한 것을 깨닫는다. 그러므로 하나님께 매달려 자녀를 위하여 계속하여 기도한다. 또한 경건한 자녀는 부모를 존경하며 그의 훈계를 들으며 존경한다. 경건한 가정생활은 경건한 자녀를 낳고, 가족을 행복하게 하며, 하나님의 축복을 받는 도구가 된다. 경건한 가정생활은 이웃에게 모범이 되어 주님의 복음을 간접적으로 전하게 된다.

가정예배를 생활화하는 방법

아브라함이 가는 곳마다 제단을 쌓고 여호와 하나님의 이름을 불러 자손만대까지 복을 받은 것처럼 가정예배는 가정이 하나님의 신령한 복과 땅의 기름진 복을 받는 필수 조건이다. 가정은 작은 교회이며 이상적인 사랑의 공동체다. 가정예배는 가족의 신앙적 일치와 축복의 기회며 나아가 가족들의 대화와 교제를 통해 기쁨과 고통을 함께 나눌 수 있는 기회가 된다. 가정예배를 계속 드리면 신앙의 전통이 이어지고 가족이 화목하게 된다.

가정예배의 방법은 가정에 따라 약간씩 다를 수 있으나 다음과 같이 하면 된다. 첫째, 가정예배는 가장인 아버지가 인도한다. 둘째, 가정예배는 매일 계속해야 한다. 셋째, 가정예배 시간이 길어지지 않도록 15-20분 정도로 하고 자녀가 기쁘게 참석할 수 있도록 배려하는 것이 좋다. 넷째, 가정예배에서 성경은 계속 통독해 나가는 방법도 있고 좋은 QT 교재를 사용하는 것도 도움이 될 수 있다. 다섯째, 기도는 일반 기도와 더불어 중보기도가 있으면 좋고, 기도 전에 기도의 제목을 나누는 것이 좋다.

성도가 죽기 전에 가정예배를 생활화해야 하는 이유

하나님께 드리는 예배는 예수님을 믿기 시작하여 죽고 난 후에 천국에 가서까지 드리게 되는 정규 과정이다. 자신이 하나님을 믿는 성도라면 예배는 절대로 회피할 수 없는 본분이자 의무다. 하나님은 성도들의 예배를 통해서 기뻐하시고 영광을 받기를 원하신다. 그러므로 예배는 성도의 모든 것(All Thing)이다. 예배가 없는 사람은 그리스도인(성도)이 아니고, 영과 진리로 예배하는 사람이 진정한 그리스도(성도)다. 이 말은 가정에도 적용된다.

가정예배가 없는 가정은 기독교인 가정이 아니다. 또한 영과 진리로 하나님께 가정예배를 드리는 가정이 진정한 그리스도인의 가정이다. 하나님은 가정예배를 드리는 가정에 내주하셔서 은혜와 평강을 주시고, 하늘의 신령한 복과 땅의 기름진 복을 베풀어주신다. 성도의 가정에는 가족이 죽을 때까지 가정예배를 드릴 사명이 있다. 아니, 가족이 죽은 후에도 후손까지 대대로 이어서 가정예배를 드려야 하나님께서 기뻐하시고 축복하신다.

첫째, 가족이 하나님과 동행하기 위해서 가정예배를 드려야 한다. 아브라함은 그가 가는 곳마다 제단을 쌓고 하나님과 동행하였다. 그래서 아브라함은 언약이 성취되는 은혜와 축복을 받았다. 에녹은 자녀를 낳으며 평생을 하나님과 동행하다가 죽음을 보지 않고 하늘나라에 갈 수 있었다. 언제 어디서 상상할 수 없는 재해를 당할지 모르는 세상에서 가족이 하나님과 동행할 수 있는 방법은 가정예배밖에 없다고 판단된다. 성도가 죽기 전에 아니 성도가 죽을 때까지 가정예배를 드린다면 하나님과 진정한 동행을 하다가 천국에 갈 수 있다.

둘째, 가정이 하나님을 기쁘시게 하려면 가정예배를 드려야 한다. 인간이 세상에 존재하는 궁극적인 목적은 하나님을 기쁘시게 하는 것이다. 그러므로 가정에서 시간을 정해놓고 가정예배를 드린다면 하나님께서 기뻐하신다. 가족이 가정예배를 드리면 어쩔 수 없이 하나님을 중심으로 살 수밖에 없다. 그러므로 가정예배는 가족이 세상에 나가서도 하나님을 중심으로 살게 되고, 이는 곧 세속에 빠지지 않고 믿음으로 사는 계기를 마련하게 된다. 성도가 죽기 전에 가정예배를 드려서 하나님을 기쁘시게 하도록 하자.

셋째, 가족이 화목하기 위해서 가정예배를 드려야 한다. 가족도 경우에 따라서 불화할 수 있다. 불화한 가족이 화목할 수 있는 계기로 가정예배가 제일 좋다. 가족이 서로 얼굴을 붉히다가도 가정예배를 드리면서 서로를 위하여 기도하면 화가 풀리고 웃는 낯으로 하나님께 예배를 드리게 된다. 주님은 십자가에서 우리의 화목제물이 되셨다(엡 2:14-18). 가정예배는 가정에 화목의 십자가를 세우는 일과 같다. 가정예배를 통해서 가족이 먼저 하나님과 화목하고 나아가서 가족이 서로 화목한다면 이에서 더 행복한 일은 없을 것이다. 성도가 죽기 전에 가정예배를 통하여 화목의 십자가를 세우고 화목하고 기쁨을 누리는 가정이 되자.

매일 일정 분량의 성경을 읽고 묵상하라

Bucket List **#011**

우리들이 교회에 갈 때 성경을 들고 가거나 가방에 넣고 다닌다. 그리고 예배 시간이 되면 의례히 성경을 펴 본다. 그런데 유감스럽게도 우리가 성경을 대하는 시간은 그 순간뿐이다. 집에 오면 성경이 가방 속에서 그대로 있어 잠을 자거나 선반 위에 놓여서 다음 주일을 기다린다. 여기서 성경을 의인화한다면 처량하게 울고 있을 것이다. 우리는 성경을 그렇게 해서는 안 된다. 최소한의 신앙 양심을 가지고 있다면 하나님에게 부끄러운 일이다.

사람은 살기 위해서는 음식을 먹어야 한다. 안 먹으면 몸이 약해져서 살 수 없게 된다. 마찬가지로 신자의 영도 음식을 먹어야 한다. 아프리카 기아 지역의 어린이들처럼 우리의 영이 같은 모양일 수 있다. 그러한 사람은 아무리 외형이 번듯해도 마음은 절대로 안식을 얻지 못한다. 결국에는 모든 것이 망하고 만다. 예수께서 말씀하신다. "살리는 것은 영이니 육은 무익하니라. 내가 너희에게 이른 말이 영이요 생명이라"(요 6:63). 영을 받고 생명을 받으려면 그의 말씀을 받아야 한다. 말씀을 받은 사람은 말씀으로 인해 신적인 존재가 된다.

말씀은 읽지 않고 기도만 하는 많은 사람을 본다. 말씀을 모르면 기도도 제대로 할 수 없다. 오히려 기도를 통해서 불신앙적 말만 잔뜩 말할 수 있다. 그러면 내 영혼은 그 부정적인 사고로 넘쳐서 오히려 믿음이 약해진다. 말씀을 가지고 그 말씀에 의지해서 기도해야 한다. 그래서 믿음의 기도를 하게 되는 것이다. "믿음은 들음에서 나고 들음은 그리스도의 말씀으로 말미암았느니라" 이 말씀대로 믿음은 말씀에서부터 나온다. 말씀을 읽고 말하고 말씀대로 행동함으로 믿음은 자연스러운 것이 된다. 그리스도처럼 확신에 차서 말하게 된다. 산을 옮기고 기적을 행하는 능력을 원하는가? 말씀을 읽고 믿으라. 그대로 행하라.

성경이란 무엇인가

성경은 살아계신 하나님의 말씀이다. 말씀이 육신이 되어 세상에 오신 예수 그리스도를 그대로 알려주는 거룩한 말씀이다. 교회사에서 성도들은 성경을 지키기 위해서 목숨을 내놓고 순교까지 하였다. 성경은 세상의 무엇과도 바꿀 수 없는 하나님의 말씀이기 때문이다. 성경은 40명의 저자에 의해 1600년에 가까운 기간 동안에 기록되었다. 그럼에도 불구하고 성경 66권은 모두 인간을 죄에서 구원하시려는 하나님의 계시로 통일되어 있다. 그 이유는 성경이 하나님의 성령의 감동으로 기록되었기 때문이다.

모든 성경에는 예수 그리스도에 관한 말씀이 기록되어 있다. 구약성경에는 장차 오실 메시아를 상징적으로 350회에 걸쳐 예언되어 있다. 신약성경에는 이미 오신 예수 그리스도에 관한 말씀이 기록되어 있다. 신약의 사복음서에는 주님의 복음과 그의 활동이 기록되어 있으며 사도행전은 복음을 전하는 사도들의 활동이, 서신들에는 교회를 위한 사도들의 편지가 있으며 요한계시록에는 주님의 재림에 관한 예언이 1,518번이 나온다.

매일 일정 분량의 성경을 읽어야 하는 성도

우리가 성경을 읽으면 때때로 놀라움을 갖게 된다. 성경은 하나님과 인격적인 만남이기 되기 때문이다. 엄청난 은혜를 주는 성경은 우리의 삶을 위로하고 하나님이 우리를 얼마나 사랑하시는지를 깨닫게 한다. 성경을 일독한 사람과 열독한 사람은 눈빛부터 다르다. 성경은 절망을 희망으로 바꾸어준다. 성경은 성도로 하여금 풍요로운 마음으로 평생을 살게 한다. 성경은 값에 비해 천만 배의 가치를 지니고 있다. 세상에 무한대의 경제성이 있는 성경을 읽다가 망한 사람은 없다.

성경으로 변화된 사람을 성경에서 찾는다면 먼저 디모데를 말할 수 있다. 디모데에게 성경은 자신의 신앙을 정립시키는 교과서였다. 디모데는 어려서부터 성경을 읽었다. 한두 번 읽은 것이 아니었다. 어쩌면 목숨을 걸고 읽었을 것이다. 그는 성경에서 모든 것을 배웠다. 사도 바울은 "너는 배우고 확신한 일에 거하라 너는 네가 누구에게서 배운 것을 알며 또 어려서부터 성경을 알았나니 성경은 능히 너로 하여금 그리스도 예수 안에 있는 믿음으로 말미암아 구원에 이르는 지혜가 있게 하느니라"(딤후 3:14-15)라고 가르쳤다. 디모데는 성경으로 사도 바울의 협력자가 되었고, 그의 평생에 주님과 동행하는 삶을 살았다.

현대판 디모데가 되라. 오늘의 디모데가 되기 위해서는 성경을 읽어야 한다. 성도에게 성경을 읽으라는 말이 안 좋게 들릴지 모른다. 그러나 이는 하나님께서 성도에게 하시는 말씀이다. 새벽에 일어나서 신문을 읽기 전에 성경을 읽어라. 성경은 바른 자세로 앉아서 정장을 하고 기도하는 마음으로 읽어야 한다. 성도가 죽기 전에 성경을 매일 일정 분량을 정독해야 하나님을 알 수 있다. 성경을 읽었다는 숫자에 매이지 말고 죽을 때까지 읽어야 한다.

성도는 왜 매일 일정 분량의 성경을 읽고 묵상해야 하는가?

사도 요한은 "이 예언의 말씀을 읽는 자와 듣는 자와 그 가운데에 기록한 것을 지키는 자는 복이 있나니 때가 가까움이라"(계 1:3)고 했다. 여기에 성도가 매일 일정 분량의 성경을 일고 묵상해야 하는 이유가 기록되어 있다.

첫째, 매일 성경을 읽는 성도가 복이 있다. 보통 사람이 하루에 세끼의 식사를 해야 건강을 지켜나갈 수 있는 것처럼 성도도 매일 일정 분량의 성경을 읽어야 영혼과 신앙생활의 건강을 유지할 수 있다. '일정 분량'이라고 했다. 이는 성경도 한꺼번에 많이 읽으면 이롭지 못하다는 말이다. 또한 무턱대로 많이 읽는다고 영혼과 신앙생활에 좋은 것이 아니다. 자신이 읽고 묵상하고 생활에 적용할 수 있을 일정 분량을 읽는 것이 복이 된다.

둘째, 매일 말씀을 듣는 성도가 복이 있다. 일반적으로 예배 시간에 교회에 가야 목회자를 통해서 말씀을 들을 수 있다고 생각한다. 자신이 마음만 먹으면 언제 어디서든지 하나님의 말씀을 들을 수 있다. 성경말씀을 생활화해서 수시로 마음을 열어놓고 하나님의 말씀에 귀를 기우리면 얼마든지 말씀을 듣고 복을 받을 수 있다.

셋째, 매일 말씀을 지키는 성도가 복이 있다. 성경말씀은 경문이 아니고 주문도 아니다. 성경말씀은 살아 있고 활동력을 가지고 있다(히 4:12). 그러므로 성경말씀을 듣기만 한다거나 읽기만 한다고 무슨 일이 일어나지는 않는다. 하나님의 말씀인 성경 말씀을 읽고 듣고 지켜 행해야 역사와 기적이 일어난다. "네가 네 하나님 여호와의 말씀을 삼가 듣고 내가 오늘 네게 명령하는 그의 모든 명령을 지켜 행하면 네 하나님 여호와께서 너를 세계 모든 민족 위에 뛰어나게 하실 것이라"(신 28:1). 매일 말씀을 지켜야 하나님의 축복을 받을 수 있다.

넷째, 매일 말씀을 묵상하는 성도가 복이 있다. 신앙생활에도 단계가 있다. 초급 성도가 있는가 하면 중급 성도가 있고, 또한 고급 성도가 있다. 이 말은 성도를 일종의 계급으로 평가한다는 말이 아니고, 성도가 보여주는 신앙생활의 성숙도를 이르는 말이다. 말씀을 듣기만 하는 성도는 초급 성도이고, 말씀을 읽는 성도는 중급 성도다. 그리고 말씀을 묵상하여 자신의 영성을 개발할 수 있는 성도는 고급 성도라고 할 수 있다.

“태초에 하나님이 천지를 창조하시니라”(창 1:1)로 시작해 “주 예수의 은혜가 모든 자들에게 있을지어다 아멘”(계 22:21)로 끝나는 성경말씀을 매일 일정 분량을 읽고 묵상하여 하나님을 만나면 자신의 삶을 변화시킬 수 있다. 그리하여 죄인을 의인으로, 병든 자를 건강한 자로, 가난한 자를 부요한 자로, 절망한 자를 희망이 있는 자로, 실패한 자를 성공한 자로, 죽었던 자를 살아 있는 자로 바꾸어주는 기적을 이루기를 바란다.

성도가 죽기 전에 매일 일정 분량의 성경을 읽고 묵상해야 하는 이유

한국 교회의 선교 초기에 사람들은 외국 선교사들에게서 이른바 ‘쪽 복음’을 받았다. 성경이 우리나라에 처음으로 들어올 때에는 성경전서가 번역되지 못해서 부분적으로 편집된 쪽 복음을 읽을 수밖에 없었다. 그러나 지금은 상황이 많이 달라졌다. 우리는 이제 성경전서를 ‘통째’로 읽을 수 있게 되었고 외국어로 번역하여 수출까지 할 수 있게 되었다.

우리는 언제든지 창세기를 요한계시록과 동일한 시간과 장소에서 펼쳐 읽을 수 있다. 물론 성서신학연구의 입장에서는 성경을 분석하고 나누어서 연구할 수 있다. 그러나 성경을 ‘하나로’ 읽을 수 있다는 것은 특별한 은혜가 아닐 수 없다. 또한 성경 전체를 매일 일정 분량을 읽고 묵상하면 하나님께서 놀라운 은혜와 축복을 주실 것이다.

성도가 죽기 전에 성경을 매일 일정 분량을 읽고 묵상해야 하는 이유는 다음과 같다.

첫째, 성경을 매일 읽으면 신구약성경 전체의 내용을 파악할 수 있다. 하나님의 말씀을 전체적으로 조감할 때에 말씀에 대한 거시적 안목을 가질 수 있다. 성경의 내용은 방대하다. 어느 한 부분만 읽으면 하나님께서 우리를 구원하시려는 전체의 뜻을 모를 수밖에 없다.

둘째, 성경을 매일 읽으면 말씀의 중요 부분을 발견할 수 있다. 구약은 모세가 받은 율법과 이스라엘의 역사와 시편과 지혜서 그리고 선지자들의 예언이 기록되어 있다. 신약은 주님의 복음과 교회사 그리고 사도들의 편지와 계시록이 나타나 있다. 이 성경을 매일 읽으면 성경 전체의 흐름과 개념 및 핵심 부분에 대한 주제별 공부를 하는 데 좋은 점이 있다.

셋째, 성경을 매일 읽으면 말씀을 생활화함으로 능력 있는 삶을 살게 된다. 성경을 혼자서 독학하기 힘들지만 매일 일정 분량을 언제 어디서나 정기적으로 읽으면 말씀이 곧 생활화되어서 자신의 생각과 행동을 말씀으로 조절할 수 있어서 성도다운 삶을 살 수 있다.

넷째, 하나님께서 지혜의 문을 크게 열어 주셔서 말씀에 대한 깨달음을 나날이 더하게 된다. 성경을 깨닫도록 지도하시는 분도 성령이시다(요 16:13). 그러므로 사모하는 마음으로 성경을 매일 읽으면 하나님께서 지혜의 문을 크게 열어 주셔서 날로 깨달음을 더해 주신다.

다섯째, 성경을 매일 읽으면 하나님께서 마음속에서 역사하셔서 인격과 삶을 변화시킨다. 성경은 말씀의 지식을 더해주고 궁극적인 결과로 자신의 신앙과 인격을 변화시킨다. 그리스도의 장성한 분량이 충만한 데까지 자라기를 바라는 성도는 매일 성경을 읽어야 한다.

여섯째, 매일 성경을 읽으면 주요한 암송 구절을 발견할 수 있다. 궁극적으로 우리를 성경 암송의 단계로 인도한다. 성경 암송은 성도의 능력 있는 삶에 중요하다. 성경 암송은 효과적인 전도를 위해서, 그리고 초신자에게 성경을 가르치기 위해서도 반드시 필요하다.

일곱째, 성경을 매일 읽으면 좋은 습관이 몸에 배어 생활 전반이 달라진다. 매일 성경을 읽고 생활화하면 우리 안에 있는 좋지 못한 습관들이 저절로 없어지며 깨끗하고 경건한 생활을 하게 된다. 성경 말씀은 악습을 내쫓고 선한 생활을 유도하는 능력이 있다.

성도가 죽기 전에 매일 일정 분량의 성경을 읽으면 신앙생활과 신앙 인격의 변화가 있다. 또한 말씀에 익숙하여 긍정적인 생활과 능력 있는 삶을 소유하고 승리할 수 있다. 그리하여 마지막 날에 육신을 벗어버리고 주님 앞에 섰을 때 "잘 하였도다 착하고 충성된 종아 네가 적은 일에 충성하였으매 내가 많은 것을 네게 맡기리니 네 주인의 즐거움에 참여할지어다"(마 25:21)라는 칭찬을 들을 것이다.

평생 자기 나이만큼 찬송가를 외워라

Bucket List **#012**

성도에게 예배와 생활 속에서 빼 놓을 수 없는 것이 찬송이다. 찬송은 하나님이 해 주신 일에 대한 반응이다. 해 주신 일이 너무 좋기 때문에 우리가 할 일은 단지 찬송뿐이다. 정말로 이러한 마음인가? 하나님이 그리스도를 통해서 내게 해 주신 일들을 안다면 그래서 내가 어떤 존재로 바뀌었는지 정말로 안다면 찬송은 저절로 흘러나올 것이다. 이것이 우선적인 찬송의 의미다.

세상에서 살아가는 우리는 자주 낙심을 한다. 어려운 일을 경험하면서 마음이 상심한다. 그러면 찬송은 중단되고 만다. 찬송할 기분이 아닌 것이다. 그러나 이런 때가 더욱 찬송할 시간이다. 찬송을 하면서 우리의 감정은 다시 그 찬송의 내용대로 된다. 그리고 하나님의 권능을 다시 느끼면서 진정한 찬송의 마음이 된다.

찬송은 하나님이 하신 일과 지금 나를 통해서 하시는 일 그리고 장차 하실 일을 노래한다. 곡조 없이 노래할 수도 있다. 헛된 말보다 찬양을 하라. 입만 하는 것만 아니라 마음에까지 찬양이 울려야 한다. 그리고 행동으로 펼쳐짐으로 보이는 찬양이 된다. 가장 중요한 것은 찬양의 마음 상태를 항상 유지하는 것이다. 그리하여 잠재 의식에까지 하나님을 찬양한다면 다윗처럼 형통하게 될 것이다. 사실, 다윗처럼 찬양을 많이 한 사람이 없을 것이다. 그의 모든 찬양은 그의 영혼에서 무의식까지 채워져있다. 운전하다 무의식적으로 브레이크를 밟는 것 처럼 술 마시는 사람은 무의식적으로 술을 찾는다. 무의식이 사람의 가는 길을 선택한다.

우리의 무의식에까지 찬송의 마음이 채워진다면 언제나 그 힘이 넘쳐나올 것이다. 어떠한 상황에서도 찬양이 나온다면 모두 바뀌고 만다. 사망의 음침한 골짜기도 찬양의 골짜기가 된다. 사막에 강이 흐르고 광야에 길이 만들어진다. 요나는 물고기 뱃속에서 찬양했다. 때문에 물고기는 그를 토해 놓을 수밖에 없었다. 찬양은 하나님을 높이는 것이다. 그러나 찬양을 통해서 우리의 마음은 하나님의 보좌 앞으로 이끌려 올려진다. 이렇게 함으로 우리는 하나님의 임재와 권능을 경험하고 바다를 가르고 산을 옮긴다. 의의 열매가 가득해진다. 결국 신자는 하나님의 영광이요 찬송이 된다. 삶 전체가 계속적인 감사 찬송이 되게 해야 한다.

올바른 찬송이란 무엇인가

찬송이란 크게 두 가지의 정의를 가지고 있다. 첫째는 하나님께서 천지만물을 창조하시고 다스리시는 권능을 높이는 찬양이다. 둘째는 인간을 죄에서 구속하신 은혜에 대한 신령한 노래다. 하나님께서 천지만물을 창조하시고 인간을 죄에서 구속하신 목적은 인간들로 하여금 찬송하여 영광을 받으시려는 것이다.

하나님께서 크신 영광을 들어내시려고 창조하시고 인간을 타락케 하셔서 구속 섭리를 나타내셨는데 이에 대한 피조물의 화답이 바로 찬송이다. 찬송이 성도만의 독점물은 아니다. 그렇다고 만물의 영장인 인간들만의 독점물도 물론 아니다. 어떤 의미에서는 자연이 오히려 인간들보다 더욱 아름다운 찬송을 할 수 있다. 하나님께서는 자신이 만드신 모든 피조물들이 자신의 영광을 찬송하게 하셨다. 찬송은 모든 피조물의 의무이자 권한이다.

올바른 찬송의 요건

성도가 찬송가에 수록된 노래들을 부른다고 그것이 찬송이 되는 것은 아니다.

신앙적 단어들을 나열해서 곡을 만들어 열광적으로 또는 음악적인 기교와 거창한 악기를 동원한다고 해서 하나님을 기쁘시게 하는 찬송이 될 수 없다. 성도가 하나님께 드리는 찬송이 올바른 찬송이 되려면 찬송을 드리는 성도가 먼저 갖추어야 할 요건들이 있다. 그 요건은 성도가 찬송의 대상자이신 하나님을 알고, 찬송을 드리는 자신에 대한 깨달음이 있어야 한다.

첫째, 찬송의 대상은 어디까지나 하나님이신데, 그분을 모르고는 제대로 찬송할 수는 없다. 그러므로 올바른 찬송은 하나님의 특별계시에서 비롯되어야 한다. 하나님의 특별계시는 예수 그리스도의 생애(동정녀 탄생, 십자가의 죽음과 부활 승천)와 성경이다. 하나님은 성경을 통하여 우리에게 하나님의 사랑과 구원을 분명하게 밝혀 주시고 있다. 그러므로 성경에 나타난 하나님을 구체적으로 알면 그 결과로 하나님이 기뻐하시는 찬송다운 찬송을 할 수 있다. 다시 말하면 주님을 모르고 찬송할 수 없다는 말이다.

둘째, 성도는 하나님께 찬송하는 자신을 깨달아야 한다. 찬송을 부르는 성도는 하나님의 예정으로 말미암아 구원을 받았고, 그의 사랑 안에서 찬송을 통하여 은혜의 풍성한 자리에 들어갈 수 있다는 드러내야 한다.

찬송을 부를 때는 자신의 죄를 깨달아 회개하고 거듭난 영혼으로 찬송을 드려야 한다. 자신의 죄를 깨닫지 못하고 찬송을 하면 하나님을 찬송하는 것이 아니라 자신을 찬송하게 되고 자기의 음악적 기교를 자랑하거나 타인의 청각을 즐겁게 하려는 데 관심을 가지게 된다. 전능하신 하나님의 영광을 알고 자신이 얼마나 무능하고 추한 존재인가를 분명히 깨달은 자는 참으로 찬송다운 찬송을 드릴 수 있게 된다.

성도가 자기 나이만큼 찬송가를 외워야 하는 이유

사람은 지나가는 세월을 막을 수 없다. 또한 세월이 가면 누구나 나이를 먹는다. 사람이 나이를 먹으면 기억력이 쇠해지고 건망증이 생긴다. 그런데 성도가 찬송가를 외우면 기억력이 살아나고 총명해질 수 있다. 그러면 우리가 어떻게 자기 나이만큼 찬송가를 외울 수 있을까?

첫째, 자기가 좋아하는 찬송가를 자기 나이만큼 정하면 된다. 한 해가 시작될 때 "올 해의 나의 찬송"을 정하고 열심히 부르면서 외우면 된다. 찬송가는 모두 645장으로 되어 있다. 그러므로 아무리 나이가 많은 성도도 자기 나이만큼 외울 찬송가를 정할 수 있다.

둘째, 자기 좋아하는 메모한다. 좋아하는 찬송가를 자기 나이만큼 수첩에 적거나 스마트폰에 입력시킨다. 그리고 시간이 있을 때마다 수시로 외우면 된다. 가능하다면 버스나 전철 안에서 혹은 한적한 곳에 가서 수첩이나 스마트폰을 꺼내 암송하면 효과가 있다.

셋째, 시간을 만들어서 ① 아침에 일어나서, ② 기도하기 전에, ③ 식사하기 전에, ④ 출퇴근하는 승용차나 대중교통에서 ⑤ 길을 가면서 ⑥ 사람을 만나기 전에 ⑦ 쉬거나 차를 마시면서 ⑧ 화장실에서 ⑨ 잠자리에 들기 전에 찬송가를 부른다.

넷째, 어느 정도 익혀지면 눈을 감고 찬송가를 부른다. 눈을 감고 찬송가를 부르다가 생각이 안 나거나 막히면 메모를 보고 다시 부른다. 사람의 기억력은 무한하다. 눈을 감고 몇 번이고 반복하여 찬송가를 부르다 보면 언젠가는 신기하게 눈을 감고 부를 수 있다.

다섯째, 눈감고 부른 찬송가를 종이에 적어 기억력에 입력시킨다. 특히 나이가 들면 완전히 외웠던 찬송가도 가끔 막힐 때가 있다. 그때를 위하여 A4 용지에 최소한 10번 정도 적으면 기억에 입력이 되어서 찬송가가 잊혀지거나 막히지 않을 것이다.

시편 기자는 우리의 호흡이 끝날 때까지 하나님을 찬송해야 한다고 권면한다.(시 150:6). 호흡이 다할 때까지란 숨을 쉴 때부터 그 숨을 마칠 때까지를 말한다. 찬송은 생활이자 삶이다. 사람이 호흡이 멈춰지면 죽는 것처럼 성도는 호흡이 멈춰질 때까지 찬송해야 한다. 성도가 찬송을 하다가 죽으면 행복하다. 성도가 호흡이 끝나는 순간까지 찬송을 하면 이보다 더 좋을 수 없다. 성도가 찬송을 생활화하기 위해서 자기 나이만큼 찬송을 외운다면 놀라운 기쁨과 은혜가 될 것이다. 할렐루야!

자신의 신앙을 간증하라

Bucket List **#013**

신앙생활은 이론이 아니고 경험이다. 특별한 성도가 아니고는 하나님을 눈으로 직접 볼 수 없고 귀로 들을 수 없다. 그러므로 성도들은 목회자의 설교나 성경을 통해서 하나님을 알 수 있다. 이것을 하나님께 대한 신앙적인 간접체험이라고 말한다. 목회자의 설교를 듣거나 성경을 읽는 것 외에 간접적으로 다른 성도의 신앙을 체험하는 것이 '간증' 이다.

욥기는 "우스 땅에 욥이라 불리는 사람이 있었는데" (욥1:1)라는 간접적인 화법으로 시작하여 다른 성경과 구별되어지는 독창적인 문학 형태임을 보여주고 있다. 주인공 욥은 사람이 바라는 최고의 행복의 이상인 부와 명예와 하나님이 인정할만한 의까지 갖춘 순전한 인물이다. 그러나 사단에 의해 시험을 당하게 되고 삽시간에 비참하도록 몰락한다.

그의 친구들이 위로한답시고 있지도 않은 그의 죄를 들추어내려고 협박적인 토론을 한다. 그러나 하나님은 그들의 한계성을 넌지시 나무라시며, 화해의 방법을 제시하시고 주인공에게 갑절의 축복을 허락하심으로 대단원의 막을 내린다. 결국 욥이라는 신앙인이 자신의 삶을 간증하는 내용으로 전개되고 있다. 그러므로 욥기는 성경에 나오는 대표적인 간증서다.

신앙 간증의 정의

'간증(干證, Testimony)'이란 자신의 신앙체험을 사실대로 증언하는 것이다. 간증의 기초는 하나님께서 살아계신다는 증거다. 특히 간증은 하나님과 성령님께서 역사하신 증거가 없이는 불가능하다. 만일 하나님과 성령님의 체험이 없이 간증을 한다면 거짓말이 될 수 있다. 하나님의 능력은 무한하시다. 하나님은 절망을 희망으로 바꾸어주시고, 불가능을 가능으로 전환시키고, 질병을 건강으로 치유하며, 죽을 수밖에 없는 자에게 새 생명을 주신다.

예수님은 지금도 살아 계셔서 역사하신다. 예수님은 믿고 회개하는 성도에게 무한한 용서와 속죄를 베풀어주신다. 무엇보다도 복음을 증명하기 위해 부름 받은 성도들에게 믿음의 확신과 부활의 소망을 주시고 믿음이 없고 낙심하거나 절망한 자에게 간증을 통해서 믿음과 소망을 갖게 하신다. 이러한 사실을 기반으로 하여 간증은 복음의 원리를 수용하게 하신다.

하나님의 구원에 대한 간증은 말이나 웅변이 아니고 은혜의 경험에 의한 것이다. 아무리 뛰어난 웅변으로 말을 잘해도 진실성과 성령의 역사가 없는 간증을 듣는 사람에게 은혜로운 감동을 주지 못한다. 그러므로 성령에 의한 간증은 중요한 사실들을 참되게 말하는 것이다. 그리고 간증이 참되다는 것은 성령님에 의해 우리의 영혼에 생긴 개인적인 증언이다. 이것에는 하나님과 자신과의 관계를 이어주는 체험이 수반된다.

신앙 간증의 종류

신앙생활에는 간증이 필요하다. 말씀과 함께 간증이 있어야 성도들의 신앙이 성숙해진다. 간증은 하나님을 체험한 생생한 이야기를 전하는 것이다. 그렇기 때문에 간증은 자기 자랑이나 과시가 되어서는 안 된다. 이것은 간증하는 성도나 간증을 듣는 사람이 반드시 명심해야 할 사항이다. 간증은 오늘도 살아계셔서 역사하시는 하나님을 자신이 체험한 사건을 사실대로 드러내는 것이다. 그러므로 성도들은 간증을 통해서 대리은혜를 받을 수 있다.

간증은 복음의 기본 진리를 가르치는 것과 하나님을 증언하는 최선의 방법과 수단이 된다. 간증은 주관적인 체험의 영역이기 때문에 그것을 객관화하는 일은 조심해야 한다. 어떤 개인에게 그런 체험이 있다고 하여 다른 사람도 반드시 그와 같은 경험을 하는 것은 아니다. 그럼에도 불구하고 간증의 성격상 공적으로 계시된 하나님의 말씀에 근거하여 하나님께서 자신의 삶에서 생생하게 활동하신 사실을 증언하는 데 큰 역할을 한다. 그렇기 때문에 교회는 말씀과 함께 개인적인 실제의 간증이 있어야 신앙적인 유익을 얻을 수 있다.

신앙 간증은 다음 9가지의 종류로 나눌 수 있다.

① 구원 간증 : 죄악 가운데 살다가 주님을 영접하고 새롭게 받은 바 구원을 간증한다.

② 은혜 간증 : 생활 가운데서 이전에 제대로 알지 못했던 하나님의 은혜를 간증한다.

③ 은사 간증 : 하나님을 섬기기 위해서 받은 능력과 은사를 체험한 사실을 간증한다.

④ 치유 간증 : 질병 중에 살면서 기도하다가 하나님께 특별히 치유 받은 것을 간증한다.

⑤ 회복 간증 : 사업과 경제적인 문제가 하나님의 역사로 회복된 경험을 간증한다.

⑥ 화목 간증 : 불화했던 가족, 친척, 친지, 이웃과의 인간관계의 화목한 것을

간증을 한다.

⑦ 축복 간증 : 불행하였던 삶이 주님으로 말미암아 축복을 받은 사례를 간증한다.

⑧ 섬김 간증 : 부모님이나 교역자를 섬김으로 받은 기쁨과 감사의 심정을 간증한다.

⑨ 나눔 간증 : 헌혈, 불우이웃 돕기, 기아어린이 돕기 구좌를 개설한 경험을 간증한다.

성도가 죽기 전에 신앙 간증을 해야 하는 이유

신앙고백이 하나님께 하는 신앙 표현이라면, 신앙 간증은 성도들에게 대한 신앙 표현이다. 신앙고백을 할 때나 신앙 간증을 할 때는 항상 하나님 앞에 있다는 정직한 심정으로 해야 한다. 성도들에게 간증을 부탁하면 사양을 한다. 일반적으로는 겸손해서라고 생각하지만, 사실은 그렇지 않은 경우가 많이 있다. 첫째는 하나님의 은혜나 은사를 체험하지 못해서이고, 둘째는 신앙적인 용기가 없어서다. 셋째는 말주변이 없거나 대중 앞에서 말하기가 쑥스러운 경우도 있다. 그러나 신앙 간증은 하나님과 성도들에게 그리고 자신에게 무한한 유익이 된다.

첫째, 신앙 간증은 하나님께 영광이 된다. 하나님은 우리에게 무한한 사랑을 베풀어주셨다. 성도는 사랑을 베풀어주신 하나님에게 해야 할 마땅한 의무는 무엇일까? 그것은 두말할 것도 없이 하나님께 영광을 돌리는 것이다. 성도가 하나님에게 받은바 사랑과 은혜의 체험을 다른 성도들에게 간증하여 하나님께 영광을 돌리면 하나님이 기뻐하신다.

둘째, 신앙 간증은 성도들에게 은혜가 된다. 유익한 신앙 체험은 혼자만 소유할 것이 아니라 다른 성도와 공유하면 은혜가 더욱 넘친다. 신앙 간증을 통해서 미처 경험하지 못한 신앙 간증을 들으면 직간접적으로 큰 은혜가 된다. 성경은 구약의 선지자들과 신약의 사도들은 자신들이 체험한 신앙을 간증한 기록들이다. 신앙 간증으로 자신의 신앙 경험을 다른 성도들과 나누면 놀라운 은혜가 될 수 있다.

셋째, 신앙 간증은 불신자들에게 전도가 된다. 사도 바울은 "듣지도 못한 이를 어찌 믿으리요 전파하는 자가 없이 어찌 들으리요"(롬 10:14)라고 말하며 전도의 중요성을 강조하였다. 결국 신앙 간증은 불신자에 복음을 들을 기회를 마련해주고 그들이 주님을 영접하고 믿을 수 있는 의미가 있다. 과감하게 신앙을 간증하여 불신자를 구원하자.

넷째, 신앙 간증은 자신의 신앙을 성장시킨다. 우리가 아무리 잘 믿는다고 해도 마음속에 숨겨놓고 있으면 그가 성도라고 할 수 없다. 신앙은 간증이 필요하다. 자신이 믿는 하나님을 체험적으로 간증하면 자신도 모르게 믿음이 성장한다. "만일 네 입으로 예수를 주로 시인하며…네 마음에 믿으면 구원을 받으리라"(롬 10:9). 신앙은 자라는 속성을 가지고 있다. 성도는 자신의 신앙을 간증하여 날마다 성장하도록 하면 신앙생활에 큰 도움이 될 것이다.

성경을 필사본하라

Bucket List **#014**

요즘은 컴퓨터 인쇄술이 발전했고, 종이도 최고급으로 나와서 출판된 성경은 어느 모로 보나 손색이 없다. 하지만 옛날에는 성경을 구하기가 힘들었을 뿐만 아니라, 성경을 구했어도 쉽게 망가지거나 못 쓰게 되는 경우가 많았다. 그래서 신앙이 깊은 성도는 성경을 필사본해서 보관하고 후손에게 전수하는 것을 큰 영광으로 생각하였다.

세계 교회사에서 성경필사의 대표적인 인물로 알려진 독일의 토마스 아 켐피스(Thomas A Kempis, 1380-1471)는 19세에 아그니텐베르크 수도원에서 70년 동안 작은 골방에서 성경 필사를 했다고 한다. 그는 일생동안 4번의 성경 필사를 했는데 그 필체가 얼마나 정교했는지 오늘날까지 많은 감탄을 받고 있다. 그는 성경 필사로 신앙의 고행과 인내를 보여주었다.

성경 필사(聖經筆寫, Bible Hand writing)는 성경 전승에 중요한 역할을 했다. 하나님의 말씀이 문자로 기록되기 전까지 '구전(Oral Tradition)'으로 전승되었다. 그때에 히브리인 서기관들은 모세의 오경을 비롯한 성경을 거의 암송하여 후손들에게 전수하였다. 이후 '문자전승(Letter Tradition)'의 시대가 열리면서 성경 필사자들의 사명이 대단히 중요해졌다. 성경필사는 단순히 '손으로 쓰는 글자'가 아니라 '손으로 쓰는 기도와 명상' 그 자체다.

성경 필사의 의미

구약시대는 두루마리 성경을 필사본을 하였다. 선지자들이 하나님의 계시를 말씀으로 선포하였다. 그러나 선포된 말씀이 사라지기 때문에 그 말씀을 두루마리에 받아 적어놓았다. 구약시대의 서기관들의 본분은 두루마리에 기록된 말씀을 사본하는 일이었다. 그들은 하나님의 말씀을 두렵고 떨리는 마음으로 필사하였다. 예를 들어 '하나님' 이라는 문자를 필사할 때에 목욕재개하고 이전의 붓을 버리고 새 붓으로 '하나님' 을 적었다.

그것도 불경하다고 생각해서 AD 6-7세기경에는 히브리어의 '하나님' 이라고 표기되는 단어의 각 네 자음자(子音字)를 모아서 (YHWH)로 읽을 수 있도록 대치모음을 사용하는 '마소라 사본' 을 받아들였다. 여기에서 '야훼' 또는 '여호와' (Jehovah)라는 말을 사용하기 시작했다. 이는 '하나님' 을 네 자음자인 YHWH에 결합시킴으로 만들어진 인공서식(人工書式)으로 AD 1520년경에 있었던 페트루스 갈라티누스(Petrus Galatinus)의 것이라고 한다.

바벨론 포로 이후(BC 538년 이후)에는 거룩한 하나님을 '여호와' 라고 부르는 것도 불경죄로 여겨서 일반적으로는 거의 사용되지 않았다. 그래서 여러 가지 대용명칭이 사용되었는데, 그 중에서 '아도나이' 가 주로 사용되었다. 맛소라 학자들은 반드시 '아도나이' 라 읽도록 규칙으로 자음 YHWH에 모음을 첨가시켰다. 네 자음의 YHWH와 아도나이라는 모음의 두 결합에서 인공적인 이름이 생기게 된 것이다. 그러나 최근에는 70인역이 이것을 '주' 라고 번역하고 있다. RSV는 LORD(특히 대문자만을 사용하고 있다)로 기록하였다.

성경을 필사하는 자세

구약시대 때, 일반인은 성경 필사를 하지 못했다. 이것은 오직 제사장이나 서기관들에게만 허용되었다. 그러므로 현대에 이르러 성경 필사의 특권을 경험한다는 것은 보통 일이 아니다. 지엄하신 하나님의 말씀을 한 자 한 자 손으로 옮겨 쓴다는 것은 신비로운 체험이다.

성경의 모든 말씀이 하나님의 영감으로 주어진 것과 같이 성경책의 이름과 배열순서도 하나님의 섭리와 역사로 확정된 것이다. 성경은 구약 39권과 신약 27권으로 구성되는데 합이 66이다. 이것은 이사야서가 66장으로 구성된 것과 비교해 보면 매우 놀라운 사실이다. 성경 66권의 각 책이 이사야 66장의 각 장과 순서대로 매우 긴밀한 연관을 갖고 있기 때문이다.

오늘날, 성경을 필사한다는 것은 두렵고 떨리는 일이다. 우리는 전지전능하시고 살아 계셔서 인간의 생사화복과 국가의 흥망성쇠를 주관하시는 하나님과 역사의 처음과 마지막을 주관하시는 하나님을 인간이 함부로 대할 수는 없다. 사도 요한은 "내가 이 두루마리의 예언의 말씀을 듣는 모든 사람에게 증언하노니 만일 누구든지 이것들 외에 더하면 하나님이 이 두루마리에 기록된 재앙들을 그에게 더하실 것이요 만일 누구든지 이 두루마리의 예언의 말씀에서 제하여 버리면 하나님이 이 두루마리에 기록된 생명나무와 및 거룩한 성에 참여함을 제하여 버리시리라" (계 22:18-19)고 하여 성경말씀에 대한 자세를 일러주었다. 성도는 일점 일획도 가감할 수 없는 성경말씀을 항상 경건한 몸과 마음으로 대해야 할 것이다.

성경의 구성

성경은 구약 929장과 신약 260장으로 도합 총 1,189장으로 구성되어 있다. 성경의 총 장수에 대해서는 별다른 이론이 없었다. 지금까지 일반적으로 통용된 성경은 총 31,175절이며, 성경의 전체의 중간 절은 시편 118:8이다. 이 구절은 14단어인데 그의 중간 두 단어는 "The Lord" (주님)로 되어 있다. 한편 성경 전체의 절수는 세는 사람에 따라서 다소 차이를 보이고 있다. 그런데 요즈음은 컴퓨터 프로그램을 이용하여 숫자를 세는 것으로 방법이 간단하다. 성경 전체의 절을 확인한 결과 총 31,102절로 구약이 23,145절이며 신약이 7,957절이다.

성경 전체의 단어를 세는 것은 어려운 일이어서 다양한 차이를 보이고 있다. 그러나 로렌스 반스 박사가 컴퓨터로 확인한 결과 영어 킹 제임스 성경은 구약이 609,247단어이고 신약이 179,011단어로 총 788,258단어이다. 반면에 우리말 성경의 경우에는 조사도 한 단어로 취급하기 때문에 영어와 같이 단어 수를 세는 것이 용이하지 않고 아직 정확한 통계가 없다. 신구약전서 총계로 총 1,189장, 총 31,102절, 총 788,258 단어다.

방대한 성경전서를 손으로 직접 필사해 본다는 것은 놀라운 체험이다. 귀로 듣는 것보다 눈으로 보는 것이 낫고, 눈으로 보는 것보다는 손으로 만져보는 체험이 엄청 체험적이다. 불교가 명상의 종교라면 기독교는 체험의 종교다. 하나님을 체험하지 않고 사는 성도는 부끄러운 일이다. 하나님의 말씀을 한자 한자 정성을 다하여 필사해보아라. 그러면 주님의 말씀을 체온으로 느낄 것이다. 주님을 만날 것이다. 성령의 체험을 하게 될 것이다. 성도로 태어나서 죽기 전에 성경전서를 손으로 필사본 해 보아라. 그러면 당신이 삶이 달라질 것이다.

성경을 필사하는 방법

① 필사 성경은 대한성서공회의에서 발간한 '개역개정 성경'을 모델로 한다.
② 성경 필사 노트를 기독교백화점에서 구입한다.
③ 성경을 필사하기 전에 '성경을 읽기 전 기도'와 '개인 지향 기도'를 한다.
④ 성경 필사는 기도의 장이므로 바르고 고른 정자로 정성을 다해 정확하게 필사한다.
⑤ 성경을 보고 제목, 장, 절 단락 표시, 띄어쓰기, 마침표, 쉼표, 절 사이에

ㅇ표까지 성경과 똑같이 기입한다.

⑥ 평행선 밖으로 글씨가 나오지 않게 쓴다.

⑦ 각주는 쓰지 않으며, 본 문의 각주 번호인 'ㄱ', 'ㄴ'도 쓰지 않는다.

⑧ 틀리면 본인이 다시 써야 하기 때문에 절대 집중하여 필사한다.

성도가 죽기 전에 성경 필사를 해야 하는 이유

"네가 이것으로 형제를 깨우치면 그리스도 예수의 좋은 일꾼이 되어 믿음의 말씀과 네가 따르는 좋은 교훈으로 양육을 받으리라 망령되고 허탄한 신화를 버리고 경건에 이르도록 네 자신을 연단하라 육체의 연단은 약간의 유익이 있으나 경건은 범사에 유익하니 금생과 내생에 약속이 있느니라 미쁘다 이 말이여 모든 사람들이 받을 만하도다"(딤전 4:6-9).

첫째, 성경 필사는 주님의 좋은 일꾼이 되기 위한 좋은 방법이다. 주님의 신실한 일꾼이 되기 위한 일을 하려면 하나님의 말씀인 성경을 정면으로 대하고 써보지 않는다는 것은 하나님과 자신에게 부끄러운 일이다. 성경을 앞에 놓고 기도하는 마음으로 한자 한자 또박또박 필사하면서 주님을 만나본다면 죽어서고 주님 앞에 부끄럽지 않을 것이다.

둘째, 성경 필사는 믿음의 말씀으로 양육을 받는 데 많은 도움이 된다. 믿음은 나무와 같은 속성을 가지고 있다. 나무가 물과 영양분을 적기에 공급하면 잘 자라지만 제 때에 공급하지 못하면 제대로 자라지 못하고 죽을 수 있다. 성도의 믿음도 하나님의 말씀과 성령의 역사가 있을 때에 성숙해진다. 성경 필사를 통해서 말씀을 공급받으면 믿음이 잘 수 있다.

셋째, 성경 필사를 하면 신앙의 정도로 가는 데 도움이 된다. 주변에는 망령되고 허탄한 이야기로 성도들을 유혹하는 사이비 이단들이 많이 있다. 그들은 성경을 자기들의 교리에 맞게 조작하여 기존의 정통 교인들을 유혹한다. 주님께서도 말세에 거짓 적그리스도가 나타나 성도들을 유인한다고 하셨다(마 24:11). 성경 필사를 통해서 이단을 물리칠 수 있다.

넷째, 성경 필사는 성도로 하여금 경건에 이르도록 한다. 성도의 경건생활은 말씀과 기도, 절제와 헌신, 사랑과 나눔으로 향상된다. 경건한 자세로 하나님께 기도하고 성경을 필사할 때에 자신을 절제할 수 있고 하나님과 주님의 몸 된 교회 그리고 이웃을 섬기며 진심으로 사랑할 수 있다. 성경 필사는 하나님께 자신을 드리고 이웃에서 믿음을 나누는 일이다.

성도는 '진실한 믿음' 을 바탕으로 아름다운 사랑으로 '오늘의 구원' 을 이루어 '내일의 소망' 으로 사는 사람이다. 성도는 "육체의 연습(먹기, 놀기, 섹스하기)" 에 치우치지 않고 '경건의 훈련' 에 열중해야 할 것이다. 성경 필사는 경건한 성도의 삶에 유익한 태도다. 성도가 죽기 전에 성경을 필사하여 범사에 유익하고 금생과 내생에 약속이 있는 축복을 받기 바란다.

항상 기뻐하라

Bucket List **#015**

신앙생활을 하는 성도가 누리는 특권 중 하나가 '예수 믿는 기쁨[喜樂, Joy]' 이다. 기쁨은 성도의 생활에 활력을 제공할 뿐만 아니라 은혜를 준다. 만일 성도가 예수님을 믿어 구원을 받았다고 하면서도 그에게 기쁨이 없다면 분명히 하나님을 잘못 믿는 것이다. 성도의 기쁨은 세상 사람의 기쁨과 본질적으로 다르다. 세상 사람들은 눈에 보이는 세계와 감각에서 기쁨이나 쾌락을 찾는다. 예를 들어서 세상 사람들은 돈을 많이 소유하든지 맛있는 음식을 먹었다거나 권력과 명예를 얻으면 기뻐한다. 또한 육체적으로 성욕을 채우면 무한히 기뻐한다.

그러나 성도의 기쁨은 그와 차원이 다르다. 성도들은 첫째로 죄에서 구원받은 기쁨이고, 둘째는 하나님의 자녀가 된 기쁨이고, 셋째는 주님 안에서의 기쁨이다. 넷째는 하나님을 섬김에서 오는 기쁨이다. 그리고 다섯째는 천국에 갈 수 있는 기쁨이다. 개괄적으로 성도의 기쁨은 세상에서 누리는 기쁨이 아니라, 하나님의 나라 즉 천국에서의 기쁨이다. 여기서 말하는 하나님 나라의 기쁨은 하늘나라를 전제로 하는 세상에서의 기쁨까지 포함된다.

성도의 기쁨은 어디서 오는가?

성도의 기쁨은 세상의 근심이나 걱정을 초월하며 주님 안에서 얻는 참 평안이다. 성도의 소망은 하늘나라에 있고, 그 은혜를 영원히 누릴 것이니 세상의 어떤 기쁨과 비교할 수 없다. 이것이 진짜 성도의 기쁨이다. 죄와 악으로 가득한 우리가 하나님 구원의 예정 가운데에 있었다는 것이 무엇보다도 큰 기쁨이다. 이 기쁨은 세상 어디에서도, 세상의 그 무엇을 주고도 바꿀 수 없다. 그래서 사도 바울은 우리에게 "항상 기뻐하라"(살전 5:16)고 하셨다. 기쁨은 성도의 사명이다.

시편기자는 "눈물을 흘리며 씨를 뿌리는 자는 기쁨으로 거두리로다 울며 씨를 뿌리러 나가는 자는 반드시 기쁨으로 그 곡식 단을 가지고 돌아오리로다"(시 126:5-6)고 했다. 하나님을 위한 수고의 결과를 바라볼 때 기쁨이 온다. 전도하는 것이 힘이 들고 고통이 따라오지만 한 생명을 구원하면 천하를 얻은 것보다 큰 기쁨이 온다.

성도는 성령을 충만히 받을 때에 기쁨이 온다. "예수께서 성령으로 기뻐하시며"(눅 10:21). 예수님께서 성령으로 기뻐하셨다. 또한 성도들도 성령을 충만히 받으면 무한한 기쁨을 체험하게 된다. 하나님의 성령은 기쁨의 영이시다. 성도가 성령을 충만히 받으면 세상의 근심이나 걱정은 씻은 듯이 사라지는 기쁨을 체험을 할 수 있다.

항상 기뻐하는 성도가 되라

기독교 신앙은 부정적인 생각을 긍정적인 생각으로 바꾸는 것이다. 성도는 주님 안에서는 모든 것을 긍정적으로 볼 수 있기 때문이다. 또한 사도 바울에게 기쁨의 대명사인 빌립보교회의 성도들에게 모든 것을 긍정적으로 보고 기뻐하라고 말씀하였다. "주 안에서 항상 기뻐하라 내가 다시 말하노니 기뻐하라"(빌 4:4). 성도는 자신이 주님 안에 있다고 확신하면 충분히 기뻐할 수 있다. 주님 안에 있으면 모든 근심과 걱정이 사라지기 때문이다. 그러므로 주님 안에 있는 성도는 모든 염려를 버려야 한다. "아무것도 염려하지 말고 다만 모든 일에 기도와 간구로, 너희 구할 것을 감사함으로 하나님께 아뢰라"(빌 4:6). 모든 염려를 물리치고 기뻐할 수 있는 방법은 기도와 감사다. 모든 일에 기도하면 문제가 해결되고, 모든 일에 감사하면 기쁨이 찾아온다.

세상을 긍정적으로 보면 살맛나는 세상이 된다. 하지만 세상을 부정적으로 보면 힘든 세상이 된다. 사도 바울은 빌립보교인들에게 "내가 궁핍하므로 말하는 것이 아니니라 어떠한 형편에든지 나는 자족하기를 배웠노니 나는 비천에 처할 줄도 알고 풍부에 처할 줄도 알아 모든 일 곧 배부름과 배고픔과 풍부와 궁핍에도 처할 줄 아는 일체의 비결을 배웠노라 내게 능력 주시는 자 안에서 내가 모든 것을 할 수 있느니라"(빌 4:11-13)고 강조하였다. 그 비결은 그가 주님 안에서 세상을 긍정적으로 보는 기쁨에서 온 것이다.

성도가 죽기 전에 항상 기뻐해야 할 이유

전도서에 따르면 이 세상의 모든 것은 헛되고 헛되다고 하였다(전 2:18-23). 그렇다고 전도서는 허무주의를 말하지는 않는다. 전도서는 결론적으로 헛된 인간의 삶에서 하나님을 경외하고 그분의 명령들을 지키면 기쁨이 주어진다는 것이다(전 12:13). 우리가 사는 세상이 헛되고 헛된 세상이기에, 세상을 멀리하고 하나님을 경외하며 그의 명령을 지키는 삶에 가치가 있고 기쁨을 찾을 수 있다는 말씀이다. 해 아래 사는 인생의 삶은 짧다. 그러므로 짧은 인생을 살면서 죽기 전에 하나님을 경외하고 말씀대로 살면 그에게 기쁨이 있다.

예수님께서 "내가 이것을 너희에게 이름은 내 기쁨이 너희 안에 있어 너희 기쁨을 충만하게 하려 함이라"(요 15:11)고 말씀하셨다. 예수님의 말씀을 가슴에 품고 생활하면 주님의 기쁨이 충만하여질 수 있다. 사도 요한 역시 "우리가 이것을 씀은 우리의 기쁨이 충만하게 하려 함이라"(요일 1:4)고 했다. 이 기쁨은 하나님과 사귐을 통해서 얻어지는 기쁨이다.

성도가 죽는 날에는 인생의 무거운 짐을 벗겨주신다. 그때 즐거워하고 기뻐할 수 있다는 것은 성도의 특권이다. 살아생전에 자기 짐이 가장 무겁다고 생각하면 우리의 모든 짐을 대신 져주시는 주님께 모두 맡기라. 그러면 주님께서 반드시 기쁨과 즐거움을 주실 것이다. 이 사실을 믿길 바란다. 그래서 성도에게 이해할 수 없는 인생의 무거운 짐이 있어도 우리의 짐을 대신 져주시는 주님으로 인해서 즐거워하고 기뻐할 수 있다.

성도는 하나님께서 기도의 소원을 들어주시기 때문에 기뻐할 수 있다. "또 여호와를 기뻐하라 그가 네 마음의 소원을 네게 이루어 주시리로다" (시 37:4). 세상에 소원이 없는 사람은 없다. 그렇다고 모든 사람이 소원을 이루어지지는 않는다. 그러나 우리 성도들에게는 기도를 응답하시는 전능하신 하나님이 계신다. 이것이 기독교와 다른 종교와의 차이점이다. 기독교인에게만 있는 참된 기쁨은 모든 소원이 이루어지는데서 온다. 성도가 죽기 전에 자신의 소원을 이룰 수 있다는 기쁨보다 더 아름답고 좋은 기쁨은 없을 것이다.

하박국 선지자는 독특한 기쁨을 말하고 있다. "내가 들었으므로 내 창자가 흔들렸고 그 목소리로 말미암아 내 입술이 떨렸도다 무리가 우리를 치러 올라오는 환난 날을 내가 기다리므로 썩이는 것이 내 뼈에 들어왔으며 내 몸은 내 처소에서 떨리는도다 비록 무화과나무가 무성하지 못하며 포도나무에 열매가 없으며 감람나무에 소출이 없으며 밭에 먹을 것이 없으며 우리에 양이 없으며 외양간에 소가 없을지라도 나는 여호와로 말미암아 즐거워하며 나의 구원의 하나님으로 말미암아 기뻐하리로다" (합 3:16-18).

우리는 많은 경우 죽음 때문에 기뻐할 수 없다고 한다. 또 죽음으로 불안한 감정 때문에 기뻐하고 즐거워할 기분이 아니라고 한다. 죽음 앞에서 기분이 우울한가? 그럴수록 기쁨으로 하나님을 찬송하라. 죽음의 상황에서 절망을 느끼는가?

그럴수록 소망의 찬송을 부르라. 죽음 앞에서 힘이 없는가? 그럴수록 더 힘있게 하나님을 찬송하라. 우리의 상황과 감정에 관계없이 하나님으로 인해서 즐거워하고 기뻐하면 죽음 후에라도 천국에 갈 수 있다.

성령충만을 체험하라

Bucket List **#016**

우리가 믿는 하나님은 오직 한 분이시다. 그런데 어떤 사람들은 창세기 1장 1절에서 하나님을 **אלוהים** '엘로힘' 이라고 표현한 것에 대해 복수형을 사용하였다며 '하나님들' 이라고 해석한다. 그들은 삼위일체 하나님을 부인하려는 이신론자들의 터무니없는 해석이다. 하나님들이라니! 말도 안 되는 해석이다. 시편 86장 10절은 "주만(thou) 하나님이시니이다" 라고 했다. 이 말씀은 '당신들이(ye)' 혹은 '하나님들' 이 아니다. 대명사 'thou' 는 2인칭 단수형이지 2인칭 복수형이 아니다. 성부, 성자, 성령, 삼위일체 하나님은 유일(唯一)하신 하나님이시다.

삼위일체의 '성령(Holy Spirit)은 하나님의 영이시다. 하나님은 성령을 통해서 역사하신다. 또한 성령이 성도로 하여금 하나님의 일하도록 하신다. 성도가 성령의 역사가 없이는 아무 일도 할 수 없다. 헬라어 성경에서 성령을 πνευμα'프뉴마' 라고 하는데 '바람', '호흡' 이라는 뜻이다. 그래서 하나님의 성령을 '거룩한 영', '진리의 영', '하나님의 선물' 등으로 부른다. 또 성령은 성도를 가르치고 평안하게 보호하는 "보혜사(保惠師)" (요 14:26)라고 한다.

성령충만의 이해

많은 교회가 유명한 부흥사를 초청하여 부흥회를 열고 성령을 받으라고 한다. 그리고 성도가 개인적으로 기도원에 찾아가 금식기도를 하며 성령 충만을 간구한다. 그러면 성도가 성령을 충만히 받아 온 몸이 뜨거워지고 환상적인 체험을 한다고 한다. 이러한 체험을 과연 성령 충만으로 볼 수 있는가? 성경적으로는 성령 충만의 오해가 많이 있다.

사도 바울이 에베소에서 전도할 때의 이야기다. "아볼로가 고린도에 있을 때에 바울이 윗지방으로 다녀 에베소에 와서 어떤 제자들을 만나 이르되 너희가 믿을 때에 성령을 받았느냐 이르되 아니라 우리는 성령이 계심도 듣지 못하였노라"(행 19:1-2). 사도 바울이 만난 에베소에 있는 제자들은 성령을 경험한 사람들이다. 성령의 은혜가 없으면 아무도 회개할 수 없기 때문이다. 그러나 그들은 성령의 은혜를 받고도 성령의 역사를 모르고 있었다.

성경적인 성령의 역사는 창세기 제 1장에 등장한다. "태초에 하나님이 천지를 창조하시니라 땅이 혼돈하고 공허하며 흑암이 깊음 위에 있고 하나님의 영은 수면 위에 운행하시니라"(창 1:1-2). 하나님께서 우주만물을 창조하시기 전에 하나님의 영(성령)이 수면 위에 운행하셨다. 성령은 하나님의 창조와 능력이다. 아울러 성령은 하나님의 뜻을 드러내기 위한 수단이다. 인간이 타락하기 전에는 성령이 하나님의 통치와 섭리를 위해서 역사하셨다.

그러나 성령은 인간이 하나님의 말씀에 불순종하고 타락한 이후에 인간을 구원하시기 위하여 역사하셨다. 또한 성령은 인간의 구원을 위한 성경말씀을 기록하기 위한 수단으로 역사하셨다. 성령은 우리의 죄를 책망하고 깨닫게 해주신다. 성령은 우리의 죄에 대하여 의에 대하여 심판에 대하여 깨닫게 하시고 진리를 가르쳐주신다. 성령은 우리의 곁에서 위로하고 보호해주시는 보혜사다. 사람은 누구든지 성령의 역사 없이는 구원받을 수 없다.

성령충만은 무엇인가?

성령충만은 성도에게 주어지는 성령의 은혜와 풍성함을 표현하는 용어다. 이 말은 성령께서 성도를 전적으로 주관하시고 지배하신다는 측면을 더욱 강조하는 표현이다. 사도 바울은 그의 편지에서 성령 충만의 뜻을 간접적으로 표현하고 있다. "소망이 우리를 부끄럽게 하지 아니함은 우리에게 주신 성령으로 말미암아 하나님의 사랑이 우리 마음에 부은 바 됨이니"(롬 5:5). "평안의 매는 줄로 성령이 하나 되게 하신 것을 힘써 지키라"(엡 4:3). 이렇게 성령으로 말미암아 은혜의 풍성함을 성령충만으로 병합해서 사용함으로써 성령의 장점을 살리고 그 표현이 애매하게 잘못되는 위험성을 막아주고 있다.

성령충만은 누가복음에 4번, 사도행전에 10번, 에베소서에 1번(엡 5:18) 등장한다. 성령충만은 이처럼 신약성경에 모두 15번 사용되었는데, 그중 14번이 누가복음에 사용되었다. 성령충만은 주로 누가가 많이 사용하였다. 특히 사도행전에 성령충만을 자주 사용하였다. 사도행전에서 베드로는 여러 번 성령충만을 체험했으나 자신의 편지에서는 전혀 언급하지 않았다. 베드로에게 성령충만의 체험은 그의 삶과 사역을 획기적으로 변화시켰다. 그러나 베드로 사도는 그의 편지에서 성령충만의 체험을 주장하거나 암시하지 않았다.

사도 요한과 야고보도 베드로와 같이 그들의 편지에서 성령충만을 기록하지 않았다. 오직 바울만이 에베소서에서 성령충만을 언급하였다. 왜 사도들은 그들의 편지에서 누가의 글(누가복음과 사도행전)과 대조적으로 성령충만을 기록하지 않았을까? 이에 대한 대답은 알 수 없다. 하지만 분명한 것은 첫째로 누가는 사도가 아니라는 점이고, 둘째로 누가는 의사로서 예수님의 사역과 성령이 역사하신 교회의 역사(사도행전)를 연구했다는 점이다.

성령충만은 역사적인 사실이지만 사도들이 말하지 않는 이유는 그것이 개인적인 일로 그 말만으로 듣는 자들에게 혼란과 오해에 빠지게 할 요소가 있기 때문이다. 사람들마다 성령충만을 이해하는 관점과 판단기준이 다를 수 있다. 어떤 사람은 신비적 체험을 하고 방언과 신유의 은사를 받는 것으로 생각할 수 있다. 또 감정적으로 치우치는 경향의 사람은 열정적 찬양과 기도, 설교를 성령충만의 증거로 생각할 것이다. 다른 사람은 윤리적이고 인격적인 면에서 증거를 찾으려 할 것이다. 이렇게 성령충만의 구체적 의미가 제시되지 않고 말만 사용하면 많은 혼동을 야기할 위험성이 있다. 엄격한 의미에서 성령충만은 개인적이다.

사도 바울은 성령 안에서의 삶, 성령충만한 삶에 대해 다각적으로 표현하고 있다. 갈라디아서 5:22이하에 나오는 성령의 열매와 고린도전서 13장에 나오는 성령충만의 내용과 로마서 5:5의 "하나님의 사랑이 성령으로 우리 마음에 부은 바 됨이라"는 말씀들이 그 대표적인 표현이다. 사도 바울은 그의 서신에서 성령 안에서의 삶, 성령의 인도를 받는 삶이 무엇인가를 다각적으로 조명하고 구체적인 지침을 제시하고 있다. 성령충만한 삶이란 하나님의 뜻을 따라 예수님의 마음으로 자기보다 남을 더 낫게 여기며, 사랑과 성령의 열매를 맺는 생활이다. 한 마디로 성령충만은 예수님을 닮는 삶이라고 할 수 있다.

성령충만은 어떻게 임하는가?

삼위일체 하나님의 한 분이신 성령님은 성도의 삶과 사역에 다양하게 역사하신다. 성령 충만은 항상 우리를 인도하시고, 주관하시고, 우리에게 은혜를 주신다. 성도의 사역에 따라서 이런 저런 모양으로 우리를 도우시고 강건하게 이끌어 주신다. 성도에게 특별한 사역과 임무가 주어졌을 때는 그것을 감당할 수 있는 능력으로 임하신다. 성도가 핍박을 당할 때에 그것을 극복할 힘으로, 성도가 기도할 때는 기도의 영으로, 목회자의 설교에는 능력과 감동과 확신으로, 상담 시에는 지혜의 영으로, 위로할 때는 위로의 영으로 임하신다.

하나님은 성도에게 성령을 충만히 임하게 하신다. 하나님께서 성령을 충만하게 하시는 권한을 주권적으로 역사하신다. 성령충만의 선물은 예수님의 공로에 근거한다. 예수님의 십자가 희생으로 성도에게 성령을 충만하게 하셨다. 성도에게 성령의 충만은 하늘의 특권이요 축복이다. 성령충만은 성도의 열심과 노력으로 받을 수 없다. 성도가 몸부림친다고 성령이 충만히 임하시지 않는다. 그러므로 성도는 성령충만을 소멸키시지 않도록 해야 한다. 성령님은 예민하신 분이다. 성도의 교만과 죄로 성령 충만의 은혜가 순식간에 소멸될 수 있다. 성도에게 성령충만은 소중하지만, 또한 최선을 다해 성실하게 지켜야 한다.

성도가 죽기 전에 성령 충만을 체험해야 하는 이유

하나님을 믿는 성도도 언젠가는 죽게 된다. 성도가 살아 있을 때에 주님께서 재림하시면 죽음을 보지 않고 구름 가운데서 주님을 영접하겠지만, 그렇지 않으면 죽음을 체험해야 한다. 만일 성도가 죽기 전에 성령충만을 체험하지 못하면 구원의 확신을 가질 수 없다.

첫째, 성도가 성령충만하면 성령 안에서 살 수 있기 때문이다. 성도를 완전히 성령을 쫓는 사람과 적당히 성령을 좇는 사람으로 구별할 수 있다. 중요한 것은 비중이다. 성도가 '어느 쪽이냐' 하는 것이다. 대부분은 성령충만을 받으며 살다가 간헐적으로 죄에 빠졌다가, 다시 성령으로 회복되는 사람들이다. 그러나 우리는 월등하게 성령의 지배를 받는 사람, 즉 100% 성령의 지배를 받는 사람이어야 한다. 성도는 죽기 전에 100% 성령충만을 받아야 한다.

둘째, 성령충만한 성도는 자신의 부족함을 알기 때문이다. 그는 섣불리 자기

입으로 성령충만을 주장하지 않는다. 오히려 자신이 항상 부족한 사람이라고 고백한다. 성도가 자긴 만족감으로 신앙생활을 하면 교만해진다. 성도가 교만해지면 순식간에 성령님이 떠나지고 영적으로 공허해진다. 성도는 수시로 자신의 부족을 고백하고 기도하여 성령충만을 받아야 한다. 성도는 죽기 전에 그리고 죽을 때까지 스스로 자신이 영적으로 부족함을 깨닫고 성령충만을 기도해야 한다. 성령님은 항상 겸손한 성도에게 충만하게 임재하여 계신다.

셋째, 성도에게 성령충만은 점진적이기 때문이다. '충만' 은 '완전' 을 의미하지 않는다. 한번 충만하면 더 이상 충만을 받을 필요가 없는 것은 아니다. 성령충만은 계속해서 받아야 한다. 성령충만의 양은 받는 그릇에 따라 다르다. 믿음의 분량에 따라 채워지는 충만이 달라진다. 신앙의 성장에 따라 성령충만은 달라진다. 성도의 믿음이 주님께서 재림하실 때까지 그리고 성도가 죽을 때까지 믿음이 성장해야 하는 것처럼, 성도의 성령충만이 정지되거나 비워지지 않아야 한다. 지속적인 성령충만을 위해서 쉬지 말고 기도하자.

성령충만은 성도에게 한 순간에 그치지 않고 계속에서 채워져야 한다. 성령충만은 무한한 생명력을 활용해서 열매 맺는 데 사용해야 한다. 성령충만은 교회와 성도들에게 주어진 무한하고 엄청난 영적 다이내믹을 제공한다. 성령충만은 우리 자신과 교회와 세상을 변화시키고 우주를 갱신할 능력을 가져다 준다. 그러므로 성도는 죽을 때까지 성령충만을 받아야 한다.

악은 어떠한 모양이라도 버려라

Bucket List **#017**

하나님이 에덴동산에 선(善)과 악(惡)을 알게 하는 나무를 만들어 놓고 아담과 하와에게 그 열매를 먹지말라고 하셨다. 이것은 인간에게 자유의지(自由意志)를 주셔서 동물과 구별하시고, 스스로 선과 악을 선택할 수 있는 권한을 주신 것이다. 하나님께서 이렇게 하신 것은 인간이 성숙한 인격체로 발전하기를 원하신 것이다. 하지만 인간은 뱀으로 위장한 사탄의 유혹에 빠져 스스로 선을 버리고 악을 선택하였다. 결국 인간은 악을 소유하게 되었다.

세상에 악한 성품이 없는 사람은 없다. 겉으로 보면 선하게 생긴 사람도 자신이 악을 선택하지 않으면 안 되는 최악의 궁지에 몰리면 어쩔 수 없이 악의 본성을 드러낸다. 그래서 순자(荀子)는 '인간의 본성은 악하다' 고 하는 성악설(性惡說)을 주장하였다. 기독교적인 입장에서 순자의 주장을 전적으로 수용할 수는 없어도 어느 정도 수긍 가는 부분이 있다.

선과 악의 갈등

인간들에게 선과 악의 갈등은 아담과 하와가 에덴동산에서 쫓겨났을 때부터 시작되었다. 아담과 하와에게는 가인과 아벨이라는 두 아들이 있었는데, 그들은 하나님께서 제사를 받으시는 문제로 갈등을 일으켰다. 결국 가인은 하나님께 대한 불만으로 아벨을 죽이고 말았다. 이것은 인류 최초의 살인사건이다. 그 후부터 역사에서 선과 악의 갈등이 그치지 않았다.

하나님께서 인간에게 '양심의 법'을 주셨다. 인간은 그 양심 때문에 선과 악의 갈등을 하고 있다. 바울은 인간의 내부에서 일어나는 선과 악의 갈등을 이렇게 묘사했다. "오호라 나는 곤고한 사람이로다 이 사망의 몸에서 누가 나를 건져내랴" (롬 7:24). 그는 인간의 속사람이 하나님의 법을 즐거워하지만, 자신의 속사람이 죄의 법과 싸워서 자신을 갈등에 빠뜨린다고 했다. 바울은 율법이 죄를 깨닫게 해주지만 그 율법이 자신을 구원할 수 없다고 하였다.

선과 악의 갈등은 개인의 윤리와 도덕, 그리고 신앙적인 구원 문제를 넘어서 인류의 생존과도 관련이 있다. 인류의 역사는 크고 작은 전쟁과 함께 제 1,2차에 걸친 세계대전을 치렀다. 이런 인류의 전쟁은 인종과 국가 간의 갈등으로 많은 재물과 인간을 잃게 했으며, 자연까지 무자비하게 파괴하였다. 이는 곧 하나님의 선에 대한 도전이고, 인간들의 악에 대한 승리를 표출하였다. 하지만 인류의 역사는 악한 인간들의 의지대로만 진행되지 않는다. 인류 역사의 종말에는 하나님의 심판이 있을 것이고, 마침내 인간의 악을 소멸하실 것이다.

선은 최후에 승리할 것이다

'신상필벌(信賞必罰)'이라는 말이 있다. 이 말은 선한 사람에게는 반드시 상을 있고, 악한 사람에게는 반드시 벌이 있다는 뜻으로, 상벌의 공정하고 엄중히 함을 이르는 말이다. 그러나 역사적으로 살펴 볼 때, 항상 선한 사람이 상을 받고, 악한 사람이 벌을 받지는 않았다. 그런 의미에서 신상필벌은 사람들의 희망사항일 뿐 반드시 선이 승리하고 악이 패배하지는 않는다. 지금도 지구상에서 선과 악이 대결을 하고 있다는 사실이 그 증거다.

그러면 궁극적인 선의 승리를 어디서 찾을 수 있을까? 오직 예수 그리스도만이 악을 이기고 승리 하실 수 있다. 인간은 하나님의 법을 떠나 살았기 때문에 스스로 선과 악의 문제를 해결할 능력이 없다. 그래서 하나님은 인간들이 죄악에서 해방될 수 있는 유일한 길을 만들어 주셨다. 그 유일한 길은 예수 그리스도의 십자가다. 십자가만이 악을 이길 수 있다.

악의 본질은 무엇인가

"악은 어떤 모양이라도 버리라"(살전 5:22)는 말씀에서 '버리라'로 번역된 헬라어 '아페코'는 매우 강렬한 의미를 담고 있는 동사로, '폐지하다', '멀리하다'라는 뜻이다. 데살로니가전서 4장 3절의 "음란을 버리고"와 베드로전서 2장 11절의 "육체의 정욕을 제어하라"에도 같은 단어가 사용되었다. 이런 말씀들은 '악의 형태'를 전격적으로 끊어버리라 것을 말씀하신다. 악의 형태란 악의 행위로 악한 교리, 음란, 불륜, 사기, 도박 등을 가리킨다.

옛날에 공산주의에서 붉은 색을 선호했기 때문에 그들의 얼굴이 빨간 줄 알았고. 그들을 빨갱이라고 불렀다. 그런데 나중에 알고 보니 그들의 얼굴이 빨갛게 생기지는 않았다. 우리는 죄 짓는 사람의 모습이 특별히 다른 줄로 생각하고 있다. 악을 행하는 자는 생기기도 죄인처럼 생기고 성격도 난폭하고 악하고 더러운 줄 알고 있다. 그런 사람들만이 주로 죄를 짓는 줄로 알았다. 그런데 알고 보니 죄인이라고 겉으로 못되게 생기지는 않았다.

교회 다니는 사람들은 죄를 짓지 않는 줄 알았다. 교회 다니는 사람은 모두 착한 줄 알았다. 그런데 알고 보니 그게 아니었다. 정작 자신부터 악하고 더럽고 추한 생각을 하지 않으려고 해도 자신도 모르게 악하고 더러운 생각을 하고 있는 것을 나중에 알았다. 악한 마귀가 안에 있는 것을 느끼고 가증스런 모습에 고개를 절레절레 흔들 때가 한두 번이 아니다.

악은 우리에게 악한 모양으로 다가오지 않는다. 성경에도 사탄은 우리에게 광명의 천사로 위장하여 다가온다고 했다(고후 11:14). 그래서 성도도 마귀에게 잘 속는다. 마귀를 겉모습으로만 보아서는 아무도 모른다. 오히려 악한 사람이 보통 사람보다 더욱 친절하고 착하게 보일 수 있다. 악인은 위장전술이 뛰어나다. 악은 절대로 악한 모양으로 다가오지 않는다. 독버섯은 아름다운 법이다. 그래서 그 아름다움으로 사람을 홀리게 마련이다. 성도는 기도하면서 악에게 유혹되지 않도록 주의를 경계하고 하나님의 선한 교훈을 따라야 한다.

성도가 죽기 전에 악의 모양을 버려야 할 이유

첫째, 악은 생각지도 말아야 한다. 일반적으로 악은 옳지 못한 생각에서 나온다. 생각은 마음을 주장하고, 생각은 행동을 일으킨다. 그러므로 모든 악은 생각에서 시작한다. 성도는 생각나는 악의 요소들을 완전히 버려야 한다. 주님은 우리의 생각까지 모두 알고 계신다. 예수님을 시험하려고한 서기관에게 이렇게 말씀하셨다. "너희가 어찌하여 마음에 악한 생각을 하느냐"(마 9:4). 악한 생각과 모양을 버려야 선하신 예수님을 모실 수 있다.

둘째, 악에게 가까이 하지 말아야 한다. 우리가 먹물을 가까이 하면 옷에 먹물이 들기 마련이다. 그래서 백로에게 까마귀 노는 곳에 가지 말라 했다. 악은 친교성이 뛰어나고 애교를 부린다. 사창가에서 남자들을 유혹하는 여인들은 지나칠 정도로 친절하다. 짙은 화장과 심한 노출로 남자들의 눈길을 끈다. 그녀들은 끈끈이주걱 꽃이다. 한번 빠져들면 도저히 빠져나올 수 없다. 악에게 가까이 하지 않은 것이 선을 지키는 비법이다. 솔로몬은 음녀를 보면 "네 길을 그에게서 멀리 하라 그의 집 문에도 가까이 가지 말라"(잠 5:8)고 했다.

셋째, 성도는 자신에게 접근하는 악을 뿌리 채 뽑아야 한다. 농사를 지으신 분들은 잘 알 것이다. 곡식을 심어놓고 며칠이 지나면 잡초가 무성하게 자란다. 귀찮다고 차일피일 미루다 보면 잡초가 언제 자랐는지 온 밭은 뒤덮고 곡식까지 죽인다. 잡초를 미리 뽑아야 알곡을 거둘 수 있다. 악은 잡초처럼 번식력이 강하다. 악을 분명히 알고 있으면서도 제 빨리 뽑지 않으면 악에게 침노당하여 선은 온데간데 없고 악행을 일삼아 망하게 된다. 사도 바울은 "너희는 이 세대를 본받지 말고 오직 마음을 새롭게 함으로 변화를 받아 하나님의 선하시고 기뻐하시고 온전하신 뜻이 무엇인지 분별하도록 하라" (롬 12:2)고 가르치고 있다.

우리가 사는 세대는 악으로 물들어 있다. 성도가 자신의 힘으로 악을 이기기는 쉽지 않다. 그러므로 기도하면서 "악은 어떤 모양이라도 버리라" 라는 말씀을 명심하고 주님의 선을 좇아야 한다. 이 세대가 얼마나 악하고 있는가를 깨닫고 하나님의 말씀을 붙잡고 악을 물리쳐야 한다. 주님은 마귀에게 "사탄아 물러가라 기록되었으되) 주 너의 하나님께 경배하고 다만 그를 섬기라 하였느니라" (마 4:120)고 책망하셨다. 성도는 죽기 전에 악은 어떤 모양이라도 버리고 선한 믿음을 가지고 살아야 승리할 수 있을 것이다.

성전에 모이기를 힘쓰라

Bucket List **#018**

철학자 아리스토텔레스는 "인간은 사회적 동물"이라고 했다. 인간이 사회적(社會的, social) 존재라는 말은 인간들의 모임을 역사적인 존재의 가치로 인정한다는 의미이다. 이는 인간의 삶이 집단 속에서 이루어지고 있다는 견해로 자연에 대비되는 개념으로 사용되었다. 사회라는 말은 상황에 따른 인간관계의 특징을 이루는 특정한 상태를 가리키는 말로도 농업사회, 공업사회, 도시사회, 지식사회, 군대사회 등을 말한다. 인간은 어떤 형태로든지 일단 모여야 일을 할 수 있다. '모이면 살고 흩어지면 죽는다.'는 속설이 있듯이 인간은 어떤 목적을 위하여 모여야 살 수 있다. 특히 지식사회에서 서로 지식을 공유해야 성공할 수 있다.

그러면 성도들의 신앙사회에서 과연 모임이 필요할까? 성도들의 신앙사회에서 영적인 모임이 절대로 필요하다. 그래서 히브리서 기자는 "모이기를 폐하는 습관 모이기를 폐하는 어떤 사람들의 습관과 같이 하지 말고 오직 권하여 그날이 가까움을 볼수록 더욱 그리하자" (히 10:25)고 했다. 성도들도 모이면 신앙이 부흥되고 모이지 않으면 신앙이 쇠약해진다.

모이는 교회

'교회(敎會 Church)'는 '회중(會衆)' 또는 '부르심을 받은 자들'의 모임이라고 한다. 교회를 헬라어로 '에클레시아'라고 하는데, 이 말은 '하나님께서 불러 모은 자'라는 뜻을 가지고 있다. 교회의 근본적인 의미는 건물이 아니고 사람들을 가르친다. 교회는 머리가 되시는 주님의 몸으로 성도의 신앙공동체다. 사도 바울은 "또 만물을 그 발 아래 복종하게 하시고 그를 만물 위에 교회의 머리로 주셨느니라 교회는 그의 몸이니 만물 안에서 만물을 충만케 하시는 자의 충만이니라"(엡 1:22-23)고 하였다. 교회는 오순절(성령 강림절)부터 그리스도의 재림 때까지의 예수 그리스도 안에 있는 모든 성도로 구성된다.

교회는 예수 그리스도와 개인적 관계를 가진 성도들로 구성된다. "우리가 유대인이나 헬라인이나 종이나 자유자나 다 한 성령으로 세례를 받아 한 몸이 되었고 또 다 한 성령을 마시게 하셨느니라"(고전 12:13). 이 말씀은 믿는 성도는 누구라도 주님의 몸의 일부이며 그 증거로 그리스도의 영, 즉 성령을 받았다고 말씀한다. 하나님의 우주적인(universal, 보편적인) 교회는 예수 그리스도를 믿음으로 구원을 받은 모든 성도의 모임이다.

하나님은 성도가 개인적으로 믿는 것을 기뻐하지 않고 공동체의 신앙생활을 기뻐하신다. 교인 한 사람을 교회라고 하지 않는다. 교회는 세례 교인 12인 이상이 장기적으로 모여 하나님께 예배하고 노회의 공인을 받아야 설립할 수 있다. 또한 교회는 성도들이 서로 협력하고, 격려하고 교제해야 한다. 성도는 교회에 모이기를 힘써야 한다. 성도가 모이기를 힘쓰게 될 때에 믿음이 없는 사람이 믿음을 얻게 된다. 자주 모일수록 믿음이 성장한다.

성도가 모이는 방법

첫째, 성도는 거룩한 예배로 모여야 한다, 히브리서 기자는 "모이기를 폐하는 어떤 사람들의 습관과 같이 하지 말고 오직 권하여 그 날이 가까움을 볼수록 더욱 그리하자"(히 10:25)라고 했다. 하나님을 믿는 성도라면 열심히 모여야 한다는 말씀이다. 그런데 성도가 간혹 모이기는 하는데 사람과 만나기 위해서, 자신의 교양을 위해서, 또는 다른 목적 즉 계모임이나 출세를 위해서 모이는 경우가 있을 수 있다. 이런 모임은 성경적이지 않다.

성도는 반드시 하나님께 예배드리기 위해서 모여야 한다. 특히 성도는 주님의 십자가를 중심으로 모여야 한다. 주님께서 십자가에 못 박혀 돌아가시므로 우리를 구원하셨다는 의미로 모여야 예배의 가치가 있다. 신령한 예배는 성전의 휘장은 찢어졌고 이제는 새로운 구원의 길, 영생의 산길이 주어졌다(히 10:19-21). 그러므로 이제는 영과 진리로 드리는 예배가 되어야 하나님께서 받으신다(요 4:24). 오직 예수 그리스도로 말미암아 새롭게 난 길을 따라 주님의 날을 거룩한 예배의 모임으로 모여야 하나님께서 함께하시고 축복하신다.

둘째, 성도는 기도하기 위해서 모여야 한다. "그들이 사도의 가르침을 받아 서로 교제하고 떡을 떼며 오로지 기도하기를 힘쓰니라"(행 2:42). 교회는 "만민이 기도하는 집"(마 21:13)이다. 모든 사람이 모여서 하나님께 기도드리는 곳이 교회다. 교회는 기도하는 것이 존재의 목적이다. 만일 교회에 기도하지 않는 사람으로 채워진다면 교회는 곧바로 무너지게 될 것이다. 언젠가는 유대인들의 예루살렘 성전처럼 돌 하나도 돌 위에 남지 않을 것이다. 기도하기 위해 모이는 교회는 행복하다. 모여서 기도하는 교회는 복음의 교회가 될 것이다.

교회에서 드리는 신앙공동체의 기도는 개인이 드리는 기도를 초월한다. 주님은 "진실로 다시 너희에게 이르노니 너희 중의 두 사람이 땅에서 합심하여 무엇이든지 구하면 하늘에 계신 내 아버지께서 저희를 위하여 이루게 하시리라 두세 사람이 내 이름으로 모인 곳에 나도 그들 중에 있느니라"(마 18:19-20)고 말씀하셨다. 주님은 성도 두세 사람이 모이는 곳에 함께하시고, 그들의 기도를 하늘에 계신 하나님께서 이루게 하신다고 하셨다.

셋째, 성도는 서로 축복하기 위해서 모여야 한다. 성도들이 모여 서로를 축복할 때에 교회는 성령 충만의 역사가 나타나고, 교회는 사랑으로 뜨거운 교회, 기쁨이 충만한 교회가 될 것이다. 히브리서 기자는 "서로 돌아보아 사랑과 선행을 격려하며 모이기를 폐하는 어떤 사람들의 습관과 같이 하지 말고"(히 10:24)라고 하였다. 이 말씀은 성도는 서로를 향해서 축복해야 한다는 말씀이다. 성도가 모이면 서로 축복할 수 있어야 한다. 성도가 모여서 쓸데없는 비방이나 늘어놓지 말고, 모이면 축복해야 평안하여 든든히 서가는 교회가 된다.

히브리서 기자는 모이기를 힘쓰라고 권면하면서 "그날이 가까움을 볼수록 더욱 그리하자"(히 10:25)고 말씀하였다. "그날이"란 성도가 죽는 날, 주님께서 재림하시는 날을 말한다. 주님의 재림과 성도가 죽는 종말의 날이 가까이 오는 것을 볼수록 더욱 모이기에 힘써야 한다. 성도를 향한 핍박이 많이 있고, 고난이 이어지고, 주님께서 재림하실 징조들이 있을 때에 더욱 모이기를 힘써야 한다. 성도가 종말론적인 소망을 가지고 모이게 될 때에 주님의 성령님께서 그들에게 충만히 임하시고, 놀라운 역사를 이루어주실 줄을 믿는다.

성도가 죽기 전에 모이기를 힘써야 하는 이유

사람에게 앞으로 되어질 일 가운데 가장 확실한 것은 누구나 죽는다는 것이다. 히브리서 기자는 "한번 죽는 것은 사람에게 정하신 것이요 그 후에는 심판이 있으리니"(히 9:27)라고 했다. 사람이 세상에 태어나면 언젠가는 반드시 죽어야 하는 것처럼 세계에도 종말과 심판이 있다. 신약성경에는 인류역사의 마지막 날에 대하여 318번이나 말씀하고 있다.

그런데 사람들은 현세의 성공에는 많은 관심을 가지만 '말세, 자신의 죽음'에 관해서는 별 관심이 없다. 그러나 성도는 잠깐 지나가는 현세보다 영원한 내세를 준비하기 위하여 '종말'에 더욱 관심을 가지고 살아야 한다. 지혜로운 사람은 자신의 죽음을 준비하는 사람이다. 자신의 죽음을 준비하는 성도는 하나님 앞에 모이기를 힘써야 한다. 부모가 자녀들이 함께 모이는 것을 기뻐하는 것처럼 하나님도 성도들이 자주 모이는 것을 기뻐하신다.

첫째, 성도는 기도하기 위해 모여야 한다. 기도에는 개인기도와 합심기도가 있다. 개인기도를 골방기도라고 한다. 호젓한 곳에서 하나님과 단둘이 만나서 기도의 대화를 나누는 것도 필요하다. 그렇지만 합심기도에는 또다른 능력이 있다. 사도행전에 나온 사건처럼 120명의 제자들이 합심하여 기도했을 때 성령이 충만하게 내려서 놀라운 능력을 받고 초대교회를 설립하였으며, 하루에 3000명 이상이 회개하고 돌아오는 이적이 나타났다.

그리고 위기를 맞은 성도들이 합심기도를 하였을 때 하나님이 권세를 잡은 자를 치셨다. 헤롯이 초대교회를 핍박할 때 성도들은 어찌할 바를 몰랐다. 헤롯이 야고보 사도를 칼로 죽이고 베드로 사도를 죽이기 위해서 옥에 가두었다. 성도들은 이런 사태를 대응하기 위하여 모여서 간절히 기도할 수밖에 없었다. 그들이 한곳에 모여서 합심하여 기도했다. 이렇게 합심기도를 했을 때 베드로 사도를 가두고 있던 옥문이 열리고 헤롯은 충이 먹어 죽었다.

둘째, 축복을 받기 위하여 모여야 한다. 초대교회는 모이기에 힘썼기 때문에 하나님의 축복을 받아 놀라운 부흥의 역사를 이룰 수 있었다. "날마다 마음을 같이하여 성전에 모이기를 힘쓰고 집에서 떡을 떼며 기쁨과 순전한 마음으로 음식을 먹고 하나님을 찬미하며 또 온 백성에게 칭송을 받으니 주께서 구원받는 사람을 날마다 더하게 하시니라"(행 2:46-47).

성경에는 모이지 않아서 축복을 받지 못했던 경우도 있다. 예수님께서는 부활하신 후에 모임에 함께한 제자들에게 나타나셨다. 그런데 열두 제자 중에 도마는 무슨 일인지 그 모임에 함께 있지 않았다. 그 결과 부활하신 예수님을 잠깐이나마 알아보지 못하고 불신앙에 빠지는 사람이 되고 말았다(요 20:19-25). 이처럼 믿음을 지켜나가기 위해서는 모이기에 힘써야 한다.

셋째, 사단의 궤계에서 승리하기 위해서 모여야 한다. 영적 전쟁이 치열하게 벌어지는 이 시대에 사단 마귀는 우리의 영혼을 멸망으로 이끌기 위해 우는 사자처럼 두루 찾고 있다(벧전 5:8). 사자는 먹이를 사냥할 때 무리에서 떨어져 나온 약한 동물을 제일 먼저 공격한다. 마찬가지로 사단도 무리에서 떨어져 나온 믿음이 약한 성도를 가장 먼저 공격한다. 이런 때일수록 성도는 더욱 모이기에 힘쓰고 한마음으로 사단의 궤계를 이겨내야 하겠다.

그러면 성도들은 어디에 모여야 할까? 그곳은 바로 주님의 몸된 교회다. 교회는 하나님께 예배드리고 기도하는 곳이다(사 33:22). 교회는 하나님께서 거하시고 축복을 허락하시는 곳이다. "여호와께서 시온을 택하시고 자기 거처를 삼고자 하여 이르시기를 이는 나의 영원히 쉴 곳이라 내가 여기 거할 것은 이를 원하였음이로다"(시 132:13-14). 교회는 영생의 축복이 약속된 하나님의 처소다. 그러므로 성도는 죽기 전에 모이기를 힘써야 하겠다.

세상 사람들은 몸이 건강하고 돈을 많이 벌어서 넓고 좋은 집을 사고 고급승용차를 몰며 호화로운 별장을 가지고 여유 있게 사는 것이라고 생각한다. 그러나 성도는 생각이 다르다. 왜냐하면 성도의 가치관은 현세에 있지 않고 미래, 즉 하나님의 나라에 있기 때문이다. 이 세상은 인생이 여행자와 같이 잠시 머물다가 지나가는 곳이다. 여행자는 여행지에서 땅을 사거나 집을 짓지 않는다. 여행자는 얼마 동안 그곳에 잠시 머물다가 미련 없이 떠나간다.

그러면 성도가 행복한 가정생활을 위해서 무엇을 어떻게 해야 할까? 이것이 가까운 미래와 하나님의 나라를 위해서 필요한 과제다. 이 과제는 한두 시간에 해결할 수 없다. 약간의 돈을 투자하려고 해도 세심한 연구와 계획이 있어야 하는 것처럼 성도의 행복한 가정생활을 위해서도 기도와 말씀에 의한 신앙적인 계획표를 세워야 할 것이다. 본 장에서는 행복한 가정생활을 위해서 가족을 중심으로 세부적인 프로그램을 만들어 보겠다.

제 3 장

행복한 가정생활을 위해서

019 가족을 위해 한 주간의 식단표를 만들어 실천하라

020 온 가족이 일 년에 한 번 건강검진을 하라

021 자녀의 영성을 위한 계획을 세워라

022 자녀에게 축복의 안수기도를 하라

023 일주일에 한 번 이상 배우자의 일을 도와주어라

024 가족과 가까운 친척들의 기념일을 챙겨라

025 정기적으로 가족 여행을 하라

026 가족이 모이는 날을 정하고 실천하라

027 가까운 친척을 초대하고, 자녀와 함께 친척집을 방문하라

가족을 위해 한주간의 식단표를 만들어 실천하라

Bucket List **#019**

창세기 1장을 연구해 보면 재미있는 현상을 발견할 수 있다. 태초에 하나님께서 빛을 비롯하여 우주만물을 창조하셨는데, 그 순서가 예사롭지 않다. 하나님은 사람을 지으시고, 그에게 땅을 정복하고 바다의 물고기와 하늘의 새와 땅에 움직이는 모든 생물을 다스리라(창 1:28)고 하셨다. 다시 말하면 사람은 이 세상의 그 무엇보다도 소중한 존재로 창조하셨다는 말씀이다. 그러면 하나님은 왜 사람을 우주만물보다 맨 나중에 창조하셨을까?

하나님께서는 사람을 위하여 하늘과 땅, 그리고 바다에 사람의 먹거리를 미리 준비해 놓으시고 사람을 창조하셨다는 답변이 나올 수밖에 없다. 그만큼 사람에게 먹고 사는 문제가 중요하다는 말이다. 세상에는 먹기 위해서 사는 사람이 있는가 하면 살기 위해서 먹는 사람도 있다. 둘 다 '먹는 것'이라는 공통점을 가지고 있지만, 누가 더 옳고 누가 더 그르다고 할 수는 없다. 왜냐하면 '먹는 것(食)'은 인간의 본능이기 때문이다. 요즘 지상파 방송에서 '먹방' 즉 먹는 방송이 대세인 것을 비판하는 사람도 있지만, 반드시 나쁘다고는 할 수 없다.

천사에게 음식을 대접한 아브라함

어느 여름날에 아브라함이 장막문에 앉아 있었다. 이스라엘 지방의 여름은 사막기후와 같다. 햇볕이 뜨거운 정오에는 일하지 않고 쉴 수밖에 없는 시간에 아브라함은 길을 가는 세 사람을 발견하였다. 자신도 더운 시간에 쉬고 싶었지만, 무더운 길을 가는 나그네들의 형편을 헤아리고 달려나가 그들을 자기 집으로 영접하였다. 그리고 그들에게 "내 주여 내가 주께 은혜를 입었사오면 원하건대 종을 떠나 지나가지 마시옵고" (창 18:3)라고 부탁하였다.

아브라함은 그들에게 자신이 "물을 조금 가져오게 하사 당신들의 발을 씻으시고 나무 아래에서 쉬소서 내가 떡을 조금 가져오리니 당신들의 마음을 상쾌하게 하신 후에 지나가소서 당신들이 종에게 오셨음이니다" (창 18:4)고 간청했다. 그리고 아브라함은 그들을 위해서 송아지를 잡고 우유, 버터, 떡. 어느 것 하나 아끼지 않고 최선을 다해 대접했다. 그는 조금만 가져오겠다고 하고서 최고의 음식을 차렸다. 조금 약속하고 더 후하게 대접하였다. 그리고 그들이 식사하는 동안에 아브라함은 끝까지 음식 시중을 들었다. 그런데 식사를 마친 그들이 뜬금없이 아브라함에게 "네 아내 사라가 어디 있느냐" (창 18:9)고 물었다. 아브라함이 장막에 있다고 대답하니 "내년 이맘때 내가 반드시 네게로 돌아오리니 네 아내 사라에게 아들이 있으리라" (창 18:10)고 말했다. 사실 아브라함이 기다리고 기다린 말이다. 하나님께서 후손을 하늘의 별과 바다의 모래와 같이 번성하게 하시겠다고 약속은 하셨지만 100세가 되도록 감감무소식이었는데 뜻밖에 기쁜 소식을 들었다.

가족이나 일가친척 그리고 성도들에게 음식을 대접하면 이렇게 놀라운 축복을 받을 수 있다는 성경적인 이야기다. 하나님의 은혜와 축복은 그저 오지 않는다. 좀 야박한 말씀으로 들릴지 몰라도 하나님의 은혜와 축복은 자신에게 달려 있다. 은혜와 축복을 받을만한 짓을 하면 어김없이 받을 수 있지만, 그렇지 못하면 그림의 떡일 뿐이다. 아브라함은 부지불식간에 하나님의 천사에게 음식을 정성껏 대접하고 놀라운 축복을 받은 것이다.

예수님에게 음식을 대접한 마르다

베다니에 살던 나사로와 마르다와 마리아 삼남매는 예수님을 극진하게 대접하였다. 그런데 어느 날, 예수님께서 그들의 가정을 방문하셨을 때에 마르다와 마리아 두 자매의 대조적인 행동을 엿볼 수 있다. 성서학자들이 설명에 따르면 나사로는 무직이었고, 마르다는 과부요, 가정주부였을 것으로 추정한다. 아마도 이런 형편을 생각하면 예수님을 대접하는 일은 쉬운 일이 아니었을 것이다. 특별히 예수님은 언제나 홀로 다니시지 않았고 많은 제자와 함께 다니셨기 때문에 그들을 대접하는 일은 많은 비용과 노력이 소모되는 일이었다. 하지만 마르다는 예수님 대접하는 일에 열심을 내었다. 많은 비용이 드는 일이었지만 그 비용에 매이지 않고 예수님과 제자들을 대접하는 일을 자진해서 하였다.

그런데 마르다가 예수님을 대접하기 위해서 동분서주할 때 마리아는 언니 마르다의 일을 돕지 않고 예수님의 발밑에 앉아서 말씀을 듣고만 있었다. 아마도 마리아는 예수님의 말씀이 너무나 좋아서 언니를 도와야 함에도 불구하고 돕지 않고 예수님의 말씀을 듣고 있었던 것으로 보인다. 인간적으로 생각하면 염치가 없다고 생각할 수도 있다. 실제로 마리아가 언니를 도와서 함께 일했다면 마르다의 분주함이 덜했을 것이다. 하지만 마리아는 언니를 돕지 않았다. 그래서 결국 마르다가 예수님을 찾아와서 불평을 하는 지경에 이르게 되었다.

사람들은 이 이야기를 대할 때 예수님을 대접하는 일로 불평한 마르다보다 예수님의 말씀을 듣는 일에 열심을 낸 마리아를 칭찬한다. 마치 마르다는 잘못 된 것을 선택하였고, 마리아가 옳은 것처럼 선택한 것으로 평가한다. 특히 예수님께서 "마르다야 마르다야 네가 많은 일로 염려하고 근심하나 그러나 몇 가지만 하든지 혹 한 가지만이라도 족하니라 마리아는 이 좋은 편을 택하였으니 빼앗기지 아니하리라"(눅 10:41-42)고 하신 예수님의 말씀에서 근거하여 마리아가 좋은 편을 택했고 마르다는 좋지 않은 것으로 평가한다.

그러나 이것은 옳지 않은 해석이다. 예수님은 마르다가 잘못했다고 말씀하시지 않으셨다. "네가 많은 일로 염려하고 근심하나 그러나 몇 가지만 하든지 혹 한 가지만이라도 족하니라" 고 말씀하셨다. 실제로 마르다는 예수님을 위해서 많은 일을 했다. 예수님은 그것을 인정하셨다. 하지만 그렇게 많은 일로 수고할 필요는 없고 그중에 한두 가지만 하든지 혹은 한 가지만이라도 만족하다는 예수님의 아량을 말씀하신 것뿐이다.

실제로 예수님은 마르다가 정성껏 준비한 음식을 드셨을 것이다. 그리고 많은 음식을 준비하는 것도 예수님을 대접하는 일이고, 예수님의 말씀을 열심히 듣는 것도 예수님을 대접하는 일이다. 여기서 일의 가치를 비교 평가해서는 안 된다. 마르다는 음식을 준비하는 일을 택했고 마리아는 예수님의 말씀을 듣는 편을 택했을 뿐이다. 어느 편이 더 낫고 못하고 한 일이 없다. 두 사람 각각 예수님을 대접하는 일을 택했다. 예수님은 그것을 말씀하셨다.

만일 마르다가 예수님과 제자들을 위해서 음식을 준비하지 않았다면 어떻게 되었을까? 아마 예수님과 제자들은 쫄쫄 굶고 배가 고파서 전도사역을 계속하지 못했을 것이다. 사람이 음식을 먹는 것은 식도락(食道樂), 즉 즐기기 위할 수도 있으나 실제로는 일하기 위하여 먹는 경우가 많다. 교역자에게 식사를 대접하는 일도 같은 이치에 해당한다. 교회에서 교역자에게 생활비를 넉넉히 제공해야 교역자와 가족이 편히 먹어야 즐겁게 사역할 수 있다. 누가 먹는 문제를 나쁘다고 할 수 있는가? 주님도 이 문제를 나쁘다고 하시지 않으셨다.

가족을 위한 식사 배려

속담에 '쌀독에서 인심난다' 라는 말이 있다. 요즘이야 꼭 밥을 먹어야 하지는 않지만, 옛날에는 군것거리가 없었기 때문에 하루 세 끼 밥을 챙겨 먹어야 했다.

지금도 어른들은 자녀들이나 친지들에게 안부를 물을 때 빼놓지 않고 하는 말이 '밥 먹었느냐' 고 묻는다. 요즘 젊은이들이 가장 싫어하는 말이 '밥 먹었느냐' 고 묻는 말이라고 한다. 그래도 사람에게 먹는 문제처럼 중요한 것은 없다. 일단 먹어야 기력이 생기고 일할 마음도 난다.

만약 가정에 생활비가 없어서 가족들이 제때 음식을 먹지 못한다면 가정의 분위기가 어떻게 될까? 레미제라블의 장발장도 굶주린 조카를 먹이기 위해서 빵을 훔치는 사건으로 시작한다. 가족이 음식을 먹는 문제가 그처럼 중요하다는 이야기다. 가장이나 주부의 입장에서 가정에 먹거리가 없다면 피눈물이 날 것이다. '사흘 굶으면 남의 집 담장을 넘지 않을 수 없다' 고 한 것처럼 제때 먹고 가족을 먹이는 일만큼 중요한 일은 없다.

또한 가장이나 주부는 가족에게 맛있는 음식을 챙겨 먹이는 일이 필요하다. 그래서 곳곳에 맛집이 유행이고 피자를 비롯해서 치킨이나 특별한 음식의 배달업이 성황을 이루고 있다. 그러나 배달 음식이 우선 먹기는 좋아도 경제적으로나 위생적으로 추천할만하지는 않다. 가장이나 주부가 가족을 진심으로 사랑하고 아끼는 마음이 있다면 가족을 위해 한 주간의 식단표를 만들어 실천하는 일이 좋을 것이다. 여기에는 가족을 위한 배려하는 마음과 사랑이 깃들어 있어서 가정을 한층 화목하게 하고 즐거운 가정의 분위기를 만들 수 있을 것이다.

성도가 죽기 전에 가족을 위해 한 주간 식단표를 실천해야 하는 이유

또 다시 옛날이야기다. 평생에 9남매를 키우며 할 일 못할 일을 하다가 몸도 쇠약하고 나이가 들어 죽는 노인이 있었다. 그 노인의 평생소원은 자식들에게 따뜻한 흰밥과 맛있는 고깃국을 먹이는 것이었다. 그러나 그 소원을 이루지 못하고 죽어가면서 눈을 감지 못하였다고 한다. 부모의 마음은 더도 말고 덜도 말고 자식들에게 맛있는 음식을 먹이는 것이다.

성도도 언젠가는 죽는다. 특히 무엇보다도 자녀에게 잘 먹이고 잘 입히고 좋은 학교에 보내고 죽으면 평생에 소원이 없을 것이다. 하지만 그 무엇보다도 자녀를 잘 먹이고 죽는다면 다른 소원은 없을 것이다. 그러므로 성도는 죽기 전에 정성을 다해서 가족의 한 주간 식단표를 만들어 정기적으로 실천하면 자신과 가족을 위해서 좋을 것이다. 그 이유는 다음과 같다.

첫째, 가족의 건강을 위해서 유익하다. 요즘 자녀가 편식을 많이 하고 불량식품을 섭취하는 경향이 많다. 편식은 영양소 부족이나 비만을 가져올 수 있고, 불량식품은 질병을 불러올 수 있다. 그러므로 가장이나 주부가 죽기 전에 솔선수범하여 정기적으로 가족을 위한 식단표를 만들어 실천하면 자녀의 편식과 불량식품 섭취를 막을 수 있다.

둘째, 가족의 화목을 위해서 유익하다. 가족은 사사로운 일로 인하여 불화를 겪을 수 있다. 그래서 식사를 따로따로 하는 일이 자주 있다. 또한 가족이 제가끔 분주해서 한 식탁에서 식사하는 경우가 많지 않다. 그러므로 가족을 위해서 사랑과 정성이 깃든 식단표를 만들어서 실천하면 가족이 한 자리에서 화목한 식사를 할 수 있어서 많은 유익이 될 수 있다.

셋째, 가족이 함께하면 행복하다. 요즘 마트에 가보면 혼자 먹을 수 있는 식재료가 셀 수 없이 많이 있다. 혼자 사는 이른바 '독거인' 이 늘어나기 때문인데 왠지 마음이 쓸쓸하고 짠한 생각이 든다. 그러나 가족이 함께 먹을 수 있는 식단표를 만들어 실천하면 거족의 외롭지 않고 행복할 수 있다. 가족이 '혼자(only one)' 하면 외롭고 '함께(together)' 하면 행복하다. 성도가 죽기 전에 가족을 위해 한 주간의 식단표를 만들어 실천하면 좋겠다.

온 가족이 일 년에 한 번 건강검진을 하라

Bucket List **#020**

수십 년 전만 해도 건강을 위협하는 질병은 결핵, 폐렴, 장염, 기생충 질환 같은 감염성 질병이었다. 하지만 항생제와 예방접종이 발달하면서 감염성 질환은 크게 줄었지만 암과 같은 다른 질병이 수없이 많이 늘어났다. 이러한 변화 속에서 건강한 삶을 살기 위해서는 정기적으로 자신의 건강 상태를 체크하는 것이 무엇보다 중요하다.

건강검진에서 대상으로 하는 질환으로는 암, 심혈관계 질환, 간 질환, 당뇨병, 결핵 등이다. 건강검진으로 검사 받는 항목은 받는 사람의 나이에 따라 차이가 있다. 나이에 따라 잘 걸리는 질병의 종류가 다르기 때문이다.

최근에는 10, 20대의 건강 검진도 증가하는 추세다. 요즘엔 소아 비만이 많고 인스턴트식품을 즐기는 청소년들에게 생길 수 있는 영양 불량, 기초 체력 약화, 성장 발육 불균형 등 질병 위험을 조기 발견하기 위해서다. 청소년의 건강 검사 항목은 혈압, 신장, 청력, 심폐 기능, 치아 등을 검사하는 신체검사와 비만도, 면역, 갑상선염, 체지방, 체수분, 영양 상태를 보는 체성분 검사 등이다. 잘못된 자세로 척추가 휘는 척추측만증도 청소년 검진에서 빼놓을 수 없는 검사다. 그리고 스마트폰을 자주 보면 안과 검사도 해야 한다.

종합건강검진의 필요성

일반적으로 건강검진을 받고자하는 사람은 무조건 저녁을 굶기가 일상이다. 그러나 위내시경이외에는 식사를 할 수 있고, 저녁 10시 이후에 음식물 섭취를 금하는 것이 좋다. 종합건강진단을 받고자 하는 사람은 몸에 아무 이상을 느끼지 않거나 또는 가벼운 이상을 느끼는 경우에 위험에 대비하기 위하여 검사를 받게 된다. 건강진단의 목적은 성인병 등의 질환을 조기에 발견하고 그 위험인자를 조기에 치료하여 건강 유지와 회복을 기하는 데 있다.

현대인은 무절제한 생활과 운동부족, 과도한 스트레스 등으로 건강에 자신이 없어 검진을 두려워하고 기피하는 사례도 있다. 하지만 검진 결과 이상이 없게 나타나면 건강에 대해 자신을 갖게 되고 앞으로의 생활을 자신감 있게 살 수 있는 계기가 될 수 있다. 또 검사 결과를 잘 보관하여 모아 두면 건강관리의 귀중한 자료로 활용될 수 있다.

종합건강검진은 보통 40세 이상이라고 하지만 개인차나 생활습관(식생활, 음주, 흡연 등)을 감안하면 30세 때부터도 건강진단을 받는 것이 좋을 수 있고 검사 결과 특별한 이상이 없으면 연 1회 검사를 받는 것이 좋다.

종합검진검사 항목의 선정

종합 건강진단의 검사 항목으로는 흉부 X-선 검사, 위내시경(식도, 십이지장을 포함), 호흡 기능, 심전도, 복부 초음파, 임상병리 검사(혈액 검사, 임상화학 검사, 혈청검사, 요 검사, 분변 검사), 신체 계측(신장, 체중) 등이 있다. 그리고 의사의 진찰도 당연히 포함된다. 그밖에 안전, 안압, 시력, 청력 검사 등도 병행하여 시행할 수 있다.

또한 임상병리의 검사 항목은 간 기능(총 단백질, 알부민, 총 빌리루빈, ALP, γ-GTP, GOT, GPT), 신장 기능(크레아티닌, 요산, Na, K, Cl), 혈중지질(총 콜레스테롤, 중성지방, HDL-콜레스테롤), 췌장기능(아밀라아제), 혈당, B형 간염 항원·항체검사, 매독 검사, HIV 검사(AIDS) 등이 포함된다. 이 밖에 몇 가지 종양 표지지(AFP, CEA 등) 검사를 추가할 필요성도 있다. 종합건강검진은 정부에서 지정한 병원을 선택하는 것이 좋다.

검사 시간은 복부 초음파 검사, 위 내시경 검사나 임상화학 검사에서 혈당이나 중성지방 등은 식사의 영향을 크게 받으므로 오전 공복 중에 시행하는 것이 원칙이다. 그러므로 일반 종합건강진단을 위한 검사는 오전 7시~8시에 시작하여 의사의 진찰을 포함해서 3시간 이내로 마칠 수 있도록 검사항목을 설정하기도 한다. 자동분석 장치에 의한 혈청 임상화학검사와 그 외에 간단한 건강진단 기기가 조합되어 모든 성적이 컴퓨터로 수록되어 3시간 정도면 끝나는 검사를 자동화 건강진단이라고 한다.

건강검진 검사를 받는 순서

검사 순서는 소요 시간이 길고 사전에 처리해야 할 조치가 많은 위내시경을 중심으로 배치하는 것이 좋다. 사의 시작은 요(소변) 검사에서부터 시작한다. 배뇨를 참고 내원하는 경우도 있고, 위내시경을 위해 진경제인 부스코판(buscopanl)을 주사하면 소변 누기가 힘들어지는 경우가 있다. 다음으로 혈당을 포함한 임상병리 검사를 위한 채혈을 하고 이어서 심전도 검사를 거처 의사의 진찰을 받게 되고 다음에 방사선실로 가서 흉부 X-선과 복부 초음파 검사를 한 다음 최후로 위내시경을 하게 된다.

요 검사(채뇨)는 채혈 -〉 심전도 -〉 의사진찰 혈압측정 -〉 흉부 X선, 복부 초음파 -> 위내시경 -> 폐활량 -> 신체계측 등의 흐름 도에서 폐활량과 신체 계측을 위내시경 다음에 배치하였으나, 기다릴 필요 없이 적당히 비어있는 시간에 검사를 해도 무방하고 수진자의 검사 진행이 원만히 이루어지도록 담당자가 잘 안배하는 것도 요령이다.

종합건강진단의 결과는 우리 몸의 대체적인 상태를 나타내는 것이므로 검사 판정에만 집착하지 말고, 각 검사항목들이 갖는 의미 등을 세심하게 파악하여 자신의 건강관리를 위한 참고자료로 활용하는 것이 중요하다. 즉, 건강 검진 결과 아무런 이상이 발견되지 않았다 하더라도 흡연, 음주 등의 건강 습관이 있으면 빨리 고치는 것이 좋고, 검진 후 새로운 징후가 나타나면 즉시 해당 진료과의 진료를 받는 것이 바람직하다.

성경에서 배우는 건강한 몸

흔히 성도들은 몸을 영혼보다 등한히 하는 경우가 있다. 이것은 적어도 두 가지 사실을 고려해 볼 때 그릇된 생각이다. 그 이유는 첫째, 하나님은 사람을 자기의 형상을 따라 만드셨다(창 1:26-27)는 사실 때문이다. 둘째, 성도가 자신의 신체를 관리하는 청지기로서 하나님께 영광을 돌려야 한다는 사실 때문이다. 사도 바울은 "너희 몸은 너희가 하나님께로부터 받은 바 너희 가운데 계신 성령의 전인 줄을 알지 못하느냐 너희는 너희 자신의 것이 아니라 값으로 산 것이 되었으니 그런즉 너희 몸으로 하나님께 영광을 돌리라" (고전 6:19- 20)고 전했다.

하나님은 그의 자녀에게 강건하고 잘 되기를 원하신다. "사랑하는 자여 네 영혼이 잘됨 같이 네가 범사에 잘되고 강건하기를 내가 간구하노라" (요삼 1:2). 또한 하나님은 자기 백성의 질병을 치유하신다. "나는 너희를 치료하는 여호와임이라" (출 15:26). 하나님은 그의 계명을 지키는 백성을 질병들이 괴롭히지 못할 것이라는 약속을 하셨다. 건강은 하나님께서 사랑하시는 자녀에게 주신 특별한 선물이다. 그러므로 성도는 건강하게 살아야 한다.

어떤 면에 있어서 성도가 하나님께 영광을 돌릴 수 있는가? "그런즉 너희가 먹든지 마시든지 무엇을 하든지 다 하나님의 영광을 위하여 하라"(고전 10:31). 성도가 술을 마시지 않고 담배를 피우지 않는 이유는 자신의 건강을 해치지 않고 나아가서 덕이 있는 생활로 하나님께 영광을 돌리기 위한 것이다. 성도는 자신의 몸으로 살아 있는 동안에 생명력이 넘치는 거룩한 예배를 드려야 한다. "그러므로 형제들아 내가 하나님의 모든 자비하심으로 너희를 권하노니 너희 몸을 하나님이 기뻐하시는 거룩한 산 제물로 드리라 이는 너희의 드릴 영적 예배니라"(롬 12:1). 건강한 몸으로 건강한 정신으로 하나님께 예배드릴 수 있다.

하나님은 인간을 만들었기 때문에 인간에게 가장 좋은 음식이 무엇인지를 아신다. 하나님은 사슴, 양, 닭, 굽이 갈라지고 되새김질하는 사슴. 양. 소와 같은 짐승들을 먹도록 허락하셨다. 그러나 다람쥐, 토끼, 돼지를 먹는 일은 허용하지 않았다. 비늘과 지느러미를 가진 물고기들은 음식물로서 좋으나, 뱀장어, 메기, 새우, 게, 굴, 조개 등은 음식물로서 적당하지 않다. 레위기 11장에는 20여종의 조류들이 금지되어 있다. 조류 중에서 정결한 것으로 간주되는 것들은 비둘기, 자고, 메추라기, 닭, 칠면조 등이다(레위기 11장, 신명기 14장).

복음적으로 구약시대의 율법적인 규례에 얽매일 필요는 없다. 하지만 주 예수 그리스도의 복음으로 거듭난 성도는 하나님의 영광을 가리는 음식이 무엇인지를 알아서 구별할 수 있어야 한다. 그리고 또한 하나님과 성령님 내주하시는 자신의 몸에 해로운 음식물을 섭취하지 말아야 한다. 성도의 몸은 하나님의 거룩한 사역을 감당하는 소중한 도구이기 때문이다.

구별된 음식으로 건강을 지킨 다니엘

왕 여호야김이 유다를 다스린 3년 되는 해에 바벨론 왕 느부갓네살이 예루살렘을 침략하여 유다의 청년들을 포로도 붙잡아갔다. 그중에 다니엘이 있었는데 영특하고 총명하여 환관장이 이름을 벨드사살이라고 고쳐주었다. 그런데 다니엘은 뜻을 정하여 바벨론 왕이 주는 고기와 포도주로 자기를 더럽히지 않기로 결심하였다. 그래서 환관장을 찾아가 왕이 주는 음식을 먹지 않겠다고 호소했다(단 1:8). 환관장이 난색을 표했으나 하나님께서 환관장의 마음을 움직이시어 결국 지정된 고기와 마실 포도주를 제하고 채식을 주었다(단 1:16).

다니엘의 제안으로 열흘 동안 채식만 주며 시험해 본 결과 다니엘의 얼굴이 오히려 다른 사람들보다 더 윤택하고 아름답게 되었다. 음식이란 생존의 기본 요건이다. 더구나 소년이나 청년 시절에는 식욕이 왕성해 그것이 비록 믿음을 지키기 위한 일이라 할지라도 먹는 것을 절제하기란 결코 쉬운 일이 아니다. 그럼에도 부구하고 한창 나이인 다니엘은 오직 신앙의 순결과 정절을 지키기 위해서 음식의 유혹을 떨쳐 버렸다. 생각할수록 놀라운 일이 아닐 수 없다. 주님도 광야에서 40일 동안 금식하시고, 모세도 시내 산에서 40일간 금식한 일이 있는데 모두 음식의 유혹에서 승리했다는 공통점을 가지고 있다.

다니엘이 바벨론의 고기와 포도주를 거절한 것은 세가지 이유 때문이다. 첫째로 바벨론의 고기와 포도주는 일단 우상에 바쳤던 음식이라 그것을 먹는 것은 우상숭배와 같은 일이기 때문이다. 둘째는 사람의 건강은 하나님께서 지키시고 세상의 음식물에서 오지 않는다는 믿음이 있었기 때문이다. 그리고 셋째는 세상의 권력과 풍습에 동조하지 않겠다는 굳은 신앙의 표현이 있었기 때문이다.

세상의 어떤 음식물도 하나님의 피조물임에 틀림이 없다. 어떤 음식물이든지 음식물 그 자체가 악한 것은 아니다. 구체적으로 말해서 술, 담배, 마약, 제사음식물 등이 본질적으로 악하지 않다는 말이다. 그러나 그 음식물을 불법으로 사용하고, 죄악의 도구로 이용할 때에 하나님께서 싫어하시는 악행이 된다는 것이다. 우리가 어느 음식을 섭취하든지 하나님께 기도하고 오직 하나님의 영광을 위해서 올바르게 사용하면 오히려 유익이 될 수 있다.

성도가 죽기 전에 일 년에 한 번씩 가족의 건강검진을 해야 하는 이유

암의 씨앗이 될 수 있는 우리 몸의 불청객이라는 혹 용종, 근종, 낭종, 결절 등이 있다. 혹이 아직 암은 아니지만 건강에 위험을 줄 수 있는 것이다. 전체 인구의 70%가 갑성선에 혹이 있고, 가임기 여성의 절반이 자궁 근육에 혹이 있다고 한다. 우리 몸의 불청객 암의 씨앗 혹은 왜 생길까? 나이가 들수록 돌연변이 유전자들이 쌓이게 되고 세포가 노화되면서 이상 물질을 분비하여 혹 발생을 자극을 한다는 연구결과가 있었다.

그리고 혹이 잘 생기는 체질도 있는데, 지방세포에서 분비되는 물질이 장기 곳곳에 종양과 암을 유발해 비만할수록 위험성이 있다. 또한 체중 감량을 하게 되면 종양 발생의 위험도도 낮아진다. 따라서 비만인 사람들은 당장 운동을 하고 식이요법을 해야 한다. 건강검진으로 혹이 발견되면 각종 검사를 통해 그 위험도를 파악하고 제거 여부를 결정해야 한다.

성도가 죽기 전에 일 년에 한 번씩 가족의 건강검진을 해야 하는 이유는 무엇인가?

첫째, 가족 중에서 언제 누구에게 암이 발생할지 모르기 때문이다. 모든 암은 예고 없이 찾아온다고 한다. 심지어는 암을 검진하여 치료하는 전문의도 자신이 모르는 순간에 암이 발생하여 불치의 질병을 앓다가 생명을 잃는 경우가 자주 있다고 신문을 보도하였다.

둘째, 가족은 누구보다도 소중하기 때문이다. 세상에 소중하지 않은 사람은 하나도 없지만 그래도 피와 사랑을 나누며 한 지붕 아래에 살던 가족이 하루아침에 암 선고를 받고 죽을 날만을 기다린다는 것은 참을 수 없는 아픔이고 고통이 아닐 수 없다.

셋째, 건강은 가족력이 있기 때문이다. 일반적으로 부모가 건강하면 자녀들도 건강하고, 부모가 허약하면 자녀도 허약하다. 건강은 음식 습성에서 이어지는 경우가 많다. 그러므로 일 년에 한 번씩 가족의 건강검진을 하여 가족의 건강을 대대로 지켜나가야 할 것이다.

자녀의 영성을 위한 계획을 세워라

Bucket List **#021**

유대인들은 가정교육을 가장 귀하게 여긴다. 그리고 자녀에게 가정교육의 주체인 랍비들을 존경하게 한다. '랍비(rabbi)'라는 말은 '위대하신 분' 또는 '존경할 사람'이라는 뜻이다. 유대사회에서 가장 존경을 받는 사람들은 정치가도 재력가도 사업가도 군인도 관리도 아니라 랍비들, 즉 선생님들이다. 랍비들의 가르침을 묶어놓은 책이 탈무드인데, 탈무드가 유대사회에서 가지는 권위는 막강하다. 성경에 버금갈 만큼 권위를 가지고 있다.

유대인들의 교육은 랍비에게서 이루어지고 있다. 자녀가 랍비 선생님을 존경하면서 자라도록 만들어진 사회적인 분위기와 전통을 가지고 있다. 그리고 유대인의 사회는 랍비 선생님에게 가장 성스러운 권위를 부여한 공동체다. 이런 것이 유대인을 유대인 되게 하는 랍비의 힘이다. 랍비 교육의 대표적인 방법이 바로 '영성'이다.

영성이란 무엇일까?

'영성(靈性, spirituality)'이란 최근에 기독교 사회에서 빈번하게 사용이 되는 '영성신학', '영성훈련'의 핵심이다. 이 말은 일반적으로 어떤 사람의 정신이나 삶의 가치관을 자신의 정신에 내면화시켜서 살아가는 것을 의미한다. 따라서 자신이 판단하기에 가장 이상적인 정신을 자신의 정신으로 받아들여 그것을 실천하기 위해 온 생명을 거는 것을 뜻한다. 하지만 기독교의 영성은 단순히 이 정도로

만 설명할 수 없는 더 깊은 의미를 담고 있다. 또한 세계관, 인생관으로 신앙적인 영성을 대신할 수 없고, 성경에 바탕을 둔 영성을 알아야 한다.

기독교의 영성은 인간 이해와 가치관이 다른 종교나 사상과 근본적으로 다른 점들이 많기 때문에 다른 일반 종교나 사회에 발견되는 영성과는 근본으로 다른 점들이 많다.

첫째, 일반 종교나 사회의 영성개발이 역사상에 존재했던 실존 인물의 인격과 정신을 본받는 것이라고 한다면, 기독교 영성은 하나님의 아들인 예수 그리스도의 삶과 인격과 정신을 본받아 살며 그의 성품을 자신의 삶 속에 체현하는 것이다.

둘째, 일반 종교나 사회의 영성개발은 대체로 일정한 법칙이나 계율에 따라 엄격한 자기 훈련과 장기적인 수양을 통해 자신이 본받고 싶은 정신과 이상을 내면화시킨다. 그리고 성인의 삶의 스타일을 따라서 사는 과정을 의미하지만 기독교 영성은 하나님 아들의 인격을 회복한다는 구원론적 종말론에 자신의 삶의 바탕을 두고 살아가는 것이다.

셋째, 일반 영성은 대체로 역사적 인격의 정신과 사상과 삶을 본받으려는 인본적인 영성인데 반하여 기독교 영성은 역사적 예수의 정신과 삶을 계승한다는 차원에 목표를 둔다. 따라서 오늘날 우리 가운데 찾아오셔서 우리와 직접 교제하시는 하나님과 그의 아들 예수 그리스도와 인격적인 관계를 추구하는 수직적이며 하나님의 중심의 영성이다.

자녀와 함께하는 영성 수업

주님과 하나가 되는 신비한 영성을 체험하면 열매를 많이 맺는다(요 15:8). 사도 바울도 영성으로 성령의 열매를 많이 맺는다고 했다. "오직 성령의 열매는 사랑과 희락과 화평과 오래 참음과 자비와 양선과 충성과 온유와 절제니 이같은 것을 금지할 법이 없느니라"(갈 5:22-23). 자녀를 위하여 영성 계획표를 만들어 실천하게 해서 성숙한 신앙인이 되게 하자.

기독교 영성의 모델이라고 할 수 있는 헨리 나우웬의 '영성 수업'을 직접 배운 제자 마이클 크리스슨과 레베카 레어드의 노트를 정리한 『영성 수업』이란 책이 있다. 이 책은 기독교 영성의 스승인 저자의 영적 성장에 대한 강의를 그의 두 제자의 노트를 바탕으로 엮은 것이다. 이 책은 하나님과 친밀해지기 위한 훈련 방법 3가지를 공개하고 있다. 저자의 경험과 지혜와 묵상, 그리고 고백을 통해 영적인 삶의 성장과 성숙을 도와준다. 나아가 하나님을 친밀해질 수 있도록 인도하고 있다. 그 책의 내용을 시간 별로 간략하게 요약한다.

첫 번째 시간 : 자신의 마음을 들여다보라

① 마음을 다스리다 - 매일 1시간씩 비워두기

우리가 베풀어야 할 것은 다른 사람들과의 관계 속에 있는 우리의 진정한 자아다. 가장 중요한 것, 정작 변화를 일으키는 것은 진리를 증언하는 겸손하고 연약한 증인의 위력이다. 당신 주변의 친구들을 꼽아보라. 당신이 인생이 특정한 의문을 심사숙고 할 때에 당신 곁에 앉아서 단순히 함께 있어줄 친구가 있는가? 만일 그렇다면 그 우정을 힘써 가꾸라. 그런 친구가 없다면 그런 영혼의 친구나 영적 길잡이나 소그룹을 만날 수 있도록 기도를 시작하라.

② **하나님의 음성을 듣다 - 순종하기**

영적 훈련들이란 우리 마음속에 있는 하나님의 형상을 보기 시작하는 기술이고 기법들이다. 영성 개발이란 조각의 거장이신 하나님의 작업에 주의 깊게 주목하는 것이다. 순종(obedience)이라는 단어에는 '듣다' 라는 뜻의 헬라어 '아쿠오' 라는 말이 들어 있다. 순종하는 삶이란 자신의 내면과 우리 중에 계신 성령의 음성을 바짝 귀 기울여 듣는 삶이다. 하나님의 계시에 대한 일대 뉴스는 단순히 하나님이 존재하신다는 것이 아니라, 하나님이 적극적으로 임재하시는 것이다. 우리 하나님은 우리를 돌보시고 치유하시고 인도하시고 지도하시고 도전하시고 지적하시고 바로잡으시고 빚으시는 하나님이다.

③ **하나님의 사랑을 받다 - 기도하기**

사랑은 받는 것이 아니라 주는 것이다. 하나님은 인간을 사랑하셨기에 독생자를 주셨다. 주님은 사랑하셨기에 십자가에서 목숨을 주셨다. 기도도 하나님께 내미는 청구서가 아니라, 하나님의 뜻을 받아들이는 것이다. 내 안에 임재하신 하나님을 받아들이고, 하나님의 사랑을 깨닫고, 마음을 열고 기도는 하는 것이 자신의 마음을 들여다보는 것이다.

④ **예수님의 마음을 닮다 - 사랑하기**

잊지 말라. 당신은 영원부터 영원까지 하나님께 속해 있다. 당신은 태어나기도 전부터 하나님의 사랑을 받았고, 죽은 지 오랜 후에도 하나님의 사랑을 받을 것이다. 길든 짧든 당신의 한평생은 하나님 안의 당신의 전체 삶의 일부분일 뿐이다. 시간의 길이는 중요하지 않다. 삶이란 그 몇 년 동안 당신이 하나님께 '저도 하나님을 사랑합니다.' 라고 말할 수 있는 짧은 기회일 뿐이다. 예수님의 마음을 닮기란 하나님과 이웃을 사랑하는 것이다.

두 번째 시간 : 성경 속에서 하나님을 보라

① 성경으로 기도를 배우라 - 기도의 시간·장소·방법

부정적 감정을 표현해서는 안 된다. 일반종교와 세상의 터부는 수치심과 죄책감을 불러일으킨다. 우리의 분노와 원망을 기도로 하나님께 직접 표현함으로써 우리의 사랑과 자유를 알고자 한다. 그러나 우리의 두려움, 거부당한 마음, 증오, 원통함 등을 쏟아놓으면 오히려 상처는 치유되지 않는다. 사랑과 이해와 용서가 있어야만 치유의 희망이 가능해진다. 성경에서 배우는 기도는 하나님이 사랑과 인내, 용서와 자지, 이해와 섬김이다.

② 하나님은 나에게 누구인가 - 하나님에 관한 4가지 진리

하나님은 나에게 사랑이다. 하나님의 사랑은 십자가로 표현되었다. 하나님은 나에게 용서이다. 하나님은 나의 죄를 조건 없이 용서하셨다. 하나님은 나에게 이해이다. 하나님은 나를 포용하셨다. 하나님은 나에게 구원이다. 하나님은 나에게 영생을 주셨다.

③ 말씀을 듣는 습관 - 영적 독서·영적 글쓰기

믿음은 들어서 나며 듣는 것은 그리스도의 말씀으로 말미암았다. 날마다 말씀을 듣는 습관을 길러라. 말씀을 듣기 위해 영적 독서가 필요하다. 영적 독서는 말씀에 스스로 잠기는 것이다. 말씀에 자신을 침몰시켜라. 말씀을 퍼 올리기 위해 영적 글쓰기를 하라. 영적 글쓰기는 말씀을 듣는 것과 맞물려 있다. 영적 독서와 쓰기는 말씀을 듣는 데 가장 효과적이다.

세 번째 시간 : 공동체 안에서 이웃을 보라

① 영적 공동체 만들기 - 용서와 축배가 있는 곳

비록 쉽지 않은 일이지만 예수님은 우리를 신앙과 헌신의 한 가족으로서 살도록 부르신다. 공동체 안에서 우리는 자신의 연약함을 고백하고 서로 용서한다는 것이 무엇인지 배운다. 공동체 안에서 우리는 내 아집을 버리고 진정으로 남을 위하여 산다는 것이 무엇인지 터득한다. 공동체 안에서 우리는 참된 겸손을 배운다. 신앙의 사람들에게는 공동체가 필요하다.

② 세상을 품고 나가다 - 각양 은사대로 섬기기

당신이 하나님과의 교제 가운데 살고 있고, 자신이 사랑받는 자임을 알며, 섬김에 자신을 내어 놓는다면, 당신은 사역 외에 다른 것은 하려야 할 수 없다. 하나님과 다른 사람들을 향한 당신의 사랑이 흘러넘치는 것이 곧 사역이다.

자녀의 영성을 위한 계획을 세워라

자녀의 영성을 위한 일정한 계획을 일기 형식으로 쓰도록 하면 좋을 것이다. 영성 노트는 일기의 형식으로 쓰되 날짜에 얽매일 필요는 없다. 매일 매일 꼬박꼬박 쓸 것은 없다는 말이다. 일단 생활 속에서 '영성노트'를 쓰겠다는 각오로 시작하도록 하라.

① 영성노트를 준비한다. 일기장도 좋고 대학노트나 컴퓨터를 이용해도 좋다.
② 새벽에 일어나서 성경을 읽다가나, 저녁 잠자리에 들기 전에도 좋다. 꼭 정해진 시간이 아니어도 아무 때나 하나님의 말씀이 떠오르거나 기도하고 싶

을 때에 쓰면 된다.

③ 날짜를 기록하고, 기후에 관련된 느낌을 먼저 기록하라.

④ 떠오른 성구를 쓴다. 쓴 성구를 여러 차례 읽고 명상하고 기도하라.

⑤ 어떤 형식이나 분량에 구애받지 말라. 생각나는 대로 쓸 만큼만 쓰라.

⑥ 반드시 여백(餘白)을 남겨두라. 여백은 하나님이 말씀하시는 공간이다. 그 여백에서 하나님의 음성을 들어라. 처음에 안 들리면, 들릴 때까지 기도하라. 하나님의 음성이 들리거든 기록으로 남겨라. 자신만이 읽을 수 있는 글이라도 좋다.

⑦ 한두 번으로 멈춰서는 안 된다. 자녀의 영성이 깨어날 때까지 계속하도록 하라.

성도가 죽기 전에 자녀를 위하여 영성계획을 세워야 하는 이유

자녀가 청소년이 되면 걷잡지 못할 정도로 몸과 생각이 자란다. 감수성이 예민한 자녀는 세속에 물들 수도 있고, 신앙적인 그리스도인이 될 수도 있다. 부모는 이런 자녀를 보고만 있을 수 없다. 자녀의 장래가 결정될 수 있는 민감한 시기를 놓치지 말고 예수 그리스도의 영성으로 자라도록 계획을 세워 실천하게 하는 일은 부모의 사명이라고 할 수 있다. 부모가 죽기 전에, 아니 부모가 살아 있어서 자녀를 지도할 수 있는 때에 자녀의 영성을 위한 계획을 세워라. 자녀의 영성을 위한 계획은 빠를수록 좋은 효과를 거둘 수 있다.

첫째, 자녀의 청소년기가 지나면 영성을 위한 계획이 늦어지기 때문이다. '품안에 있을 때 자식이지 품을 떠나면 자식이 아니다' 고 하는 속담이 있다. 모두 그렇지 않겠지만 일반적으로 이미 성장해버린 자녀는 부모의 의견을 100% 수용하지 않는다. 그러므로 자녀가 어렸을 때를 놓치지 말고 계획적인 영성 훈련을 시키는 것이 좋은 효과를 거둘 수 있다.

둘째, 부모가 늙으면 자녀가 부모의 말을 듣지 않기 때문이다. 사무엘상 2장에 나오는 엘리 제사장은 매우 늙었고, 그의 두 아들 홉니와 비느하스는 아버지의 말을 듣지 않았다. 그들은 방탕하여 회막(성전) 문에서 수종드는 여인들과 동침을 하였다. 그러므로 부모는 젊어서 발언권이 자녀에게 먹혀 들어갈 때에 자녀를 가르치고 영성을 길러주어야 한다.

셋째, 부모가 죽을 날이 정해져 있지 않기 때문이다. 성경은 "모든 육체는 풀과 같고 그 모든 영광은 풀의 꽃과 같으니"(벧전 2:24)라고 했다. 부모도 풀과 같이 언제 시들어 버릴지 알 수 없다. 그러므로 부모가 죽기 전에, 생생하게 살아 있을 때에 적극적으로 자녀를 위해 영성 계획을 세워서 그대로 실행하게 하면 자녀는 성실한 그리스도인이 될 수 있다.

자녀에게 축복의 안수기도를 하라

Bucket List **#022**

모든 부모는 자기의 자녀가 잘 되기 위해 끊임없이 기도한다. 아마 정상적인 부모치고 자녀를 위해서 기도하지 않는 부모는 없을 것이다. 그런데 어떤 부모는 무엇을 어떻게 기도해야 할지를 몰라서 망설이는 경우가 많다. 또한 부모가 자녀를 위해서 무조건 기도한다고 자녀가 잘 되는 것도 아니다. 부모는 먼저 자녀에게 신앙생활에 모범을 보이고, 자녀에게 신앙적으로 존경을 받아야 한다. 자녀가 부모를 바라볼 때 하나님을 대행하는 가정의 어른이고, 자신을 위하여 축복기도를 하실 수 있는 분으로 인정을 받아야 한다. 이쯤 되면 부모는 자녀를 위하여 예수 그리스도의 이름으로 축복의 안수기도를 할 수 있는 자격이 있다.

부모의 자격은 아이를 낳는다고 그냥 주어지지 않는다, 부모는 먼저 자녀에게 사람됨의 가치와 삶의 모범을 보여야 한다. 특별히 자신의 자녀에게 '축복의 안수기도'를 할 수 있는 부모가 되기 위해서는 먼저 기도생활을 충실히 하고 성실한 믿음으로 살아야 한다. 그쯤 되면 자녀가 스스로 부모 앞에 머리를 숙이고 안수기도를 받을 마음의 준비를 갖게 된다.

안수기도란 무엇인가

'안수기도(按手祈禱, Imposition of hands)'는 히브리어로 '야드'라고 하는데 '사람의 손을 얹다'(잠 30:28), '손을 주다'(왕하 10:15)라는 뜻을 가지고 있다. 헬라어로는 '에피데시스 톤 케이론'으로 이 역시 '머리에 안수하다'(마 19:13)라는 의미다. 우리말 국어사전에서는 '기독교에서 교역자가 다른 사람의 머리 위에 손을 얹고 축복이나 성령의 힘이 내릴 것을 기도하는 일'이라고 기록되어 있다. 또한 성경사전에는 '손을 머리에 얹고 축복 또는 영력이 주어지기를 기도하는 것'이라고 풀이했다. 일반적으로 기도하는 자가 기도 받는 자의 머리나 몸에 손을 얹든지 혹은 손으로 만지면서 기도하는 것을 말한다.

예수님께서 병자들을 치유하실 때 안수하시는 방법을 쓰신 경우가 자주 있었다. 4복음서에 40여 가지의 치유사건이 기록되어 있는데 가장 많이 사용하신 방법이 '말씀으로' 치유하신 것이었고(30회), 두 번째가 안수 내지는 만짐으로 치유하신 방법이었다(16회). 예수님께서 안수하시며 기도하실 때 하나님께서 함께하셨고 성령의 역사로 치유가 되었다. 예수님께서는 12제자(마 10:1)와 70인 제자에게(눅 10:1-20) 권능을 주셨다. 그리고 주님을 믿는 제자들이 예수님의 이름으로 귀신 쫓아내고, 새 방언 말하며, 뱀을 집어 올리며, 무슨 독을 마실지라도 해를 받지 아니하며, 병든 사람에게 손을 얹은즉 나을 것이라고 말씀하셨다(막 16:18).

우리가 여기서 분명히 알아야 할 것은 예수님께서 제자들에게 하신 말씀을 문자적으로 생각해서는 안 된다는 것이다. 예수님의 이 말씀은 사도들에게 종말론적인 입장에서 영적인 권위를 하락하신 말씀이다. 그리고 오늘날, 우리들이 안수한다고 그 자체가 안수하는 사람의 손에 무슨 마력이나 신비한 힘이 생긴다는 것은 아니다. 우리가 예수님의 이름으로 안수기도 할 때에 기도를 받는 사람에게 믿음이 있으면 성령의 역사가 일어나는 것이다. 그러므로 안수기도 하는 사람이나 받는 사람이 믿음이 있어야 하나님께서 역사하신다.

안수기도는 하나님께서 역사하시도록 통로를 마련해 드리는 것이다. 안수기도를 통해서 이루어질 수 있는 모든 일은 하나님께서 결정하신다. 안수기도를 하는 사람이나 안수기도를 받는 사람은 아무것도 아니다. 아무 것도 자랑할 것이 없다. 어떤 치유나 기적이 일어났다면 그것은 하나님께서 하신 일이며 전적으로 하나님의 은혜다. 다만 안수기도를 해주고 안수기도를 받는 사람은 오직 믿음으로 결과를 받아들어야 하고, 각각 자기의 일하는 대로 자기의 상을 받을 것이다. 그러므로 감사 외에 할 것이란 전혀 없다.

성경에 나타난 안수 기도의 사례

안수기도는 구약성경에서 시작되었다. 구약성경에 있는 안수기도의 사례는 다음과 같다. ① 야곱이 므낫세와 에브라임의 머리에 손을 얹고 축복기도를 했다(창 48:14-16). 이 사건은 부모가 자녀에게 안수하고 축복기도를 한 최소의 사례가 된다. ② 제사장이 속죄제물이 될 짐승을 잡기 전에 먼저 짐승의 머리에 안수했다(레 3:2). 그 목적은 예물을 드리는 사람의 죄를 짐승에게 대신 옮긴다는 의미다. 그 짐승은 사람의 죄를 대신하여 죽는다. ③ 모세가 후계자 여호수아에게 안수함으로써 하나님의 지혜의 영, 즉 성령을 충만히 받게 되었다(민 27:23). 이 사건 역시 부모가 가정의 대를 잇는 자녀에게 축복을 비는 사례이다.

신약성경에 있는 안수기도의 사례는 다음과 같다. ① 예수님께서 안수하여 병자들을 고치셨다(막 8:25,눅13:13,막 6:5). ② 예수님께서 어린이들에게 안수하며 축복하셨다(마 19:13-15). ③ 예루살렘 교회가 일곱 집사를 세울 때 사도들이 안수하였다(행 6:6). ④ 사도들이 사마리아의 성도들에게 안수할 때 성령이 그들에게 임하셨다 (행 8:17). ⑤ 아나니아가 사울(바울)에게 안수하니 눈을 뜨고 성령으로 충만해졌다(행9:17). ⑥ 바울과 바나바가 이방인 선교를 처음 떠나게 될 때에 안디옥 교회의 지도자들이 안수하고 파송하였다(행 13:3) ⑦ 사도바울이 안수기도를 통해 병자를 고쳤다(행 28:8). ⑧ 장로회의에서 디모데에게 예언하며 안수함으로써 디모데가 영적 은사를 받게 되었다(딤전 4:14).

안수기도를 할 때는 다음과 같은 점을 주의해야 한다.

첫째, 안수기도를 하는 사람에게 영적 권세가 있어야 하며, 또한 영적 질서를 지켜야 한다. 빌립이 사마리아에서 복음을 전파하여 많은 사람이 회개하였다. 그때 빌립이 집사여서 그들에게 임의로 안수할 권한이 없었다. 오직 예루살렘에서 내려온 베드로와 요한에게만 그럴 권한이 있었다(행 8:17). 빌립은 초대 교회 안에서 질서를 지킬 줄 알고 있었다.

둘째, 안수기도를 하는 사람이 자기 마음대로 해서는 안 된다. 다메섹에 있는 아나니아가 환상 중에 주님께서 사울에게 안수하라는 지시를 받았을 때에 신중하게 여러 번 문의한 다음에 안수기도를 하니 성령이 충만하여 사울이 다시 보게 되었다(행 9:10-19).

셋째, 하나님의 성령에 감동된 자에게 안수해야 한다. 하나님께서 모세에게 "눈의 아들 여호수아는 그 안에 영이 머무는 자니 너는 데려다가 그에게 안수하고"(민 27:18)라고 말씀하셨다. 사도 바울은 디모데에게 아무에게나 경솔히 안수하지 말라 명했다(딤전 5:22).

넷째, 축복기도를 하는 사람이 축복기도를 받는 사람보다도 위에 있어야 한다(히 7:7). 안수를 하는 사람이 안수를 받는 사람보다 영적으로 높은 지위에 있어야 가능하다. 이 지위는 제도적 지위보다는 하나님이 세우신 영적 지도력을 뜻한다.

자녀를 축복하는 부모의 안수기도

자녀를 위한 부모의 역할 중 가장 중요한 것은 역시 자기 자녀를 위해 기도하는 것이다. 그 기도의 제목 중 제일 먼저는 당연히 자녀의 구원을 위한 것이다. 우리가 잘 아는 대로 성 어거스틴의 어머니 모니카는 아들의 구원을 위해 기도하기를 쉬지 않았다. 아들을 위한 그녀의 눈물어린 기도가 어거스틴을 회심시켜 훗날 성자로 만들었고 위대한 신학자가 되게 하였다. 이처럼 자녀의 구원을 위한 기도야말로 하나님의 영광을 위한 기도이며 언젠가는 응답될 것임이 확실하기 때문에 모든 부모에게 지속적으로 끊임없이 이어져야 한다.

다음에 기도의 제목은 구원받은 자녀가 하나님에게 쓰임 받는 사람으로 살아가도록 기도하는 것이다. 하나님께서는 자녀를 각종 선교사로, 또는 강단에서 말씀을 전하는 목사로 사용하실 수 있다. 아니면 신앙적인 교수나 과학자, 기업인이나 정치가로 살아서 하나님의 나라를 확장하는 일에 사용할 수도 있다. 따라서 자녀가 하나님의 나라를 위해 어떤 일을 하느냐는 것이 더 중요하다. 그러므로 부모는 자녀들이 한시적인 세상의 가치관을 따라 살기보다는 영원히 지속되고 고귀한 가치를 지닌 하나님의 사람으로 살아가도록 기도해야 한다. 그래서 우리는 "우리 아이를 축복해주세요."와 같은 습관적이고 무미건조한 기도에서 벗어나 구체적으로 자녀의 구원과 사역과 오늘 하루도 주님과 동행하도록 기도해야 하겠다.

보통 부모는 자녀를 향해 "빨리 일어나지 못해? 오늘 또 학교 지각하겠다! 빨리, 빨리!" "오늘도 선생님 말씀 잘 듣고, 말썽피우지 말고, 공부 열심히 하고 와!" 이 따위의 말을 쏟아놓는다. 그러면 자녀는 억지로 마지못해 일어나 학교에 간다. 그런 자녀가 과연 집을 나가서 명랑하고 유쾌히 하루를 보내고 돌아올까 하는 의구심을 품지 않을 수 없다.

솔직히 말해 집 밖의 세상은 전쟁터와 같다. 아이들이 억지로 마지못해 집을 나갔다가 올바르게 살다가 승리하고 돌아온다는 것은 기적과 같고 하나님의 은혜가 아닐 수 없다. 그러므로 기독교의 부모는 자녀가 집을 나설 때 마치 전쟁터로 보내는 군사와 같은 마음으로 나가게 해야 한다. 자녀를 전장에 내보내면서 기도하지 않는 부모가 어디 있겠는가?

부모는 아침에 집을 나서는 자녀의 머리에 두 손을 공손히 얹고 "사랑의 하나님께서 오늘도 우리 사랑하는 딸(아들) OO에게 새날을 주셨으니 감사합니다." 라며 하나님의 이름으로 축복기도를 하면 자녀는 즐거운 하루를 맞이하게 된다. 그리고 찬송가나 성가곡을 틀어 주어 아름다운 음악 소리로 시작해야 한다. 좋은 음악은 아이의 뇌세포를 좋게 발달시키고 성격을 밝게 만들어 준다. 자녀가 아침 식사를 하는 동안 엄마나 부모의 목소리로 성경말씀을 읽어주어 영양가 있는 음식과 함께 영적인 삶도 풍성하게 한다. 가방을 메고 집을 나설 때에는 "선생님 말씀 잘 듣고, 나쁜 친구 사귀지 말라."는 잔소리 대신에, 자녀의 머리에 축복 기도를 해 보자.

"당신의 아들과 딸을 지켜주시고 보호하시는 하나님 아버지여, 우리 OO가 오늘도 주님을 모시고, 천군 천사와 동행하는 하루가 되게 하옵소서! 학교 선생님들과 친구들에게도 성령님의 크신 은혜를 베풀어 주소서. 학교 선생님을 존경하고 친구들을 사랑하게 하시고 모든 사람에게 귀여움을 받을 우리 OO 가 되게 하소서. 오늘도 하나님을 기쁘시게 하고 주어진 일에 최선을 다하게 하옵소서. 예수님의 이름으로 기도드립니다. 아멘"

약 15초 정도의 짧은 기도면 자녀의 하루를 축복되게 하는 데 충분하며 이 보다 더 확실히 자녀를 지킬 수 있는 방법은 없다. 부모가 자녀를 일일이 따라 다닐 수 없고 하나님께 맡길 수밖에 없는 상황에서 부모가 할 수 있는 최선의 방법은 자녀를 위한 기도 밖에 없다.

유대인의 자녀를 위한 축복 기도

유대인들은 자녀가 태어나면 부모로서 수십 가지의 기도를 드린다. 그중 몇 가지를 배워보자. 첫째로 아기를 목욕시키기 전에는, "아가야, 목욕해도 되겠어요? 허락해 주세요." 하면서 아기에게 인격적인 허락을 구하고는 곧 축복의 안수기도로 연결시킨다. 아기의 머리를 감겨주면서는, "하나님, 이 아기의 머리에는 하나님의 말씀이 가득 차게 하옵소서." 가슴을 씻어 줄때는, "주님, 이 아이의 가슴에 나라와 민족이 들어서게 하옵소서." 그리고 손과 발을 씻겨주면서는, "주여, 이 아이의 손과 발을 통해서 온 민족이 먹고 살게 하옵소서."라고 기도한다.

둘째로 자녀에게 새 옷을 입히면서 "이 아이의 거룩한 몸을 통해서 거룩한 백성이 만들어지게 하옵소서. 그리고 교만한 자의 자리에 앉지 않는 엉덩이가 되게 하옵소서."라고 축복하며 안수기도를 한다. 우리의 자녀도 이런 경건한 기도 속에 자라난다면, 유대인들처럼 지혜를 갖는 뛰어난 자들이 되는 것은 그다지 어려운 일이 아니라고 생각한다.

오늘 여러분의 자녀가 학교에 등교하려 집을 나설 때 무슨 말을 했는가? 축복은 교회 목사님만이 하실 수 있는 것이 아니라, 눈에 보이는 하나님의 대리자인 엄마와 아빠도 할 수 있다. 하나님은 당신의 귀한 자녀를 이 험한 세상에서 안전하게 지키실 것이며, 주님이 기뻐하시는 귀한 자녀로 자랄 수 있는 은혜를 베풀어주실 것이다.

자녀에게 있어서 부모는 하나님 다음으로 두려운 존재다. 그래서 부모를 어떻게 대하느냐에 따라서 자녀의 인성이나 성격은 달라진다. 그래서 자녀를 위한 올바른 기도방법은 부모가 먼저 변하는 것이다. 자녀를 위한 기도를 전혀 하지 않고 하루 종일 앉아서 "하나님, 저 아이를 명문대에 합격하게 해주세요."라고 하는 것은 말이 안 된다.

기도라는 것은 첫째, 하나님의 이름을 부르는 기도여야 한다. 둘째, 하나님의 영광을 위한 기도여야 한다. 셋째, 하나님을 찬양하는 기도여야 한다. 넷째, 하나님의 나라와 그의 뜻을 이루기 위한 기도여야 한다. 다섯째, 하나님께 대한 감사의 기도여야 한다. 여섯째, 타인과 자신의 소원을 위한 기도여야 한다. 이런 기도의 원칙을 묶어서 자녀를 위해 기도할 때 자녀의 신앙이 깊어지고 예수님의 성품과 신앙인격체가 될 수 있을 것이다.

부모가 죽기 전에 자녀에게 축복의 안수기도를 해야 하는 이유

하나님께서 부모에게 자녀를 위해 축복기도를 할 수 있는 권한을 주셨다. 부모는 하나님께서 주신 신령한 권한을 포기하지 말자. 부모는 죽기 전에 먼저 신앙적으로 정결한 삶을 살아서 자녀에게 신앙생활의 본이 되고, 자녀를 위하여 축복의 안수기도를 하도록 하자.

첫째, 좋은 부모가 되기란 마음처럼 쉽지 않다. 부모도 사람이기 때문에 때로는 자신의 마음조차 잘 다스리지 못 해서 자녀에게 화를 낼 수 있다. 그러한 부족한 부모가 자녀를 교육을 시키는 데에는 당연히 어려움이 있다. 그러나 기독교인 부모는 자신이 자녀를 기른다고 생각하지 않고 하나님께 자녀를 위탁하기 때문에 바람직한 자녀를 기를 수 있다.

둘째, 자녀 교육은 기도로 시작하여 기도로 마쳐야 한다. 자녀가 아침에 자리에서 일어나 집을 나설 때부터 집에 돌아올 때까지 부모의 기도로 이어지는 자녀의 생활은 가장 복되고 안전하리라는 것은 통상적인 기독교 부모의 믿음이다. 또한 자녀가 집을 나설 때 기도해 주고 잠자리에 들 때 축복의 안수기도를 하면 자녀에게 확실한 믿음을 심어 줄 수 있다.

셋째, 부모가 죽기 전에 자녀를 위하여 기도하고 아름다운 신앙을 생활로 보이면 자녀도 부모의 신앙을 본받는다. 그리고 부모가 온 정성을 다하여, 때로는 눈물을 흘리며 기도하면 자녀가 감동을 받는다. 자녀가 아침에 일어나자마자 그리고 잠자리에 들 때에 부모는 두 손을 자녀의 머리에 안수하고 축복기도를 하면 하나님께서 자녀에게 축복을 내리신다.

일주일에 한 번 이상 배우자의 일을 도와주어라

Bucket List **#023**

하나님께서 태초에 아담과 하와에게 가정을 허락하시고 부부(夫婦)가 되게 하셨다. 부부는 한 몸이다. 그래서 부부를 촌수가 없는 무촌(無寸)이라고 한다. 부부는 한 지붕 밑에서 한 솥 밥을 먹고 산다. 요즘 젊은이들은 밥을 주식으로 하지 않은 경우도 있지만 어떤 형태이든 부부는 함께 살면서 동고동락(同苦同樂), 즉 괴로움과 즐거움을 함께 나눈다. 그만큼 부부는 가장 친밀한 사이다.

성경적인 부부의 원리

기독교의 인간관에 의하면 인간은 육체(肉體, body)와 영혼(靈魂, spirit)의 통합적인 존재이다. 다시 말하면 인간은 한 남자와 한 여자의 육체적인 결합으로 생명체가 잉태된다. 인간도 동물과 마찬가지고 생물학적인 피조물이어서 자연의 필연에 종속된다. 또한 인간은 하나님의 형상으로 창조되었기에 '산 영'(living spirit)으로 존재한다. 부부는 가정이라고 하는 공동체에서 생리적 본능으로 자녀를 낳고, 아울러 성적 충돌로 섹스를 즐기면서 유쾌한 삶을 향유한다. 이는 부부가 본질적으로 생산과 즐김으로 창조질서를 유지시키는 것이다.

인간의 본능이나 분질에 대한 이해가 없이는 부부를 존속시키고 전통을 지키고 사회를 유지할 수 없다. 낡은 생리기관이 죽는다는 것은 새 것이 나서 그 자리를 매우고 가계를 이어간다. 늙은이는 죽고 아이가 태어나기를 반복하는 것은 창조의 질서다. 그리고 성적 본능은 생명의 계승을 위한 생리적 기능이다. 그러나 부부의 성생활은 하나님의 창조질서의 한 단계이면서 가정을 즐겁게 하고 삶의 여유를 유쾌하게 만드는 중요한 요소다. 이는 삶의 한 도구가 아니라 신뢰와 충성과 사랑과 풍요를 누리게 하는 품위 있고 높은 영역이다.

예수님은 부부의 아름다움과 우위성, 그리고 부부의 소중함을 첫 번째 이적에서 보여주셨다(요 2:1-12). 예수님은 갈릴리 가나의 혼인집에서 물로 포도주를 만들어 기쁨을 선사하셨다. 두 남녀가 결혼식을 하면서 잔치의 주요 물품인 포도주가 떨어졌다. 그때, 아직 이적을 행할 때가 안 되었음에도 불구하고 기적적으로 물로 포도주를 만들어 신랑신부의 체면을 세워주셨다. 여기서 부부는 변화해야 하며, 생산적이어야 한다는 것을 보여주셨다. 부부는 서로 맛이 있어야 하고 색깔이 있어야 하고 모자람이 있어도 사랑으로 채워져야 한다.

성경적인 남편과 아내의 자세

가정의 기초는 남편과 아내다. 최초의 가정은 순전히 하나님의 선택에 따라서(그 시대에 다른 남자나 여자는 없었어도) 남편과 아내가 되었다. 그후부터 남자나 여자는 자신의 선택에 따라서(물론 본인의 의지와 전혀 상관없이 결혼하는 경우도 있지만) 부부가 된다. (서로 사랑했던 사랑하지 않았던 그것은 여기서 불문에 부치고) 일단 혼인이라는 제도에서 둘이 하나가 된 것이다. 예수님은 "사람이 그 부모를 떠나서 아내에게 합하여 그 둘이 한 몸이 될지니라 하신 것을 읽지 못하였느냐 그런즉 이제 둘이 아니요 한 몸이니 그러므로 하나님이 짝지어 주신 것을 사람이 나누지 못할지니라" (마 19:5-6)고 말씀하셨다.

남편과 아내는 둘이 따로가 아니라 한 몸이다. 사람이 장성하면 부모를 떠나는 것이 원칙이다. 결혼했던지 하지 않았든지 그것은 다음의 문제다. 오늘날 장성했어도 부모를 떠나지 못하는 마마보이와 마마걸이 있다는 것은 피차에 또는 가정적으로 사회적으로 불행한 일이다. 부모로부터 독립하면 가정불화의 원인이 될 수 있다. 사람이 성장하면 정신적으로 경제적으로 물리적으로 독립해야 한다. 행복한 가정, 성숙한 사회는 여기서부터 시작된다.

남편과 아내는 독립적인 존재이다. 남편 따로 아내 따로여야 한다. 이 말을 결혼 초부터 각방을 사용하고 자신의 의견이나 견해를 주장하면서 싸우라는 말은 아니다. 부부는 영적으로 정신적으로 육체적으로 분리되어 있어야 한다. 엄연한 독립적 인격을 가지고 있다. 자신의 개성에 따라서 생각하고 말하고 행동한다. 남편이나 아내가 상대방의 이런 개성과 독립성을 무시해서는 안 된다. 그러면서 둘이 한 몸이니까 서로는 서로에게 소속(所屬)되거나 예속(隷屬) 되는 것이 아니라, 도덕적 긍지(矜持)와 책임(責任)을 가지게 된다.

'김 아무개' 남편은 '이 아무개' 아내의 남편이다. '김 아무개'는 '이 아무개' 때문에 남편이 된 것이고, '이 아무개'는 '김 아무개' 때문에 아내가 된 것이다. 이는 무슨 법에 의해 억지로 된 것이 아니고 사랑하기 때문에 기쁜 마음으로 행복한 노예가 되는 것이다. 결국 결혼은 남편과 아내의 신분이 제공되는 것이다. 가정을 벗어나면 이 신분이 깨진다.

성경은 남편과 아내의 신앙적 입장을 좀 분명하게 제시하고 있다. "아내들이여 자기 남편에게 복종하기를 주께 하듯 하라 이는 남편이 아내의 머리 됨이 그리스도께서 교회의 머리 됨과 같음이니 그가 바로 몸의 구주시니라 그러므로 교회가 그리스도에게 하듯 아내들도 범사에 자기 남편에게 복종할지니라 남편들아 아내 사랑하기를 그리스도께서 교회를 사랑하시고 그 교회를 위하여 자신을 주심 같이 하라 이는 곧 물로 씻어 말씀으로 깨끗하게 하사 거룩하게 하시고 자기 앞에 영광스러운 교회로 세우사 티나 주름 잡힌 것이나 이런 것들이 없이 거룩하고 흠이 없게 하려 하심이라 이와 같이 남편들도 자기 아내 사랑하기를 자기 자신과 같이 할지니 자기 아내를 사랑하는 자는 자기를 사랑하는 것이라 누구든지 언제나 자기 육체를 미워하지 않고 오직 양육하여 보호하기를 그리스도께서 교회에게 함과 같이 하나니 우리는 그 몸의 지체임이라 그러므로 사람이 부모를 떠나 그의 아내와 합하여 그 둘이 한 육체가 될지니 이 비밀이 크도다 나는 그리스도와 교회에 대하여 말하노라 그러나 너희도 각각 자기의 아내 사랑하기를 자신같이 하고 아내도 자기 남편을 존경하라"(엡 5:22-33)

여기에는 신학적인 해석이 다분히 필요하지만, 윤리학적인 입장에서만 간략하게 살펴보면 대략 다음과 같다. 남편은 아내의 머리다. 그리스도가 교회의 머리인 것처럼. 그러므로 아내는 남편에게 복종해야 한다. 이는 힘이 없고 무능해서 복종하는 것이 아니다. 남편을 사랑하고 존경하기 때문에 복종한다. 이를 '즐거운 복종' 이라고 말한다. 또한 남편은 아내를 사랑해야 한다. 이는 의무감에서의 사랑이 아니다. 자신의 몸처럼 사랑해야 한다. 그리스도가 교회를 사랑해서 십자가에서 죽으심과 같이 기꺼운 사랑이고 희생적인 사랑을 해야 한다. 남편과 아내의 사랑과 결합은 신비한 것이 있다. 아무도 알 수 없는 둘만의 비밀이 있다. 그리스도와 교회가 신비한 사랑에서 한 몸인 것처럼, 남편과 아내의 사랑도 신비한 비밀에 쌓여서 둘만이 공유할 수 있는 것으로 무슨 말로 표현할 수 없는 그 무엇이 있다.

서로 도우며 살아야 하는 부부

부부는 누구도 자기의 향락을 위해서 상대방을 착취되거나 이용되어서는 안 된다. 무슨 이유로도 자기 이익의 도구로 상대방을 사용되어서는 안 된다. 신앙적이면서도 적극적인 표현으로 말한다면 부부는 서로가 하나님 앞에서 소중한 존재이며, 가정이라는 생명공동체를 구성하는 개별적 존재다. 그만큼아끼고 사랑하며 소중하게 여겨지면서 제 본분을 다하게 했을 때, 부부는 생산적이고 창조적인 행복을 만들어 갈 수 있다. 부부는 깊은 사랑과 존경심으로 가장 밀접하게 결합될 때 가장 아름다운 가정, 행복한 가정을 만들 수 있다.

메이어라는 랍비는 설교를 잘하기로 유명하였다. 그는 매주 금요일 밤이면 예배당에서 어김없이 설교를 했는데, 몇 백 명씩 한꺼번에 몰려들어 그의 설교를 들었다. 그들 가운데 메이어의 설교듣기를 매우 좋아하는 한 여자가 있었다. 다른 여자들은 금요일 밤이 되면 안식일에 먹을 음식을 만드느라 바쁜데, 그 여자만은 메이어 랍비의 설교를 들으러 나왔다. 메이어는 긴 시간 동안 설교를 했고 그 여인은 그 설교에 만족한 마음으로 집으로 돌아왔다.

그런데 남편이 대문 앞에서 그녀를 기다리고 있다가 "내일이 안식일인데 음식은 장만하지 않고 어디를 쏘다니고 있느냐." 고 화를 내며 물었다. "도대체 어디를 갔다 왔어!" "예배당에서 메이어 랍비님의 설교를 듣고 오는 길이에요." 그러자 남편은 몹시 화를 내며 소리쳤다. "그 랍비의 얼굴에다 침을 뱉고 오기 전에는 절대로 집에 들어올 생각은 하지도 말아!" 집에서 쫓겨난 아내는 할 수 없이 친구 집에서 머물며 남편과 별거하였다.

이 소문을 들은 메이어는 자기의 설교가 너무 길어서 한 가정의 평화를 깨뜨렸다고 몹시 후회했다. 그리고는 그 여인을 불러 눈이 몹시 아프다고 호소하면서 "남의 침으로 씻으면 낫게 된다는데, 당신이 좀 씻어 주시오." 하고 간청하였다. 그리하여 여인은 할 수 없이 랍비의 눈에다 침을 뱉게 되었다. 제자들은 랍비에게 "선생님께선 덕망이 높으신데, 어째서 여자가 얼굴에 침을 뱉도록 허락하셨습니까?" 하니 랍비는 이렇게 말했다. "가정의 평화를 되찾기 위해서는 그보다 더한 일이라도 할 수 있다네."

성도가 죽기 전에 일주일에 한 번 이상 배우자의 일을 도와주어야 하는 이유

부부가 결혼할 때에 '검은 머리가 파뿌리 되록 살자' 고 약속한다. 다시 말하면 부부는 백년해로(百年偕老)를 언약하고 한평생을 사이좋게 지내며 즐겁게 함께 늙어가자고 한다. 그러나 유감스럽게도 60년을 함께 사는 부부가 많지 않고, 어떤 부부는 결혼 한지 몇 년이 안 되어 이혼하는 경우도 있다. 통계청에 의하면 2016년의 우리나라 이혼율은 33.7%다. 우리나라의 이혼율은 2004년 이래 꾸준히 감소 추세에 있지만, 20년 이상 된 부부의 경우 2003년 17.8%에서 2014년 28.7%, 2016년 30.4%로 황혼 이혼의 비율이 늘어나고 있다.

이혼하는 이유는 여러 가지가 있지만 주로 성격 차이다. 결혼생활도 공동생활이기 때문에 서로 성격이 안 맞으면 작은 일에도 트러블이 생기고, 이런 트러블이 매일 반복되면 큰 싸움이 되고 이혼으로 이어지는 경우가 많다. 그 외에도 금전문제, 외도, 폭력, 주사, 도박 그리고 고부갈등 등 두 사람의 문제가 아닌 가족 간의 트러블로 이혼하는 경우도 있다.

그러므로 단란한 부부관계를 유지하며 이혼하지 않기 위해서는 부부가 서로 협력하고 도와야 한다. 여기서 남편이나 아내를 가리지 말고, 부부는 어느 편이든지 솔선수범하여 일주일에 한 번 이상 배우자의 일을 도우면 사랑이 넘치는 행복한 가정을 이룰 것이다.

예를 들어서, 남편은 아내를 위해서 첫째, 집안 청소를 한다. 둘째, 설거지를 한다. 셋째, 빨래를 해준다. 넷째, 시장을 보아 온다. 다섯째, 아이를 봐 준다. 여섯째, 아침식사를 준비해 놓는다. 아내는 남편을 위해서 첫째, 구두를 닦아 준다. 둘째, 출근할 때 가방을 챙겨준다. 셋째, 날마다 다른 넥타이를 준비해 준다. 넷째, 퇴근할 때 마중 나간다. 다섯째, 남편의 업무에 필요한 자료를 스크랩해 준다. 여섯째, 남편이 좋아하는 특식을 만들어 준다.

우리는 예측할 수 없는 세상을 살고 있다. 우리 자신에게 언제 어떤 일이 생길지 전혀 알 수 없다. 특히 부부 사이에 무슨 일이 발생할지 모르는 상황에서 일주일에 최소한 한 번 이상 배우자의 일을 도와준다는 것은, 성도에게 있어 죽어도 한이 없는 아름다운 일이다.

가족과 가까운 친척들의 기념일을 챙겨라

Bucket List **#024**

사람은 누구나 외로움을 싫어한다. '절대고독(絶對孤獨, Absolute loneliness)' 이라는 철학적 사유(思惟)에는 필요할지 몰라도, 실제의 삶에는 별로 필요하지 않다. 특히 청소년들이 문제를 일으키는 원인은 아무도 자신을 알아주지 않는다는 고독감에서 시작되는 경우가 많기 때문이다. 우리에게 가족과 일가친척, 그리고 이웃이 있다는 것은 하나님의 은총이다. 자신이 혼자라고 생각하지 말아야 한다. 사람은 혼자 세상에 태어났어도 혼자 살 수는 없다.

사람은 원래 혼자의 힘으로 태어난 것이 아니다. 한 남자와 한 여자가 한 몸이 되어 태어난다. 사람도 생물학적으로 동물과 다를 바 없다. 암수의 결합은 다른 생명체를 출생시킨다. 사람은 아버지와 어머니가 어느 날에 서로 사랑하다가 어머니에게서 잉태하여 태어나게 되어 있다. 사실 사람은 자신의 의사와 전혀 상관없이 세상에 태어난다. 그럼에도 불구하고 사람은 부모에게 감사해야 한다. 부모가 없었으면 이 세상에 태어나지 않았을 것이기 때문이다. 사람의 출생에게는 비밀이 있을지 몰라도 그것은 철저히 하나님의 섭리라고 본다.

사람의 출생에 대한 오해

아무 이유 없이 세상에 태어나는 사람은 없다. 물론 원치 않은 성관계나 성폭력에 의해서 불행하게 태어나는 사람도 있다. 또한 미숙아나 장애인으로 세상에 태어나는 사람도 있다. 하지만 깊이 생각해보면 거기에도 의미는 있다. 특히 그가 그리스도인이라면 하나님의 분명한 뜻과 섭리가 있다. 장애인으로 세상에 태어난 시인 송명희 씨는 그의 시와 활동을 통해서, 자신이 장애인으로 태어난 것도 하나님의 축복이라고 역설하고 있다.

필자가 대학에서 가르칠 때 자신의 출생을 고민하는 여학생과 상담한 적이 있다. 그 여학생과 이런저런 이야기를 하다가 그에게 "부모님이 자녀를 낳기 위해서 얼마나 고생하셨고, 지금도 많이 수고하고 계신다."고 했다. 그랬더니 그 여학생이 정색을 하고 나를 똑바로 쳐다보면서 이렇게 대들었다. "흥! 엄마가 날 낳고 싶어서 낳나요? 자기들끼리 좋아서 즐기다가 낳은 거지요. 그건 실수한 거예요. 나는 안 낳으려고 피임하다가 낳은 실패작이래요." 깜짝 놀랐다. 그러니까 그 여학생의 생각은 자신은 부모가 즐기다가 만들어진 쾌락의 산물이요, 실패작이라는 거다. 어디서 그런 말을 주어 들었는지 몰라도, 철없는 어른들의 말이다.

'당신은 사랑받기 위해 태어난 사람/ 당신의 삶속에서
그 사랑 받고 있지요
당신은 사랑받기 위해 태어난 사람/ 당신의 삶속에서 그 사랑 받고 있지요
태초부터 시작된 하나님의 사랑은 우리의 만남을 통해 열매를 맺고
당신이 이 세상에 존재함으로 인해 우리에게 얼마나 큰 기쁨이 되는지

당신은 사랑받기 위해 태어난 사람/ 지금도 그 사랑 받고 있지요
당신은 사랑받기 위해 태어난 사람/ 지금도 그 사랑 받고 있지요
태초부터 시작된 하나님의 사랑은 우리의 만남을 통해 열매를 맺고
당신이 이 세상에 존재함으로 인해 우리에게 얼마나 큰 기쁨이 되는지'

사랑받기 위해 태어난 사람은 사랑하는 사람이 되어야 더 가치가 있다. 사랑은 받는 것이 아니라 주는 것이기 때문이다. 사랑은 베풀면 배로 돌아온다. 사람은

자신을 사랑한다. 그러나 자신의 사랑에 머물지 말고 자신을 사랑하는 것만큼 다른 사람을 사랑해야 한다. 사랑해야 할 가장 가까운 사람이 가족이다. 가족 사랑에 정성을 쏟으면 그 가정은 배나 행복해진다.

가족과 일가친척과의 유대관계

원시사회에서부터 씨족관계는 끈끈한 유대관계를 가지고 있다. 씨족은 피를 나누었기 때문이다. 현대는 고도로 발전된 첨단과학 문화사회요, 정보사회를 넘어 4차원의 사회지만 그래도 변치 않는 것은 혈연관계다. '피는 물보다 진하다'고 했듯이 혈연관계 의 각별함은 어쩔 수 없다. 가족이 소중하다고 하는 말은 거기서 나온 말이다. 실패하고 좌절하고 무너지면 마지막에 찾는 사람은 역시 가족밖에 없다. 요즘은 핵가족시대라 가족이나 일가친척이 뿔뿔이 흩어져 산다. 시대가 이럴수록 우리는 가족을 더욱 소중히 여기면서 자주 만나야 하고, 일가친척을 챙겨야 한다. 이 말은 자신의 출세나 취업 혹은 돈을 벌기 위해서가 아니다. '가까운 이웃이 먼 사촌보다 낫다.'는 말이 있다. 언제나 손잡을 수 있는 가까운 사람이 귀중하다는 말이다.

'가족(家族, Family)'을 백과사전에서 찾아보았다. '가족은 일반적으로 혈연·결혼·입양 등에 의해 묶여진 사람들의 집단으로 인식되는데, 단독 가계를 구성하여 남편과 부인, 아버지와 어머니, 아들과 딸, 형제와 자매 등 각자의 역할로써 상호작용을 한다. 가족은 그들 구성원들에 대해 여러 가지 가치 있는 기능을 수행하며 가족원간의 교제와 사랑을 통해 정서적·심리적 안정감을 제공한다. 그리고 자녀를 양육·사회화하고 아프거나 불구인 가족원을 돌볼 뿐 아니라, 출산을 제도화하고 성관계 규제에 대한 지침을 수립하여 사회적·정치적 기능을 수행한다. 경제적으로는 가족 구성원에게 음식, 잠자리, 의복, 신체적 안전을 제공하며, 사회 전체적으로 질서와 안정을 촉진시키는 역할을 수행한다. 가족단위 조직과 친족관계의 구조가 사회와 시대에 따라 다양하지만 전 세계에 걸쳐 가족과 친족은 사회조직 속에서 중추적 역할을 해왔다.'로 되어 있다. 정리하자면, 가족제도는 한 문화권에서 생물학적인 관계나 결혼, 입양, 기타 관습 등으로 친척의 지위를 얻은 친족 집단이라고 할 수 있다.

하지만 현대 사회에서 가족제도의 몰락은 실제적으로 널리 알려진 문제이다. 그로 인해 서로간의 인간관계가 무너지고 스트레스와 맞서 싸울 능력이 상실되고 있다. 우리 모두는 사랑과 격려를 받아야 할 존재다. 그러나 현실적으로 어떤 사람도 가족 이상으로 그러한 역할을 해내기 어렵게 되었다. 가족이 얼마나 중요한 지는 가족을 잃어버린 사람들이 더 잘 알고 있다. 가족들로부터 축복을 받은 우리들은 이제 깨어나서, 가족으로부터 받은 선물에 대해 감사하고, 그 안에서 생기는 도전과 깊이에 새롭게 참여할 때가 되었다. 가족관계와 일가친척의 유대관계를 돈독히 하여 현대인이 갖는 스트레스를 해소하고 더욱 친밀한 가족관계와 일가친척의 관계를 만들어서 자신의 삶을 풍요롭고 아름답게 꾸밀 필요가 있다.

가족과 가까운 친척들의 기념일을 챙기기

가족이나 친척이 외로움이나 스트레스 요인들을 지니고 있었다면 어떻게 하는 것이 좋을까? 이미 주어진 관계의 친숙함을 통해서 정과 사랑을 나누는 것이 행복의 원천이 될 수 있다. 이를 위해 가족이나 친척이 당신이 갖는 첫 번째 관심의 목록이라는 것을 알려라. 가족의 삶과 가족 구성원, 즉 친척의 관계를 위해서 적당한 시간과 여가를 선용하는 것이 좋을 것이다. '가족 관계를 증진시킬 수 있다면, 그것에 관해서 누구와 함께 시작할 수 있으며 어떻게 할 수 있는가?', '구체적으로 어떠한 태도와 행동으로 끌어안을 수 있는가?', '가족 관계를 증진시키려고 노력할 때 무엇이 장애가 될 수 있는가?', '이를 어떻게 예상하고 준비할 수 있는가?' 이런 질문들을 진지하게 묻고 대답함으로 보다 효과적인 관계회복을 이

끌어낼 수가 있다.

성도 자신이 사랑하는 가족을 위해 매일 사랑 어린 행동을 취하라. 사랑하는 가족이 스트레스로 인해 미성숙한 행동을 하거나, 정신적인 갈등으로 인해 짜증을 내는 것을 너그럽게 보아주도록 하여라. 가족과 함께하기 위해 충분한 좋은 시간을 내게 하라. 세상에 가족보다 더 중요한 것이 무엇이 있겠는가? 어려움이 있는 친척을 방문하거나 전화를 하도록 하라. 그리하여 보다 친숙한 관계를 만들어서 자신의 관심 속에 있는 사람이라는 것을 알게 하는 것이 좋다. 가족이나 친척이 자신이 사랑받고 있는 존재라는 것을 깨닫게 해 주어라.

자신이 사랑을 받고 있다는 뿌듯한 감정을 갖게 할 수 있는 일은 많이 있다. 그중에서도 가장 쉬운 방법은 사랑하는 가족이나 친척의 생일이나 기념일에 작은 선물을 나누는 것이다. 거창하고 큰 선물보다도 정성이 깃든 작은 선물이 더 좋다. 선물은 관계의 명정함을 그대로 보여주는 정표이다. 선물은 물건이 아니고 정을 나누는 끈이다. '선물은 무쇠도 녹인다.'는 말이 있다. 아무리 마음이 토라지고 얼어붙은 사람도 선물로 마음을 녹일 수 있다.

일본의 인류학자 나카자와 신이치 는『사랑과 경제의 로고스』에서 '최고의 선물은 증여라'고 했다. 선물은 그냥 주는 것이다. 뇌물과는 전혀 다르다. 아무 대가 없이 그냥 주는 선물은 돈과 바꿀 수 없다. 선물은 마음과 신뢰를 전해주는 최고의 행위다. 미국의 만화가 빌 킨(Bil Keane)은 '오늘이 선물이다(present is present)'라고 했다. '어제는 역사, 내일은 미지, 오늘은 하나님의 선물. 우리가 오늘을 선물이라고 부르는 이유다(Yesterday is history, tomorrow is a mystery, today is a gift of God. Which is why we call it the present).' 사랑하는 가족이나 친척에게 '오늘(today)'을 선물하라. 오늘 안부 전화를 하고, 자주 찾아뵙고, 생일이나 기념일에 정을 가득담은 작은 선물을 해서 돈독한 유대관계를 이루어라. 이것이 자신과 가족 그리고 일가친척의 행복을 위한 일이다.

성도가 죽기 전에 가족과 가까운 친척들의 기념일을 챙겨야 하는 이유

예수님은 하나님의 아들로 세상에 오셨지만, 자신을 낳아 준 마리아를 극진히 챙기셨다. 예수님께서 십자가에 못 박혀 신음하고 계시는 순간에 아래에는 어머니 마리아와 요한의 어머니 살로메, 글로바의 아내 마리아, 막달라 마리아가 있었다. 그리고 예수님께서 가장 사랑하셨던 제자 요한이 있었다. 예수님께서는 육신의 어머니 마리아를 바라보셨다.

'아, 마리아!' 아들의 죽음으로 인해 당혹한 슬픔과 아픔의 피눈물을 쏟고 계신 어머니의 모습을 보신 예수님은 죽으면서도 눈을 감을 수 없으셨을 것이다. 그런데 평소에 사랑하고 아끼던 제자 요한이 어머니 마리아 곁에 있었다. 예수님께서 어머니를 두고 가시면서 맡길 사람은 제자 요한밖에 없다고 생각하셨다. 그래서 예수님은 "보라 네 어머니라"(요 19:27)고 말씀하셨다. 이 말씀은 요한에게 주님의 유언으로 들렸으니 그대로 지키지 않을 수 없었다. 예수님께서는 어머니 마리아와 요한 이 두 사람을 새로운 가족으로 묶어주셨다.

당시에 예수님에게는 동생들도 있었지만 요한에게 어머니를 부탁하는 것은 그만큼 요한을 믿었기 때문이다. 요한은 곧바로 주님의 유언에 순종하여 마리아를 모시고 집에 갔다. 전승에 따르면 요한은 그가 가는 곳마다 머리아를 모시고 살았고, 나중에 마리아가 늙었을 때는 계속 업어서 모시고 다녔다고 한다. 그리고 에베소에서 목회할 때에 임종까지 지켜주었다.

성도가 최소한 예수님의 정신과 믿음을 배우 싶다면 먼저 부모님과 가족을 챙겨야 한다. 그리고 피를 나눈 친척도 모른 척할 수 없다. 그러므로 성도는 죽기 전에 부모님의 결혼기념일과 가족의 생일을 챙겨서 식사를 나누고 작은 선물을 주면 아늑하고 행복한 가정을 꾸릴 수 있다. 그리고 가까운 친척들의 각종 기념일을 챙겨서 축하 전화를 하거나, 가급적 찾아가서 축하의 인사와 선물을 드리면 우애가 돈독한 일가친척이 될 수 있을 것이다.

정기적으로 가족 여행을 하라

Bucket List **#025**

여행(旅行, travel)은 일이나 유람을 목적으로 다른 고장이나 외국에 가는 일, 자기 거주지를 떠나 객지(客地)에 있는 다른 고장이나 다른 나라에 가는 일 등을 말한다. 여행을 다른 말로 관광(觀光)이라고 하는데 주로 기분 전환이나 여가의 목적으로 떠나는 여행이다.

세계관광기구는 관광객을 '여가, 사업, 방문 장소 안에 보답하는 활동에 무관한 목적을 위해 한 해를 넘지 않는 기간에 일반적인 환경 밖의 장소에서 머물러 여행하는 사람'이라고 정의한다. 관광은 세계적으로 여행객이나 국가산업에 큰 인기를 끄는 여가 활동이다.

진짜 여행이란 무엇인가

오늘도 사람들은 어디론가 여행을 떠난다. 각자의 목적지를 향해서……. 왜, 무엇 때문에 사람들은 여행을 하고 여행을 떠나는 것일까? 사람들 각자 나름대로의 사연과 이유를 가지고 여행을 떠날 것이다. 필자도 또한 여행을 좋아해서 세계 여러 곳을 가본 적이 있다. 그러나 사실 여행이란 우리의 일상이고 삶을 살아가는 과정과 마찬가지라고 생각한다.

여행은 '비움'과 '채움'이다. 무엇을 비우고, 무엇을 채울 것인가? 자신이 가지고 있던 편견과 고정관념을 버리는 것이다. 새로운 것을 보고 발견하고 느끼면서 기존에 알게 모르게 익숙해진 편견과 고정관념에서 벗어나서 새로운 것으로 채우는 것이다.

여행은 '만남'과 '헤어짐'이다. 여행을 하면서 새로운 사람, 새로운 문화를 끊임없이 만나게 된다. 그리고 만남이 있으면 어느 순간에 '그들'과 '그것'과 헤어지게 된다. 어떤 때는 좋은 인연으로 만나게 되고, 어떤 때는 나쁜 인연으로 만나게 된다. 좋은 인연으로 만나면 '기쁨'을 주지만, 나쁜 인연으로 만나면 '배움'을 주는 소중한 추억으로 남게 된다.

여행은 '낯선 자신'과의 만남이다. 사람들은 평소에 익숙한 환경에 젖어 살지만 낯선 환경을 만나면 거기서 새로운 자신을 발견하다. 평소에는 모르고 있던 나 자신을 다시 보게 되는 것이다. 전혀 예상하지 못한 자신의 말과 행동을 보게 되면서 '나한테도 이런 면이 있었나?' 하는 자신을 발견하게 된다. 좋은 면도 있고, 나쁜 면도 있다. 좋은 면만 내 자신이 아니라 나쁜 면도 나 자신인 것이다. 그런 자신을 인정하면서 한걸음씩 나아가는 것이다.

여행의 종류

여행의 기준은 목적, 시기, 여행일수, 예산이다. 이 가운데 가장 중요한 것은 여행의 목적, 곧 무엇을 보고 싶은지 세심하게 계획하는 것이다. 이것이야말로 여행의 출발점이다. 가능한 한 많은 곳을 돌며 견문을 넓힐 것인지, 어느 한 지역을 깊이 있게 탐구할 것인지, 또는 휴양을 할 것인지, 원하는 여행의 목적을 분명히 하면 계획 세우기는 훨씬 쉬워진다.

여행의 스타일을 정확히 알고 자신에게 적절한 스타일을 선택하도록 한다. 보통 1주일 정도의 단기간 여행이라면 패키지 투어가 좋다. 각 지역을 짧은 시간에 돌아볼 때도 패키지가 요금 면에서 싸다고 할 수 있다. 또한 항공권이나 숙박예약이 어려울 때도 패키지 쪽이 오히려 편하다. 반대로 10일 이상의 장기 체재나 이동이 적을 때는 자유여행이 더 좋을 것이다.

한편 여행스타일은 크게 자유여행과 패키지여행, 테마여행으로 나눌 수 있다.

* 자유 여행(Foreign Individual Traveler) : 자유여행은 철저한 준비만 되면 그만큼 얻는 것도 많고 여행의 자유를 한껏 누릴 수 있는 여행 형태다. 반면 가이드가 없고 교통과 숙식문제를 스스로 해결해야 하는 어려움이 따른다. 자유여행의 기쁨을 최대한 누리려면 여행일수와 코스, 예산 등을 미리 철저하게 체크하고 떠나는 것이 중요하다.

① 여행 시기를 결정한다. 시기를 결정하는 것은 비용과도 관련이 있다. 성수기와 비수기에는 항공운임과 호텔 투숙비 등에 큰 차이가 나기 때문이다. 우리나라의 연말연시나 황금연휴기간, 7~8월의 휴가철과 외국의 연휴기간에는 관광객들이 많이 몰려 항공권, 여행사 상품 등이 모두 만원이 되며 요금도 비싸진다. 따라서 이때 여행을 하려면 항공권과 호텔 등을 미리 예약해야 하며 이때를 피하면 보다 저렴한 가격으로 여행을 즐길 수 있다.

② 여행기간을 넉넉히 잡는다. 이동거리를 가볍게 생각하면 실패하기 쉽다. 10일간의 여행일지라도 항공 이동시간을 빼면 실제로는 8일간을 현지에서 머무르게 된다. 또 도시간의 이동시간까지 포함하면 체재시간은 더욱 적게 된다. 그밖에 현지사정에 따라 교통수단에는 변수가 따르므로 너무 빠듯한 일정은 피한다.

③ 출발지와 도착지, 가고 싶은 곳을 효율적으로 연결한다. 꼭 가고 싶은 곳과 출발지, 도착지를 잘 선택하는 것이 포인트다. 여행경비에서 가장 큰 비중

을 차지하는 것이 교통비인 만큼 효율적인 경로를 선택하는 것이 기본이다. 가고 싶은 관광지의 정보와 자료를 충분히 읽어보고 스스로 관광 포인트를 하나씩 정해, 지도에 표시해 나가면 여행 코스가 보다 명확해진다. 출발지는 교통과 숙박을 비교적 쉽게 해결할 수 있는 곳을 선택하면 현지에 어느 정도 익숙해진 후 다른 곳을 쉽게 갈 수 있다.

④ 교통수단과 코스를 다양하게 선택한다. 교통수단을 한 가지만 이용하는 것보다는 비행기, 버스, 렌터카, 철도 등 여러 가지를 이용하면 다양한 체험을 얻을 수 있다. 또 미술관과 박물관 관람, 스포츠와 쇼핑 등을 목적으로 한 도시여행과 대자연의 품에 안길 수 있는 여행을 조화시키면 자유여행의 즐거움은 더욱 커진다.

⑤ 미리 여행예산을 잡는다. 여행 중 일일이 예산을 확인하는 것도 신경이 쓰이는 일이다. 여행일수에 따라 하루에 쓸 수 있는 전체 예산을 세워 보자. 하루 평균 예산에는 국제왕복항공권 외에, 도시 간 교통비와 시내교통비, 숙박비, 식비, 부식비, 입장료, 예비비 등의 세세한 지출항목까지 모두 넣어야 큰 차질이 없게 된다. 일단 예산이 잡히면 그 예산 내에서 융통성 있게 지출하면 된다.

* 패키지여행(Package Tour) : 패키지여행은 원하는 코스와 가격에 맞는 여행상품을 선택하여 경비만 내면 여행사가 모든 과정을 책임지고 알선해 주는 단체여행 형태의 여행이다. 경비 안에 교통, 호텔, 식사, 가이드, 해외여행보험 등이 포함되어 있다. 값이 싼 반면에 코스가 제한되고 정해진 시간 속에 진행되므로 여유 있는 관광은 어렵다. 이런 단점을 보완해 최근에는 이동과 숙박만 같이 하고 나머지 시간의 스케줄은 개인이 정하는 자유여행 형태의 패키지여행도 나와 있다.

패키지 여행상품을 고를 때는 여행요금만을 선정기준으로 삼기보다는 관광의 질을 따져 보는 것이 필요하다. 즉 관광 코스와 추가 입장요금의 유무, 식사의 횟수와 질, 숙박시설의 등급, 선택 관광(Option tour) 여부, 현지안내원의 유무와 전문성 그리고 해외여행보험의 한도액을 비교해 본 후 상품을 선택해야 현지에서 후회가 없다.

항공권 선택하기 : ① 날짜변경이 가능한가. ② 날짜변경이 가능하다면 얼마나 가능한가(Open 기간). ③ 예약 일에 좌석이 OK 되어 있는가. ④ 예약재확인이 필요한가. ⑤ 요금의 환불이 가능한가. ⑥ 중간에 다른 비행기를 이용한 Stop Over가 가능한가. ⑦ 짐은 얼마까지 실을 수 있나. ⑧ 마일리지 서비스의 혜택과 실시 여부

* 테마 여행(Theme Tour) : 관광지와 풍물만을 돌아보는 단순 관광에서 탈피해 일정 지역을 중점적으로 여행하거나 문화, 예술, 스포츠 등 한 가지 테마를 선택해 코스를 잡는 패키지 상품들도 선보이고 있다. 패션 중심지 탐방, 박물관과 뮤지컬 관람, 골프와 등산 등에 따라 코스를 고르면 패키지여행의 장점과 개인의 취향을 고루 살릴 수 있다.

가족 여행의 중요성

우리는 지금 정보화시대에 살고 있다. 아침저녁으로 폭주하는 정보에 그만 돌아버릴 정도다. 차라리 모르는 것이 좋은데 뭔가 알고 보면 생각은 꼬리를 물고 이어지고 좀처럼 벗어나기 힘들다. '정보(情報, Information)'란 사물의 내용이나 형편에 관한 소식이나 자료를 말하며, 군사·국가 안보 등의 분야에서, 어떤 방면의 정황이나 그에 관한 지식 또는 보고를 말한다. 정보라는 것이 생활에 지혜와 도움을 주는 것은 사실이지만, 거기에 매몰되면 쉽게 헤어나올 수 없다. 정보의 함정에 빠지면 정신적으로 육체적으로 심각한 고통을 당한다.

우리는 너무나 빨리 흐르고 흘러버리는 시간 앞에서 시간의 노예가 되어 살고 있다. 하루가 얼마나 빨리 달아나는지, 도저히 붙잡을 수 없는 것이 시간이다. 아침에 출근하고 저녁에 퇴근하고 그리고 지친 몸을 눕히고 잠을 청하고 새벽에 깨어나면 또 출근시간이다. 일년을 접으면 반년이고, 반년을 접으면 삼 개월이다. 삼 개월은 한 달의 세 쪽이고, 한 달을 접으면 보름이고, 보름을 접으면 일주일이고, 일주일은 한 주간이다. 한 주간은 눈 깜빡하는 순간에 지나가 버린다. 이렇게 속절없이 지나는 시간을 붙잡을 수 있는 방법은 없을까?

방학이나 다른 계기를 마련해서 가족과 함께 여행을 떠나 보아라. 부모와 자녀는 가장 가깝고도 먼 사이로 격리되는 경우를 종종 보게 된다. 부모와 자녀가 소통이 안 되는 것이 문제이다. 부모와 자녀간의 대화가 필요하다고는 늘 입에 붙이고 살지만 실제에 있어서는 그렇지 못하는 경우가 많다. 뭔가 할 말은 있는데, 막상 입을 떼지 못하고 있다.

그렇다면 모든 것을 잠시 내려놓고 일상에서 탈출하여 가족여행을 떠나보아라. 부모와 자녀가 같이 무작정 여행을 하다보면 어느 편에서든지 말을 꺼낼 것이다. 확 트인 공간에서 끝없는 하늘을 이고, 맑은 공기를 마시며 시간을 보내면 가슴에 응어리진 말이 나올 것이고, 툭 터놓고 대화도 가능할 것이다. 가족이 함께 여행하는 것보다 더 좋은 일은 세상에서 찾아볼 수 없다. 가족 여행을 통해 부모와 자녀가 함께 밥을 짓고 설거지를 하고 나란히 잠자리에 드는 행복감은 하나님께서 가정에 베풀어주신 최고의 은총이자 축복이다.

국내에서 가족여행으로 가 볼만한 곳

① 한국의 알프스로 알려진 충청북도 영동
② 한국의 나폴리로 이름난 경상남도 통영과 죽도

③ 예향의 도시로 유명한 전라북도 전주 한옥마을
④ 울창한 숲이 많고 수려한 산간 지역 강원도 정선
⑤ 동해의 절경을 이룬 경상북도 울릉도와 일본이 탐내는 독도
⑥ 팜 스테이로 세계에 여행객에게 유명한 경상남도 밀양
⑦ 혹한기의 대비캠프, 동계올림픽이 열린 강원도 평창
⑧ 겨울의 바다 여행과 여름의 해수욕장이 열리는 부산광역시 해운대
⑨ 남해의 서남단으로 바다의 절경을 보여주는 전라남도 신안군 가거도
⑩ 자아 찾기 셀프 여행 및 문학의 대화가 가능한 강원도 화천 이외수의 집
⑪ 칼바람 맞고 오픈카 타며 겨울여행을 즐기는 경상북도 울진
⑫ 기암절벽으로 유명세를 떨치는 월출산을 걸어가는 전라남도 영광
⑬ 온고지신의 고택을 체험하는 전라남도 구례
⑭ 세계 7대 자연 경관으로 유명한 제주도 올레길 투어
⑮ 한국의 마추픽추로 이름난 전라남도 완도군 여서도
⑯ 북한을 눈앞으로 마주한 서해 최북단 백령도
⑰ 동포와 아리랑, 북한과 중국을 경계한 천지가 있는 백두산
⑱ 농촌체험마을로 귀농의 멋을 보여주는 전라북도 장수군
⑲ 최고의 꼬막 맛집이 즐비한 전라남도 벌교
⑳ 세계적으로 맛있는 떡갈비가 있는 전라남도 담양

그 외에 섬진강 광양불고기 광양 매화마을, 서울과 춘천의 쉼터 강촌, 단풍의 절정 설악산, 우리나라 최초의 국립고원 지리산, 맛과 멋의 섬 전남 여수 금오도 등을 추천한다.

성도가 죽기 전에 가족여행을 해야 하는 이유

성도는 모두 천국을 향해 떠나는 순례자들이다. 순례자의 길에는 고난이 있지

만, 천국을 향해 가는 거룩한 여행자이기 때문에 참고 견뎌야 한다. 가족여행도 마찬가지이다. 가족여행을 비롯해서 무슨 여행이든지 힘들지 않은 여행은 없다. '집을 떠나면 고행이라'는 말이 있듯이, 일단 가정을 떠나면 가지각색의 어려움이 있기 마련이다. 성도가 천국을 향해서 순례의 길을 가야하는 것처럼, 여행을 떠난 사람도 죽을 각오를 가지고 가야한다.

성도가 가족여행을 해야 하는 이유를 다음 세 가지로 정리할 수 있다.

첫째, 가족여행을 통해서 가족의 협동심을 깨닫게 된다. 가족이 집에만 있으면 가끔 각각 자신의 일만 하기 때문에 서로의 필요성을 잊기 쉽다. 그러나 가족여행을 떠나면 낯선 곳에서 서로 협동하지 않을 수 없다. 여기서 새삼스럽게 가족의 도움과 협조가 있어야 한다는 것을 깨닫는다. 성도가 천국에 가는 것도 혼자만 갈 것이 아니라, 서로의 믿음을 키워주면서 어려울 때는 십자가를 서로 나무어지고 천국에 가야한다는 것을 깨닫게 된다.

둘째, 가족여행을 통해서 순례자의 길을 배우게 된다. 스페인 산티아고 순례는 보통 보름동안 사색과 명상 그리고 기도를 하면서 걷는다. 가족여행이 비록 스페인 산티아고 여행길은 아니어도, 여행이라는 과제를 앞에 놓고 떠나게 되면 어쩔 수 없이 자신을 돌아보며 사색과 명상을 하지 않을 수 없다. 결국 가족여행을 통하여 낯선 곳을 다니다 보면, 삶의 깨달음과 주님을 따라가는 십자가의 길을 배우게 된다. 성도가 죽기 전에 가족여행을 떠나게 되면 주님의 고난과 함께 동행해야 한다는 교훈을 터득할 수 있게 된다.

셋째, 가족여행은 가족으로 하여금 세상을 떠날 준비를 하게 한다. 여행자는 한 곳에 오래 머물지 않는다. 여행 목적지를 향해서 일찍이 준비를 하고 떠나는 것을 반복한다. 성도가 천국을 향한 여행자라고 했을 때에 세상을 반드시 떠나야 한다. 성도는 무턱대고 세상을 사는 사람이 아니다. "그들이 이제는 더 나은 본향을 사모하니 곧 하늘에 있는 것이라"(히 11:16). 성도는 죽기 전에 가족여행을 통해서 "더 나은 본향을 사모하니 곧 하늘에 있는" 천국을 향하여 가는 순례자라는 신앙의 진리를 깨닫고 준비하게 된다.

가족이 모이는 날을 정하고 실천하라

Bucket List **#026**

가족(家族, family)은 부부를 중심으로 태어난 자녀로 이루어지는 '가정공동체(家庭共同體)' 다. 요즘은 저출산과 고령화 사회로 접어들면서 '가족공동체' 를 말한다는 것 자체가 난처하기는 하나 그럼에도 이 공동체 자체를 무시할 수는 없다. 아울러 가정이라는 공간(空間)에서 어떤 이유로도 서로 모른 채하고 살 수는 없다. 세상이 아무리 달라져도 '가족' (家族)' 은 변할 수 없고 떠날 수 없다. 사람이 어떤 경우에 실패하고 좌절하고 낙심했어도 마지막 순간에 찾는 곳이 가정이기 때문이다. 가족은 서로 피를 나눈 사이만이 아니라, 시댁이나 처가도 가족공동체에 속한다. 심지어 애완동물로 가족으로 생각하는 사람도 있다. 가족이 자신의 입장을 딸라줄 것이라는 생각을 하지 말고 자신이 가족들과 어울리는 방법을 생각해 봐야 한다.

가정공동체의 시작과 성격

최초의 가족공동체는 성경에서부터 시작되었다. 하나님의 나라도 가정에서부터 시작되었다. 하나님께서 아담과 하와가 함께 살도록 하셨고, 가인과 아벨을 주셔서 가정이 성립되었다, 이때부터 가정공동체에서 사랑과 미움, 협동과 불화, 건강한 예배와 불신의 예배가 발생하였다. 가정은 우리가 미우나 고우나 떠날 수 없는 삶의 집단이 되었다.

가정은 하나님 나라의 확장을 위해 세워진 공동체다. 하나님의 나라는 하나님께서 통치하시고 모든 성도 즉 가족은 하나님의 말씀과 뜻에 순종하는 나라다. "하나님의 나라는 먹는 것과 마시는 것이 아니요 오직 성령 안에 있는 의와 평강과 희락이라"(롬 14:17). 모든 가족이 예배와 찬송과 기도와 선행으로 하나님께 영광을 돌리고, 옳은 길을 걸으며, 오직 성령 안에 있는 의와 평강과 희락을 얻고자 하는 것 가족공동체를 이루는 기준이다.

가족의 일상을 소중히 하라

가족에게는 각자의 일상적인 생활이 있다. 남편은 남편대로 아내는 아내대로, 자녀는 자녀대로 할 일이 있고 만날 사람도 있기 마련이다. 그런데 부모라고 해서 이런 일상을 무시하고 침해한다면 가족은 행복하지 못하다. 일상은 때로 사소한 것이지만 거기에도 자존심 같은 것이 있다. 일상을 침해하면 우선 자존심부터 상한다. '어' 다르고 '아' 다른 법, 한 마디를 해도 상대방의 인격을 소중히 생각하면서 조심스럽게 말해야지 그냥 기분대로 말하면 가족에게 상처를 입힐 수 있고 가정의 평화로운 분위기를 깨뜨릴 수 있다.

어떻게 보면 '일상'(日常, usually)은 사소한 것이다. '뭐 그런 것 가지고!' 할 정도로 아무 것도 아닌 것이다. 그런데 그 사소한 것이 자신에게는 소중한 것일 수 있다. "야, 너 똑바로 좀 앉아!" 비스듬하게 앉아 있는 자녀에게 대뜸 이런 충고를 하면 자녀는 아무 말 않지만 속으로는 기분이 상한다. '아버지는?' 하는 소리가 막 튀어나오려고 하지만 뚝 참고 만다. 그럴 때는 가만히 다가가 가서 바로 앉혀주며 한 번 꼭 안아 주는 것이 좋다. 자녀의 하학 시간이 늦을 수 있다. 그런데 왜 늦었느냐고 꼬치꼬치 따지면 자녀는 기분이 나쁘다. "아이고, 우리 아들(딸) 공부하느라고 수고가 많았네! 차가 많이 막혔나보지? 늦었지만 어서 씻고 편히 쉬어라." 고 한다면 자녀는 반색을 하고 늦은 경유를 부모에게 말해 줄 것이다.

남편의 귀가 시간이 늦었다고, 아내의 외출이 잦다고 따지지 말라. 다 이유가 있어서 귀가 시간이 늦고 외출을 하는 경우가 있다. 자녀가 용돈을 과다 지출할 때가 있고 또는 꼭 필요하지 않은 것을 산다고 할 때가 있다. 그런다고 지나치게 간섭하면 자녀는 돈 쓰기에 위축될 수 있다. 어떤 이유로 자녀가 기가 죽으면 거대한 꿈과 희망을 갖기 어렵다. 가족끼리는 넓은 포용력이 필요하다. 때로는 가족의 일에 대해서라도 알고도 모르는 척 할 필요가 있다. 가족은 가장 가까운 사이다. 동시에 가장 가까운 사이이기에 가장 먼 사이기도 하다. 가족의 일상을 인정해주어 자존심을 살려주면 가족은 더 없이 훈훈한 정으로 하나가 된다.

가족은 함께 모일 때 가족이 된다

가족 간의 대화와 갈등해소를 위해서 정기적으로 가족이 모이는 날이 필요하다. 유교의 전통을 가지고 있는 한국 사회에서는 '가부장제(家父長制)'가 습관화되어서 의례 남편이 가장(家長)이 되고 아내는 '집사람'이라고 해서 안에서 내조하는 존재로 인식되어 왔다. 심지어는 '여필종부(女必從夫)'라고 해서 아내는 무조건 남편의 뒤를 따르고 순종하는 것을 미덕(美德)으로 여겼다. 자녀도 부모의 말씀에 아무 조건 없이 복종해야 하는 것으로 알고 있었다. 그래서 가정의 균형이 깨지고 불화가 잦았다. 그러나 이제 그런 시대는 이미 지났다.

가족이 함께 상의해서 만들어진 '가족 모임의 날'에 정기적으로 모이면 자연히 '가족회의(家族會議)'가 만들어진다. 가족회의를 반드시 아버지가 회장이 되어 주관적으로 리드해야 한다는 법은 없다. 물론 처음에는 아버지가 본보기로 먼저 주관하여 회의의 진행 방법을 가르쳐주는 것은 괜찮다. 그러나 가정의 민주화와 화합과 평화를 위하여 자녀들도 순차적으로 가족회의의 회장이 되게 하는 것도 좋다. 그러면 사회에서의 리더십을 터득할 수 있고 기족회의가 더 활기를 띨 수 있다.

가족 중에 서기를 선택하여 회의내용과 결의사항을 기록으로 남겨두라. 그리고 다음 회의 때에 낭독하여 지난 번 결정한 것을 상기할 필요가 있다. 한번 결정하고 그냥 넘어갈 것이 아니라, 재독함으로 가족 간의 결정사항을 중요시하고 반드시 지켜야 한다는 책임감을 심어줄 수 있다. 대개 가정의 재무는 어머니가 맡는 것이 통상적이다. (가정에 따라서는 다를 수 있지만) 가족회의에서 어머니는 가족에게 가정의 재무상황을 말해 줄 필요가 있다. 가정의 재산은 공동의 소유이다. 가족이 가정의 재정 형편을 알면 더욱 경재적인 삶을 살 수 있다.

가족회의에서 가정의 문제와 가정에서 해야 할 일을 미리 이야기하는 것이 좋다. 부모가 일방적으로 가정의 일을 결정하고 자녀에게 무조건 따르게 하는 것보다 미리 의논하고 시행하면 자녀는 부모를 신뢰하고 책임 있는 행동과 삶을 살 수 있다. 가족회의에서 가족의 장점과 단점을 허물없이 이야기하자. 공개적으로 칭찬할 것은 칭찬하고, 책망할 것은 책망하면서 토론에 붙이면 가정은 민주화되며 화기애애하고 생기가 넘치는 가정이 될 수 있다.

가족이 정기적으로 모이기 위해서 식사하는 날을 정하라

요즘 세상은 사는 게 힘든 세상이다. 한 식탁에서 식사조차 같이 할 시간이 없다. 남편은 새벽같이 출근하고 자녀는 이른 아침부터 학교에 가고, 학교에 갔다 오자마자 학원으로 줄달음친다. 학원도 한두 곳이 아니다. 몇 곳의 학원을 다녀오면 초죽음이 된다. 아내라고 집에만 있는 것이 아니다. 갖가지 모임도 있고, 자녀 학교 뒷바라지에 이곳저곳 동분서주한다. 그러니 온 가족이 한 자리 앉아서 밥 한 끼 먹기가 힘들다. 이렇게 되면 가족 간에 점점 거리가 멀어지고 꼭 필요한 말밖에는 할 말이 없으니, 가정은 시베리아 벌판 같고 가정의 분위기는 살얼음판이 된다.

현대의 가정에는 가족 사이의 친근감 회복이 시급하다. 옛말에 '인심은 쌀독에서 난다' 했던가. 그렇다. 뭐니 뭐니 해도 한 상에 앉아서 이야기를 도란도란하며 밥 한 끼 먹으면 먼 사람도 금방 가까워진다. 서로 원수야 작수야 하고 싸우다가도, 같이 마주 앉아서 냉면을 시켜놓고 서로 눈을 부릅뜨고 냉면가락을 걷어 올리며 훌훌 먹다보면, 어느덧 감정은 사라지고 웃음부터 나온다. 그러니 화해를 안 할래야 안 할 수 없다. 인심은 식탁에서 나온다는 말이 맞다. 가정에서도 인심을 회복하자. 최소한 일 주일에 한번이라도 온 가족이 함께 식사를 해보자. 가정의 분위기는 달라지고 훈훈한 정과 함께 가족의 친근감이 더할 것이다.

가족이 정기적으로 모일 때 자기 주택을 고집하지 말자. 분위기를 바꾸기 위해서도 적당한 카페가 식당을 정하면 좋다. 가족과 함께할 식사 다이어리가 있어야 한다. 한달에 한 번도 좋고, 두 번도 좋다. 가능하면 매주 토요일을 가족과 함께 식사하는 것도 좋겠다.

① 날짜와 시간과 장소를 정하라. 가족이 모일 수 있는 날짜와 시간을 정하여 각자 메모해둔다. 장소는 가정에서 우선적으로 하고, 필요한 경우에 가끔 식당에서 외식하는 것도 좋다.

② 식사 메뉴를 정하라. 가족이라고 식성이 다 같은 것은 아니다. 가족의 식성을 따라 한 편으로 기울어지지 않게 식사 메뉴를 정해서 기분이 좋고 즐거운 식탁이 되게 하라.

③ 식사비용을 결정하라. 먹고 마시는 데는 어쩔 수 없이 비용이 들기 마련이다. 단일 가족이면 문제가 없겠지만 분가해 산다거나 경제적인 부담이 다를 경우에는 식사비용을 한 편애서만 부담하기는 곤란한 경우가 있다. 이럴 때는 공동부담을 하든지 돌아가면서 부담을 하는 매뉴얼을 정하면 서로

편한 마음으로 식사할 수 있다.

성도가 죽기 전에 가족이 모이는 날을 정하고 실천해야 하는 이유

가족은 어느 하나가 세상을 떠날 때까지 함께한다. 그러나 언제까지 함께할지는 아무도 모른다. 그것을 아시는 분이 있다면 오직 하나님뿐이다. 가족 중에서 누가 먼저 세상을 떠나면 아쉬움과 슬픔은 이루 말할 수 없다. 그러므로 가족은 살아 있을 때에 사랑과 정(情)을 두텁게 쌓아야 한다. 가족의 사랑과 정을 두텁게 쌓는 방법은 정기적으로 자주 모이는 수밖에 없을 것이다. 대개 가족의 생일이나 명절에 모이는 경우가 많은데 이것을 초월하여 정기적으로 모이면 훈훈한 정과 사랑을 나눌 수 있다.

첫째, 가족이 정기적으로 모이면 서로의 성격을 알 수 있기 때문이다. 아무리 가까운 가족이라도 서로의 성격을 모를 수 있다. 한 몸을 이루며 사는 부부도 어떤 경우에 서로의 성격을 모를 수 있는데, 하물며 부모와 자녀, 형제와 남매가 서로의 성격을 완전히 알기는 어렵다. 그러나 가족이 정기적으로 모여서 대화를 나누면 서로의 성격을 잘 알 수 있다.

둘째, 가족은 죽을 때까지 동행자이기 때문이다. 동행자는 기쁨과 슬픔, 고통과 희락을 잘 알 수 있다. 가끔 가족 사이의 불화나 다툼이 있는 이유는 정기적으로 자주 만나지 않는 것이 원인일 수 있다. 가족이 사랑의 동행자라는 인식을 깊게 하고 정기적으로 자주 만나서 서로의 애환(哀歡)을 나누다 보면 화목하고 행복한 가정을 이룰 수 있다.

셋째, 가족이 정기적으로 모이는 것은 하나님의 말씀 때문이다. "보라 형제가 연합하여 동거함이 어찌 그리 선하고 아름다운고"(시 133:1). 성도의 가정을 향한 하나님의 바람은 가족(형제)이 연합하여 동거하는 것이다. 가족이 정기적으로 자주 모이면 하나님께서 기뻐하시고 성령의 기름을 부어주신다고 하셨다. 가족이 동거하여 하나님의 은혜를 받도록 하자.

가까운 친척을 초대하고, 자녀와 함께 친척집을 방문하라

Bucket List **#027**

어린 시절에 어미 닭을 따라다니는 병아리들을 살펴보면 재미있었다. 병아리들이 흩어져서 놀고 있을 때 그 주위에 헌 슬리퍼 한 짝을 던져봤다. 병아리들은 정체 모를 적(?)의 침입에 종종걸음을 친다. 그것들은 약속이나 한 듯이 일제히 어미 닭의 날개 속으로 들어간다. 어미 닭과 거리가 멀리 떨어져 있던 한두 마리의 병아리들까지도 멀리 있는 어미 닭을 찾아간다. 그 주변에 몸을 숨길만한 은닉처가 있어도 그런 곳을 피난처로 삼지 않는다.

바깥에서 놀던 어린아이가 엎드러지거나 다쳐서 가벼운 찰과상을 입었을 때, 아이는 당장 울면서 엄마에게로 달려간다. 그럴 때 엄마의 반응은 극히 간단하다. 그 아이를 안아주면서 그 상처, 피부가 조금 벗겨졌거나 피가 약간 날 정도의 상처부분을 부드러운 입김으로 호호 불어준다. 그 순간 아이는 언제 울었는지 알 수 없게 뺨으로 흘러내리던 두 줄기의 눈물은 마르고, 목청껏 울었던 울음통도 금세 멈추고 만다. 참으로 신기한 일이다.

신뢰의 본능은 하나님께로부터 왔다. 하나님이 사람의 마음속에 넣어주신 여러 가지 행복의 요소들 중에 신뢰는 으뜸가는 본능에 속한다. 신뢰할 수 있는 대상이 있다는 것, 생각만 해도 얼마나 기쁘고 우리의 마음을 행복하게 해주는가! 서로 신뢰하면서 산다는 것은 그 한가지만으로도 행복의 기본요소를 갖춘 셈이다. 일가친척이 그렇다. 아무리 멀리 살아도 자주 찾아보고 이야기도 나무고 신세타령도 해보면 알 수 없는 신뢰감에 뿌듯한 마음까지 든다. 친척은 언제나 따뜻함을 느끼게 한다. 그리고 알 수 없는 평안함을 갖게 한다. 친척이란 그런 것이 아닌가?

친척(親戚)이란 무엇인가?

'친척' 에는 크게 '친족(親族)' 과 '외척(外戚)', 두 가지가 있는데, 친당(親堂)과 본당(本黨)을 모두 합해서 일가(一家)라고 한다. 친당이란 아버지 집이라는 뜻이고 본당이란 내당(我黨)이라는 뜻이며, 일가(一家)란 한 집안이라는 뜻이다. 한집(一家)이란 할아버지를 중심으로 한 집인데 남자의 경우는 모두 성(姓)과 씨(氏)가 같게 되고, 부인의 경우는 모두 시집온 사람으로 남자들과 성과 씨가 다르다. 이를테면 족보를 함께하는 사람들이 일가요, 족보를 함께할 수 없게 되었으나 처음 할아버지가 같은 사람들끼리 서로 종씨(宗氏)라고 말한다.

친당의 마지막 급은 형제요, 친당의 위급은 무한히 높고 넓은 것이다. 본당의 시작 급은 아들(딸) 며느리 급이요, 마지막급은 무한히 멀고 넓은 것이다. 형과 형수(兄嫂), 아우와 제수(弟嫂)가 친당에 들어가는 것은 아버지의 아들이며, 아버지의 며느리이기 때문에 그러하다. 또한 종형(從兄)과 종형수(從兄嫂)가 친당이고, 조카와 질부(姪婦)가 본당이다.

부인의 경우, 시집가기 전에는 친당이었으나, 시집간 뒤로는 친정당(親庭黨)으로 바뀌어 부르는 것이며, 남자의 경우 양자로 들어가게 되면, 지난날의 친당이 생가당(生家黨) 또는 본생당(本生黨)이라는 이름으로 바뀌어 부르게 된다. 친당에는 복(服)이 있는 친당이 있고, 복이 없는 친당이 있는데, 복이 있는 친당을 유복친당(有服親堂)이라고 말하고, 복이 없어진 친당을 면복친당(免服親堂)이라고 말한다. 8촌 안에든 사람이 유복친당이고, 9촌 이상 되는 사람이 면복친당이다.

촌수(寸數)라는 말의 용법

두 사람 사이에 놓여 있는 핏줄의 마디를 수(數)로 표시하는 것을 촌수 말이라고 한다. 직계는 촌수를 셈하지 않는 것이 원칙이다. 만약 직계를 셈한다면 아버지도 1촌이요, 고조(高祖), 십대조(十代祖), 어머니, 고조모(高祖母), 십대조모(十代祖母)도 모두 1촌이기에 헤아릴 필요가 없는 것이다. 그 사이에 헤아림이 있다고 하면 대수(代數)를 헤아리는 일만이 있을 뿐이다. 촌수라는 것이 방계(傍系)를 위해서 나오게 된 것인데, 그 셈은 삼(三)부터 그 위로 일컫게 된 것이다. 형과 아우 사이가 2촌(二寸)이긴 하나 2촌은 셈을 사용하지 않는다.

직계는 모두 1촌이 됨을 모르는 이가 십대조를 열촌이라 하고, 십대조모를 열촌이라고 셈한 책들이 있다고 한다. 이것은 방계를 셈하기 위해 내놓은 셈법을 당치도 않은 직계에다가 적용한 잘못이라고 하겠다. 이를 혼돈하면 안 된다. 남편과 아내는 서로 촌수가 없는 사이이다. 그들은 남남끼리 만나서 아들딸을 낳아 그 아들딸들에게 아버지가 되고 어머니가 되었기에 이제는 남남이 아니다. 그리하여 아버지와 아들 딸, 어머니와 아들딸의 사이가 1촌이 되는 것이다. 형과 아우 사이는 서로 1촌과 1촌 사이가 되기 때문에 2촌이 된다. 마디 하나가 1촌이 되어 나가는 셈법으로 3촌, 4촌, 5촌 등으로 셈이 되어 나간다.

할아버지 쪽을 중심으로 셈을 하는 바, 고조만 같으면 서로 8촌(2촌x4대) 형제 사이가 되고, 증조만이 같으면 서로 6촌(2촌x3대) 형제사이가 되고, 할아버지만 같으면 서로 4촌(2촌x2대) 형제 사이가 되고, 아버지가 같으면 서로 2촌(2촌x1대) 형제 사이가 된다.

종조(從祖)로 말하면 4촌(2촌+2대) 사이가 되고, 재종조로 말하면 6촌(4촌+2대) 사이가 되고, 삼종조로 말하면 8촌(6촌+2대) 사이가 되고, 아버지 형제로 말하면

3촌(2촌+1대)이고, 아버지의 4촌 형제(종숙)로 말하면 5촌(4촌+1대)이 되고, 아버지의 6촌 형제(재종숙)로 말하면 7촌(6촌+1대)이 되고, 아버지의 8촌 형제(삼종숙)로 말하면 9촌(8촌+1대)이 되고, 12대조가 서로 같으면 24촌(2촌*12대)이 된다. 요컨대 촌수 말이란 서로 사이에 핏줄의 마디를 셈할 때만이 사용될 뿐 다른 곳에서는 사용되지 않는 말이며, 또한 사용해서도 안 된다. 더구나 친당에서는 이 촌수 말이 어떤 경우에서든지 사용되어서는 안 된다.

친척의 실제적인 의미

혈연관계인 친척보다는 이웃사촌이 더 가까운 요즘, 모든 인간관계가 중요하지만 자주 보지 못하는 친척 관계에 더 소홀할 수밖에 없다. '피는 물보다 진하다'고 하지만, 실제에 있어서는 가까운 이웃이 먼 친척보다 더 나을 수 있다. 그러므로 자녀가 일가친척을 자주 만날 수 있는 기회를 만들어서 혈연관계를 돈독히 할 필요가 있다. 특히 자녀에게 평생 함께할 친척을 자주 만날 수 있는 기회를 주고, 올바른 인간관계 형성에 도움을 줄 필요가 있다.

자녀에게 친척이란 어떤 의미일까? 실제로 자녀에게 친척이란 혈연이라는 개념이 크게 와 닿지 않을 수 있다. 그래서 혈연관계나 호칭에 대해서까지 잘 모를 수도 있다. 자녀에게 중요한 사람은 자신과 자주 만나고 쉽게 교류하거나 상호작용을 자주 하는 사람이다. 그러므로 자녀에게 친척은 혈연이라서 중요하다고 강조하기보다는, 친척에 대한 개념을 충분히 이해할 수 있게 쉽게 설명해주고 상호작용하는 방법을 알려주는 것이 좋은 방법이다.

어머니의 자매는 이모(姨母)고, 아버지의 자매는 고모(姑母)다. 이모와 고모의 차이를 크게 인식시킬 필요까지는 없다. 자녀에게는 이모와 고모를 만났을 때 어떻게 행동해야 하고 인사는 어떻게 해야 하는지 알려주는 것이 더 중요하다. 이렇게 다양한 친척 관계를 맺어본 자녀는 가까운 사람뿐 아니라 먼 사람까지도 친근하게 느끼고 상호작용할 줄 아는 능력을 지닐 수 있게 된다. 이는 실제적으로 자녀의 인성교육이 되는 것이다.

친척의 집을 방문하여 얻을 수 있는 인성교육

자녀가 친척의 집을 방문하여 얻을 수 있는 다양한 인성교육의 효과를 알아보자.

첫째, 친척을 만남으로 인간관계를 경험할 수 있게 된다. 만남은 새로운 인간관계를 형성한다. 누구를 만나느냐에 따라서 사람의 성격도 만들어지게 된다. 그로 자녀가 친척의 어른들과 이야기하고 상호작용할 수 있는 자연스러운 환경을 만들어주면, 친척 어른의 품격과 인자함을 배우게 된다. 자녀가 자주는 이런 상황을 통해 자신의 감정을 적절하게 표현하고, 다른 사람을 어떻게 대해야 하는지 익힐 수 있게 한다.

둘째, 친척을 만남으로 부모와는 다른 피드백을 얻을 수 있다. 친척이라도 사람은 제작기 다른 인격을 가지고 있다. 자녀가 가족 외에 친척의 다른 어른들과 만나서 상호작용하는 경험이 없는 아이는 인지적 발달에 비해 도덕성, 사회성, 예절에 대해 미숙한 경우가 많다. 그렇기 때문에 가끔 보는 친척들은 고쳐야 할 부분을 알려주는 방법이나 피드백이 부모와 다르기 때문에 아이에게 좀 더 확실한 각성 효과를 줄 수 있다.

셋째, 자녀의 친척관계 맺기를 통해서 폭넓은 인격을 형성할 수 있다. 친척이 자녀에게 야단쳤을 때 그것이 잘못되었더라도 자녀 앞에서 적개심을 드러내지 마라. 자녀는 엄마의 이런 태도를 바로 눈치체고 자신의 잘못을 바꾸려 하지 않는다. 만약 평소에는 그렇지 않은데 어쩌다 한 실수에 친척이 "너 왜 이리 산만하니?" 라고 말했다면, 그 억울함에 대해 솔직하게 말 하도록 하고 함께 이야기를 나누는 것이 필요하다. 엄마는 "삼촌 이상하네. 왜 그러나?" 라는 반응한다면 친척관계는 깨지기 쉽다. 따라서 "너의 행동을 그때만 봐서 삼촌이 그렇게 오해했구나. 그래 너 속상했겠다. 그런데 평소에는 침착하게 잘하는데 말이야." 라고 말해주고 아이가 감정을 표현하도록 하는 것이 중요하다.

넷째, 친척의 혈연관계 쉽게 이해시키고 자주 만날 수 있게 하는 것이 필요하다. 친척을 만났을 때에 자녀에게 해야 할 행동과 태도가 무엇인지 설명하고 시범을 보여주는 것이 필요하다. 사람이 서로 만나지 않으면 상대방을 알 수 없다. 친척을 만났을 때에 가져야 할 몸가짐과 태도를 설명해 주라. 인사하는 법, 어른에 대한 예절, 방에 들고 나는 법, 앉고 서는 법, 음식을 먹을 때의 태도 등을 배울 기회를 충분히 제공하는 것이 필요하다.

성도가 죽기 전에 가까운 친척을 초대하고, 자녀와 함께 친척집을 방문해야 하는 이유

야곱과 에서가 장자의 권한을 놓고 서로 갈등하였다. 결국 야곱은 어머니와 짜고 아버지 이삭을 속여서 장자의 권한을 쟁취하였다. 그러나 야곱에게 형 에서로부터 생명의 위협을 받게 되었다. 그래서 할 수 없이 도피한 곳이 외삼촌 라반의 집이었다. 여기서 성경에 나오는 친척의 중요성을 발견할 수 있다. 만약에 야곱에게 친척이 없었다면 어떻게 되었을까?

그 결과로 야곱이 생명을 잃을 것이 뻔했다. 그러나 도망자의 신세가 된 야곱은 도중에 하나님을 만나 구원과 엄청난 축복을 언약 받았다. 그리고 외삼촌 라반의 집에 도피한 20여 년 간 노동을 하면서 우여곡절 끝에 네 명의 아내와 어마어마한 재물을 얻어서 귀향하게 되었다. 물론 돌아오는 길에 에서의 두려움을 느꼈지만, 하나님께 목숨을 걸고 기도한 나머지 '이스라엘(하나님의 황태자)'가 되는 축복까지 거머쥐었다. 친척은 이만큼 중요하다.

성도가 죽기 전에 가까운 친척을 초대하고, 자녀와 함께 친척집을 방문하는 것은 자녀에게 유익한 복을 불러올 수 있기 때문이다. 아무래도 가까운 친척은 먼 남보다 낫다. 특히 한국 사람은 동향의식이 강하기 때문에 알게 모르게 협조를 받을 수 있다. 또한 가까운 친척을 초대하거나 자녀와 함께 방문하면 복음을 전할 수 있는 기회를 만들 수 있기 때문이다.

상징적인 표현으로 교회를 '주님의 몸'이라고 한다. 이 말은 주님께서 교회의 머리시고 중심이라는 의미다. 몸은 하나이지만 머리를 비롯하여 여러 지체가 있다. 몸의 각 지체는 머리의 통제를 받는다. 머리가 생각한 것을 각 지체에 전달하면 그대로 따른다. 똑같은 원리로 교회의 머리가 되시는 주님께서 지체인 성도들에게 명령하면 그대로 따라야 한다.

교회는 '보이는 교회(visible church)'와 '보이지 않는 교회(invisible church)'가 있다. 보이는 교회는 예배당인데 성도들이 일정한 장소에 시간 시간에 모여서 예배를 드리는 곳이다. 눈에 보이는 교회는 일정한 조직을 가지고 있다.

성도는 교회를 섬겨야 할 의무가 있다. 교인에게 성찬 참여권과 공동의회 회원권과 조직의 선거권과 피선교권이 있다. 동시에 예배에 출석할 위무와 치리에 복종할 의무와 헌금의 의무가 있다. 성도에게는 죽기 전에 주님의 몸된 교회를 위해서 해야 할 일이 있다.

제 4 장

행복한 교회생활을 위해서

028 예배당을 청소하라

029 말없이 1년 정도 교회 화장실을 청소하라

030 사랑의 순교현장을 가지라

031 자기 나이 앞 숫자만큼 전도하라

032 전 교인에게 한 끼 식사를 대접하라

033 1년에 한 번은 교회 성전을 장식하라

034 한 주간에 한 번 교회에 나와 헌신하라

035 어버이주일에 경로 선물을 실천하라

036 목회자의 목회에 협조하라

예배당을 청소하라

Bucket List **#028**

예배당은 하나님의 집이다. 하나님은 어디서나 만날 수 있지만 우리는 특별히 구별한 장소를 구별하여 예배드린다. 그래서 예배드리는 곳을 성전(聖殿), 즉 '거룩한 집'이라고 부른다. 어느 종교이든 성전을 신성한 곳으로 구별하여 아무나 들어가지 못하게 하였다. 혹 누가 무슨 죄를 지었어도 일단 성전으로 몸을 피하면 경찰도 허락을 받지 않고는 함부로 들어가서 체포하지 못했다. 그만큼 성전은 전통적으로 거룩한 곳으로 구별되었다.

성경에서 성전을 '거룩한 집'이라고 부르는 현상은 후기 예언서와 시편에 주로 나타난다. 영어의 temple(성전)은 라틴어 templum의 번역인데, 이 말은 히브리어 '헤칼'에서 유래되었다. 헤칼은 '하나님이 계신 집'이란 뜻으로 쓰일 뿐만 아니라 임금이 있는 궁이나 화려한 집으로도 쓰인다. 예루살렘의 솔로몬 성전이 후기 전승에서 '야웨의 헤칼'로 사용되었지만 초기에 헤칼은 단지 집으로 불렸다. 그래서 많이 쓰이는 성전의 명칭이 '하나님의 집'이다.

성전의 영적인 의미

예수님께서 성전을 "내 아버지 집"(눅 2:49), 또는 "기도하는 집"(마 21:13)이라고 말씀하셨다. 성전 자체가 예수님은 아니지만 하나님의 임재를 상징하는 공간이다. 하나님께서는 솔로몬이 성전을 완공하고 제사장들이 언약궤를 지성소에 메어 들였을 때 큰 영광을 보여주셨다. "제사장이 성소에서 나올 때에 구름이 여호와의 성전에 가득하매"(왕상 8:10). 그리고 하나님이 성전에서 백성과 함께하시겠다고 약속하셨다. "여호와께서 그에게 이르시되 네 기도와 네가 내 앞에서 간구한 바를 내가 들었은즉 나는 네가 건축한 이 성전을 거룩하게 구별하여 내 이름을 영원히 그 곳에 두며 내 눈길과 내 마음이 항상 거기에 있으리니"(왕상 9:3).

성전은 하나님께서 성도와 함께하시는 임마누엘의 은혜를 보여주신 예수님의 예표다. 성전은 죄 사함의 은혜를 받는 속죄 제사가 이루어지는 곳으로 중요한 역할을 한다. 성전에서 드려진 대표적인 제사로 번제, 소제, 화목제, 속죄제, 속건제가 있으며, 이 모든 제사는 십자가 위에서 자신을 드리신 예수님의 몸은 상징한다. 이에 대하여 신약성경은 "그리스도께서는 장래 좋은 일의 대제사장으로 오사 손으로 짓지 아니한 것 곧 이 창조에 속하지 아니한 더 크고 온전한 장막으로 말미암아 염소와 송아지의 피로 하지 아니하고 오직 자기의 피로 영원한 속죄를 이루사 단번에 성소에 들어가셨느니라"(히 9:11,12)라고 증언하였다.

성전의 역사

성전은 모든 시대를 통해 이스라엘 백성의 종교생활의 중심지였다. 그들은 세계 각지에 흩어져 살면서도 심령만은 항상 예루살렘 성전에 연결되어 있었다(단 6:10). 역사적으로 예루살렘 성전은 모리아 산 위의 솔로몬 성전, 스룹바벨 성전, 헤롯 성전 등 세 곳이 있었다.

솔로몬 성전은 다윗의 제반 준비(삼하 7장; 대상 17장; 28:12-19)와 두로 왕 히람의 원조(대하 2장)에 힘입어 솔로몬이 BC 959년부터 7년간 지은 것으로(왕상 6:37, 38), 현관과 성소와 지성소로 구분되었다(왕상 6-7장). 특별한 것은 야긴과 보아스로불리는 두 개의 청동제 놋 기둥이 성전의 정면에 있는 현관 좌우에 세워졌다는 것이다(왕상 7:15-22). 이 성전은 BC 586년의 예루살렘 함락과 함께 바벨론 사람들에 의해 불태워졌다(왕하 25:8-17).

포로에서 돌아온 스룹바벨의 지도하에 스룹바벨 성전이라 불리는 제 2의 성전이 BC 515년에 재건되었다(스 6장), 이 성전은 솔로몬 성전에 비해 규모도 적고 볼품도 없었으나(스 3장), 그 당시 흩어진 유대인들에게 꿈과 소망의 상징이었고 순례의 대상이 되었다. 이 성전을 안티오쿠스 에피파네스가 우상으로 더럽힘으로써 마카베오 전쟁이 발발되기도 했다. 그리고 BC 63, 62년 속죄일에 로마의 폼페이우스에 의해 지성소까지 유린되었다.

그후 헤롯대왕이 BC 20년부터 스룹바벨 성전을 수축 및 확대 재건하였는데, 이것을 일반적으로 헤롯성전이라 부른다. 이 성전은 웅대하고 화려했으나 예수님의 예언대로(막 13:1,2) AD 70년에 티투스가 이끄는 로마군대에 의해 예루살렘이 함락될 때 함께 불타버렸다. 흥미로운 것은 헤롯 성전의 멸망일이 제 1성전의 멸망일과 똑같은 아빕월 제 9일이라는 것이다. 그래서 유대인들은 이 날을 금식일로 정하고 지금까지 지키고 있다.

성경 전체를 통해 성전의 근본적인 개념은 '하나님의 임재'에 있다. 그러나 구약의 개념은 주로 장소적이었다. 이 개념이 신약에서 예배(제사)의 장소보다 그리스도의 몸과 교회로 그 의미가 개혁되었다(요 4:31-34). 결국 신약에서는 그리스도(요 2:21-22) 및 성령이 임재하시는 성도들의 공동체와 성도 개인(고전 3:16; 6:19)을 성전으로 일컫고 있다.

더러워진 성전을 깨끗하게 수리한 요아스 왕

유다 9대 왕 요아스(B.C. 837-800)는 하나님이 보시기에 정직한 왕이었다(왕하 12:1-2). 그는 7세에 제사장 여호야다에 의해 왕위에 올랐다. 왕위에 오른 요아스는 더러워진 성전 수리 공사를 명하였다. 성전 수리 공사가 지연되자 대제사장 여호야다를 불러 대책을 강구하였고, 또한 헌금은 성전 공사만을 위해 쓰도록 조치했다. 그의 개혁의지와 제사장 여호야다의 협력으로 성전 보수 공사를 완수하였다(대하 24:12-13).

그런데 요아스 왕의 명령으로 성전 수리 공사를 하다가 놀랍게도 두루마리 율법을 발견하였다. 율법은 당연히 성전에 보관되어야 하고, 성전을 찾는 백성에게 제사장들이 읽어주는 것이 마땅하였다. 그런데 그동안 제사장들은 율법이 성전 어디에 있는 줄도 모르고 제사를 드렸다. 그들은 하나님의 말씀을 모르고 관습에 젖어 의식화된 제사를 드리고 있었다. 요아스 왕 외에 요시아 왕도 성전을 수리하다가 율법을 발견하였다(왕하 22:1-13).

성전을 청결하게 청소하신 예수님

예수님 시대에 성전은 극도로 부패하였다. 추악한 교권이 난무하고, 미움과 시기가 판을 치며, 거짓과 위선이 가득하고, 저주와 악독이 곳곳에 숨어 있었다. 감사한 마음과 헌신하는 심령으로 속죄의 제물을 드려야 하는 성전이, 소와 양과 비둘기를 팔고 사는 시장바닥이 되어버렸다. 자신의 이익을 탐하여 엄청난 차액을 남기는 돈 바꾸는 장소로 변해 버렸다.

예수님은 이런 장면을 보고 그냥 참고 있을 수 없으셨다. 노끈으로 채찍을 만들어 양이나 소를 후려치며 성전에서 내 쫓아버리셨다. 돈 바꾸는 자들의 돈을 쏟으시며 상을 엎어버리셨다. 비둘기 파는 사람들에게는 "이것을 여기서 가져가라 내 아버지의 집으로 장사하는 집으로 만들지 말라"(요 2:16)고 책망하셨다. 마태복음에서는 "내 집은 기도하는 집이라 일컬음을 받으리라 하였거늘 너희는 강도의 굴혈을 만드는도다"(마 21:13)라고 하시며 탄식하셨다.

이 사건에서 우리가 배워야 할 교훈이 있다. 그것은 하나님의 성전을 깨끗하게 해야 한다는 것이다. 예루살렘 성전이 솔로몬 시대나 예수님 시대나 겉모습은 달라진 것이 별로 없었다. 물론 예수님이 들어가신 성전은 솔로몬이 지은 성전이 아니라, 스룹바벨 성전을 거쳐 헤롯이 다시 지은 성전이다. 그러나 그 위치나 모양은 그대로였다. 문제는 성전 안이다. 하나님은 겉을 보시지 않고 속을 보신다. 하나님은 외모를 보시지 않고 중심을 보신다.

성전은 두 가지의 의미를 가지고 있다. 첫째, 성전은 성도들이 하나님을 모시고 예배드리기 위해서 모이는 장소다. 사도 바울은 "이 집은 살아 계신 하나님의 교회요 진리의 기둥과 터이니라 크도다 경건의 비밀이여, 그렇지 않다 하는 이 없도다"(딤전 3:15-16)라고 했다. 둘째, 성전은 주님과 성령님이 거하시는 성도들의 몸이다. 바울은 "너희가 하나님의 성전인 것과 하나님의 성령이 너희 안에 계시는 것을 알지 못하느냐"(고전 3:16)고 했다. 성전을 '교회'라는 말로도 사용한다. 그래서 '성전' 하면 교회를 생각하고 '교회'하면 성전을 떠올린다. 성전은 주님의 몸이다. 그리고 성도의 몸도 주님의 성전이다. 주님의 몸인 성전을 아름답게 가꾸고 깨끗하게 청소하되 아울러 성도는 자신의 몸을 경건하고 깨끗하게 청소해야 한다.

성도가 죽기 전에 예배당을 청소해야 하는 이유

예배당은 하나님께 예배드리는 곳이고, 성도의 신령한 몸이라고 했을 때에 깨끗하게 청소를 해야 한다는 것은 당연한 일이다. 그런데 성도들 가운데 예배당 청소는 관리 집사가 해야 하는 것으로 생각하는 사람들이 많다. 성도는 헌금을 내고, 그 돈으로 관리인을 채용하여 청소를 시키는 것을 당연하게 생각하는 것을 잘못이라고 할 수는 없다. 하지만 신앙적인 입장에서는 좀 뻔뻔하다고 할 수 있다. 하나님의 예배당 관리를 세상의 경제적인 논리로 처리할 것인가? 분명히 그것은 아니다. 성도는 성전을 신앙적인 눈으로 봐야 한다.

사람인 성도도 언젠가는 죽는다. 죽는 사람은 자신과 가족 그리고 하나님께 부끄러움이 없어야 한다. 그러므로 성도는 죽기 전에 자신의 과거를 깨끗이 정리해야 한다. 이 말은 다른 말로 '회개'하라는 말이다. 어떻게 회개할 것인가? 회개할 내용은 한두 가지가 아닐 것이다. 그중에 빼놓을 수 없는 것은 자신을 청소하는 일이다. 자신을 청소하는 심정으로 성전에서 회개의 기도를 드리고, 하나님의 예배당을 깨끗이 청소하면 하나님께서 기뻐하실 것이다.

얼마 전에 집회를 인도하기 위해 지방에 있는 모 교회를 방문한 적이 있다. 마침 다른 일로 그 지방에 일찍 갔다가 목사님에게 알리지 않고 먼저 그 교회에 갔다. 교회에 도착하지 마자 기도하기 위하여 예배당에 들어갔다가 깜짝 놀랐다. 예배당 바닥이 얼마나 더러운지 발 디딜 틈도 없었다. 성스러운 집회를 갖고자하는 교회의 모습이 필자의 기분을 상하게 하였다. 기도로 제대로 되지 않았고, 집회 가운데 에서도 은혜를 끼치지 못하고 망쳐버렸다. 필자의 감정 탓일까? 아니다. 은혜 받을 준비가 되어 있진 않은 교회와 하나님께서 노하셔서 은혜를 베풀어주시지 않은 것으로 생각된다. 성도가 죽기 전에 예배당을 깨끗이 청소하고 하나님을 기쁘시게 하여 은혜를 충만히 받는 성도가 되시기를 바란다.

말없이 1년 정도 교회 화장실을 청소하라

Bucket List **#029**

화장실(化粧室 toilet, 문자 그대로는 화장을 고치는 방. 문화어 : 위생실)은 일차적으로는 사람의 배설물을 처리하기 위한 편의 시설이다. 이곳에서 세면을 하거나 간단히 얼굴 화장이나 옷매무새를 고치는 장소로 쓰이기도 한다. 불교에서는 화장실을 해우소(解憂所, 근심을 푸는 장소)라고 부른다. 용변을 시원하게 해결하는 장소란 뜻이다. 토속적으로 뒷간(後間, 뒤 쪽에 있는 방), 측간(厠間), 변소(便所, 배설물을 처리하는 곳)라고도 부른다.

고대도시 하라파와 모헨조다로(지금의 인도와 파키스탄 근처에 위치함)에는 배설물을 떠내려 보내는 장치가 있는 화장실이 있었으며, 인더스 문명에도 이러한 형태의 화장실이 있었다. 현대의 양변기의 시초는 1596년에 존 해링턴 경이 고안했으나, 널리 퍼지지는 않았다. 그후 19세기에 와서야 미국 상류층의 주거지에서 쓰이기 시작했다. 동아시아에서는 농경에 사용되는 비료의 원료로 배설물을 모으기 위해 화장실이 지어졌다. 이러한 용도의 화장실은 화학적 방법으로 비료가 대량 생산·판매되면서 그 숫자가 점차 줄어들게 되었다.

사람이 먹으면 배설한다. 먹는 것은 좋은데 배설하는 것이 문제다. 배설에는 어쩔 수없이 고약한 냄새가 나기 때문이다. 사람들은 배설냄새를 싫어한다. 그래서 처갓집은 가깝고 뒷간은 멀리하라고 한다. 요즘이야 화장실이 집안에 있고 옛날 같이 그리 추하지는 않다. 그럼에도 불구하고 사람들은 화장실을 싫어한다. 누구의 집이든 그 집의 화장실을 가보면 가정의 정서나 수준을 알 수 있다고 한다.

이는 화장실은 문화의 척도라는 점이다. 깨끗한 화장실을 가지는 것은 쾌적한 환경과 수준 높은 문화를 과시하는 것이라고 할 수 있다.

화장실 문화

외부인들이 교회를 평가하는 항목에는 여러 가지의 잣대가 있다. 그중에 대표적인 것이 교회의 화장실이 아닐까 생각한다. 비단 그 교회의 교인이 화장실을 바라보는 기준이 아니어도 주민들이 급하게 찾아가는 화장실이 위생상태 및 관리가 엉망이었다면 불쾌했던 그 나쁜 이미지는 오랫동안 기억 속에서 사라지지 않을 것이다.

가장 소홀하기 쉬운 곳이 또한 가장 중요한 곳이다. 우리가 일반적으로 가장 소홀이 하는 곳이 화장실 아닌가 생각한다. 화장실에 대한 외국 속담에 '주식을 사려면 그 회사의 화장실을 먼저 가서 보고 결정하라.'는 말이 있다. "아름다운 사람은 머문 자리도 아름답다"라는 표어도 있듯이 교회 화장실을 이용하는 주민이나 교인들에게 깨끗하고 쾌적한 화장실을 제공하는 것은 목사의 설교 못지않게 중요한 것이다.

공중화장실을 좋아하는 사람은 별로 없다. 문화수준이 떨어지는 사람일수록 화장실을 더럽게 사용한다. 아울러 더러운 냄새가 나는 화장실을 청소하는 것을 많은 사람이 기피한다. 그래도 누군가는 더러운 화장실을 청소해야 한다. 교회에는 화장실이 있다. 화장실 청소는 의당 교회 관리 집사가 하는 것으로 알고 있다. 자발적으로 사람들이 싫어하는 화장실 청소를 목사나 장로나 누군가 나서서 하면 어떨까. 성도가 죽기 전에 해볼 만한 일이 화장실 청소가 아닐까 한다. 한 1년 정도를 기간으로 정하고 교회 화장실 청소를 해 보아라.

가장 낮은 곳에서 봉사하는 성도

사람의 신체구조 중에 '뒤'는 안 보이는 곳이고 가장 낮은 곳이다. 기립했을 때야 발이 낮은 곳에 있지만, 발은 노출을 시켜도 그리 크게 예의에서 벗어나지 않는다. 그러나 '뒤'는 항상 가려야 한다. 사람들은 '뒤'를 수치스럽게 생각한다. 그래서 화장실을 '뒷간'이라고 했다. 재래식 화장실, 뒷간에는 오물과 구더기가 뒤엉켜 있다. 코를 둘 수 없을 정도로 악취가 난다. 이런 곳은 사람들이 피한다. 그런데 사람들이 피하는 곳에 가야 할 사람은 성도이다.

성도는 자신을 내려놓을 줄 알아야 한다. 주님은 '낮아지는 자'가 높아진다고 하셨다. 그래서 성도는 낮아져야 한다. 자신을 내려놓을 줄 알아야 한다. 성도는 자신을 끊임없는 내려놓기를 원하지만, 마음이 쉽게 내려놓기를 원하지 않을 때가 많다.

성도는 어느 곳에선가 낮아질 수 있는 길을 찾아야 한다. 자신이 낮아지는 것만으로도 밑으로 내려가는 길을 만날 수 있다. 섬기기 위해서는 낮아져야 하고, 낮아지기 위해서는 내려가야 한다. 가장 낮은 곳으로 가장 추한 환경으로 내려가 보지 않고는 지신을 이해할 수 없을 것이다.

성도가 죽기 전에 교회 화장실을 청소해야 하는 이유

성도의 소원은 교회에서 높은 직분을 얻는다거나 목사님에게 칭찬을 듣는 것일까? 물론 교회에서 장로님이나 안수집사, 권사가 되어 교인들에게 존경받는 것은 나쁘지는 않을 것이다. 그리고 교회에 공을 세워서 예배시간에 공개적으로 칭찬을 받는 것도 싫은 것은 아닐 것이다. 하지만 주님은 세상에서 이미 상을 받았으면 하늘에서는 받을 것이 없다고 말씀하셨다(마 6:2). 성도는 세상에서 칭찬과

상을 받는 것보다 천국에서 받아야 할 것이다.

성도가 드러내놓고 칭찬을 들으며 잘했다고 상을 받는 것은 그때 뿐, 잠시 시간이 지나면 모두 잊어버린다. 이는 마치 '화무십일홍(花無十日紅)'과 같다. 꽃이 아무리 아름다워도 10일 이상 가지 않는다고 하는 격언을 성도는 잊지 말아야 할 것이다.

성도가 죽기 전에 아무도 모르게 말없이 약 1년 동안 교회의 화장실 청소를 해보아라. 혹여 아무도 몰라준다 할지라도 우리 주님께서 알아주실 것이다. 주님은 누가복음 12장 35절 이하에서 어떤 주인이 혼인집에 갔다가 밤늦게 돌아와서 그때까지 깨어 있는 종을 보고 그에게 복을 주었다고 말씀하셨다. 한밤중에 깨어 있는 마음으로 아무도 모르게 교회의 화장실을 청소한다면 우리 주님께서 아시고 은혜와 축복을 주실 것으로 믿는다.

사랑의 순교현장을 가지라

Bucket List **#030**

순교자(殉教者, martyr)는 주님과 교회를 위해서 성스러운 죽음에 택한 자를 말한다. 순교자의 죽음은 험난하고 처참하기기 그지없다. 아무리 신앙이 좋은 성도라도 주님과 교회를 위하여 자신의 목숨을 아끼지 않고 담대히 바친다는 것은 결코 쉬운 일이 아니다. 하지만 교회사를 통해서 보면 순교자들이 많이 나온다. 그리고 한국 교회에도 순교자들이 적지 않다. 한국 교회가 세계교회사에 유례없는 부흥을 이룬 것은 순교자들의 피 때문이라고 한다. 순교자들의 피는 결코 헛되게 뿌려지지 않는다. 순교자의 피는 하나님에게 무한한 영광이 되고, 교회를 놀랍게 부흥시킬 뿐만 아니라 후손들에게는 무한한 축복이 된다.

'죽는 순교자'와 '사는 순교자'

순교자를 크게 '죽는 순교자'와 '사는 순교자'로 나눌 수 있다. 주님과 교회를 위해서 목숨을 바치는 순교자의 희생은 동일하지만, 순교의 과정으로는 차이가 있다. 죽는 순교자는 일시적인 고통으로 목숨을 바칠 수 있지만, 사는 순교자는 살아생전에 고통을 당하다가 하나님의 부르심을 받는다. 순교자의 죽음을 시간으로 비교한다는 것은 마땅치 않으나, 그들의 삶이 우리에게 주는 교훈은 적지 않다. 과연 우리는 어떻게 순교적인 삶을 살 수 있을까?

사는 순교자의 삶은 현실적으로 고난의 연속이다. 하나님을 믿는다는 이유로 손해를 봐야 한다. 가족들에게 외면을 당할 수 있다. 죽음을 생각할 수밖에 없을 정도로 혹독한 고난과 조롱과 멸시를 당한다. 적그리스도들에게 핍박을 받을 때는 당장 순교하고 싶은 마음이 간절해진다. 그럼에도 불구하고 순교를 당하지 않고 살아 있다는 것 자체가 비극의 연속이다. 기독교 최초의 순교자는 스데반 집사였다.

주님의 12사도들 가운데 첫 번째 순교자는 야고보 사도다. "그 때에 헤롯 왕이 손을 들어 교회 중에서 몇 사람을 해하려 하여 요한의 형제 야고보를 칼로 죽이니"(행 12:1-2). 야고보는 "칼로" 살해당하였다. 즉, 그의 머리를 칼로 쳐서 처형한 것으로 추정된다. 칼로 교수형을 가하는 것은 로마인들에게는 도끼로 교수형을 가하는 것보다 더 수치스럽게 여겨졌다. 그러나 유대인들 가운데는 교수형은 별로 이용되지 않았다. 다만 왕들이 사적인 급작스러운 처형을 구두로 명할 때 가장 신속한 방법이기 때문에 이러한 처형 방법을 사용하였다.

사랑의 순교 현장 만들기

북한을 제외하고 세계 여러 나라에 종교의 자유가 보장되고 있다. 공산국가인 러시아와 중국도 각종 규제가 있으나 표면적으로는 종교를 허락하고 있다. 그러므로 아랍권이나 특수한 경우가 아니면 직접으로 순교를 당하는 사례는 많지 않다. 그럼에도 불구하고 현대에도 순교자는 존재한다. 그를 가르쳐서 '사는 순교자'라고 한다. 순교적인 삶을 산다는 뜻이다. 어디에 '사랑의 순교 현장'을 만들 수 있을까? 교회 안에 사랑의 순교 현장을 만들 수 있다.

첫째는 하나님을 위해서 일하는 '일의 순교자', 둘째는 몰아적인 헌신의 삶을 행동으로 옮겨 사는 '헌신의 순교자', 셋째는 열심히 예배당과 화장실을 청소하는 '청소의 순교자', 넷째는 교회학교 학생들을 가르치는 '교사의 순교자', 다섯째는 실족한 성도를 권면하고 돌아보는 '심방의 순교자', 여섯째는 병든 성도를 찾아 위문하는 '문병의 순교자', 일곱째는 목숨을 내놓고 복음을 전파하는 '선교의 순교자' 등이 될 수 있다. 여기서 모두 거론할 수는 없고, 예수님께서 승천하시기 전의 말씀을 전하는 '선교의 순교자'가 되는 방법이 있다. 피는 흘리지 못한다 해도 그 일을 하면서 땀을 흘릴 때 주님께는 피를 흘리는 사랑의 순교자로 여겨질지 모르는 일이다.

사랑의 순교 현장 만들기

교회를 '사랑의 보금자리'라고 부른다. 그 말은 결코 틀린 말은 아니다. 그럼에도 불구하고 교회에도 외진 '사랑의 불모지'가 있다. 분명히 주님의 복음은 사랑을 품고 있으나, 사랑의 복음적인 혜택을 받지 못하고 버려져 교회만 오가는 외로운 교인이 있을 수 있다. 사랑의 순교자가 되고자 하는 성도는 그런 교인을 위하여 사랑의 순교 현장을 만들어야 한다.

첫째. 나만의 사랑의 순교현장을 만든다. 한 주간에 한번 교회에 나와 '교회 강대상 닦기', '식당 그릇 말끔하게 닦아 놓기', '교회 의자 닦기', '성가대 가운 세탁하고 정리해 놓기' 등 찾으면 얼마든지 있다. 한번 정하면 1년은 계속해야 한다. 내가 하는 사랑의 순교 현장 돌봄이 후손들에게 이어지게 하면 얼마나 좋겠는가?

둘째. 구원확신상담소를 설치한다. 구원의 확신이란 내적인 요소를 가지 있기 때문에 겉으로는 잘 알아 볼 수 없다. 하지만 교회에 일정 구역을 설정하고 '구원확신상담소'를 개설한다. 구원의 확신이 없는 교인의 내방을 받는 상담을 통해서, 주님을 영접하게 하여 구원의 확신을 갖도록 한다. 여기서 단순한 상담을 통해서는 성공할 수 없다. 상담자는 순교적인 각오를 가지고 상당 부분의 희생을 통해서 그를 구원의 길로 이끌어야 한다. 예를 들어서 국내 순교지 방문이나, 기독교박물관을 관람하여 구원의 확신을 갖게 할 수 있다.

셋째, 사랑의 순교 현장을 방문한다. 교회란 일정 구역만을 이르지 않는다. 주님과 그분을 믿는 성도가 있는 곳이면 어디든지 교회가 될 수 있다. 주님을 모신 성도는 아직 복음을 듣지 못한 사람이 있는 곳이면 어디든지 찾아가서 복음을 전해야 한다. 복음 전도에도 공짜나 무대가가 없다. 주님께서 인류를 구원하시기 위해서 피를 흘리신 것처럼, 우리도 한 사람의 영혼을 구원하기 위하여 마땅한 희생과 피 흘림이 있어야 할 것이다. 예를 들어서 자비로 선물을 준비한다거나, 구제품을 마련하여 가지고 가서 복음을 전하면 도움이 될 것이다.

성도가 죽기 전에 사랑의 순교 현장을 만들어야 할 이유

주님은 "오직 너희를 위하여 보물을 하늘에 쌓아 두라 … 네 보물 있는 그 곳에는 네 마음도 있느니라"(마 6:20-21)고 말씀하셨다. 그러므로 성도는 자신이 가장 가치 있다고 생각하는 것은 하늘, 즉 하나님의 나라에 쌓아야 한다. 성도가 지향하는 하나님의 나라는 과연 어디인가? 물론 하나님의 나라는 성도가 죽어서 가는 곳이다. 하지만 세상에도 하나님의 나라가 있다. 하나님의 사랑이 베풀어지는 곳, 즉 구원을 받아야 할 사람에게 복음을 전하고 그들을 위해서 피를 흘리는 곳이 바로 하나님의 나라 곧 천국이 될 수 있다.

주님은 마지막 유언으로 "그러므로 너희는 가서 모든 민족을 제자로 삼아 아버지와 아들과 성령의 이름으로 세례를 베풀고 내가 너희에게 분부한 모든 것을 가르쳐 지키게 하라 볼지어다 내가 세상 끝날까지 너희와 항상 함께 있으리라 하시니라"(마 28:19-20)고 말씀하셨다. 성도는 언제 어디서 죽을지 모른다. 언제 어디서든 하나님이 부르시면 가야 한다.

성도가 주님 앞에 갔을 때 "잘 하였도다 착하고 충성된 종아 네가 적은 일에 충성하였으매 내가 많은 것을 네게 맡기리니 네 주인의 즐거움에 참여할지어다"(마

25:21)는 칭찬을 듣기 위해서는 순교적인 믿음으로 사랑의 현장을 만들어 시간과 재물을 투자하여 충성을 다해야 할 것이다. 피나는 노력으로 복음을 전할 사랑의 순교 현장을 만들도록 하자.

자기 나이 앞 숫자만큼 전도하라

Bucket List **#031**

예수님의 생애는 전도로 시작해서 전도로 끝마쳤다고 할 수 있다. 예수님에게 교회도 강대상이 없었지만 전도를 멈추지 않으셨다. 길거리에 흩어져 있는 사람들과 가난한 사람들에게 복음을 전하셨다. 예수님은 전도를 통해서 수많은 영혼을 구원하셨다. 예수님의 제자들도 죽을 때까지 복음을 전하였다. 오늘 우리의 최후의 사명 역시 전도가 되어야 한다.

사도들에게 전도가 사명인 것은 말할 것도 없었지만 평신도로 전도의 성과를 올린 사람이 있다. 빌립은 초대교회 7집사 중의 한 사람이었다. 성령이 빌립에게 "일어나서 남쪽으로 향하여 예루살렘에서 가사로 내려가는 길까지 가라" (행 8:26)고 하셨다. 그는 성령이 시키는 대로 예루살렘에서 가사로 내려가는 길에 가 보니 거기는 광야였다. 처음에 빌립은 막막했지만 가서 보니 에디오피아 여왕 간다게의 국고를 맡은 관리가 예루살렘에 예배하러 왔다가 돌아가는 길이었다. 빌립이 망설이고 있을 때에 성령께서 "가까이 나아가라" (행 8:29)고 하셨다.

빌립이 내시에게 가까이 가서 선지자 이사야의 글 읽는 것을 보고 "읽는 것을 깨닫느냐?" 고 물었다. 내시는 "지도해 주는 사람이 없으니 어찌 깨달을 수 있느냐?" 고 하며 빌립을 청하여 수레에 올라 같이 앉으라 하였다. 그야말로 전도할 절호의 기회였다. 빌립은 수레에 올라가 내시에게 이사야 선지자의 글을 예수 그리스도와 연결해서 자세히 설명해 주었다. 내시는 감동을 받고 예수님을 영접하고 믿기로 했다. 이렇게 해서 복음이 에디오피아에 전파되었고 아프리카 최초의 기독교 국가가 되었다. 한 사람을 전도해서 국가를 복음화 할 수 있다.

전도는 예수님의 마지막 명령

예수님께서 제자들에게 "너희는 가서 모든 민족을 제자로 삼아 아버지와 아들과 성령의 이름으로 세례를 베풀고 내가 너희에게 분부한 모든 것을 가르쳐 지키게 하라"(마 28:19-20)고 말씀하셨다. 이 말씀을 우리는 예수님의 '지상명령(The Great Command)'이라고 한다. 본래 명령이란 타협의 여지가 없다. 성도라면 예수님의 지상명령을 반드시 지켜야 한다. 왜냐하면 성도는 예수님을 주(主)님으로 모셨고, 주님은 우리를 보혈로 값 주고 사셨으므로 주님의 것이 되었으며, 이제는 주님의 명령에 대해서 복종해야 할 의무기 때문이다.

사람의 이름으로는 구원을 받을 수 없고 오직 예수의 이름으로만 구원을 받는다. "다른 이로써는 구원을 받을 수 없나니 천하 사람 중에 구원을 받을 만한 다른 이름을 우리에게 주신 일이 없음이라 하였더라"(행 4:12). 전도하지 않는 성도의 핑계는 자기는 전도의 은사를 받지 않았다는 것이다. 전도의 명령은 은사에 우선한다. 전도는 은사가 있든 없던 상관없이 마땅히 해야 할 의무다.

주님은 십자가에서 죽으시고 부활하셔서 승천하시면서 제자들에게 "오직 성령이 너희에게 임하시면 너희가 권능을 받고 예루살렘과 온 유대와 사마리아와 땅 끝까지 이르러 내 증인이 되리라"(행 1:8)고 하셨다. 이 말씀은 주님의 예언이자 제자들에게 사명을 부여하신 것이다. 우리도 주님의 제자라면 성령을 받아야 하고 가까운 곳부터 먼데까지 가서 복음을 전해야 마땅하다. 만일 성도가 되어가지고 전도를 회피한다면 사명을 저버린 꼴이 되고 만다.

예수님의 전도 방법

예수님께서 제자들에게 전도하라고 명령하신 마태복음 28장 19절에서 20절 말씀을 분석하면 다음과 같다.

첫째, 전도를 하려면 가라고 하셨다. 가만히 앉아 있지 말고 가라는 것이다. '가라' 는 말은 현재진행형이다. 멈추지 말고 가라는 것이다. 한 번 간다고 끝나는 것이 아니다. 될 때까지 가라는 것이다.

둘째, 가서 제자로 삼으라는 말씀이다. 어느 나라, 어느 민족을 상관하지 말고 복음을 전하라는 것이다. 제자를 삼는 방법에는 다섯 개의 동사로 이루어져 있는데 '가라, 제자로 삼으라, 세례를 베풀고, 가르치라, 지키게 하라' 에서 주동사는 '제자로 삼으라' 다. 이렇게 제자를 삼는 일이 귀중하다.

셋째, 제자로 삼고 그들에게 세례를 베풀어주라고 하셨다. 우리는 전도라고 하면 사람을 교회로 데려오는 것으로 생각을 하지만 사실은 그것만 가지고는 부족하다. 전도자는 전도를 해서 그가 세례 받게 하는 데까지 책임을 져야 한다. 엄마가 아기를 낳으면 혼자 자립할 때까지 양육이 필요한 것과 마찬가지다.

넷째, 가르쳐 지키게 하라고 하셨다. 군인을 훈련시키는 목적은 전투하는 능력을 길러주기 위함이다. 선수를 훈련시키는 목적은 경기를 치러내는 기술과 능력을 길러 주려는 것이다. 예수님의 제자를 양육하는 방법은 '가르치고 지키게 하는 것' 이다.

성도의 일상에서 전도 잘 하는 방법

첫째, 전도는 강력한 기도가 있어야 한다. 기도는 하나님의 힘을 끌어들이는 것이다. 그러므로 전도 대상자를 정해 놓았으면 그를 놓고 하나님의 힘을 끌어들이는 집중적인 기도를 해야 한다. 전도수첩을 만들어서 대상자의 이름을 적어 놓고, 기도할 때마다 그의 이름을 부르며 하나님께서 그를 구원해 달라고 기도하라. 성령님께서 강하게 역사하시도록 하는 강력한 기도가 필요하다.

둘째, 전도는 끈기있게 해야 한다. 고기를 잡으러 가는 자는 산으로 가서는 안 된다. 전도하는 자는 대상자가 있는 곳으로 가는 열심이 있어야 한다. 그리고 영적인 거미줄을 쳐놓고 움직이는 대로 성령의 역사 안으로 들어오도록 해야 한다. 단단한 땅도 자꾸 파면 생수가 나온다. 마른나무도 자꾸 비비면 불이 일어난다.

셋째, 전도는 희생이 있어야 한다. 천하보다 귀중한 영혼을 전도하기 위해서 시간의 희생, 물질의 희생, 마음의 희생이 있어서 교회로 인도하고 등록시키고 하나님께서 기뻐하시는 자녀로 만들기까지 수많은 희생이 따라야 한다.

넷째, 전도는 성령의 역사가 있어야 한다. 인간적인 모든 것이 있다고 하여도 성령의 역사가 없으면 안 된다. 그러나 믿는 성도에게는 성령님이 함께하심으로 능치 못할 일이 없다. 사도 바울은 "내게 능력 주시는 자 안에서 내가 모든 것을 할 수 있느니라"(빌 4:13)고 고백하고 아시아와 로마에서 복음을 전하였다. 하나님께서 함께하시면 전도할 수 있다.

다섯째, 전도 대상자에게 토요일에는 전화를 하여 주일날 교회에서 만나자고 약속한다. 처음에는 어렵고 죽는 것보다 싫을 것이다. 그러나 용기를 내서 시도하면 차츰 인간관계에도 좋아지고 전도에 커다란 도움이 될 것이다. 용감한 사나이가 미인을 얻듯, 전도에 용감한 성도가 죽어가는 영혼을 구원하여 하나님의 백성으로 만들 수 있다.

자기 나이 앞 숫자만큼 전도하라

우리에게 전도해야 할 숫자는 정해져 있지 않다. 자기의 열심과 능력에 따라 얼마든지 전도하면 될 것이다. 성령을 충만히 받은 베드로 사도는 하루에 3000명 이상 전도했다(행 2:42). 그러나 우리가 그만큼 전도할 수는 없어도 최소한 자기의 나이만큼, 아니 자기 나이의 앞자리 수만큼만 전도해도 하나님께서 기뻐하시고 흐뭇하게 생각하실 것이다.

나이가 어려도 충분히 전도할 수 있지만 10대 미만은 제외하고 10대 이상은 1년에 한 사람, 20대는 1년에 두 사람, 30대는 1년에 세 사람, 40대는 1년에 네 사람, 50대는 1년에 다섯 사람, 60대는 1년에 여섯 사람, 70대는 1년에 일곱 사람 전도할 것을 제안한다. 사람이 나이가 많으면 비례하여 세상의 견문도 넓고 아는 사람도 많으니 가능할 것이다.

미국에서 개인 전도를 가장 많이 한 사람은 조지 베나드(George Bennard, 1873-1958)다. 그는 미국의 50개 주 중에 두 주, 유타 주와 루이지애나 주만을 제외한 48개 주를 모두 걸어서 순회하며 복음을 전하였다. 그는 구세군에 속한 평신도였는데 작은 북과 기타를 짊어지고 찬송하며 전도하였다. 그는 음악 전공자는 아니었지만 300편에 달하는 성가를 작사, 작곡하였다. 1913년 어느 농촌 마을에서 전도할 때 그곳 감리 교회에서 숙식을 제공받았다. 그의 마음을 몹시 끈 것은 이 작은 교회 벽에 걸려 있는 십자가였다. 매끈하게 다듬어진 십자가가 아니라 거친 통나무 십자가였다. 그때 영감이 떠올라 세계의 애창 찬송이 된 '갈보리산 위에 십자가 섰으니'(150장)가 작사 되었다. 후렴은 이렇게 반복된다. "최후 승리를 얻기까지 주의 십자가 사랑하리/ 빛난 면류관 받기까지 험한 십자가 붙들겠네."

성도가 죽기 전에 전도해야 하는 이유

성도가 죽기 전에 전도한다는 것은 너무나 당연한 일이다. 그 이유를 적으려고 하니 오히려 겸연쩍은 생각이 든다. 너무나 당연한 일을 적으려니 황당하지만 해도 성도의 사명을 일깨우기 위해서 몇 가지 생각하지 않을 수 없다. 성도가 죽기 전에 전에 전도해야할 이유는 무엇일까?

첫째, 주님의 마지막 명령이기 때문이다. 사실 이 말도 어패가 있는 말이다. 주님에게 '마지막'은 존재하지 않는다. 주님은 하나님과 같이 영원하신 분이기 때문이다. 그래서 정확히 말하면 주님이 세상에 오셔서 복음사역을 마치시고 떠나시면서 부탁하신 명령이라고 해야 맞다. 하여튼 복음 전도는 주님의 유언적인 명령이다. 성도가 주님을 믿고 따른다면 무슨 일이 있든지, 목숨을 내놓고 순교적인 사명감을 가지고 복음 전해야 할 것이다.

둘째, 전도는 하나님 나라의 일이기 때문이다. 주님은 "너희는 먼저 그의 나라와 그의 의를 구하라"(마 6:33)고 하셨다. 성도가 가장 먼저 해야 할 사명은 하나님의 나라와 의를 구해야 할 일이다. 하나님의 나라는 우리가 살고 있는 '지금 여기(Here & Now)'에 있고 또한 구원받은 성도가 장차 살 '하늘나라(Heaven)'에 있다. 성도는 세상에 사는 동안에 하나님의 나라를 확장해야 할 책임이 있다. 성도는 죽기 전에 하나님의 나라를 넓혀야 한다.

셋째, 전도는 사랑의 실천이기 때문이다. 주님은 "새 계명을 너희에게 주노니 서로 사랑하라 내가 너희를 사랑한 것 같이 너희도 서로 사랑하라 너희가 서로 사랑하면 이로써 모든 사람이 너희가 내 제자인 줄 알리라"(요 13:34-35)고 말씀하셨다. 전도는 최종적으로 죽어가는 영혼을 사랑하는 것이다. 영혼을 사랑하는 마음이 없으면 전도하지 못한다. 우리가 영혼을 사랑하는 마음으로 전도하고 서로 사랑하면 주님의 제자가 된다. 성도가 죽기 전에, 최소한 자기 나이의 첫자리 수만큼이라도 전도하면 제자의 사명을 감당하는 것이 된다.

전 교인에게 한 끼 식사를 대접하라

Bucket List **#032**

우리 주변에서 볼 수 있는 흔한 화두(話頭)는 '먹기 위해 사느냐', '살기 위해 먹느냐' 이다. 먹기 위해서 산다고 주장하는 사람이 있는가 하면 살기 위해서 먹는다는 사람도 있다. 엄격히 따지면 둘 다 틀린 말은 아니다. 가치관의 차이일 뿐 인간은 먹기 위해서 살고 또한 살기 위해서 먹는다. 그런데 믿는 사람들은 "사람이 떡으로만 살 것이 아니요" (마 4:4)라고 하신 주님의 말씀에 빗대어 먹는 것보다 더 중요한 것(?)이 있다고 주장한다. 그 주장도 결코 틀린 말은 아니다. 그러나 우리가 정직하게 생각해 보자. 사람이 먹지 않고도 살 수 있는가? 사람은 무엇이든지 먹어야 살 수 있다. 아무리 믿음이 좋은 사람이라도, 영웅호걸, 천하장사도 먹지 않고 살 수는 없다.

음식을 잡수신 예수님

예수님도 세상에 계실 때에 음식을 드셨다. 예수님은 배고픈 사람들을 불쌍히 여기셨다. 그래서 그에게 기적을 베풀어 배불리 먹는 굶주림을 채워주셨다. 굶주림을 겪어보지 않은 사람은 그 고통을 모른다. 예수님도 흙수저를 물고 가난한 목수의 아들로 태어나셨기 때문에 굶주린 자의 서러움을 친히 체험하셨다.

사람은 누구나 배가 고프면 음식을 먹어야 한다. 또한 돈이 있어야 음식을 사 먹을 수 있다는 것은 기정사실이다. 그러나 우리가 경제적인 논리에 머물러 있으면 아무 것도 할 수 없다. 예수님의 능력과 사랑을 깨달아야 한다. 예수님의 능력과 사랑에 의존하면 기도할 수 있고, 기도하면 하나님께서 반드시 먹을 음식을 주신다는 것을 믿어야 한다.

빈들에서 일어난 기적

예수님께서 먹을 것을 찾자 안드레가 한 아이가 가지고 온 떡 다섯 개와 물고기 두 마리를 예수님에게 바쳤다. "오병이어" 즉 떡 다섯 개와 물고기 두 마리는 어린이의 한 끼 음식에 불과하다. 어른 한 사람이 먹기에도 부족한 양식이다. 어린아이가 먹을 양의 음식은 많은 사람에게 별로 도움이 안 될 것이다. 하지만 예수님은 생각은 달랐다. 예수님은 무리를 명하여 떼를 지어 잔디에 앉게 하셨다. 무리를 자리에 앉혀 놓으시고 떡 다섯 개와 물고기 두 마리를 들고 축사하셨다.

예수님께서 축사하신 후 떡을 떼어 제자들에게 주시매 제자들이 무리들에게 나누어 주었다. 제자들이 보기에, 아니 인간적으로 생각할 때 도저히 계산이 안 되고 납득이 안 되는 일이지만 이 세상을 창조하신 예수님은 모든 것이 가능하셨다. 떼어준 음식을 배불리 먹고 남은 조각을 열두 바구니에 차게 거두었다. 떡을 먹은 사람은 여자와 어린이 외에 남자만 오천 명이나 되었다. 아마 여자와 어린아이를 합치면 20,000명은 족히 될 것이다.

먹는 음식의 문제

우리는 여기서 '먹는 문제'를 고민하지 않을 수 없다. 음식은 육신을 위한 양식이고, 말씀은 영혼을 위한 양식이다. 우리는 자칫하면 '영(靈, soul)'과 '육(肉, flesh)'의 이원론(二元論)에 빠질 수 있다. 영은 거룩하고 육은 더럽다고 생각할 수 있다. 그러나 하나님은 영과 육을 구별하시지 않는다. 회개한 영혼은 순결하고 아울러 음식도 깨끗하다. 사람의 육체도 사람이 먹는 음식도 하나님의 피조물이다. 주님은 베드로 사도에게 "하나님께서 깨끗하게 하신 것을 네가 속되다 하지 말라"(행 10:15)고 말씀하셨다. 세상에 더러운 음식은 없다.

주님은 "입으로 들어가는 것이 사람을 더럽게 하는 것이 아니라 입에서 나오는 그것이 사람을 더럽게 하는 것이니라"(마 15:11)고 하셨다. 하나님은 부정한 음식과 정결한 음식을 구분을 하시고 이스라엘 백성에게 부정한 음식을 먹지 말라하셨다(레 11장). 이런 율법의 전통으로 유대인들은 정결하지 않은 음식이 영혼을 더럽힌다고 생각했다. 그런데 예수님의 제자들이 손을 씻지 않고 음식을 먹는 것을 보고 바리새인들과 서기관들은 항의하였다. 이에 예수님은 사람을 부정하게 하는 것은 먹는 음식이 아니라 '사람의 속에서 나오는 악한 마음'이라고 하셨다. 사람을 부정하게 하는 것은 음식이 아니라 마음의 문제라는 지적이다.

왜 예수님은 백성을 먹이셨는가?

예수님께서 백성을 먹이신 기적을 세밀하게 살펴 보자. 먼저 '혼자 먹는 식량'과 '더불어 먹는 식량'의 차이점을 살펴 보면. 보리떡 5개와 물고기 2마리는 어린아이가 겨우 '혼자 먹을 수 있는 식량'에 불과하다. 그러나 혼자 먹지 않고 '더불어 먹을 식량'으로 나누어주셨다. 그랬더니 남자만 5,000명 이상이 배불리 먹고 12바구니가 남았다. '혼자 먹는 사람'보다 '더불어 먹는 사람'에게 기쁨과 즐거움이 있고 복이 있다.

욕심으로 많은 양식을 혼자만 먹으려는 사람이 있다. 그러나 그의 인생이 끝날 때까지 그 많은 것을 모두 먹고 죽느냐 하면 그렇지 못한다. 모두 못 먹고 죽는다. 오히려 너무 많이 먹어서 비만으로 병이 들거나, 먹는 것에 치어 수명을 다 살지 못하고 지레 죽는 사람도 있다. 이런 사람의 삶 속에서는 사랑과 기쁨, 은혜와 축복을 기대할 수 없다. 오히려 그 많은 것으로 인하여 저주가 신속히 찾아 올 뿐이다. 성도는 그렇게 살아서는 안 된다.

'더불어 먹는 사람'이 아름답다. 혼자 먹기에도 부족한 식량을 여러 사람과 나누기를 좋아한다. 오병이어는 분명히 심히 적은 양식이다. 그런데 그것을 나누다 보니 이상하게 남자만 5,000명이나 먹고도 남았다. 이것이 사랑의 기적이다. 이것이 하나님의 은혜요, 축복이다. 더불어 먹는 사람에게 이상한 일이 일어난다. 자꾸 주고 또 주는데 계속 생겨난다. 이것이 바로 '기적의 떡'이다.

성도가 죽기 전에 교인들에게 한 끼 식사를 대접해야 하는 이유

요즘 우리나라에서 특수한 사람을 제외하고 끼니를 잇지 못하는 사람은 거의 없다. 하지만 끼니를 잇는 일은 누구에게나 있어야할 소중한 과제다. 모 방송국의 '한끼줍쇼'라는 방송이 인기가 있었는데, 누구에게 한 끼의 식사를 대접받는 일은 역시 행복한 일이다. 사실 식사는 대접을 받는 사람보다 대접하는 사람이 만족감과 행복감과 보람을 느낀다.

주님께서 영광으로 모든 천사와 함께 재림하셔서 성도를 오른편과 왼편으로 나누신다고 하셨다(마 25:33). 그때 주님께서 "내가 주릴 때에 너희가 먹을 것을 주었고 목마를 때에 마시게 하였고"(마 25:35)라고 칭찬하신다고 하셨다. 이 말씀에서 우리는 음식을 대접하는 사역의 가치를 발견할 수 있다. 단지 음식이 없어서 먹지 못한다는 일을 떠나나서 주님께서 사랑하시는 교인들에게 한 끼의 식사를 대접한다는 것은 주님을 대접하는 꼴이 된다. 주님은 배고프고 목마른 자와 함께 하시고, 그들을 대접하는 것이 주님을 대접하는 일이다.

단순히 하나님의 축복을 받으려는 기복신앙을 떠나서, 주님을 섬기는 마음으로 성도들에게 한 끼의 식사를 대접하는 것은 아름다운 일이다. 교인의 수가 적은 교회에서는 그래도 부담이 되지 않겠지만 대교회에서는 경제적은 부담이 있을 수 있다. 하지만 성도가 죽기 전에 희생을 무릅쓰고 빚을 내서라도 전 교인들에게 식사 한 끼를 대접한다면 하나님은 반드시 채워주실 것이다. "주라 그리하면 너희에게 줄 것이니 곧 후히 되어 누르고 흔들어 넘치도록 하여 너희에게 안겨 주리라 너희가 헤아리는 그 헤아림으로 너희도 헤아림을 도로 받을 것이니라"(눅 6:38). 죽기 전에 전 교인에게 한 끼를 대접하는 성도가 되기 바란다.

1년에 한 번은 교회 성전을 장식하라

Bucket List **#033**

누구나 교회 성전에 들어가면 강단을 비롯하여 분위기를 살펴본다. 성전의 분위기가 정숙하고 경건하면 예배에 많은 도움을 주지만, 반대로 난잡하고 살벌하면 예배를 망칠 수 있다. 그래서 자고로 성전 건축자들은 실내 장식에 특별한 관심을 기울였다. 특히 로마 가톨릭 교회는 성전 내부의 구조를 거룩하게 만들어서 미사를 드리는 데 중점을 두었다.

로마 가톨릭 교회의 성전 내부

파리에는 에펠탑이나 루브르박물관도 있지만 그에 못지않게 유명한 곳이 노트르담 주교 좌 성당(Cathedrale de Notre-Dame de Paris)이다. 노트르담이란 '우리의 어머니'란 뜻으로 성모 마리아를 지칭한다. 따라서 노트르담 성당은 성모 마리아 성당이라고 할 수 있다. 노트르담 성당은 프랑스 전역에 같은 이름을 가진 크고 작은 성당들이 많이 있다.

노트르담 성당은 길이 128m, 폭 48m, 높이 69m의 규모로 한번에 6500명 정도가 들어갈 수 있다. 프랑스 고딕 양식의 대표적인 건축물로써 그 안에는 많은 조각품과 화려한 유리화가 장식되어 있다. 특히 성당의 서쪽과 남쪽 그리고 북쪽에는 커다란 원형 스테인 글라스 유리화가 있는데, 그것을 장미창이라고 부른다. 장미는 성모 마리아를 상징하는 꽃이기 때문에 유리화의 중앙 부분에는 아기 예수님을 안은 성모 마리아의 모습이 조각되어 있다.

중앙 제대는 순백의 제단 위에 황동으로 단순하게 제작되었다. 제대의 네 면에는 반추상의 인물 12명이 부조로 새겨져 있다. 이들은 예수님의 12제자를 상징한다. 예수님은 이스라엘의 12지파뿐 아니라 세상의 모든 사람을 한 분이신 하나님 아버지께로 불러 모으기 위해 12제자를 부르셨다. 초대교회의 기둥인 제자들이 견고하게 제대(祭臺)를 받치고 있다.

제대는 희생 제물로 봉헌하신 예수님을 상징하기 때문에 성당의 중심에 있다. 제대가 돋보이도록 꽃 장식도 제대와 떨어진 곳에 두었고 촛대도 제대로부터 먼 곳에 두었다. 제단의 왼쪽의 독서대도 동서남북의 세상을 상징하는 사각형의 흰 대리석으로 만들어졌다. 받침대는 펼쳐진 책의 모양이다. 이는 하나님의 말씀이 항상 성당에서 울려 퍼진다는 의미다.

노트르담 성당의 바닥은 주황색으로 예수 그리스도의 피를 상징하고, 천정은 하늘처럼 높아 천국을 연상시키고 있다. 성당의 커튼은 보라색으로 정숙과 경건을 유도하여 저절로 기도에로 유도하기에 부족함이 없게 설치되어 있다. 성당 안의 공간은 성도가 숨 쉴 수 있는 허파와 같은 곳이다. 성당을 이처럼 조성한 것은 성도들로 하여금 하나님을 만나게 하려는 노력으로 보인다. 개신교의 성전도 아름답고 숭고한 모습으로 변화될 수 있을 것이다.

성전 장식의 의미

하나님은 광야에서 모세에게 성막을 만들라고 말씀하셨다(출 26:1-14). 성막의 길이는 30규빗(13.5m), 너비는 10규빗(4.5m), 높이는 10규빗(4.5m)으로 하라고 규정하셨다. 지성소는 10규빗X10규빗X10규빗의 완전한 정육면체 공간이고, 성소는 20규빗X10규빗의X10규빗의 직사각형 형태의 공간인데 이 두 공간을 구분하는 지성소 휘장을 만들도록 하셨다.

성막의 휘장은 가늘게 꼰 베실과 청색, 자색, 홍색 실로 만들고 그 위에 그룹을 수놓아 네 기둥 위에서 갈고리로 아래로 늘어뜨리도록 하셨다. 네 기둥은 널판처럼 조각 목으로 만들고 금으로 입혀 은 받침 위에 세우게 하셨다. 바깥뜰과 성소를 구분하는 성소의 휘장은 지성소의 휘장과 같은 재료지만 그 위에 그룹을 수놓으라는 말씀은 없다.

성전 장식의 의미는 무엇일가? 지성소는 하나님이 임재하신 성소이고 그 안에 있는 속죄소는 하나님의 보좌다. 온 우주의 왕이신 하나님의 성소인 지성소가 휘장으로 가려져 있다는 것은 아무나 하나님 앞에 나아갈 수 없다는 것을 의미한다. 하나님의 성소에 들어가는 것은 순서대로 직무를 담당하는 제사장에게만 허용되었고, 지성소는 대제사장이 1년에 한 번 속죄일에 자신의 죄와 백성의 죄를 속하는 희생의 피를 가지고 들어가게 되어 있다. 누구든지 규례를 떠나서 지성소에 들어가면 죽임을 당할 수밖에 없다. 이것이 지성소와 성소를 막고 있는 휘장이 주는 메시지다. 실제로 레위기 10장을 보면 아론의 두 아들 나답과 아비후가 하나님께서 허락하지 않은 불로 분향하다가 죽임을 당하였다.

궁극적으로 성전은 예수 그리스도를 바라보게 하는 모형이다. "말씀이 육신이 되어 우리 가운데 거하시매 우리가 그 영광을 보니 아버지의 독생자의 영광이요 은혜와 진리가 충만하더라"(요 1:14). 예수님이 상징적으로 성막이라는 말씀이다. 예수님께서 완전한 성막이 되시기 위해서 성령으로 잉태되어 동정녀에게서 나셨다. 그리고 십자가에서 죽으시어 성도를 구원하셨다. 예수님이 십자가에서 죽으실 때 성전의 휘장이 위에서 아래로 찢어졌다.

예수님께서 사람들의 죄를 대신 지시고 십자가에서 몸을 찢으시는 그 순간에 성전에 있던 제사장이 지성소의 휘장이 갈라지는 사실을 두 눈으로 똑똑히 보았다. 제사장이라 할지라도 결코 들여다볼 수 없고 들어갈 수 없는 지성소를 가리고 있던 그 휘장이 찢어졌고 그 안에 환하게 공개되었다. 이 사건 후부터는 누구든지 제사장을 통하지 않고 하나님께 제사(예배)할 수 있고(萬人祭祀論) 또한 제사장의 기도 없이 자신이 직접 기도할 수 있게 되었다.

낡은 것을 새 것으로 바꾸어라

바리새인들은 경건으로 구제와 기도와 금식을 목숨처럼 지켰다. 그래서 자신들이 구제와 기도와 금식을 많이 한다고 뽐내며 자랑스럽게 살았다. 물론 구제와 기도와 금식이 신앙생활에 결코 나쁜 것은 아니다. 그러나 그 따위의 경건이 의식화되어 형식에 머무른다면 아무런 의미가 없다. 예수님은 바리새인들의 위선과 알맹이가 없는 껍데기 신앙을 지적하셨다. 그들이 열망은 있지만 메시아를 보지 못했고, 근사하게 보이는 신앙의 의욕은 있지만 하나님께서 진정으로 원하시는 인애와 긍휼은 잃어버렸다. 그들은 세리와 창기들, 죄인들과 함께 식사하시는 예수님과 제자들을 이해하지 못하고 먹기를 탐하는 자들이라고 비난했다. 형식적인 종교 행위는 위선을 만들고, 본질은 놓쳐버린 신앙은 위험성이 있다.

예수님은 바리새인들의 굳어져 버린 의식을 바꾸어야 할 것을 말씀하셨다. "비유하여 이르시되 새 옷에서 한 조각을 찢어 낡은 옷에 붙이는 자가 없나니 만일 그렇게 하면 새 옷을 찢을 뿐이요 또 새 옷에서 찢은 조각이 낡은 것에 어울리지 아니하리라 새 포도주를 낡은 가죽 부대에 넣는 자가 없나니 만일 그렇게 하면 새 포도주가 부대를 터뜨려 포도주가 쏟아지고 부대도 못 쓰게 되리라 새 포도주는 새 부대에 넣어야 할 것이니라 묵은 포도주를 마시고 새 것을 원하는 자가 없나니 이는 묵은 것이 좋다 함이니라"(눅 5:36-39).

생베 조각은 첫물로 빨래를 하면 확 줄어드는 특성을 가지고 있다. 따라서 낡은 옷을 수선하기 위해 새 생베 조각을 붙이면 낡은 옷의 천을 당겨 오히려 낡은 옷을 더 못쓰게 만들게 된다는 것이다. 누가는 분명히 '새 옷'의 이미지를 끌어 들여 새 옷의 한 조각을 찢어 낡은 옷에 붙이는 것을 말한다. 그렇게 하면 새 옷을 찢을 뿐이고, 새 옷의 찢은 조각이 낡은 옷과 어울리지 않으리라는 것이다. 이는 구태의연한 낡은 종교인 유대교과 새로운 교훈을 주는 예수님의 복음과는 조합할 수 없다는 원리를 설명하는 말씀이다.

팔레스타인에서 포도주를 담는 가죽 부대는 염소나 양의 가죽으로 만들었다. 가죽 부대가 오래되면 딱딱해지고 탄력을 잃게 되어, 충분히 발효되지 않은 새 포도주를 넣었을 경우에 발효 가스의 압력을 이기지 못하여 터지기 십상이다. 예수님께서 전파하시는 말씀은 왕성한 능력을 가진 새 포도주와 같다. 유대교의 낡은 전통으로는 예수님의 말씀을 받아들이지 않아서 큰 타격을 입게 될 것이다. 유대교의 낡은 전통은 예수님의 말씀과 이치에 맞지 않는다는 의미다. 그래서 새 포도주의 비유는 그들의 신앙적 코드를 바꾸라는 말씀이다.

예수님의 말씀을 받아들이기 위해서는 낡은 형식과 굳어버린 의식을 새롭게 바꾸어야 한다. 오늘날의 성도들도 과거의 지식과 경험만으로 만족해서는 안 될 것이다. 오늘도 살아 있는 주님의 말씀은 왕성하며 변화와 생명을 주도하고 있다. 생명의 말씀을 자신의 편의에 맞출 것이 아니라, 자신이 생명의 말씀에 맞추어서 순종하며 살아야 할 것이다.

성도가 죽기 전에 교회 성전을 장식해야 하는 이유

얼핏 성막의 휘장과 성전의 장식은 상관성이 없어 보이지만 영적으로 공통점이 있다. 먼저는 성막의 휘장과 성전의 장식은 하나님께서 임재하신 곳에 있다는 것이고, 다음은 지극히 거룩한 공간과 인간의 공간을 구별한다는 것이다. 오래되어서 낡은 장식을 새 장식으로 바꾼다는 것은 하나님께 예배드리는 공간의 분위기를 바꾸는 데 도움이 되고 낡은 가죽 부대를 새 가죽 부대로 바꾸는 것에는 새로운 신앙의 패러다임을 개혁한다는 의미가 있다.

성도의 수명은 유한하다. 아무리 건강한 성도도 100년 이상 살기는 어렵고, 아무리 오래 산다 할지라도 대개 70세 내지 80세 내외다. 어쩌면 고달픈 세상에서 장수하는 것보다, 평안하고 건강할 때 질병의 고통을 당하지 않고 하나님의 나라에 가는 것이 행복일지도 모르겠다. 어찌하든 간에 성도가 언제 하나님께 부름을 받을지 모르는 상황에서 죽기 전에 하나님 아버지의 집인 성전의 커튼을 새 것으로 교체할 수 있다면 커다란 기쁨이 아닐 수 없다. 그러므로 성도가 죽기 전에 기도하는 마음으로 성전 커튼을 교체해야 하는 이유는 다음과 같다.

첫째, 온 성도가 하나님께 예배드리는 분위기를 바꿀 수 있다. 예배는 사람을 위한 것이 아니고 오직 하나님을 위한 것이다. 하나님께 예배드리는 장소가 산만하고 밖이 환하게 내다보인다면 하나님께서 기뻐하지 않으실 것이다. 또한 그런 예배는 하나님께 받지 않으실 것이다. 주님은 "영과 진리로 예배할지니라" (요 4:24)고 말씀하셨다. 섬기는 교회의 성전 장식이 오래 되어 낡아서 보기에 좋지 않다면 비용에 부담이 없는 범위에서 경건하고 제일 좋은 품질의 장식을 한다면 하나님께서 기뻐하시고 영광을 받으실 것이다.

둘째, 성도의 신앙을 개혁할 수 있다. 성전의 장식 하나로 성도의 신앙이 개혁될 수 있다는 견해는 지나차다고 할 수 있으나, 영적인 차원에서는 가능하다고 생각한다. 마르틴 루터가 종교개혁을 일으킨 직접적인 원인은 낡은 종교적인 관습을 새로운 복음적인 신앙으로 바꾸려는 데 목적이 있었다. 교회는 하나님 아버지의 집이다. 교회에서 하나님 외에 섬김을 받을 사람은 없다. 그런 의미에서 옛 것을 버리고 새 것으로 바꾸어 새로운 하나님의 성전 커튼을 교체하는 것은 모든 성도의 신앙을 오직 하나님께로만 향하게 할 수 있다.

셋째, 자신의 신앙을 오직 하나님께로만 향하게 할 수 있다. 다윗은 자신이 살아 있을 때 하나님의 성전을 건축하여 봉헌하는 것이 평생의 소원이었다. 그러나 그 소원이 하나님께 허용되지 않았다. 그래서 성전 건축을 위한 준비는 마쳤지만, 그의 아들 솔로몬이 성전을 건축하여 봉헌하였다. 성전의 장식을 하는 것이 성전 건축에 버금갈 수 없으나 믿음과 정성은 버금갈 수 있다. 비용에 관계없이 믿음과 정성을 다하여 교회 성전 장식을 한다면 하나님의 축복을 받을 수 있는 것은 물론 죽어도 그 기쁨은 감출 수 없을 것이다.

한 주간에 한번 교회에 나와 헌신하라

Bucket List **#034**

봉사는 스스로 빛을 내지 않아도 봉사하는 대상에 의해서 아름다워진다. 가장 아름다운 것은 눈에 띄지 않는 헌신이다. 주님은 "무엇이든지 남에게 대접을 받고자 하는 대로 너희도 남을 대접하라"(마 7:12)고 하셨다. 말 없는 봉사 자체가 향기롭다.

"하나님께 헌신하는 것은 구원 때문이요, 어버이께 헌신하는 것은 은혜 때문이며, 국가에 헌신하는 것은 목숨 때문이고, 스승께 헌신하는 것은 바른 도리를 배우기 위함이다."라는 명언이 있다. 우리에게 가장 아름다운 말머리[話頭]는 역시 '헌신(獻身)'이다. 공동체에 헌신이 없다면 얼마나 삭막할 것인가. 공동체에 크던 작든 헌신이 있으면 아름다울 것이다.

'헌신(獻身, service)'은 히브리어로 '아바드'라고 한다. 이 말은 구약성경에서 주로 '일하다', '수고하다', '노동하다'(창 2:15, 신 28:39)와 '하나님께 예배하는 자'(수 24:29, 시 105:6)와 '하나님의 대사, 사역자'(욥 4:18, 사 41:8) 등으로 쓰였다. 헬라어 성경에서는 헌신이 '디아코노스'로 많이 사용되었는데, '신복, 종'(마 20:26), '사명을 수행하는 자, 대리자'(롬 13:4, 15:8), '제자'(요 13:28), '집사'(롬 16:1, 빌 1:1) 라는 뜻이다.

예수님은 헌신을 통해서 아랫사람을 올바로 이끌 수 있는 비전을 제시하셨다. 예수님은 십자가에서 못 박히시기까지 헌신을 통해서 리더십을 보여주셨다. 예수님은 자신의 전체 사역 속에서 헌신하는 자와 종으로서의 모습을 스스로 보여 주셨다. 예수님의 정신은 으뜸이 되고자 하는 것이 아니라 스스로를 낮추고 다른 사람을 헌신하려는 마음이다.

예수님을 믿는 사람은 헌신의 삶을 살아야 한다. 기독교는 헌신의 종교다. 기독교의 사랑은 곧 헌신을 말한다. 사랑이 없는 곳에 하나님이 계시지 않는다. 아울러 헌신이 없으면 하나님도 없고 기독교도 없다. 주님은 제자들에게 헌신하는 자가 되라고 말씀하셨다(마 23:11-12).

성도는 왜 헌신을 해야 하는가?

예수님께서 헌신하시는 삶을 사셨기 때문이다. "인자가 온 것은 섬김을 받으려 함이 아니라 도리어 섬기려 하고 자기 목숨을 많은 사람의 대속물로 주려 함이니라" (마 20:28). 예수님은 헌신하시기 위해 세상에 오셨다. 예수님의 절정적인 헌신은 자신의 목숨을 죽기까지 십자가에 내어 주신 것이다. 예수님은 자신의 목숨까지 버리셨으니 그 이상 더 낮출 수 없는 자리까지 낮아지셨다. 예수님께서 죽기까지 헌신하심으로 영원한 본이 되셨다.

성도의 헌신은 신앙생활의 선택이 아니라 사명이다. 헌신을 해도 좋고 안 해도 좋은 것이 아니라, 반드시 하지 않으면 안 될 사명이다. 왜냐하면 주님께서 본이 되어 주셨기 때문이다. 그렇다면 우리는 어떻게 헌신해야 할 것인가를 결단해야 한다. 때로 성도가 헌신하는 것을 마치 아량과 자비를 베푸는 것으로 생각할 때가 있다. 그렇게 하는 것은 헌신의 본을 보이신 주님께 대항하는 불순종이 되고 말 것이다.

예수님은 제자들의 발을 씻겨주신 후에 "내가 주와 또는 선생이 되어 너희 발을 씻었으니 너희도 서로 발을 씻어 주는 것이 옳으니라"(요 13:14)고 하셨다. 일반적으로 유대 관습에 따르면, 주인이 집 문 곁에 물동이와 수건을 준비했다가 귀한 손님이 도착하면 씻을 수 있도록 하는 것이 최선의 헌신이었다. 그런데 어떤 제자도 이런 헌신에 신경을 쓰지 않았던 것으로 보인다. 물동이와 수건은 있었지만 아무도 예수님의 발을 씻겨주지 않았다.

우리가 예수님의 제자라고 고백하고 있다면 그분처럼 헌신하는 것이 당연한 일이다. 이유는 간단하다. 우리 모두 헌신의 사명을 받았기 때문이다. 세상에 태어난 사람은 나름대로의 사명이 없는 사람은 없다. 특히 하나님께 부름을 성도에게는 각자의 사명이 있다.

어떻게 헌신해야 하는가?

첫째, 성도는 거룩한 예배로 하나님께 헌신해야 한다. 하나님께 헌신하는 최고의 버전은 역시 예배다. 예배만큼 하나님을 기쁘시게 하는 것은 없다. 하나님께서 사람을 위해서 마련하신 최후의 방법이 '피 흘림', 곧 제사(예배)였다. 예배는 예배를 받으시는 하나님께 마땅히 드려야 할 인간의 행위다. 교회에서 정식으로 드려지는 예배를 우리는 예배라고 말을 하지만, 사실은 더 넓은 의미에서 우리가 하나님께 헌신하는 삶 자체가 예배가 되어야 한다.

둘째, 열심을 품고 헌신해야 한다. 사도 바울은 "부지런하여 게으르지 말고 열심을 품고 주를 섬기라"(롬 12:11)고 했다. 헌신은 다른 사람을 위하는 것이기에 절실한 필요성을 잃어버릴 수 있다. 자신이 배고프지 않으면 남이 배고픈 것을 모르고, 자신이 춥지 않으면 남이 추운 것처럼 헌신도 절대 필요성을 생각지 못할 때가 있다. "주여 우리가 어느 때에 주께서 주리신 것이나 목마르신 것이나 나그네 되신 것이나 헐벗으신 것이나 병드신 것이나 옥에 갇히신 것을 보고 공양하지 아니하더이까"(마 25:44)라고 항의한 염소 무리들처럼 봉사의 필요성을 깨닫지 못한다. 그러므로 성도는 헌신의 필요성을 깨달아 게으르지 말고 열심을 품고 최선을 다해야 한다.

성도는 주님께 헌신할 때에 진실한 청지기 같이 해야 한다. 성도는 각각 하나님께 받은바 은사가 다르다. 그러나 공통점은 하나 같이 헌신한다는 것이다. 선한 청지기는 무슨 말을 해도 하나님의 말씀을 하는 것 같이 하고, 무슨 헌신을 하려면 하나님이 공급하시는 힘으로 해야 한다. 이러한 헌신에는 사(私)가 없고 공(公)만이 있을 뿐이다. 이런 헌신을 통해서 범사에 하나님께 영광이 돌아간다고 할 수 있다.

헌신은 은밀하게 하는 것이 덕이 된다. 헌신은 하나님께 보이기 위한 것이지 사람에게 보이려는 것은 아니다. 그런데 오늘날, 우리도 사람들에게 보이려는 헌신이 전혀 없다고 할 수 없다. 사탄은 이러한 성도의 약점을 노린다. 자신의 오른손이 하는 것을 왼손이 모르도록 드러내지 말고 은밀하게 해야 한다. 주님은 은밀하게 헌신하는 성도에게 축복으로 갚아주신다.

성도가 죽기 전에 한 주간에 한번 교회에 나와 헌신해야 하는 이유

범사에는 때와 기한이 있는 법이다. 성도에게도 "날 때가 있고 죽을 때가 있으며"(잠 3:2), 헌신할 때가 있고 헌신하지 못할 때가 있다. 성도가 믿음이 좋아도 늙거나 죽으면 헌신할 수 없다. 그러므로 성도는 젊어서 기회가 주어졌을 때에 목숨을 걸고 헌신해야 한다.

첫째, 성도가 죽기 전에 헌신하면 하나님께 영광이 돌아가기 때문이다. 성도가 사는 근본적인 목적은 하나님께 영광을 돌리는 것이다. 사소한 일에까지 헌신하여 하나님을 기쁘시게 하면 영광을 받으신다. 하나님과 이웃에게 헌신하면 은혜를 깨닫게 되고 찬양이 나온다. 성도가 하나님의 은혜를 깨닫고 마음속 깊은 곳에서 감사와 헌신이 끊이지 않는다면 하나님께 영광을 돌리는 삶을 살 수 있다. 감사와 헌신은 하나님과 동행하는 삶을 이룰 수 있다.

하나님께 영광을 돌리는 삶은 안 보이는 헌신의 기회를 잡는 것이다. 헌신은 기회다. 기회는 아무에게나 주어지지 않는다. 헬라 신화에 나오는 '기회의 신' 카이로스는 앞머리는 무성한데 뒷머리는 대머리라고 했다. 기회를 정면에서 붙잡지 않으면 놓쳐 버린다는 뜻이다. 성도에게 헌신의 기회는 항상 오지 않는다. 성도는 자신에게 헌신의 기회가 주어졌을 때에 지체하지 말고 즉시 헌신해야 한다. 신실한 헌신을 통해서 하나님의 살아 계심을 다른 사람들에게 보여주고 영광을 돌릴 수 있다. 진정 아름다운 헌신은 일상에서 사소한 것부터 시작해서 하나님이 기뻐하시는 일로 발전하고 마침내는 하나님께 무한한 영광을 돌릴 수 있다.

둘째, 성도가 죽기 전에 헌신하면 주님의 몸 된 교회를 세울 수 있기 때문이다. 사도 바울은 주님의 몸 된 교회를 사람의 몸에 비유하였다(고전 12:3-27). 몸은 하나인데 많은 지체가 있고, 몸의 지체는 많지만 한 몸인 것과 같이, 교회로 하나지만 여러 성도와 기관이 있다. 하나님께서 원하시는 뜻대로 우리 몸에 각각 다른 여러 지체를 만들어두셨다. 전체가 한 지체로 되어 있다면 몸은 어디에 있는가? 실제로 지체는 여럿이지만 몸은 하나다.

그러므로 눈이 손에게 '너는 내게 쓸 데가 없다.' 할 수 없고, 머리가 발에게 '너는 내게 쓸 데가 없다.' 할 수 없다. 그뿐만 아니라 사람이 몸 가운데서 더 약하다고 여기는 지체가 오히려 더 요긴하고 몸 가운데서 덜 귀하다고 생각되는 지체들을 더욱 귀하고, 볼품이 없는 지체들을 더욱더 아름답게 꾸며줄 수 있다. 한편 아름다운 지체들에게는 그럴 필요가 없다. 이처럼 하나님께서는 몸을 골고루 짜

맞추셔서 부족한 지체에게 더 큰 존귀함을 주셨다. 그래서 몸에 분열이 생기지 않게 하시고, 지체들이 서로 염려하게 하셨다. 한 지체가 고통을 당하면 모든 지체가 같이 고통을 당한다. 한 지체가 영광을 받으면 모든 지체가 함께 기뻐한다.

교회는 주님의 몸이요, 성도 한 사람 한 사람은 그 지체다. 결국 헌신한다는 것은 주님의 몸 된 교회를 세우는 것이다. 하나님 "그가 어떤 사람은 사도로, 어떤 사람은 선지자로, 어떤 사람은 복음 전하는 자로, 어떤 사람은 목사와 교사로 삼으셨으니 이는 성도를 온전하게 하며 봉사의 일을 하게 하며 그리스도의 몸을 세우려 하심이라"(엡 4:11-12).

셋째, 성도가 죽기 전에 헌신하면 하나님께서 귀히 여기신다. 누구에게 귀히 여겨진다는 것은 행복한 일이다. 특별히 하나님께 귀히 여김을 받는다는 것은 말로 다할 수 없는 축복이다. 누가 이 엄청난 축복을 받을 수 있겠는가? "자기의 생명을 사랑하는 자는 잃어버릴 것이요 이 세상에서 자기의 생명을 미워하는 자는 영생하도록 보전하리라 사람이 나를 섬기려면 나를 따르라 나 있는 곳에 나를 섬기는 자도 거기 있으리니 사람이 나를 섬기면 내 아버지께서 그를 귀히 여기시리라"(요 12:25-26). 자기 생명을 사랑하지 않고 주님께 헌신하는 성도는 영생하도록 보전할 뿐만 아니라, 하나님 아버지께 귀히 여기심을 받게 된다.

넷째, 성도가 죽기 전에 헌신하면 필요한 것을 공급받는다. 사람은 최소한의 필수품이 있어야 품위를 유지할 수 있다. 믿음이 좋은 사람도 필수품이 없으면 구차한 인생이 된다. 그래서 잠언은 "나를 가난하게도 마옵시고 부하게도 마옵시고 오직 필요한 양식으로 나를 먹이시옵소서 혹 내가 배불러서 하나님을 모른다 여호와가 누구냐 할까 하오며 혹 내가 가난하여 도둑질하고 내 하나님의 이름을 욕되게 할까 두려워함이니이다"(잠 30:8-9)라고 했다.

성도의 신앙적 품위를 유지할 수 있는 것을 공급받는 길은 헌신에 있다고 했다. "이 봉사(헌신)의 직무가 성도들의 부족한 것을 보충할 뿐 아니라 사람들이 하나님께 드리는 많은 감사로 말미암아 넘쳤느니라"(고후 9:12). 하나님께 헌신하는 성도에게는 부족한 것을 보충해주실 뿐만 아니라, 하나님께 감사할 일이 넘치게 보장해 주신다고 했다.

성도가 죽기 전에 오직 하나님의 영광을 위해서, 주님의 몸 된 교회를 아름답게 세우기 위해서, 하나님께 귀히 여김을 받기 위해서, 이 세상에 사는 동안에 필요한 것을 공급받기 위해서 헌신하면 복 있는 삶을 사는 지혜로운 선택이 될 것이다.

어버이주일에 경로 선물을 실천하라

Bucket List **#035**

장수 100세 시대를 지향하는 오늘날 노인들의 수는 날로 늘어가고 있다. 사회 각처에서도 노인 공경의 사례들이 많이 있지만, 교회에서도 일찍이 부모님 공경을 가르치고 있다. 그래서 의례 어버이주일을 맞이하면 교회에서 노인들에게 선물을 드린다거나 경로잔치를 거행한다. 그런데 매년 맞이하는 어버이주일이기에 자칫 형식에 치우치는 경향이 없지 않다.

노아의 가정은 하나님의 대홍수 심판에서 구원을 받았다. 그러나 노아는 방심하여 술을 많이 마시고 취하여 벌거벗는 실수를 저질렀다. 이는 나이가 많은 탓인지 가족들 앞에서 추태를 본인 꼴이 되었다. 노아의 실수에 둘째 아들 함은 아버지의 추태를 공개적으로 흉을 보았다. 그러나 장남 셈과 막내 야벳은 아버지의 실수를 보지 않으려고 뒷걸음질로 아버지의 수치를 덮어주었다. 사람이 늙으면 죽어야 한다는 말도 있지만, 셈과 야벳은 아버지의 인격을 존중하는 마음에서 겸손하게 행동함으로 그후 모든 자녀에게 효도의 본이 되었다.

우리는 어떻게 하면 어버이주일을 의미 있게 지킬 수 있을까를 고민하지 않을 수 없다. 이는 교회적인 권면 사항이 아니라, 누군가가 자원하여 어버이주일에 노인들이나 가능하다면 전 교인들에게 선물을 제공하는 것이 좋을 것이다. 이름을 밝힐 수도 있고 익명으로도 할 수 있다. 중요한 것은 자원하는 성도가 정성을 다하면 하나님과 온 교회가 기뻐할 것이다.

어버이주일의 유래와 의미

어버이주일은 본래 '어머니주일' 이라는 명칭으로 미국에서 시작되었다. 미국 버지니아 주에 있는 웹스터 교회의 주일 학교에서 26년간이나 꾸준히 봉사해 온 자비스(Jarvis)라는 부인이 있었다. 훌륭한 주일학교 교사였던 부인이 나이가 들어 세상을 떠나게 되었다. 그런데 그녀의 가르침을 잊지 못한 제자들이 선생님을 기념하기 위한 추도식을 갖기로 하였다. 그래서 멀리 사는 자비스 부인의 딸을 추도식에 초청하였다. 뜻밖의 소식을 접한 자비스 부인의 딸 안나는 기쁜 마음으로 그 초대에 응하게 되었다.

추도식이 있던 날에 딸에게 어머니에 대하여 이야기할 기회를 주어졌다. 그녀는 어머니가 학생들에게 "네 부모를 공경하라" (출 20:12)는 말씀을 가르치면서 어머니의 위대한 사랑에 감사할 수 있는 구체적인 방법을 생각해 보자고 했다. 그리고 그녀는 어머니를 생각하며 카네이션 꽃을 추도식 제단에 바쳤다. 추도식에 모였던 사람들은 자비스 부인의 가르침을 기억하고 실천하는 딸의 말과 행동에 크게 감동을 받았다. 그래서 추도식에 참석했던 사람들은 그 날을 '어머니의 사랑을 기리는 날' 로 정할 것을 그 자리에서 결의하였다.

이를 계기로 시작된 어머니 날 운동은 다른 지역으로 퍼져 나갔다. 백화점 왕으로 불리는 존 워너 메이커도 이 운동의 취지에 적극 동의하여 그 활동을 도왔다. 그는 1908년 5월 둘째 주일에 자신이 경영하는 백화점에서 어머니의 사랑에 감사하는 모임을 주최하기도 했다.

우리나라에서 본격적으로 어버이주일이 지켜지기 시작한 것은 1930년 6월 15일, 구세군에 의해 어머니주일을 지키면서부터였다. 우리나라 초대 대통령이었던 이승만 대통령은 어머니주일의 정신을 일반 대중에게도 전한다는 의미에서 5

월 8일(1955년 당시 어머니 주일)을 어머니날로 제정, 공포하였다. 그후 교회에서는 1960년 어머니주일을 어버이주일로 개칭하여 어머니뿐 아니라 아버지의 은혜도 기리는 날로 삼았으며 그 이후 1974년에 이르러 정부에서도 어머니날을 '어버이날'로 개칭하여 오늘에 이르고 있다. 이러한 이유로 인해 우리나라에서는 어버이주일은 일반인들의 기념일로 함께 지켜지고 있다.

부모 공경의 성경적인 교훈

하나님은 "네 부모를 공경하라 그리하면 네 하나님 여호와가 네게 준 땅에서 네 생명이 길리라"(출 20:12)고 하셨다. 사도 바울은 "자녀들아 주 안에서 너희 부모에게 순종하라 이것이 옳으니라 네 아버지와 어머니를 공경하라 이것은 약속이 있는 첫 계명이니 이로써 네가 잘되고 땅에서 장수하리라"(엡 6:1-3)고 했다. 구약과 신약성경의 부모님께 대한 교훈은 서로 공통점과 다른 점이 있다. 공통점은 "공경하라"는 말씀이다. 기독교에서 공경의 대상은 하나님 한 분밖에 없다고 생각하지만, 그럼에도 하나님은 부모님을 공경하라고 하셨다.

구약과 신약에서 부모님을 공경하는 자녀에게 약속한 축복은 다른 점이 있다. 구약은 단순히 "땅에서 네 생명이 길리라"고 약속하셨지만, 신약은 "네가 잘 되고 땅에서 장수하리라"고 약속을 하셨다. 신약은 구약보다 더욱 발전된 축복을 약속하시고 있다. 사람이 세상에 태어나 오래 사는 것도 좋은 일이지만 단순히 오래 사는 것만이 축복이 아니다. 사람이 부끄럽고 초라하게 오래 사느니 차라리 짧게 보람 있는 삶이 더욱 아름답다. 사도 바울도 사람이 "잘 되는" 비결은 주 안에서 부모님을 순종하는 것이라고 했다.

부모님 공경의 실천 방안

세상에 불효막심한 자를 빼놓고 부모님 공경을 모른 사람은 없다. 그러나 부모님을 공경해야 한다는 것을 알면서도 그 방법을 모르는 사람이 많다. 그래서 하나님은 십계명을 통해서 부모 공경에 대한 교훈을 주셨다. 십계명의 다섯 번째 계명은 "네 부모를 공경하라" (출 20:12)이다. 그러므로 자녀가 부모님을 공경하는 것은 선택이 아니라 하나님의 명령이다.

우리가 하나님의 명령은 아무리 어려워도 무조건 실천해야 한다. 그리고 부모가 자녀 때문에 걱정하시지 않고 마음을 편하게 해드려야 한다. 성도는 부모님에게 순종하고 공경하는 모범을 통하여 이웃들에게 모범을 보여주어야 한다. 그것이 하나님을 경외하고 말씀에 순종하는 성도들의 마땅한 과제다. 이 과제는 해도 되고 안 해도 되는 그런 것이 아니다.

부모님을 공경하는 10가지 실천 과제는 다음과 같다. 첫째, 자주 부모님에게 사랑한다고 고백하라. 사랑한다는 말보다 행복한 말은 없다. 둘째, 부모님의 노쇠(老衰)를 이해하다. 어른은 한 번 되고 아이는 세 번 된다는 말이 있다. 노인은 젊을 회복할 수 없으나 아이 자주 변하며 성장한다. 셋째, 부모님에게 웃음을 선사하라. 노인의 웃음은 젊은이의 웃음보다 몇 배 건강을 준다. 넷째, 부모님의 용돈을 챙겨드려라. 출생에서 열여덟 살까지의 청소년에게는 부모가 있어야 한다. 열아홉 살부터 서른다섯 살까지는 실력과 젊은 외모가 있어야 한다. 서른여섯 살부터 노인으로 죽을 때까지는 돈이 필요하다. 반드시 부모님의 통장을 만들어 드려라. 다섯째, 부모님에게 일거리를 만들어드려라. 나이가 들수록 노인의 설 자리가 필요하다. 여섯째, 부모님에게 이야기를 자주해 드려라. 노인들은 무엇보다도 말동무도 필요하다. 일곱째, 부모님에게 밝은 표정의 선물을 드려라. 자식의 밝은 표정은 부모님에게 마음의 평안을 가져다주며 가장 큰 행복을 느끼시게 한다. 여덟째, 부모님과 작은 일도 의논하고 문안인사를 드려라. 부모님과 의논하는 것은 부모님을 인정하고 있다는 것이다. 아직도 자신의 힘이 필요하다는 것을 느끼시면 자랑스럽게 여기신다. 아홉째, 부모님의 여생을 잘 챙겨드려라. 죽음은 누구에게나 통과의례와 같다. 부모님이 멋진 여생을 마치시도록 최선을 다하라. 열째, 부모님의 사고방식을 인정해 드려라. 부모님께서 인정을 받으시면 존재감을 갖으신다.

성도가 죽기 전에 경로선물을 실천해야 하는 이유

하나님은 우리에게 여러 가지의 선물 주셨다. 먼저 부모님을 통해서 생명을 주셨고, 가정, 가족, 건강, 교회, 믿음, 구원, 영생의 소망의 선물을 주셨다. 그리고 일터, 사회, 국가, 평화의 선물을 주셨다. 그 외에도 우리가 하나님께 받은 선물은 이루다 말할 수 없이 많다.

선물을 받는 자는 선물로 갚아야 한다. 선물은 결코 뇌물이 아니다. 뇌물은 대가를 바라지만 선물은 대가를 바라지 않는다. 그렇다고 선물을 받고도 보답하지 않는 사람은 배은망덕(背恩忘德)한 인간이라는 비난을 피할 수 없다.

먼저 자신의 부모님께 감사의 선물을 드리자. 그리고 목사님과 스승님, 보살펴준 선배나 이웃에게 고마움의 선물을 드리도록 하자. 특히 외로운 노인들과 장애인, 가난한 사람, 병든 사람, 버림받은 사람, 외국인 노동자, 탈북자들에게 위로의 선물을 드리자. 무엇보다도 어버이주일을 맞으면 섬기는 교회의 노인들에게, 가능하면 모든 교인에게 경로 선물을 드려서 주님의 몸 된 교회가 사랑과 정이 넘치는 훈훈한 신앙공동체로 만들도록 하자.

필자는 '성도가 죽기 전에' 라는 단서를 달았다. 왜 성도가 죽기 전에 노인들에게 경로 선물을 드리자고 하는가? 그 이유는 크게 세 가지다.

첫째, 노인들의 수명은 제한적이다. 물론 죽음에는 순서가 없다지만, 그래도

노인들은 젊은이 비해서 그들의 수명이 길지 못하다. 시한부 생명을 가진 자는 언제 죽을지 모르기 때문에 항상 불안한 마음을 가지고 있다. 수명이 길지 못하고 의지할 데가 없는 노인들을 위하여 적지만 정성을 다한 경로선물을 드리면 그들은 무한히 기뻐할 것이다. 성도가 죽기 전에 어버이주일의 경로선물을 드릴 수 있다면 노인들에게 큰 기쁨을 선사할 수 있다.

둘째, 성도는 경로선물 드릴 때에 커다란 보람을 느낄 수 있다. 노인들은 대부분 선물을 받아도 보답할 수 있는 방법을 모르신다. 보답이 없는 선물은 거룩한 투자다. 일반적으로 투자는 생산을 통한 소득을 위한 것이지만 거룩한 투자는 희생이요, 세상에서의 보답은 없다. 거룩한 투자는 하늘에 보물을 쌓아두는 것이다. 주님께서 "오직 너희를 위하여 보물을 하늘에 쌓아 두라 거기는 좀이나 동록이 해하지 못하며 도둑이 구멍을 뚫지도 못하고 도둑질도 못하느니라" (마 6:20)고 하셨다. 성도가 죽기 전에 한 번이라도 어버이주일에 경로선물을 제공하면 하늘에 보물을 쌓고 천국에서 하늘의 축복을 받게 될 것이다.

셋째, 어버이주일에 효도를 실천하는 것이 되기 때문이다. 효도는 크게 두 가지가 있다. 하나는 자신의 부모님께 효도하는 것이고, 다른 하나는 타인의 부모님께 효도하는 것이다. 자신의 부모님께만 하는 효도는 폭이 좁은 효도고, 타인의 부모님께 하는 효도는 폭이 넓은 효도다. 성도는 죽기 전에 폭이 좁은 효도를 떠나서 폭이 넓은 효도를 하면 세상의 많은 부모님과 하늘에 계신 하나님께서 기뻐하실 것이다. 예수님은 십자가에서 운명하시며 어머니 마리아를 제자 요한에게 부탁하는 효도를 하셨다. 성도도 죽기 전에 교회의 모든 부모님께 정성껏 경로선물을 드려서 폭이 넓은 효도를 실천하기 바란다.

목회자의 목회에 협조하라

Bucket List **#036**

목회자, 즉 목자를 크게 선한 목자와 삯군 목자로 나눌 수 있다. 선한 목자는 양을 위해서 목숨을 버리지만 삯군 목회자는 양을 돌보지 않는다. 예수님은 "나는 선한 목자라" (요 10:11)고 하셨다. 삯군 목자는 양들이 제 양이 아니기 때문에 이리가 오는 것을 보면 양을 버리고 달아난다. 그러나 선한 목자는 양들에게 생명을 얻게 하고 더 풍성하게 한다.

선한 목자는 양들을 안다고 했다. '안다'를 헬라어로 '에피기노스코'라고 표현하는데, '철저히 안다', '정확히 안다'라는 의미이다. 이 말은 지식적으로 상대방을 아는 것이 아니라 경험적으로 상대방을 안다는 뜻이다. 부모가 자녀를 아는 것처럼, 또는 하나님께서 성도를 아시는 것처럼 선한 목자는 양들의 모든 형편과 처지를 분명히 알고 있다. 아울러서 선한 목자가 양의 이름을 부르면 양은 목자의 음성을 알기 때문에 그의 뒤를 따른다. 그러나 삯군 목자가 양들을 부르면 그의 음성을 알지 못하기 때문에 따르지 않는다.

목회자는 누구인가?

목회자(牧會者, pastor)는 헬라어 '포이멘', '양치기'에서 유래하였다. 목회자는 목자를 말한다. 부활하신 주님께서 베드로에게 "내 어린 양을 먹이라" (요 21:15), "내 양을 치라" (요 21:16), "내 양을 먹이라" (요 21:17)고 하셨다. 주님은 베드로를 비롯한 제자들에게 목자의 사명을 주셨다. 현대에도 정규 신학 과정을 거친 목회자를 영적 목자라고 부른다.

목회자는 목자로서의 사명을 감당하기 위해서 성도의 삶과 길을 잘 알고 있다. 목회자는 어디에 생명의 말씀과 성령의 생수가 있는지, 또 어느 길로 가야 안전한지를 꿰뚫고 있다. 주님의 양 무리를 이끌 책임을 부여받은 목회자는 신앙의 로드맵에 정통하다. 그래서 성도들을 하나님의 품에까지 안전하게 인도할 수 있는 능력이 있는 사람이다.

첫째, 목회자는 하나님의 메시지를 전하는 '사자(messenger)'다. 이 말은 하나님께 보냄을 받았다는 뜻이다. 목회자는 하나님의 말씀을 가지고 있는 사람이며, 그분의 권위와 능력을 소유한 사람이다. 메신저로서의 목회자는 주님의 메시지를 그대로 전달한다.

목회자는 하나님의 종으로서 말씀을 선포하는 사역자다. 하나님은 목회자에게 말씀을 선포할 수 있는 특권을 주셨다. 이는 또한 목회자의 영광이다. 그런데 목회자가 하나님의 말씀을 전한다고 하면서 사람의 생각이나 이념을 선포하면 목회자의 정체성을 상실하게 된다. 목회자는 하나님의 말씀을 전하기 위해서 하나님의 뜻을 분별할 줄 아는 신령한 지혜를 가진 자다. 목회자는 하나님의 음성을 들을 수 있는 영적 귀가 열려 있는 자다. 또한 목회자는 성령의 역사와 감동을 받고 하나님과 내통(內通)하는 신령한 사람이다.

둘째, 목회자는 성도들의 영혼의 파수꾼이다. 이는 성도들의 영혼을 지키는 자의 개념이다. 목회자에게는 성도들로 하여금 영혼을 경성(警省)하게 하는 임무가 주어져 있다. 구약성경의 선지자는 영적 파수꾼이었다(사 52:8; 56:10). 주님께서 파수꾼에게 죽은 영혼들을 위하여 깨어서 경계하는 최상의 직무를 주셨다. 파수꾼이 잠들면 성을 지킬 수 없는 것처럼 목회자가 기도에 잠들어 있으면 성도는 불안하고 교회가 위태로워질 수밖에 없다.

셋째, 목회자는 교회의 청지기다. 청지기는 하나님과 교회의 신임을 얻은 종과 동일하다. 청지기로서의 목회자는 성도들을 잘 가르치고 권면하며, 신실하고 충성된 마음으로 성도들에게 말씀을 전해주고 필요한 것을 때에 따라 공급해 주어야 한다. 흔히 목회자를 '주의 종' 이라고 부른다. 목회자는 하나님의 뜻을 수행하기 위해 종으로 부르심을 받은 사람이라는 의미다. 그러므로 목회자의 삶에서 가장 중요한 것은 청지기와 종으로서의 고백이며, 하나님의 뜻에 절대 복종하는 피동성과 헌신성이다. 만일 목회자가 사람들의 눈치를 보거나 세속적인 욕망에 사로잡히게 되면 목회자로서의 자격을 상실하게 될 것이다.

목회자가 하는 일은 무엇인가?

흔히들 목회자를 제대로 이해하지 못하는 사람이 많이 있다. 목회자는 교회에서 주택과 생활비 및 연구비와 자녀 교육비까지 제공하니 그저 놀고먹는 사람으로 오해받을 수 있다. 심지어는 교인들 가운데서도 목회자가 하는 일을 올바로 모르는 사람이 있다. 하지만 목회자는 일반인들이 알지 못하는 심적 고충과 어려움은 말로 다할 수 없다. 그럼에도 불구하고 목회자는 이 시대를 살아가는 신앙인으로서 교회공동체의 책임을 맡고 있는 사람이다.

목회자는 성도를 위해 무엇을 하는 사람인가의 문제는 사실 목회자의 정체성에서 그 윤곽이 드러나게 된다. 성도가 목회자의 정체성을 알게 되면 교회를 위해서 목회자를 협조할 수 있을 것이다. 한마디로 목회자의 본질과 그의 임무를 이해하면 아울러서 목회자를 위해서 성도의 사명도 깨달을 수 있다.

목회자는 목회신학을 정립하는 사람이다. 목회자의 신학은 교회를 바로 세우는 기초가 된다. 목회자가 자신이 목회신학을 정립하지 않고 목회를 하면 그가 맡은 교회는 혼란에 빠질 수 있다. 특히 오늘날과 같이 물질주의, 성공주의, 실용주의가 판을 치는 사회에서 현실적 논리에 매몰되지 않고 복음적 목회를 견지해 가기 위해서는 무엇보다 신학적인 바탕이 튼튼해야 한다고 본다.

목회자는 하나님 나라의 비전을 제시하는 사람이다. 묵시가 없으면 백성이 방자히 행한다고 하였다(잠 29:18). 하나님 나라에 대한 비전, 내세에 대한 소망을 잃어버린 성도와 공동체는 세속의 유혹에 현혹되어 방자히 행할 수밖에 없다. 목회자는 세속화의 탁류 속에서 교회공동체를 지키기 위해서 하나님 나라에 대한 비전을 소망 역시 분명히 제시하고 가져야 한다.

성도가 목회자를 협조하는 방법

모세는 혼자 목회하지 않았다. 그의 곁에는 항상 아론이 있었다. 아론은 모세에게 빼놓을 수 없는 협조자였다. 모세는 힘들 때마다 아론에게 협조를 요청했다. 특히 수많은 백성을 재판할 때에 백부장을 세워서 판결하도록 함으로 모세가 민주적인 목회자가 되도록 협조하였다.

목회자는 성도의 협조 없이 사역할 수 없다. 사람들은 목회자가 한가한 사람으로 생각한다. 물론 일부의 목회자들이 목양의 일보다는 육신의 일에 관심을 가지고 있는 자들이 있다. 그들은 성도들을 돌아보는 일보다는 각종 취미와 오락에 더 관심이 많은 자이다. 그러나 대다수의 목회자들에게 한가할 시간은 없다. 왜냐하면 그들은 주님께서 하시던 목양의 일을 대신하는 자들이기 때이다. 그래서 성도들은 목회자의 사역을 도와야 한다.

목회자를 돕는 방법 중의 하나는 설교를 비판하지 않는 것이다. 일단 목회자의 설교는 하나님의 말씀으로 믿는 마음이 필요하다. 잘못하면 목회자의 설교를 비판하는 것이 하나님을 비판하는 꼴이 될 수 있다. 목회자는 하나님의 말씀을 연구하였고, 분명히 그 목회자는 유능한 분이다. 성경에 하나님의 말씀을 검(칼)이라고 가르치고 있다(엡 6:17, 히 4:12).

만일 검이 무디다면 그것을 무엇에 사용할 수 있겠는가? 검은 날이 섰을 때 그 역할을 충분히 감당해 낼 수 있다. 마찬가지로 목회자의 말씀이 성도들에게 전해질 때 심령에 아픔을 느끼고, 마음 곳곳이 말씀에 의하여 잘라지는 것을 느끼고 있다면 그 목회자는 분명히 유능한 분이다. 그분은 이미 검, 즉 하나님의 말씀을 충분히 갈고 닦아 성도들에게 설교를 하고 있는 분이다. 성도는 목회자의 설교를 비판하지 말고, 그분의 설교가 자신에게 은혜가 되도록 기도해야 한다. 이것이 목회에 협조하는 것이다.

성도들은 목회자의 시간을 빼앗지 않도록 해야 한다. 목회자에게는 그만의 시간이 있다. 아무도 심지어는 목회자의 가족도 그 시간을 빼앗아서는 안 된다. 많은 목회자가 과중한 사역으로 오히려 힘이 없는 경우들을 본다. 그들은 분명히 최선을 다해서 사역을 감당해 왔던 분들이다. 그러나 하나님의 말씀을 탐구하고(요 5:39), 기도할 시간(행 6:4)을 가지지 못함으로서 자연히 자신의 경험에 설교를 의존하게 된다.

많은 성도는 목회자가 능력이 부족하다고 탓하려고 한다. 그러나 자세히 들여다보면 그 원인은 바로 성도들 자신에게 있다. 성도들이 너무도 많은 시간들을 빼앗음으로서 목회자가 말씀과 기도에 전념하지 못하도록 만들기 때문이다. 성도는 목회자로 하여금 더욱 많은 시간동안 기도하고 성경을 연구할 수 있도록 협조해주어야만 할 것이다.

목회자가 생계비로 인해 염려하지 않도록 해야 한다. 목회자는 주님의 교회를 섬기는 자다. 목사가 교회의 일에 전념하도록 생계를 뒷받침해야 한다. 사도 바울이 이 일에 대하여도 성도들의 의무를 강조하고 있다(고전 9:4-12). 그것은 성도들 자신에게도 유익이 되는 것이며, 또한 주님의 명령에 대하여 순종하는 또 다른 모습이기도 하다.

성도는 목회자를 위해 기도해야 한다. 많은 성도는 목회자를 존경하며 그들을 따른다. 그들이 목회자를 따르는 방법은 비록 다르지만 그들이 목회자에 대하여 좋은 생각을 가지고 있다면 반드시 신앙적으로 큰 유익을 얻게 될 것이다. 그러나 오늘날 많은 성도가 목회자를 따름에 있어서 문제를 드러내고 있는 것이 사실이다. 일부의 성도가 목회자를 따름에 있어서 교회의 파벌을 조성할 수 있다는 점이다. 정작 목회자에게 필요한 것은 그를 위한 기도다. 그것은 어느 것보다도 중요한 일이라고 할 수 있는 것이다.

베드로가 복음을 전하다 옥에 들어갔을 때 예루살렘에 있는 성도들은 기도하고 있었다(행 12:5). 그것은 그들이 할 수 있는 유일한 것이자, 베드로를 위한 최고의 수단이었다. 그 일로 인하여 베드로는 천사의 손에 의하여 옥에서 나왔고, 그들은 전혀 기대하지 못했던 결과를 얻게 되었다. 사도 바울 역시 각 교회에 보내는 편지마다 자신을 위해 기도해달라는 부탁을 빠뜨리지 않았다. 솔직히 목회자는 성도의 기도를 먹고 사역하는 자다.

목회자에게 있어서 가장 큰 힘은 성도들의 기도이다. 그것은 하나님으로부터 사역할 수 있는 힘을 공급받을 수 있는 통로이기 때문이다. 성도가 목회자를 위해 기도하지 않는다면 그 교회는 전혀 소망이 없다고 말할 수 있다. 6월 5일은 '목회자의 날' 이다. 이 날 하루라도 최선을 다해서 목회자를 위해서 기도하는 성도가 되자. 자신에게 세례를 베풀어 준 목사에게 감사하자. 은퇴하신 분들을 위해서 기도하는 날로 정하자. 목회자를 위한 기도가 이상적인 교회의 모습을 세워갈 수 있는 중요한 수단임을 언제나 기억해야만 할 것이다.

성도가 죽기 전에 목회자를 협조해야 하는 이유

세상에 독불장군은 없다. 아무리 유능한 목회자도 성도가 협조하지 않으면 성공할 수 없다. 예수님 당시에 유대교는 목회자(제사장, 바리새인, 서기관, 율법사)와 일반 백성은 상하주종관계가 뚜렷하였다. 그래서 예수님께서 유대교 지도자들의 위선과 교만을 책망하셨다. 성경적으로 볼 때 목회자와 성도의 관계는 상하주종관계가 아니라 평등관계다. 베드로 사도는 일찍이 이 사실을 분명하게 말씀하였다. "그러나 너희는 택하신 족속이요 왕 같은 제사장들이요 거룩한 나라요 그의 소유가 된 백성이니 이는 너희를 어두운 데서 불러 내어 그의 기이한 빛에 들어가게 하신 이의 아름다운 덕을 선포하게 하려 하심이라" (벧전 2:9).

목회자와 성도가 하나님 앞에서 평등한 관계로 서로가 서로를 협조할 때에 먼저는 하나님께서 기뻐하시고 영광을 받으신다. 하나님께서 태초에 아담과 하와를 서로 돕는 배필로 설정해 주셨다(창 2:18). 여기서 아담이 가정 교회를 대표하는 목회자라면 하와는 그를 협조하는 성도라고 할 수 있다. 그렇다고 아담과 하와가 하나님 앞에서 불평등한 것은 아니다. 아담과 하와의 평등관계를 오늘날까지 가정의 평화와 화목을 지키고 있다.

교회는 주님의 몸 된 신앙공동체다. 목회자는 목사이기 전에 먼저 성도이었다. 성도만이 목회자가 될 수 있다는 말이다. 그러므로 목회자와 성도는 기본으로 돌아가서 서로를 섬기고 협조할 때에 아름다운 신앙공동체를 형성할 수 있다. 성도가 죽기 전에 목회자를 협조해야 하는 이유는 먼저 하나님의 영광을 위한 것이고, 다음으로 자신의 복을 위한 것이다.

사도 바울이 빌립보에서 복음을 전하려고 며칠을 유할 때의 일이다(행 16:11-15). 사도 바울과 실라가 기도할 곳이 있을까 하여 성문 밖 강가에 나갔더니 몇 명의 여자들을 모여 있었다. 그 여인들 중에 자색 옷감을 파는 루디아라는 여자가 있었는데, 자신의 마음을 열어 사도 바울의 말씀을 따라 주님을 영접하였다. 그녀와 가족이 세례를 받고 바울과 실라를 청하여 자기의 집에 들어와 유하라 하고 강권하여 머물게 되었다(행 16:15). 결국 루디아는 있을 거주지가 없는 사도 바울과 실라의 목회를 협력하여 빌립보교회가 설립되는 결정적인 역할을 한 것이다. 이처럼 성도가 죽기 전에 목회자를 협조하면 영광을 얻게 된다.

'인간은 사회적 동물이다'라고 한다. 그런데 사회에 살고 있으면서도 실제로 '사회'가 무엇인지 모르는 경우도 있다. 사회를 알고 있다고 해도 사회생활에 익숙하지 않아서 마치 덜익은 땡감처럼 미숙하게 사는 경우가 많다. 가정이라는 사회, 자라면 일상을 통해서 어쩔 수 없이 살아야 하는 바깥 사회, 세상 사람들이 기대하는 바람직한 사회생활은 무엇일까? 이 문제는 자신을 포함한 모든 사람들의 희망이기도 하다.

특별히 자신만을 위한 사회생활이 아니라 모든 사람을 위한 바람직한 사회생활은 건전하고 행복한 삶, 즉 다른 사람을 위하여 자신의 것을 베풀어주고 나누는 생활일 것이다. 사람이 자신만을 생각하면 이기주의에 빠진다. 그러나 남을 먼저 생각하고 자신을 희생하면 이타주의자가 될 수 있다. 이타주의자는 특별한 사람만 되는 것은 아니다. 너무 거창하고 크게 생각하지 말고, 아주 작고 사소한 것을 나누고 베풀면 된다. 이것은 누구나 가능하다.

제 5 장

행복한 사회생활을 위해서

037 매달 기아 어린이들을 위해 일정액을 헌신하라

038 집 주변과 골목길을 청소하라

039 자신의 재능을 기부할 곳을 찾아 나누라

040 자원봉사 활동에 참여하라

041 악을 버리고 선한 생활을 하라

042 불우이웃 돕기를 실천하라

043 정기적인 헌혈을 하라

044 시민사회 운동 캠페인에 참여하라

045 매사에 정직하고 진실하게 살라

매달 기아 어린이들을 위해 일정액을 헌신하라

Bucket List **#037**

우리나라는 6.25 한국전쟁으로 같은 민족끼리 싸우는 처참한 고난의 역사를 겪었다. 특히 이른바 '88년도 기근'이라는 대흉년으로 풀과 나무껍질을 벗겨 먹고 소금물로 연명하는 끔찍한 궁핍을 경험하였다. 그러나 우방 국가들의 원조와 국민들의 피나는 노력으로 '한강의 기적'을 이루어 경제가 성장하여 이제는 개발도상국을 벗어나 선진국의 문턱에 이르렀다.

우리나라는 2009년 11월 25일, 파리 OECD(경제 협력 개발 기구) 본부에서 개최된 OECD DAC(개발원조위원회) 가입심사 특별회의에서 DAC회원국들의 전원합의로 24번째 회원국으로 가입하였다. 이로써 우리나라는 원조를 하는 정식 DAC 회원국으로 활동하게 되었다. 이것은 1945년 광복 이후 1990년대 후반까지 원조를 받던 우리나라가 개발도상국을 지원하는 '원조 선진국'으로 탈바꿈하는 역사적인 사건이다. 제 2차 세계대전 후에 원조를 받던 대부분의 나라는 여전히 부패한 정치 환경, 낙후된 경제 여건으로 여전히 원조를 받는 위치에 놓여있지만, 우리나라만 유일하게 국제원조를 받다가 주는 나라로 변신을 한 것이다.

우리나라는 광복이후 1990년대 후반까지 국제사회로부터 받은 원조 액수는 1백27억 달러로, 현재의 가치로 환산하면 70조 원이 넘는 금액이라고 한다(한국은 95년 세계은행 원조 대상국 명단에서 제외 됨). 이런 국제사회의 도움으로 한국은 원조 대상국에서 세계 경제 서열 20위권 이내의 놀라운 경제 성장을 이루었다.

가난하지만 나누어 먹으면 행복하다

음식에는 세 가지가 있다. 첫째는 살기 위한 음식이 있고 둘째는 일하려고 먹는 음식이 있고, 셋째는 즐기기 위해 먹는 음식이 있다. 이 즐기기 위해 먹는 음식은 잔칫집에서 먹는다. 잔치는 먹는 축제다. 그래서 잔칫집 음식은 항상 최고다. 또 먹는 것이 없으면 잔칫집이 되지 못한다. 예수님은 천국을 잔치하는 세계로 소개하셨다. 그런데 먹는 양식마다 그 의미가 다르다. 살기 위해 먹는 양식은 혼자 먹어도 된다. 일하기 위해 먹는 음식도 혼자 먹을 수 있다. 그러나 즐기기 위한 음식은 혼자 먹으면 안 된다. 잔치 음식은 나누어 먹을수록 축제 분위기가 살아난다.

음식은 나누어 먹어야 맛이 난다. 나누어 먹을 때 밥맛이 생긴다. 오늘날 많은 사람들이 밥맛이 없는 이유는 바로 독점하기 때문이다. 혼자 걸게 먹으면 아무리 잘 먹어도 밥맛이 나지 않는다. 삶의 맛은 공동으로 나누어 먹을 때 생긴다.

초대교회는 나눔의 공동체였다. 그들은 모두 함께 지내며, 자신들의 소유를 공동의 소유로 내어놓고, 재산과 물건을 팔아서 모든 사람에게 필요한 만큼 나누어 주었다. 그리고 한마음이 되어 날마다 열심히 성전에 모였으며, 집집마다 돌아가면서 같이 나누고 순수한 마음으로 기쁘게 음식을 먹으며 하나님을 찬양했다. 초대 교회는 모이면 축제였다. 이러한 초대교회의 신앙 정신을 잃어버리고 은혜를 사유화하면 교회는 타락하고, 신앙은 병들게 된다.

기아 어린이를 사랑으로 보살핀 탤런트

"지금도 아프리카에서 돌아오면 한동안 밥을 먹을 수 없어요." 20년이 넘도록 아프리카의 기아 난민에게 구호 활동을 펼치고 있는 탤런트 김혜자 씨가 한 말이다. 그녀는 에티오피아에서 6일간 구호활동을 하면서 자주 이런 말도 했다. “저는 깨끗한 집에서 비싼 옷 입고 다녀도 되나 하는 생각에 힘들 때가 있다.” 그녀는 한국에서 해외 구호활동이 처음 시작되던 무렵인 1992년 우리나라 연예인으로는 처음으로 구호사업에 뛰어들었다.

김혜자 씨가 구호사업에 참여하게 된 동기는 이렇다. “드라마 ‘사랑이 뭐길래’ 촬영이 끝나고, 홀가분한 마음으로 딸과 유럽 여행을 떠날 준비를 하고 있었어요. 그 사이 월드비전에서 에티오피아에 구호활동을 가자고 연락이 왔어요. 솔직히 말할게요. 신기한 나라 구경이나 하는 셈치고 따라나섰지요.” 그녀의 솔직한 고백이다. 그렇게 떠난 에티오피아에서 그녀는 지옥을 만났다. 굶주리고 병에 걸려 뼈만 남은 아이들이 그곳에 있었다. 그녀는 열흘 동안 눈물만 쏟고 다녔다고 한다. 그녀는 『꽃으로도 때리지 말라』(2004년)는 책에서 “그해 아프리카에서 흘린 내 눈물만 다 모아도 에티오피아엔 가뭄이 없을 것”이라고 했다.

독실한 기독교 성도인 그녀는 항상 이렇게 기도한다고 한다. “하나님의 마음을 아프게 하는 것들이 나에게도 고통이 되게 하소서.” 이는 월드비전을 설립한 미국의 밥 스피어스 목사가 성경책에 써놓은 기도문이다. 그녀는 월드비전 친선대사로 20년 동안 아프리카, 소말리아, 인도, 시에라리온 등지에 24차례의 구호활동을 했다. 그 사이, 많이 배우고 많이 변했다고 했다. 시에라리온 다이아몬드 광산 아이들을 보고 그녀는 다이아몬드 반지를 버렸다.

노노마을을 방문한 날 그녀는 “처음 몇 년 동안은 미친 여자처럼 울고 다녔지만 지금은 그런 단계를 넘어섰다.”면서 여유를 보였다. 2시간쯤 뒤 그녀는 다시 한쪽에 주저앉아 또 눈물을 쏟고 있었다. 온종일 밥을 굶은 아이들을 만난 자리에서다. 그리고는 “지금은 도울 수 있어서 기뻐서 우는 거니까 이전과는 다르다.”고 말했다. 그녀는 월드비전을 통해 전 세계 가난한 나라의 어린이 103명과 결연을 하고 매달 후원하고 있다.

매달 기아 어린이들을 위해 일정액을 기부하는 방법

기아대책(Korea Food for the Hungry International)은 지구촌 굶주린 이웃들에게 '떡과 복음'을 전하기 위해 1971년 창립된 기독교국제구호단체다. 한국에는 1989년 설립되어 전 세계 50여개 국가에서 긴급구호와 개발 사업을 통해 자립기반을 마련해주고 있다. 뿐만 아니라 국내 24곳의 지역에서 결식아동, 독거노인을 위한 다양한 복지사업과 수자원 개발, 수액공장 설립 등 북한지원사업도 활발히 펼치고 있다.

해외구호사업은 제 3세계 지역에 기아봉사단를 파송하여 전문인 봉사단으로 깨끗한 물을 사용할 수 있도록 환경개발 및 수자원개발 사업, 어린이들의 문맹을 깨우치기 위한 어린이 개발사업, 의료보건사업 등을 하고 있다. 현재 기아대책을 통해 사역하고, 총 50여 개국에서 약 2,200여명이 활동하고 있다. 한국 기아봉사단으로는 현재 111명이 파송되었다.

후원방법으로 사랑의 111운동이 있다. 한 사람이 한 달 동안 한 구좌 당 1000원씩 기부하는 운동이다. 1000원이면 기아 난민지역 20명의 한 끼 식사를 해결할 수 있다. 경기가 힘들고 어렵기 때문에 적은 돈이지만 1000원씩 기부하는 운동에 참여 부탁드린다. 학원이나 학교, 유치원에서는 '사랑의 밥그릇 나누기' 운동을 추진하고 있다. 잔돈을 모으는 저금통을 나누어주어서 3개월 정도 모아서 지구촌 굶주린 이웃에게 도움을 드릴 수 있다. 사랑의 밥그릇 하나로 기아 난민지역 4인 가족이 한 달 동안 먹을 수 있다고 한다.

기아 어린이를 매달 정기적으로 돕고 싶으면 아래의 사이트에 가입하면 된다.

Korea Food for the Hungry Intl. www.kfhi.or.kr

유니세프한국위원회 www.unicef.dr.kr

굿피플 www.goodpeople.or.kr

초록우산어린이재단 www.childfun.or.kr

굿네이버날아라희망아 www.goodneighbors.kr

기부커뮤니티드림풀 www.dreamfull.or.kr

불우이웃돕기대한적십자사 www.redcross.or.kr

국제구호개발기구월드비전 www.wordvison.or.kr

성도가 죽기 전에 기아 어린이들을 위해 일정액을 헌신해야 하는 이유

하나님은 모든 사람을 긍휼히 여기시지만 특히 가난하고 굶주린 사람을 더욱 불쌍히 여기신다. 예수님께서도 세상에 계실 때 가난하고 병들고 외롭고 버림받은 사람을 돌보셨다. 주님은 지금도 이런 자들이 성도들에 의해서 도움받기를 원하신다. 우리가 최소한의 신앙 양심을 가지고 있다면 죽기 전에 기아 어린이들을 위해 일정액을 헌신하는 것이 마땅하다.

첫째, 기아 어린이들에게 정기적으로 헌신하는 것은 기도가 막히기 않기 위해서다. 하나님은 "내가 기뻐하는 금식은 흉악의 결박을 풀어 주며 멍에의 줄을 끌러 주며 압제 당하는 자를 자유하게 하며 모든 멍에를 꺾는 것이 아니겠느냐 또 주린 자에게 네 양식을 나누어 주며 유리하는 빈민을 집에 들이며 헐벗은 자를 보면 입히며 또 네 골육을 피하여 스스로 숨지 아니하는 것이 아니겠느냐"(사 58:6-7)고 말씀하셨다. 주린 자에게 자신의 양식을 나누어 주는 것이 참다운 금식기도라고 말씀하신 것처럼 기아 어린이에게 매달 정기적으로 일정액을 기부하는 것이 자신의 기도가 막히지 않고 응답받는 일이 될 것이다.

둘째, 기아 어린이들에게 정기적으로 헌신하는 것은 예수님의 마음을 본받기 위해서이다. 예수님은 가난하여 먹을 것이 없는 사람을 그냥 지나치지 않으셨다. "날이 저물어 가매 열두 사도가 나아와 여짜오되 무리를 보내어 두루 마을과 촌으로 가서 유하며 먹을 것을 얻게 하소서 우리가 있는 여기는 빈 들이니이다 예수께서 이르시되 너희가 먹을 것을 주라 하시니"(눅 9:12-13). 제자들이 예수님의 말씀을 듣고 날이 저물어 가매 무리들을 돌려보내자고 했다. 그때 예수님은 제자들에게 먹을 것을 주라고 하셨다. 주님의 제자가 된 우리들도 기아 어린이들을 모른척하지 않은 것이 예수님의 마음을 본받는 일이다.

셋째, 기아 어린이들에게 정기적으로 헌신하는 것은 하늘에 보물을 쌓는 일이다. 주님은 산상수훈에서 "오직 너희를 위하여 보물을 하늘에 쌓아 두라 거기는 좀이나 동록이 해하지 못하며 도둑이 구멍을 뚫지도 못하고 도둑질도 못하느니라"(마 6:20)고 말씀하셨다. 세상에서 가난한 자, 굶주린 자, 버림받는 자, 의지할 사람이 없는 자에게 기부하는 일은 하늘에 보물을 쌓는 것과 다르지 않다. 그들에게 기부를 하면 그들은 결코 갚지 못한다. 그러면 하나님께서 반드시 갚아 주실 것이다. 이는 곧 하늘에 보물을 쌓는 것과 같은 일이다. 성도가 죽기 전에, 다시 말해 세상에 있을 동안에 기아 어린이에게 기부하면 반드시 복을 받는다.

집 주변과 골목길을 청소하라

Bucket List **#038**

매년 6월 5일은 세계환경의 날(World Environment Day)이다. 1972년에 제정된 세계환경의 날은 우리나라를 비롯하여 100여개 국가 이상이 참여하는 세계적인 날로, 환경에 관한 관심을 촉구하고 친환경생활을 전파하기 위한 행사가 펼쳐진다. 환경의 날의 다른 이름은 '사람의 날'이다. 한 사람 한 사람이 환경을 소중히 여기는 노력이 모인다면 지구가 더욱 깨끗해지고, 사람들의 삶이 더욱 아름다워질 수 있다는 소망을 담고 있는 날이다.

우리가 살다보면 집 주변과 골목길에 지저분한 환경이 만들어지곤 한다. 자신이 나쁜 환경을 만들 수도 있지만 지나가는 이웃이나 불량한 사람들이 환경을 더럽힌다. 그런다고 집 주변이나 골목길을 항상 지키고 있을 수도 없다. 설령 지키고 있다가 더럽히는 사람을 꾸짖는다면 서로 불편한 관계가 만들어질 수 있다. 그래서 집 주변과 골목길을 깨끗하게 하는 방법은 자신이 매일 청소하는 것밖에 없다. 그러다보면 매일 청소하지 않아도 될 수 있다.

깨진 유리창 법칙

'깨진 유리창 법칙'이라는 것이 있다. 범죄학자 제임스 윌슨과 조지 켈링이 1982년 월간 잡지 「애틀랜타」에 발표하면서 가장 먼저 주창한 범죄학 이론이다. 어느 건물에 깨진 유리창이 하나 있는데 그것을 바로 새것으로 갈아 끼우지 않으면, 그 건물의 다른 유리창뿐 아니라 그 주변 건물의 유리창들도 깨지게 됨으로써 그 동네는 사람이 살기 힘든 우범지대가 되고 집값은 떨어져서 슬럼(Slum)화 한다는 것이다. 그러므로 문제의 원인을 밝혀내어 초기에 강력하게 대응해야 한다는 것이 '깨진 유리창' 의 핵심이론이다.

1994년 뉴욕시장으로 당선된 루돌프 줄리아니는 골머리를 앓던 지하철 범죄를 줄이기 위해서 무단횡단, 노상음주, 무임승차, 낙서 등 기초질서 위반자에 대해 집중단속을 함과 동시에 낙서를 지우고 쓰레기를 치우는 등 대대적인 환경개선에 나서게 되었다. 그로부터 5년이 지난 뒤 뉴욕시의 범죄가 살인사건의 경우 연간 2,200여건에서 1,000건 이상 감소하였고, 지하철 범죄율도 75%나 급감하였다고 한다. 세상을 바꾸는 변화는 사소한 관심에서 시작된다.

자기 집 주변과 골목길은 일단 깨끗해야 한다. 집이 있는 한적한 곳에 있고 지나는 사람이 별로 없다면 아무나 무단으로 쓰레기를 투기하거나 더렵혀질 수 있다. 또한 저녁 무렵이면 청소년들이 책가방을 들고 찾아와 담배를 피우고 버리는 경우가 많다. 그런다고 대놓고 야단치면 그들이 가만히 있을 것 같지 않다. 집 주변과 골목길이 밝지 않다면 가로등을 설치하거나 매일 같이 깨끗하게 청소하면 환경이 한결 좋아지고 쾌적하게 될 것이다.

자기 집 앞길을 밟는 사람의 발을 씻기는 마음으로

예수님의 생애는 온통 감동으로 이어지지만 그래도 기억에 지워지지 않는 행동은 제자들의 발을 씻겨주는 일이다. 유월절이 가까워지고 있었다. 이제 유월절이면 예수님은 "자기가 세상을 떠나 아버지께로 돌아가실 때가 이른 줄" (요 13:1) 아셨다. 예수님은 세상에 있는 주님의 제자들을 사랑하시되 끝까지 사랑하셨다. 예수님은 저녁을 잡수시던 자리에서 일어나 겉옷을 벗고 수건을 가져다가 허리에 두르시고 대야에 물을 떠서 제자들의 발을 씻으시고 두르신 수건으로 닦기까지 하셨다. 상상해보라. 예수님은 하나님의 아들이시다. 그리고 제자들의 스승이시다. 그런데 예수님은 자신의 신분을 내려놓고 제자들의 발을 씻기신 것이다.

예수님의 이런 돌발적인 행동에 제자들은 놀랐다. 그러나 어안이 벙벙하면서도 누구 하나 입을 떼지 못하고 당하기만 했다. 그런데 베드로의 차례가 되었을 때에 성질이 급한 베드로는 "주여 주께서 내 발을 씻으시나이까" 하고 거절하려 했다. 이에 예수님은 이런 대답을 하셨다. "내가 하는 것을 네가 지금은 알지 못하나 이후에는 알리라" (요 13:7) 이 말씀을 깊이 묵상해 보아라. 제자들의 발을 씻기신 예수님의 마음을 오늘의 성도는 아는가?

다른 사람의 발을 씻기는 것은 가장 낮은 자세다. 일단 수건을 준비하고 세숫대야에 물을 담아 와야 한다. 그리고 허리를 굽히고 상대방의 가장 낮은 곳에 있는 가장 더럽고 냄새나는 발을 자신의 손으로 만져야 한다. 이는 말이 쉽기 실제는 쉽지 않은 행동이다. 가끔 학교에서나 교회에서 선생님 제자들의 발을, 목사가 교인들의 발을 씻기는 세족행사에 대해서 비아냥거리는 말을 하는 사람이 있다. '이런 일은 예수님이 하신 일이니 스스로 예수님이 되고 싶지 않다' 고…… 이는 자신이 낮아지기를 거부하면서 그러지 못하는 자신을 옹호하는 말이다.

예수님께서 말씀하셨다. "내가 너희에게 행한 것을 너희가 아느냐 너희가 나를 선생이라 또는 주라 하니 너희 말이 옳도다 내가 그러하다 내가 주와 또는 선생이 되어 너희 발을 씻었으니 너희도 서로 발을 씻어 주는 것이 옳으니라 내가 너희에게 행한 것 같이 너희도 행하게 하려 하여 본을 보였노라 내가 진실로 진실로 너희에게 이르노니 종이 주인보다 크지 못하고 보냄을 받은 자가 보낸 자보다 크지 못하나니 너희가 이것을 알고 행하면 복이 있으리라" (요 13:12-17). 이런 주님의 가르침을 명심하고 실제로 실천해 보아라.

집 주변과 골목길을 이웃들이 발로 밟고 다닌다. 모르는 사람도 집 앞길을 밟고 다닌다. 성도가 자신의 집 앞길을 지나다니는 사람의 발을 일일이 씻겨주지 못할지언정 작업복을 입고 날마다 집 앞길을 지나가는 사람의 발을 씻기는 마음으로 청소를 해보아라. 쓰레기나 오물을 줍고 대비를 들고 말끔하게 청소해 보아라. 첫째, 성도의 인상이 달라질 것이다. 둘째, 지나가는 사람의 기분이 달라질 것이다. 셋째, 겸손한 성도에 대한 평가가 달라질 것이다. 넷째, 자기 집 앞길을 밟고 자나가는 사람들의 마음까지 깨끗하여질 것이다.

성도가 죽기 전에 집 주변과 골목길을 청소해야 하는 이유

환경은 누가 만들어주는 것이 아니고 자신이 만들어야 한다. 깨끗하고 아름다운 환경에서 정직한 인품이 나오고, 더럽고 지저분한 환경에서 부정한 성격이 형성된다. 깨끗하고 아름다운 환경에서 사는 사람은 존경을 받지만, 더럽고 지저분한 환경에서 사람은 천한 사람으로 취급된다. 환경은 제 2의 천성을 만든다고 한다. 환경은 생각을 지배하고, 생각은 성격을 만들고, 성격은 인격을 이룬다. 그런 까닭에 자신이 깨끗하고 좋은 환경을 만들어야 한다.

성도는 죽기 전에 환경을 책임져야 한다. 신앙적인 가정환경을 만들고, 주님께서 함께 하시는 일터의 환경을 조성해야 한다. 그리고 자신이 섬기는 교회도 사랑과 믿음, 섬김과 나눔, 이해와 용서가 넘치는 환경이 되도록 최선을 다해야 한다. 하나님은 성령께서 함께하시는 환경을 원하신다. 미워하고 질투하며 시기하는 환경이면 성령님은 떠나시고 악령이 함께한다. 그러므로 성도는 최선을 다해서 하나님께서 함께하시는 환경을 만들어야 한다.

자신의 집 주변과 골목길을 청소하는 것이 사소한 일일 수 있다. 어쩌면 그 일은 아무도 보지도 않고 신경을 쓰지 않고 지나쳐 버린다. 그러나 자기 집 주변과 골목길이 지저분하면 지나는 사람의 인상부터 달라진다. 만일 누가 그 집에 성도가 산다는 것을 안다면 먼저 주님께서 욕을 먹고 하나님의 영광을 가리는 꼴이 될 것이다. 그러므로 성도는 죽기 전에 하나님을 섬기는 마음으로, 집 앞을 지나는 이웃의 발을 씻기는 심정으로 집 주변과 골목길을 매일 같이 깨끗이 청소하면 그 행동은 간접적으로 복음을 전하는 일이 될 것이다.

자신의 재능을 기부할 곳을 찾아 나누라

Bucket List **#039**

사람마다 타고한 재능이 있다. 공부를 잘하는 사람이 있는가 하면 운동을 잘하는 사람이 있고, 또한 노래에 남다른 재능이 있는 사람이 있다. 장사를 잘하는 사람, 농사를 잘 짓은 사람, 손재주가 좋아서 만들기에 뛰어난 사람, 말 주변과 대인관계를 잘 운영해서 정치적인 수완이 좋은 사람, 기업 경영에 유능한 CEO 등 수많은 재능가가 있다.

성도에게도 신앙적인 재능을 비롯해서 일상의 사회생활에 여러 가지 남다른 재능을 가진 경우가 많다. 성도의 그 재능은 오직 자신을 위한 것이 아니고, 하나님과 그의 나라 그리고 나아가 사회를 위하여 활용하라고 하나님께서 주셨다. 지혜로운 성도는 자신의 재능을 사장하지 말고, 더욱 뛰어나게 계발하여 기부할 곳을 찾는 것이 하나님을 위해서 좋을 것이다.

재능이란 무엇인가?

재능이란 일반적으로 '태어날 때부터 가지고 있는 특별한 능력이나 소질' 이라고 정의한다. 그러나 재능의 정의는 강점을 구축하는 한 가지 요소로서 더욱 정확하고 이해하기 쉽게 내려져야 한다. 따라서 우리는 재능이란 생산적으로 쓰일 수 있는 사고(思考), 감정(憾情), 행동(行動)의 반복되는 패턴이라고 정의할 수 있다.

본능적으로 호기심이 강하다면 그것은 재능이다. 다른 사람과 경쟁하는 것을 좋아한다면, 그것 역시 재능이다. 매력적인 사람이라면 이것도 재능이다. 인내심이 강하다면 그것 역시 재능이다. 책임감이 강하다면 그것은 재능이다. 반복적으로 나타나는 생산적인 패턴을 사용할 수 있다면 재능이라고 할 수 있다.

재능은 한 순간 찾아지는 것이 아니다. 본인의 재능을 찾는다는 것은 매우 중요하지만 무엇이 자신의 재능인지를 알기는 매우 어렵다. 자신이 좋아하는 것이 무엇인지, 자신이 잘하는 것이 어떤 것인지를 고민해 봐야 한다. 재능을 한번에 찾는 사람은 거의 없다. 이것일지 저것일지 고민하고 하나씩 시행착오를 거쳐봐야 한다.

재능은 무턱대고 보이지 않고 어떤 일에 상당한 수준까지 올라야 보이기 시작한다. 자신의 재능은 숨겨져 있는 것이 보통이다. 하지만 자신의 마음에 들고, 재미가 있고 탁월하다고 생각이 되어 자주 갈고 닦다 보면 남다른 재능을 발견할 수 있다. 사실 본인이 재능은 한두 가지가 아니지만 모두가 자신의 재능이라고 할 수는 없다. 자신이 가지고 있는 재능 중에서 뛰어나다고 할 수 있는 것을 활용하여 자주 사용하면 자신만의 뛰어난 재능이 될 수 있다.

재능은 하나님께서 주신 달란트

마태복음 25장에 나오는 예수님의 달란트의 비유에서 오랜 후에 주인이 돌아와서 종들과 결산하게 되었다. 다섯 달란트 받았던 종은 다섯 달란트를 더 가지고 와서 "제게 다섯 달란트를 주셨는데 제가 또 다섯 달란트를 남겼나이다." 고 했다. 주인이 "참 잘하였도다. 착하고 충성된 종아 네가 적은 일에 충성하였으매 내가 많은 것을 네게 맡기리니 네 주인의 즐거움에 참여할지어다." 고 칭찬했다. 다음에 두 달란트 받았던 종도 와서 "제게 두 달란트를 주셨는데 보소서 제가 또 두 달란트를 남겼나이다." 역시 주인은 "잘하였도다. 착하고 충성된 종아 네가 적은 일에 충성하였으매 내가 많은 것을 네게 맡기리니 네 주인의 즐거움에 참여할지어다." 라고 다섯 달란트 받은 종에게와 똑같은 말로 칭찬을 해주었다.

그런데 한 달란트 받았던 종은 "당신은 굳은 사람이라 심지 않은 데서 거두고 헤치지 않은 데서 모으는 줄을 내가 알았으므로 두려워하여 당신의 달란트를 땅에 감추어 두었었나이다. 보소서 당신의 것을 가지셨나이다." 고 말했다. 주인의 안색이 변했다. 주인이 화가 나서 "악하고 게으른 종아 나는 심지 않은 데서 거두고 헤치지 않은 데서 모으는 줄로 네가 알았느냐 그러면 네가 마땅히 내 돈을 취리하는 자들에게나 맡겼다가 내가 돌아와서 내 원금과 이자를 받게 하였을 것이니라 그에게서 그 한 달란트를 빼앗아 열 달란트 가진 자에게 주라 무릇 있는 자는 받아 풍족하게 되고 없는 자는 그 있는 것까지 빼앗기리라 이 무익한 종을 바깥 어두운 데로 내쫓으라 거기서 슬피 울며 이를 갈리라" (마 25:26-30)고 저주하였다.

한 달란트 받은 종은 왜 그 많은 돈을 땅에 묻을 수밖에 없었을까? 한 달란트를 받은 종은 자신의 재능을 알지 못했기 때문이다. 재능은 발견하여 만들어지는 것이다. 하나님은 이미 우리에게 각종 재능을 주셨다. 그런데 그 재능을 땅에 묻어두면 아무 일도 할 수 없다. 오히려 주님의 책망과 저주를 받을 수밖에 없다. 자신의 재능을 발견하고 잘 관리하여 하나님께서 기뻐하시는 나누는 생활을 할 때에 하나님은 기뻐하시고 축복하신다.

우리는 오랫동안 정신없이 세상과 자신만 바라보며 살아왔다. 하나님께서 주신 재능도 알지 못하고 되는 대로 살았다. 우리는 주님의 말씀에 순종하지 않았다. 우리에게 섬김도 봉사도 없었다. 주님께 받은 재능에 대한 사명감을 말아먹었다. 우리는 지금 이 시간에 반성해야 한다. 우리에게는 받은 재능을 100% 활용하고 나누어주어야 할 사명이 있다.

성도가 죽기 전에 자신의 재능을 기부해야 하는 이유

우리는 하나님께 받은 재능이 있지만 그것으로 기부하지 못하고 묻어두는 경향이 많다. 그렇게 되면 이름만 '크리스천'이요, 무능한 신자로 전락하게 된다. 성도는 죽기 전에 기도하는 중에 자신의 재능을 발견하고 그 재능을 기부할 곳을 찾아야 한다.

첫째, 거룩함에 이르는 것이 재능을 기부하는 것이기 때문이다. "하나님의 뜻은 이것이니 너희의 거룩함이라"(살전 4:3). "하나님이 우리를 부르심은 부정케 하심이 아니요 거룩하게 하심이니"(살전 4:7). 하나님께서 우리를 구원하시고 우리에게 의도하신 것은 우리가 거룩하게 되는 것인데, 이 '거룩함'을 세상 사람에게 보여주는 것이 자신의 재능을 발견하여 사회에 기부하고 나누어서 하나님께서 바라시는 공동체를 만드는 일이다.

둘째, 재능을 기부하는 것이 하나님을 만나는 것이기 때문이다. "모든 사람으로 더불어 화평함과 거룩함을 따르라 이것이 없이는 아무도 주를 보지 못하리라"(히 12:14). 하나님은 가난한 자와 병든 자와 버림받은 자와 함께 계신다. 우리가 자신의 재능으로 나눌 수 있는 곳에 찾아가서 그들과 화평과 거룩함을 따르면 거기서 주님을 만나볼 수 있다. 하나님은 풍족한 사람과 함께하시기보다 가난한 자와 함께 하신다. 성도가 죽기 전에 자신의 재능을 발견하고, 그 재능을 나눌 수 있는 사람과 함께할 때에 주님과 동행할 수 있다.

셋째, 재능을 기부하는 것이 미래의 비전을 세우는 것이기 때문이다. "내가 주릴 때에 너희가 먹을 것을 주었고 목마를 때에 마시게 하였고 나그네 되었을 때에 영접하였고 헐벗었을 때에 옷을 입혔고 옥에 갇혔을 때에 와서 보았느니라"(마 25:35-36). 자신의 재능은 별 것이 아니다. 먹거리와 음료수, 영접과 의복 그리고 문병이 영적인 재능이다. 그것들을 가지고만 있을 것이 아니라, 필요로 하는 사람과 나누는 것이 재능 기부다. 성도가 죽기 전에 자신이 소유한 재능들을 나누어서 돕는 것이 복된 성도의 마땅한 도리다.

자원봉사 활동에 참여하라

Bucket List **#040**

봉사는 성도의 사명이다. 주님은 “무엇이든지 남에게 대접을 받고자 하는 대로 너희도 남을 대접하라” (마 7:12)고 하셨다. 우리는 대접을 받기 위해서 봉사하는 것이 아니라, 주님께서 남을 대접하는 본을 보여주셨기 때문이다. 성도는 교회와 사회에서 봉사를 많이 해야 한다. 주님께서 “너희는 세상의 빛이라” (마 5:14)고 하셨는데, 빛 된 삶으로 사회에 봉사하라는 말씀이다. 정확히 말하면 봉사가 없이는 빛 된 삶을 살 수 없다는 말씀이다.

봉사(奉仕, serving)를 구약성경에서는 히브리어로 ‘아베드’라 한다. 이 말은 ‘일하다. 수고하다. 노동하다(창 2:15, 신 28:39)’ 라는 뜻을 가지고 있다. 헬라어로는 ‘디아코노스’라고 하는데, ‘남을 섬기는 사람, 신복, 종(마 20:26, 막 9:35)’, ‘사명을 수행하는 사람(롬 13:4, 15:8)’, ‘추종자, 제자(요 13:28)’, ‘집사(롬 16:1, 빌 1:1)’ 라는 뜻이다.

자원봉사란 무엇인가?

인간은 사회적 동물이기 때문에 혼자 살아갈 수 없다. 인간은 태어나면서부터 죽을 때까지 누군가의 도움을 받는다. 사회를 만들어 그 속에서 서로 돕고 어려움도 함께 극복하면서 인종이나 계급·성별·학력·직업·신체 조건에 관계없이 ‘인간(人間, Human)’ 이란 존재를 귀하게 여기고 서로를 사랑하면서 살아가야 한다. 그래서 우리는 누군가가 어려움에 처하게 되면 도와주고 싶은 마음이 저절로 생겨나는데 이것이 바로 자원봉사의 출발이라고 할 수 있다.

'봉사'와 '자원봉사'는 비슷한 말이지만 그 의미는 약간 다르다. 자원봉사자(Volunteer)라는 용어는 '자유의지'라는 뜻을 가진 라틴어 'Voluntas'에서 나온 말인데, 자원하여 봉사활동을 하는 사람으로 'Volunteer'라고 부른다. 자원봉사는 사전적으로 '도움이 필요한 사람에게 아무런 대가를 바라지 않고 무보수로 직접적인 서비스를 제공하는 활동'이라고 정의되어 있다. 자원봉사의 현대적인 개념으로는 '지역사회의 발전과 변화를 가져오기 위한 계획적이고 조직적인 사회행동'으로 그 범위가 확대되고 있다.

한자로는 자원봉사(自願奉仕)라고 쓰는데, 이것은 스스로 자(自), 원할 원(願), 받들 봉(奉), 섬길 사(仕) 자로 '스스로 원해서 받들고 섬기다'라는 뜻으로 해석된다. 즉, 자원봉사란 자발적인 의지로 남을 돕는 것을 말한다. 자원봉사활동은 누가 시켜서 하는 것이 아니고 의무적으로 하는 것도 아니다. 즉, 자신의 자발적인 의사로 이루어져야 하는 활동을 말한다.

자원봉사활동의 주요 특성을 다음 4가지로 말할 수 있다. 첫째는 자발성이다. 자원봉사는 지역사회와 이웃의 문제를 자신의 일로 받아들여 스스로 해결하고자 노력하는 것이다. 둘째는 공익성이다. 자원봉사는 개인이나 가족의 이해를 뛰어넘어 다른 사람들의 안녕과 복지, 나아가서 사회 전반적인 삶의 질을 향상시키는 것이다. 셋째는 무보수성이다. 자원봉사의 대가로 정신적인 보람과 만족 외에는 아무런 반대급부(보수, 권력, 지위 등)도 바라지 않는다. 넷째는 지속성이다. 자원봉사는 한두 번에 끝나는 것이 아니라 꾸준히 실천하는 것이다.

기독교는 사랑으로 봉사하는 종교

기독교는 봉사하는 종교다 기독교의 생명은 봉사에 있다. 신약성서에서 '디아코니아' 란 낱말은 '봉사하는 것' 또는 '사역하는 것' 을 의미한다. 교회가 하는 사역을 Ministry라 하고, '봉사하는 것' 을 의미하는 동사 '디아코네인' 에서 '디아코노스' 란 명사가 나왔는데 이를 사역자(Minister), 목사라고 부른다.

'봉사하는 일' 의 정신을 가장 잘 나타내고 있는 성경은 예수님께서 봉사하는 일에 분주하여 염려하는 마르다에게 "혹은 한 가지 만이라도 족하니라" (눅 10:42)는 말씀으로 교훈하셨다. 그리고 봉사의 직무에 대해서도 "한 알의 밀알이 땅에 떨어져 죽지 아니하면 한 알 그대로 있고 죽으면 많은 열매를 맺느니라" (요 12:24)고 말씀하셔서 스스로 봉사의 본을 보여주셨다. 이 예수님의 교훈은 기독교의 역사와 함께 지나오면서 봉사를 생명으로 삼고 사회에서 하나님의 나라를 실천하려는 꿈을 가진 사람들의 활동에 큰 빛이 되어왔다.

봉사활동이 교회만의 전유물처럼 되어 있던 종교적 영역을 넘어 이제는 사회의 영역으로 확대되고 있다. 그 이유는 정부가 세계화와 무한경쟁시대를 맞으면서 교육개혁의 목표를 자아실현에 두고 있다. 최근 대학입시에도 인성교육을 중시하고 지식 중심의 도덕, 윤리교과 교육에서 벗어나 대화, 토론, 수련활동, 특별활동, 자원봉사 활동 등 실천적 활동을 강화하여 '종합생활기록부' 에 기록하여 입시에 반영하도록 하고 있다. 이런 교육개혁을 우리가 환영하는 것은 단순히 입시위주의 경쟁교육에서 벗어나게 되었다는 안도감 때문만은 아니다. 그보다도 우리사회가 성숙한 사회로 갈 수 있는 기틀이 마련되었다는 점에서 좋은 점이다.

자원봉사의 현장 갖기

우리가 가장 쉽게 자원봉사의 현장에 접근할 수 있는 방법 중의 하나는 '사랑의 봉사 현장 갖기' 다. 부모와 자녀가 '사랑의 현장' 을 가지고 섬기고 봉사한다면 이러한 사랑의 실천을 통해서 새로운 신앙의 세계가 열리게 될 것이다. 이는 인간을 구원하기 위하여 세상에 인간의 몸을 입으시고 오신 예수 그리스도의 은혜를 깊이 깨닫고, 자신의 생활 주변에 있는 '지극히 작은 자'와 함께 살아가는 복음의 실천 운동이다. 이 '사랑의 봉사 현장 갖기'는 예수님의 명령을 받들어서 우리의 사랑을 필요로 하는 이웃을 바로 이해하고 우리 그리스도인들이 각자 사랑을 실천하는 데 그 목적이 있다.

'사랑의 봉사 현장 갖기'는 모든 인간(어린이, 청소년, 성인, 노인, 장애인, 여성, 가난한자, 결핵환자, 나환자, 부랑인, 노숙인, 재소자)이 그들의 삶을 영위해 나가는 곳(보육원, 학교, 직장, 가정, 지역사회, 병원, 보호시설, 역전지하도, 교정시설)에서 발생하는 삶의 여러 문제들(신체적, 심리적, 영적, 경제적)의 해결을 위해 고통 받는 그들의 삶의 현장(빈곤, 무지, 고독, 질병, 실직, 마약, 약물중독, 폭력, 신체적 구속, 지체부자유, 정신치제 등) 속에 동참하여 그들의 짐을 함께 나누어지는 복음의 실천을 하는 데 그 목표를 두고 있다.

사랑의 봉사 현장은 아동 현장, 청소년 현장, 노인 현장, 장애인 현장, 교정 현장, 여성복지 현장, 의료 현장, 빈민 현장, 지역사회 현장 등 다양하다. 많은 사랑의 봉사 현장 중에서 부모와 자녀가 쉽게 접근할 수 있는 현장을 선택하라. 예를 들어서 '아동 현장', '청소년 현장', '장애인 현장', '의료 현장', '빈민 현장'을 생각할 수 있다.

자원봉사 현장 갖기

성도가 자원봉사 현장을 만들기 위해서 기도해 보아라. 먼저 기독교의 특성을 설명하고, 기독교인이 해야 할 사랑의 자원봉사 활동에 대해서 긍정적인 자세를 갖도록 하라. 그리고 자원봉사 현장을 만들어 보라. 여기서 실제적이고 현실적인 매뉴얼이 필요하다. 처음부터 거창하고 방대한 계획을 세울 필요는 없다. 누구에게도 알리지 말고 아주 작게 계획을 세우고 실천하라. 반드시 현장 일지를 기록하라. 그리고 소요되는 경비와 물자를 조달하고 기록에 남겨라. 월 단위 혹은 분기별로 평가회를 갖고 그것도 기록에 남겨두라. 건전한 자원봉사 활동에 대한 의견을 수렴하도록 하라. 가장 현실적인 봉사 현장을 만들도록 하라.

"그가 어떤 사람은 사도로, 어떤 사람은 선지자로, 어떤 사람은 복음 전하는 자로, 어떤 사람은 목사와 교사로 삼으셨으니 이는 성도를 온전하게 하며 봉사의 일을 하게 하며 그리스도의 몸을 세우려 하심이라 우리가 다 하나님의 아들을 믿는 것과 아는 일에 하나가 되어 온전한 사람을 이루어 그리스도의 장성한 분량이 충만한 데까지 이르리니 이는 우리가 이제부터 어린 아이가 되지 아니하여 사람의 속임수와 간사한 유혹에 빠져 온갖 교훈의 풍조에 밀려 요동하지 않게 하려 함이라 오직 사랑 안에서 참된 것을 하여 범사에 그에게까지 자랄지라 그는 머리니 곧 그리스도라"(엡 4:11-15).

성도가 죽기 전에 자원봉사 활동에 참여해야 하는 이유

일반적으로 자원봉사는 정년퇴직을 한 후에나 하는 것으로 알려졌다. 물론 현직에 있을 때는 바쁘고 시간에 쫓기니까 자원봉사까지 할 시간과 여유가 나지 않을 수 있다. 그러나 자원봉사는 노인들이나 하는 일이라고 생각해서는 안 된다. 사람이 정년퇴직을 하고나면 아무래도 정력과 열심히 떨어지고 다른 사람을 돌볼 수 있는 마음이 없어질 수 있다. 그러므로 자원봉사는 나이에 상관이 없다. 나이가 얼마든지 마음만 있으면 언제나 가능하다.

최소한 하나님과 이웃을 사랑하는 신앙을 가진 성도라면 더 늙기 전에 시간과 기회를 마련해서 자원봉사를 하는 것이 좋을 것이다. 여기서 성도가 죽기 전에 자원봉사를 해야 이유를 말한다는 것은 손으로 해를 가릴 수 없는 것처럼 어리석은 짓이긴 하지만 그럼에도 몇 가지를 말할 수 있다.

첫째, 자원봉사는 성도의 사명이기 때문이다. 주님은 산상보훈에서 "열매로 그들을 알지니…좋은 나무가 나쁜 열매를 맺을 수 없고 못된 나무가 아름다운 열매를 맺을 수 없느니라"(마 7:16,18)고 말씀하셨다. 자원봉사는 열매 맺는 일과 같다. 특별히 남이 알지 못하게 자원봉사를 통해서 사랑과 믿음과 소망의 열매를 맺으면 하나님의 나라와 그의 의를 위해서 큰 도움이 될 것이다. 사명감을 가진 자원봉사를 통해서 선한 열매를 맺도록 하자.

둘째, 자원봉사는 복음 전파의 방법이 되기 때문이다. 사도 바울은 디모데에게 "너는 말씀을 전파하라 때를 얻든지 못 얻든지 항상 힘쓰라"(딤후 4:2)고 당부하였다. 성도가 어떻게 하든지 때를 얻든지 못 얻든지 말씀을 전파해야 하는데, 자원봉사는 전도하기에 가장 좋은 기회가 된다. 드러내 놓고 전도하면 거부감을 가질 수 있으나 아무 말 없이 자원봉사를 하면 수급자가 감동을 받고 신분을 물을 것이고, 그 기회에 복음을 전하면 될 것이다.

셋째, 자원봉사는 사랑을 실천하는 동기가 되기 때문이다. 성도는 사랑의 현장을 가져야 한다. 사랑의 현장을 갖는 것은 여러 가지 방법이 있을 수 있으나 자원봉사를 사랑의 현장으로 만들고, 수급자를 자신의 가족처럼 또는 자신의 몸처럼 사랑하면 하나님께서 기뻐하실 것이다. 사랑이 없는 그리스도인은 위선에 빠질 수 있다. 자신의 도움이 필요한 자, 자신의 협조가 없이는 어려운 세상을 살아가기 힘든 자를 자원봉사하면 긍정적인 공동체와 사랑이 있는 사회를 만들 수 있다. 성도가 죽기 전에 자원봉사로 삶의 보람을 창조하도록 하자.

악을 버리고 선한 생활을 하라

Bucket List **#041**

우리가 사는 사회에는 불가불 선한 사람과 악한 사람이 섞여 있다. 겉으로 보아서는 누가 선한 사람이고 악한 사람인지는 알 수 없어도 어느 순간에 자신이 불이익을 당하면 양보하지 않고 악의 본심이 드러난다. 하지만 어떤 사람은 자신이 불이익을 당해도 선한 마음으로 양보하기도 한다. 자시 자신은 어느 편인가? 성도라면 악을 버리고 선한 생활을 해야 한다.

하나님께서 에덴동산에 선(善)과 악(惡)을 알게 하는 나무를 두시고 아담과 하와에게 그 열매를 먹지마라고 하셨다. 이것은 인간에게 자유의지(自由意志)를 주셔서 동물과 구별하시고, 스스로 선과 악을 선택할 수 있는 권한을 주신 것이다. 하나님께서 이렇게 하신 것은 인간이 성숙한 인격체로 발전하기를 원하신 것이다. 하지만 인간은 뱀으로 위장한 사탄의 유혹에 빠져 스스로 선을 버리고 악을 선택하였다. 결국 악은 인간의 불순종에서 왔다.

선과 악의 갈등

사람들에게 선과 악의 갈등은 아담과 하와가 에덴동산에서 쫓겨났을 때부터 시작되었다. 아담과 하와에게는 가인과 아벨이라는 두 아들이 있었는데, 그들은 하나님께 예배를 받으시는 문제로 갈등을 일으켜서 가인 하나님께 대한 불만으로 아벨을 죽였다. 이 사건은 인류 최초의 살인사건이다. 그 후부터 인류의 역사에서 선과 악의 갈등이 그치지 않고 있다.

하나님은 사람에게 '양심의 법'을 주셨다. 인간은 양심 때문에 선과 악의 갈등을 하고 있다. 바울은 인간의 내부에서 일어나는 선과 악의 갈등을 이렇게 묘사했다. "오호라 나는 곤고한 사람이로다 이 사망의 몸에서 누가 나를 건져내랴"(롬 7:24). 그는 자신의 속사람이 하나님의 법을 즐거워하지만, 자기 속사람이 죄의 법과 싸워서 자신을 갈등에 빠뜨린다고 했다. 바울은 율법이 죄를 깨닫게 해주지만 그 율법이 자신을 구원할 수 없다고 했다.

선과 악의 갈등은 개인의 윤리와 도덕, 그리고 신앙적인 구원 문제를 넘어서 인류의 생존과도 관련이 있다. 인류의 역사는 크고 작은 전쟁과 함께 제 1,2차에 걸친 세계대전을 치렀다. 이런 인류의 전쟁은 인종과 국가 간의 갈등으로 많은 재물과 인간을 죽였으며, 자연까지 무자비하게 파괴하였다. 이는 곧 하나님의 선하심에 대한 도전이고, 인간들의 악의 승리를 표출하였다. 하지만 인류의 역사는 악한 인간들의 의지대로만 진행되지 않는다. 인류 역사의 종말에는 하나님의 심판이 있을 것이고, 마침내 인간의 악을 소멸할 것이다.

선은 반드시 승리한다는 교훈

'신상필벌(信賞必罰)'이라는 말이 있다. 이 말은 선한 사람에게는 반드시 상을 주고 악한 사람에게는 반드시 벌을 준다는 뜻으로, 상벌을 공정하고 엄중히 함을 이르는 말이다. 그러나 역사적으로 살펴 볼 때, 항상 선한 사람이 상을 받고, 악한 사람이 벌을 받지는 않았다. 그런 의미에서 신상필벌은 사람들의 희망사항일 뿐 반드시 선이 이기고 악이 지지는 않는다. 지금도 지구상에서 자본주의와 공산주의가 대결을 하고 있는 것이 그 증거다.

그러면 궁극적인 선의 승리를 어디서 찾을 수 있을까? 오직 예수 그리스도만이 악을 이기고 승리할 수 있다. 인간은 하나님의 법을 떠나 살았기 때문에 스스로 선과 악의 문제를 해결할 능력이 없다. 그래서 하나님은 인간이 죄악에서 해방될 수 있는 유일한 길을 만들어 주셨다. 그 유일한 길은 예수 그리스도의 십자가이다. 십자가만이 악을 이길 수 있다.

사도 바울은 "사망아 너의 승리가 어디 있느냐 사망아 네가 쏘는 것이 어디 있느냐 사망이 쏘는 것은 죄요 죄의 권능은 율법이라 우리 주 예수 그리스도로 말미암아 우리에게 승리를 주시는 하나님께 감사하노니"(고전 15:55-57)라고 외쳤다. 여기서 "사망"과 "율법"은 악을 상징한다. 예수 그리스도가 사망과 율법을 이긴 것은 선(복음)의 승리를 의미한다.

성도의 길이 되시고 진리가 되시고 생명이 되시는 예수 그리스도가 악을 이기고 선으로 가는 지름길이다. 예수 그리스도를 믿고 따르는 것으로 선과 악의 혼돈과 갈등에서 벗어날 수 있다. 인간의 내면에 자리한 선과 악의 갈등을 자기 힘과 의지로 해결하려 할 때는 곤고해진다. 선과 악을 인간의 지혜로 구분하려 하기보다는, 무조건 하나님 편에 서야 한다. 왜냐 하면 하나님은 선하시기 때문이다. 선하신 하나님의 성령으로만 악을 이길 수 있다.

악한 생활을 버려야 한다는 교훈

"악은 어떤 모양이라도 버리라"(살전 5:22)는 말씀에서 '버리라'로 번역된 헬라어 '아페코'는 매우 강렬한 의미를 담고 있는 동사로, '폐지하다', '멀리하다'라는 뜻을 가지고 있다. 데살로니가전서 4장 3절의 "음란을 버리고"와 베드로전서 2장 11절의 "육체의 정욕을 제어하라"에도 같은 단어가 사용되었다. 이런 말씀들은 '악의 형태'를 전격적으로 끊어버릴 것을 말한다. 악의 형태란 악의 행위로 악한 교리, 음란, 불륜, 사기, 도박 등을 가리킨다.

옛날에 공산당의 얼굴이 빨간 줄 알았다. 공산당을 빨갱이라고 불렀기 때문이다. 그런데 나중에 알고 보니 그들의 얼굴이 빨갛게 생기지는 않았다. 우리는 죄 짓는 사람은 특별한줄 알았다. 생기기도 범죄인처럼 생기고 성격도 난폭하고 악하고 더러운 줄 알았다. 그런 사람들만이 죄를 짓는 줄 알았다. 그런데 알고 보니 죄인이라고 못되게 생기지는 않았다.

교회 다니는 사람은 죄를 짓지 않는 줄 알았다. 교회 다니는 사람은 모두 착한 줄 알았다. 그런데 알고 보니 그게 아니었다. 정작 자신부터 악하고 더럽고 추한 생각을 하지 않으려고 해도 자신도 모르게 악하고 더러운 생각을 하고 있는 것을 나중에 알았다. 악한 마귀가 안에 있는 것을 느끼고 가증스런 모습에 고개를 절레 절레 흔들 때가 한두 번이 아니다.

악은 악한 모양으로 다가오지 않는다. 성경에도 사탄은 우리에게 광명의 천사로 위장하여 다가온다고 했다(고후 11:14). 그래서 성도도 마귀에게 속는다. 마귀를 겉모습으로만 보아서는 아무도 모른다. 오히려 악한 사람이 보통 사람보다 더욱 친절하고 선하게 보일 수 있다. 악인은 위장전술이 뛰어나다. 악은 절대로 악한 모양으로 다가오지 않는다. 독버섯은 아름다운 법이다. 그래서 그 아름다움으로 사람을 홀리게 마련이다. 성도는 기도하면서 악에게 유혹되지 않도록 주의를 경계하고 하나님의 선한 교훈을 따라야 한다.

성도가 죽기 전에 악을 버리고 선한 생활을 해야 하는 이유

선한 생활과 악한 생활은 자신의 선택에 의해서 결정된다. 중국의 맹자는 성선설(性善說)을 주장했고, 순자는 성악설(性惡說)을 주장했지만 기독교는 이들의 주장이 모두 옳다고 생각하지 않는다. 사람이 타락하기 전에는 선했으나, 타락한 후에 악해졌다. 그러므로 성도가 거듭난 삶을 살면 선한 생활을 할 수 있다. 그럼에도 불구하고 성도일지라면 때때로 악을 행할 수 있다. 성도는 이것을 명심하고 주기 전에 악을 버리고 선한 생활을 해야 한다.

첫째, 성도는 악은 생각지도 말아야 한다. 일반적으로 악은 생각하는 데서 출발한다. 생각은 마음을 움직이고, 생각은 행동을 일으킨다. 그러므로 모든 악은 생각에서 시작한다. 에덴동산에서 뱀의 유혹을 받은 하와가 하나님께서 금하신 선과 악을 알게 하는 열매를 바라보았다. 그 열매가 보암직했다. 여기서부터 악이 출발하여 죄를 짓게 하였다.

어쨌든 성도는 생각나게 하는 요소들을 완전히 제거해야 한다. 예수님은 우리의 생각까지 모두 알고 계신다. 예수님을 시험하려고 한 서기관에게 이렇게 말씀하셨다. "너희가 어찌하여 마음에 악한 생각을 하느냐"(마 9:4). 악한 생각과 모양을 버려야 선하신 예수님을 모실 수 있다.

둘째, 성도는 악을 가까이 하지 말아야 한다. 악은 친교성이 뛰어나고 모든 사람에게 애교를 부린다. 사창가에서 남자들을 유혹하는 여인들은 지나칠 정도 친절하다. 짙은 화장과 심한 노출로 남자들의 눈길을 끈다. 그녀들은 끈끈이주걱꽃이다. 한 번 빠져들면 도저히 빠져나올 수 없다. 악에게 가까이 하지 않은 것이 선을 지키는 비법이다. 솔로몬은 음녀를 보면 "네 길을 그에게서 멀리 하라 그의 집 문에도 가까이 가지 말라"(잠 5:8)고 했다. 성도는 무슨 일이 있어도 악을 가까이 하지 말고 선한 생활을 해야 한다.

셋째, 성도는 악은 뿌리 채 뽑아야 한다. 농사를 지으신 분들은 잘 안다. 곡식을 심어놓고 며칠이 지나면 잡초가 무성하게 자란다. 귀찮다고 차일피일 미루다 보면 잡초가 언제 자랐는지 온 밭은 뒤덮고 곡식까지 죽인다. 잡초를 미리 뽑아야 알곡을 거둘 수 있다. 악은 잡초처럼 번식력이 강하다.

악을 분명히 알고 있으면서도 제 빨리 뽑지 않으면 악에게 침노당하여 선은 온데간데 없고 악행을 일삼아 폐망하게 된다. 사도 바울은 "너희는 이 세대를 본받지 말고 오직 마음을 새롭게 함으로 변화를 받아 하나님의 선하시고 기뻐하시고 온전하신 뜻이 무엇인지 분별하도록 하라" (롬 12:2)고 가르치고 있다.

우리가 사는 세대는 악으로 물들어 있다. 성도가 자신의 힘으로 악을 이기기는 쉽지 않다. 그러므로 기도하면서 "악은 어떤 모양이라도 버리라" (살전 5:22)는 말씀을 명심하고 주님의 선을 좇아야 한다. 이 세대가 얼마나 악하고 있는가를 깨닫고 하나님의 말씀을 붙잡고 악을 물리쳐야 한다. 주님은 마귀에게 "사탄아 물러가라 기록되었으되 주 너의 하나님께 경배하고 다만 그를 섬기라 하였느니라" (마 4:10)고 책망하셨다. 성도는 죽기 전에 악은 어떤 모양이라도 버리고 선한 믿음으로 생활해야 승리의 삶을 살 수 있을 것이다.

불우이웃 돕기를 실천하라

Bucket List **#042**

주님을 믿는 성도치고 불우이웃을 돕고 싶은 마음이 없는 사람은 없다. 목사님은 설교를 통해서 자주 불우이웃을 도우라고 말씀하시고, 매스컴에서도 연말만 되면 변함없이 불우이웃 돕기 성금을 거두어 보도하고 있다. 학교에서도 불우이웃 돕기 성금을 거두기도 하고, 연말이면 길거리에서 구세군의 빨간 자선냄비와 종소리가 눈길을 끈다. 그리고 스님들도 목탁을 두드리며 불우이웃 돕기 보시를 촉구하고 있다. 이러다보니 '불우이웃 돕기' 가 미지근한 타성이 생겨서 어떤 감동도 주지 못하고 성큼 마음이 내키지 않는 경우도 있다. '우리에게 불우이웃은 누구이고 꼭 도와야 하는가?' 시간을 내서 진지하게 생각해 필요가 있다.

우리의 이웃은 누구인가?

어떤 율법사가 예수를 찾아왔다. 예수님을 시험해 보려고 온 것이다. 율법사는 정색하고 "선생님 내가 무엇을 하여야 영생을 얻으리까?" 고 물었다. 영생은 종교적인 문제다. 인생을 깊이 생각한 사람에게는 심각한 문제다. 사람은 누구나 영원히 살고 싶은 욕망이 있기 때문이다. 그래서 오래 전부터 모든 종교와 철학이 이 문제를 다루어 왔다. 율법사가 이런 문제에 신경을 쓴 것은 당연하다. 그런데 이상하게 그에게서는 어떤 진실함이 묻어나지 않았다. 생각을 돌려보면 율법사가 영생을 모른다니 그야말로 웃기는 일이다. 그럼에도 인간의 가장 중요한 영생문제를 가지고 예수께 나온 율법사가 대단한 사람이라고 생각이 된다.

예수님은 “율법에 무엇이라 기록되어 있느냐?” 고 되물었다. 이것은 예수님의 질문을 통해서 답변을 유도해내려는 교육적인 방법이다. 율법사는 아주 좋은 기회가 왔다고 생각했는지 당당하게 “네 마음을 다하며 목숨을 다하며 힘을 다하며 뜻을 다하여 주 너의 하나님을 사랑하고 또한 네 이웃을 네 자신 같이 사랑하라 하였나이다”(눅 10:27). 얼마나 멋진 대답인가? 세상에 율법을 달달 외우고 거침없이 말할 수 있는 사람은 많지 않을 것이다. 율법사는 어깨를 으쓱이며 자랑스럽게 생각했다. 율법사는 예수의 칭찬을 기대했을 것이다. 율법에 대해서는 최고 명사라고 많은 사람 앞에서 칭찬해주리라 생각했을 것이다.

그런데 예수의 태도는 조금 의외였다. 칭찬은 하지 않고 그저 담담하게 “대답이 옳도다. 이를 행하라 그러면 살리라” 고 했다. 율법사가 말로는 예수에게 질 사람이 아니다. 그래서 화제의 주제를 살짝 바꾸었다. 그리고 자신이 얼마나 고상하고 사랑에 관심이 많은 사람인가를 보이고 자신을 옳게 보이기 위하여 이런 질문을 한다. “내 이웃이 누구입니까?”(Who is my neighbor?) 참 기막힌 말이다. 정말로 율법사가 이웃이 누구인지 몰라서 이런 질문을 했겠는가. 아니다. 율법사가 이웃이 누군지 모를 리가 없다. 알고 있었을 것이다. 그런데 그가 이웃이 누구인지 알고 있으면서도 이런 질문을 한 것 자체가 문제다.

여기서 율법사가 예수를 시험하기 위해서 단서를 잡은 것이다. 그러나 자신이 알고도 모르는 척 하는 이웃이 있고, 모르면서 아는 척 하는 이웃이 있다. 사실은 실제로 알고도 모르는 것이 이웃이다. 율법사는 자신의 이웃을 모르고 있었다. 이웃의 반대 개념이 원수다. 사랑하는 사람이 이웃이다. 하지만 사랑하지 않으면 원수가 된다. 사랑하지 않으면 이웃을 잃어버린다. 이웃을 망각하는 것이 어찌 율법사뿐이겠는가. 진정한 이웃이 누구겠는가? 우리는 우리의 이웃을 알아야 한다. 최소한 사랑하기 위해서 불우이웃을 알아야 한다. 그것을 알려주기 위해서 예수님은 선한 사마리아 사람의 이야기를 비유로 말씀하셨다(눅 10장).

예수님께서 율법사에게 물으셨다. "네 생각에는 이 세 사람 중에 누가 강도 만난 자의 이웃이 되겠느냐"(눅 10:36). 율법사가 예수님 이야기의 초점을 깨달았는지 깨닫지 못했는지 알 수는 없어도 그냥 생각나는 대로, "자비를 베푼 자니이다"(눅 10:37)고 간단하게 대답했다. 예수는 단호하게 "너도 가서 이와 같이 하라"(눅 10:37)고 말씀하셨다. 율법사와 예수님의 질문과 대답은 여기서 끝났다. 그러나 예수의 질문과 대답, 여기에 깊은 수렁이 있었다. 율법사는 자기의 꾀에 자신이 빠진 꼴이 되었다. 자비를 베푼 자가 이웃이다. 그 말이 백 번 맞다. 그런데 자비를 베푼 자와 받은 자, 이 둘 사이의 시작과 끝이 문제가 된다.

성도의 진정한 이웃 사랑

"내 이웃이 누구입니까?" 하고 이웃이라는 대상을 찾는 질문 자체가 잘못이다. 사랑의 대상을 찾는 것은 에로스다. 더욱이 대상의 상대를 먼저 생각하면 보상(compensation)을 바라게 된다. 이것은 이웃을 모독하는 것이다. 선물이나 뇌물을 줄때에, 처음에는 부담 없이 받으시라고, 인사차 찾아왔노라고, 예의상 은혜를 잊을 수 없어서라고 입에 침이 마르도록 말을 한다. 그러나 속셈은 다르다. 무엇인가를 기대하는 것이 있어서 대상을 찾고 많든 적은 크든 작든 무엇인가를 준다. 사랑도 그렇다. 대상을 찾는 사랑은 대가를 바랄뿐이다.

대상을 찾으면서 '나(I)'를 생각하면 '그(He or She)'는 나의 이웃이 되지 못한다. 본래 '이웃(neighbor)'의 반대 개념은 '원수(enemy)'다. '나(I)'의 상대인 '너(You)'를 나와 만의 관계로 보면 잘 못 보는 것이다. '나(I)'의 상대인 '너(You)'를 '다른 사람(They)'도 동시에 '너(You)'로 보기 때문이다. '너(You)'를 '그들(They)'이 어떻게 보고 있느냐를 생각해야 한다.

사람의 보는 관점과 생각은 다양하다. 시간과 환경, 입장과 처지에 따라서 달리 평가된다. 자주 변화하는 세상에서 단순하게 사랑의 대상을 찾는다거나 오로지 자신의 입장에서 상대방에게 무엇을 하는 것은 위험부담이 있기 때문에 신중해야 한다. 사랑이라고 해서 무조건 좋은 것은 아니다. 그러므로 사랑의 대상을 찾으면서 '나'를 생각하지 말고, 다른 사람을 생각해야 하는바 '자기(self)'를 포기하는 것이 대가를 바리지 않는 진정한 사랑이다.

사랑하는 사람인 자기 자신을 완전히 포기하고 오직 사랑받는 대상은 '그 사람(Thou or He, She)'만을 보면서, '그'의 영원한 가치, 즉 그의 내일을 보면서 사랑하야 한다. 그가 "잘 되겠다" 혹은 "못 되겠다" 등을 계산하거나 추정하지 말고, 오직 '그'의 행복만을 위한 '사랑의 행위(action of love)'가 있어야 한다.

사랑하는 이가 바로 '그 자신의 행복을 위한 사랑의 행위(Love action for happiness of himself)'다. 행복은 누군가가 가져다주는 선물이 나이다. 행복은 자신이 만드는 것이다. '내'가 '그'에게 행복을 가져다준다고 생각하는 것은 '그'의 행복을 박탈하는 행위다. 사랑 혹은 자선이라고 하는 어설픈 행위를 가지고 다른 사람의 행복을 착취하는 잘못을 범하지 않기 위하여 사랑의 대상을 찾으면 안 된다.

불우이웃을 돕는 방법

우리 주변에는 경제적인 어려움을 겪는 이웃들이 많이 있다. 이들을 위한 음식을 제공하다거나 1주일에 얼마씩 모아서 불우이웃 후원단체에 일정액을 기부하면 된다. 그리고 장애인들이 만든 물건을 조금이라도 더 사주면 더욱 좋을 것이다. 그러면 그들이 생활하는 데 조금이나마 도움이 될 것이다. 이러한 방법 외에도 자신들이 할 수 있는 방법으로 불우 이웃을 찾아가서 청소를 해준다거나 대화의 상대가 되어 주면 많은 도움이 될 것이다.

① 네이버 해피빈(http://happybean.naver.com) : 네이버 블로그나 카페에 글을 작성하고서 받을 수 있는 해피빈이 있다. 해피빈 하나는 100원에 맞먹는데, 네이버에서 활동하고서 받은 해피빈들을 여러 단체에 기부할 수 있다. 최근에 하루 5000명 이상의 네티즌들이 500만 원 이상의 기부들 만들어내고 있다. 이는 아무도 모르게 불우이웃을 돕는 방법이다.

② 아름다운 가게(www.beautifulstore.org) : 아름다운 가게는 집에서 현재 사용하지 않는 헌옷이나 중고물품을 기부하는 곳이다. 대청소 겸 집안을 정리하면 버리기는 아까운 쓸 만한 물건들이 있을 것이다. 그 물건을 가지고 매장에 직접 방문해도 되고 전화나 온라인으로 신청하면 직접 수거해 간다. 아껴 쓰고 바꿔 쓰면서 불우이웃을 도울 수 있다.

③ TV 방송국 유료 ARS 참가, 계좌 이체하기 : KBS, MBC, SBS, EBS를 비롯한 방송사의 텔레비전 화면 상단에는 연말연시에 불우 이웃돕기 ARS 번호가 뜨거나 계좌번호가 공개된다. 이때 간단히 전화 한 통으로 저소득층이거나 중증희귀병을 앓고 있는 불우 이웃을 도울 수 있다. 한 통화에 1000~3000원 정도라 크게 부담되지 않는다.

성도가 죽기 전에 불우 이웃을 도와야 하는 이유

이스라엘의 사울 왕에게 잘못 보여 죽음의 위기를 맞은 다윗은 요나단 왕자에게 어떤 의미에서 불우 이웃이었다. 물론 당시에 다윗은 가난해서 음식을 먹지 못한다거나 거처할 데가 없는 것은 아니었다. 그러나 다윗은 하나님 외에 세상에서 어느 누구 의존할 사람이 없었다. 이때 요나단은 자신의 신분을 초월하여 여러 차례에 걸쳐서 다윗을 구해주었다(삼상 20:42). 불우한 처지에서 어려움을 당하고 있는 다윗을 요나단을 기꺼이 도와주었다.

베들레헴에서 떠났다가 실패하고 돌아온 나오미와 룻은 참으로 가련한 신세였다. 룻은 먹을 것이 없어서 들에 나가서 이삭을 주어다가 고부가 연명하는 처지에 있었다. 그런데 베들레헴의 보아스는 큰 농장을 운영하는 부자였다. 보아스는 룻의 가련한 모습을 보고 종들에게 여유 있게 이삭을 떨어뜨려 도우라고 했고, 결국은 룻을 자기의 잠자리에 끌어들여 남편이 되었다. 그래서 그들의 후손에서 메시아가 태어나는 영광을 누리게 되었다(룻 4:1-22).

성도가 죽기 전에 해 봐야 할 일은 많이 있다. 그러나 그중에서 순수하게 다른 사람을 위해서, 특히 불우 이웃을 위해서 최선을 다하는 것은 아름다운 일이다. 불우 이웃을 위해서 돈이나 재물로 도우면 그들은 생활하는 데 많은 혜택을 받는다. 또한 비단 물질적인 고마움을 너머서 정신적인 안정감과 마음에 흐뭇함을 느낄 수 있다. 여기서 중요한 것은 물질보다 정신적인 도움이 필요하다는 것을 알 수 있다. 성도가 죽기 전에 불행한 이웃을 도와서 그들에게 경제적인 도움과 함께 정신적인 안정을 주도록 하자. 그리하여 마음에 기쁨을 누리도록 하자.

정기적인 헌혈을 하라

Bucket List **#043**

생명이 위급한 환자를 위해 피를 급히 구하는 광고를 더러 본다. 과학의 힘으로는 아직까지 사람의 피를 만들 수 없기 때문에 피가 부족하여 생명이 위독한 사람은 혈액형이 같은 다른 사람의 피를 수혈해 주어야 살릴 수 있다. 피는 생명이기 때문에 생명의 주인이신 하나님만이 피를 만들 수 있다. 사람의 피를 만드신 하나님은 이렇게 말씀하고 있다. "육체의 생명은 피에 있음이라 내가 이 피를 너희에게 주어 단에 뿌려 너희의 생명을 위하여 속하게 하였나니 생명이 피에 있으므로 피가 죄를 속하느니라"(레 17:11).

하나님은 사람의 피는 생명이라고 하셨다. 사람의 몸에서 피가 약 1/3 정도가 빠져나가면 죽을 수 있다. 예를 들어 체중이 70kg의 사람이라면 피의 양은 체중의 7-8%이므로 약 5L 정도가 된다. 빠져나가면 죽을 수밖에 없다. 피는 사람에게 그만큼 중요하다.

모세오경에 따르면 피를 먹지 말라는 말씀이 일곱 번 반복된다(창 9:4; 레 3:17; 7:26, 27; 17:10; 신 12:16, 23, 24; 15:23). 그 이유는 피가 곧 생명이기 때문이다. 피는 영양분과 에너지를 몸의 각 부분에 운반하며, 신체에 해롭고 파괴적인 요소들을 콩팥으로 걸러서 소변을 통하여 밖으로 내보낸다. 피는 신체에 없어서는 안 될 운반체이며, 피가 없이는 생명을 이을 수 없다. 신체의 다른 부분은 피에 의하여 산소와 영양을 공급받는다. 그리고 만약 몸의 어느 곳에 상처가 생긴다면, 피는 그 상처의 치료에 필요한 요소를 가져온다.

헌혈의 가치와 의미

헌혈은 국제적십자운동에서 비롯되었다. 국제적십자운동은 1895년 이탈리아 북부의 솔페리노 전쟁터에서 스위스의 청년 실업가, 장 앙리 뒤낭(Jean-Henry Dunant)에 의해 처음 시작되었다. 뒤낭은 1859년 6월에 사업의 일로 나폴레옹 3세를 만나기 위해 이탈리아 북부의 솔페리노 지방에 가게 되었다. 뒤낭이 프랑스 사르다니아 연합군과 오스트리아군 사이의 참혹한 전투가 끝난 카스틸료네에 도착하였는데, 그곳에서 많은 전상자가 이곳저곳에 그대로 버려진 비참한 광경을 보고 커다란 충격을 받게 되었다. 그래서 그는 인근 마을의 부녀자들과 함께 아군과 적군의 차별 없이 전상자들을 돌보아 주기 시작했다.

헌혈은 인체에 전혀 지장이 없고 오히려 묵은 피를 빼냄으로써 새로운 혈액이 생성되어 이로운 것이다. 의학계에서는 우리 몸의 혈액은 약 12-15L 정도인데 헌혈양은 320-400ml 정도라고 한다. 헌혈을 할 수 있는 사람은 혈액관리법 시행규칙에 따르면 다음과 같다. 연령은 16-65세 사이며 빈혈이 없어야 하고, 맥박 수는 분당 60회에서 110회, 혈압은 최고혈압이 100-200mmHg이고 최저혈압이 60-100mmHg이어야 한다. 또한 열이 없어야 하고 한 번 수혈 후에는 최소한 2개월은 지난 후에 헌혈하며 체중은 남자는 50kg 이상, 여자는 45kg 이상이고 만성질환이 없고 임신 중이 아니어야 하며 마약을 사용하지 않고 있어야 한다고 규정하고 있다.

하지만 사람들은 공연한 생각으로 헌혈을 기피하고 있다. 이에 따라 꾸준히 헌혈을 하고 있고 이들의 아름다운 뜻을 기리기 위해 세계적으로 세계보건기구(WHO)와 국제적십자사연맹(IFRC), 국제수혈학회, 국제헌혈자연맹 등 4개 국제기구가 공동으로 6월 14일을 '세계 헌혈자의 날'을 제정했다. 이날을 헌혈자의 날로 정한 이유는 A. B. O 혈액형을 발견한 공로로 노벨의학상을 수상한 칼 랜드슈

타이너(Karl Landsteiner) 박사의 탄생일이기 때문이다.

이들 국제기구는 헌혈의 날 제정을 기념해서 "전 세계에는 보상을 바라지 않고 자발적으로 헌혈에 참여하는 헌혈자로 인하여 수백 만 명의 환자들이 지금도 생명을 구하고 있다. 따라서 '세계 헌혈자의 날'은 헌혈이라는 아름다운 실천을 솔선수범하는 이러한 이름 없는 영웅들을 위해 바쳐지는 소중한 기념일입니다."라고 공동선언문에서 밝히고 있다. 유교적인 전통에서 '신체발부는 수지부모라 불감훼상 효지시야'라는 효경의 말 때문에 헌혈을 터부시 하는 것은 현대인의 상식으로 봐서 맞지 않는다. 자신의 한 방울의 혈액이 죽어가는 생명을 다시 살릴 수 있는 헌혈에 적극 참여하기를 예수님의 사랑으로 기대해 본다.

세계 최소로 헌혈한 사람

세계 최소로 인류의 생명을 위하여 헌혈한 사람은 누구일까? 그분은 십자가에서 아무 죄도 없이 못 박혀 피를 흐리신 예수 그리스도시다. 우리는 흔히 입에 붙은 말로 그리스도의 피가 우리를 구원했다고 습관적으로 말한다. 그러나 이 말은 마음에 뜨거운 감동 없이 습관적으로 할 수 있는 말이 아니다. 흠이 없고, 티도 없는 순전한 예수 그리스도께서 죄악에 푹 젖은 인류를 위해서 자신의 피를 흘리셨다. 그분의 생명을 완전히 희생해 주셨다.

예수 그리스도의 귀중한 생명의 피는 우리의 영혼에 흘러들어와 속죄의 능력으로 역사하셨다. 하나님은 부끄러운 죄인들에게 예수 그리스도의 피를 통해 자비를 베풀어주셨다. 예수님은 십자가 위에서 생명의 피를 흘리시며 죽어가는 순간까지 죄인을 위한 기도를 드리셨다. "아버지 저들을 사하여 주옵소서 자기들이 하는 일을 알지 못함이니다"(눅 23:34).

예수 그리스도의 피 공로가 없이는 아무도 구원받을 수 없다. 예수 그리스도의 피 공로는 죄 아래서 영육 간에 저주받은 인간을 영원히 살리려는 구원의 완성이요, 영원한 생명을 얻는 방법이다(요 1:29-34). 성도들의 신앙생활 전체는 예수 그리스도의 피 공로 앞에서 영원히 살려는 것이요, 자기 죄로 말미암은 저주를, 영원한 지옥 고통을 예수 그리스도의 피를 통해 모두 해결하고 영원히 행복해지려는 양보할 수 없는 절대적 의지이자 믿음이다.

예수님께서 "내가 진실로 진실로 너희에게 이르노니 인자의 살을 먹지 아니하고 인자의 피를 마시지 아니하면 너희 속에 생명이 없느니라 내 살을 먹고 내 피를 마시는 자는 영생을 가졌고 마지막 날에 내가 그를 다시 살리리니 내 살은 참된 양식이요 내 피는 참된 음료로다"(요 6:53-55)라고 말씀하셨다. 사람이 사람의 살을 먹고 피를 마신다는 것은 무섭고 섬뜩한 일이다. 사실 정상적인 사람이 사람의 살과 피를 먹고 마실 수는 없다. 그러나 이 말씀은 정신적으로 고통을 함께 공유할 수 있고 피를 나누는 헌혈을 할 수 있다는 의미다.

또한 "인자의 살"과 "인자의 피"를 먹고 마신다는 것은 성도가 예수님을 온전히 영접하고 받아들인다는 뜻이다. 이 말씀을 발전적으로 생각하면 예수님의 생명을 의미하는 복음과 피를 나누면 그를 살릴 수 있다는 뜻이다. 여기서 우리는 헌혈의 신앙적인 의미를 발견할 수 있다. 피를 나눈다는 것은 신앙적으로 하나가 되어 예수님의 사랑을 공유한다는 의미다.

내 인생의 마지막 날도 얼마 남지 않았다. 우리는 언제 죽을지 모른다. 역사의 종말에나 내 인생의 종착점에서 주님이 나를 다시 살리시겠다고 약속하셨으니 이 얼마나 마음이 든든하고 안심이 되는가? 내 인생의 끝 날에 나를 다시 살리시겠다고 약속하셨으니, 이제는 자신만을 살지 말고 복음과 믿음, 소망과 사랑을 헌혈로 공유해야 할 것이다. 성도는 예수님이 십자가에서 흘리신 피로 새 생명을 얻었으니 헌혈을 통해서 사랑을 나누어야 한다.

성도가 죽기 전에 정기적으로 헌혈해야 하는 이유

피는 개인이 독점할 수 없다. 피는 개인의 몸에 들어 있으면서도 자신만을 위해서 사용한다면 이기주의자라고 하지 않을 수 없다. 피는 곧 생명이기 때문이다. 세상에서 생명보다 더 소중한 것은 없다. 천하보다 소중한 생명을 혼자 독점하면 자기 자신만 아는 완악한 자가 될 수밖에 없다. 최소한 자신이 하나님의 사랑을 받는 그리스도인이라면 더욱 그렇다. 하나님의 아들이신 예수님은 인간을 구원하시기 위해서 자신의 피를 주셨기 때문이다.

자신이 정직한 그리스도인이라면 또한 하나님의 사랑을 받고 있는 성도라면 사랑과 생명을 나눌 수 있어야 한다. 사랑과 생명은 여러 가지로 표현할 수 있지만 역시 뭐니 뭐니 해도 생명과 사랑을 대신하는것은 피라고 할 수 있다. 물이 오래 고여 있으면 썩는 것처럼 사람의 피도 오래 머물러 있으면 질병을 일으킬 수 있고, 건강에 도움이 되지 않는다. 성도는 하나님의 영광을 위해서 그리고 자신의 건강을 위해서 정기적으로 헌혈을 할 필요가 있다.

사랑은 곧 나눔이다. 성도가 사랑한다면 말로만 할 것이 아니라 실천이 따라야 한다. 주님은 "나더러 주여 주여 하는 자마다 다 천국에 들어갈 것이 아니요 다만 하늘에 계신 내 아버지의 뜻대로 행하는 자라야 들어가리라"(마 7:21)고 말씀하셨다. 성도가 진정으로 이웃을 자신의 몸과 같이 사랑한다면 지체하지 말고 무엇인가를 나눌 수 있어야 한다. 성도는 무엇으로 이웃과 나눌 수 있을까? 재물? 재물도 필요하지만 더욱 소중한 것은 생명을 의미하는 피를 나누는 것이다. 성도라면 죽기 전에 정기적인 헌혈로 사랑을 나누도록 하자.

시민사회 운동 캠페인에 참여하라

Bucket List **#044**

우리 민족은 오래 전부터 '두레문화'가 있었다. 두레는 우리 선조들의 생활 방식으로 농경생활에서 많이 볼 수 있는 서로 돕는 아름다운 풍습이다. 봄에 모내기 할 때나 가을 추수를 할 때 넓은 논밭의 일을 혼자서 하기는 힘들어서 우리 선조들은 서로 돕는 지혜를 짜내어 '두레'라는 것을 만들었다.

두레는 공동으로 일을 하는 마을 단위로 짜여진 모임이다. 예를 들어 '오늘은 모두 모여 김 씨네 논에서 일을 하고, 내일은 이 씨네 논에서 일을 하는 방식'이다. 두레는 마을 사람들의 협동심으로 비롯된 일종의 시민사회운동이다.

또 이웃 간에 정을 느끼며 서로 돕는 풍습으로 '품앗이'가 있었다. 품앗이는 어원적으로 '품(勞力)'과 '아시(受)'에 대한 '품갚음(報)', 즉 증답(贈答)의 의미를 가지고 있다. 그러므로 품앗이는 단순한 노동의 교환형태라고 보기에 상대방의 노동능력 평가에서 이해하는 것이 좋다. 조상들은 사람과 농우(農牛)의 노동력을 교환하고 남성과 여성, 장년(壯年)과 소년의 노동력을 동등하게 여겼다. 인간의 노동력은 원칙적으로 모두 대등하다는 가정(假定) 아래에서 노동력을 상호 제공했다. 이러한 가정이 품앗이를 성립시키는 근본적 가치관이었다.

두레와 품앗이의 기본정신은 서로 같다. 그러나 두레는 농사일이 바쁜 농번기에 이루어진 데 반해서, 품앗이는 시기와 일에 관계없이 언제든지 생길 수 있는 대소사에 서로 돕는 것이다. 애사나 경사가 있을 때, 혹은 집을 수리하거나 지붕을 이을 때에 서로 오가며 돕는 것이 품앗이다. 두레나 품앗이는 이웃 간에 도움을 주고받으며 의리를 지키고, 어렵고 힘든 일을 함께 대처해 나가는 우리 민족의 아름다운 풍습이다. 선조들이 해왔던 이런 두레와 품앗이는 서구사회에서 전래된 '시민사회운동'과 비슷한 정신을 공유하고 있다.

상부상조는 보편적 시민사회 운동의 기본

우리나라의 두레는 상부상조의 기본정신으로 시작되었다. 이 정신은 한국적인 보편적 시민사회 운동의 동기가 되었다. 전통적 농경사회에서 발원한 두레의 정신은 공동생산과 소비의 중심으로 가족 성원들이 복지기능을 담당하기도 했던 것이다. 현대사회는 나날이 핵가족화하고 있으며, 고령화 사회로 신속하게 나아가고 있다. 가족의 구조 역시 다양화해서 한 부모 가구, 노인 단독가구, 싱글 단독가구 등으로 집단사회를 배격하고 있다. 이렇게 사회가 변천하다고 상부상조의 정신마저 저버린다면 우리 사회는 급속하게 쇠약해지고 말 것이다

우리 사회에는 상호부조 조직으로 '계(契)'라는 것이 있다. 계는 십시일반 작은 돈을 모아서 서로 나누어 가짐으로 목돈의 혜택을 누리는 방법이었다. 최근 계가 타락하여 선의의 가입자들에게 엄청난 피해를 입혀서 사회적인 폐단으로 지탄을 받고 있으나, 조선시대에는 건전한 사회생활의 광범위한 영역에 걸친 생활공동체 조직이었다. 가장 일반적인 계 조직으로 '동계'라는 것이 있다. 동계는 마을 주민의 생업이나 동제와 같은 의례로 공동의 노동조직이었다. 그 외에 '친족계', '동창계', '친목계', '관혼상조계', '관광계', '낙찰계' 등이 있다.

'두레'와 '품앗이', '계'은 공통적으로 '우리 함께'라는 의미를 가지고 있다. '우리'란 사람들의 모임을 이르는 말로 일인칭 복수대명사형이다. '우리'라는 말에는 우선 정감이 흐르고 공동체적인 함수를 가지고 있다. 때로 우리는 집단의 결의

와 함께 생사고락을 같이 하는 철두철미한 투쟁을 요구하기도 한다. 극단적인 경우에는 '우리 함께 나가 죽자' 하는 전투적인 대명사로 쓰이기도 한다. 우리의 종류는 다양하여 그 수를 헤아리기도 힘들다.

우리말의 '우리'와 영어의 'WE'는 같은 말이지만 그 뜻은 상당한 차이를 가지고 있다. 우리말의 '우리'는 좀 더 광범위하고 강력한 단체라면, 영어의 WE는 그 의미가 가볍고 보편적인 수준의 집단을 의미한다. WE는 단순한 수준의 대명사로 그들(They), 즉 남과 조금 다른 격의 사람들로 쓰이고 있다. 우리말의 '우리'는 나와의 관계가 뚜렷하다. 즉 '우리나라', '우리 집', '우리 가족', '우리 남편', '우리 아내', '우리 아들(딸)' 하는 혈연집단이나 피를 나눈 집착이 너무나 뚜렷하여 그 사이에는 조금도 남이 끼여 들어갈 틈이 없다.

이렇게 상부상조의 집단으로 오래 전부터 결속된 우리 민족은 결코 흩어질 수 없는 강력한 힘을 가지고 있는데 이는 다문화사회에서도 소홀이 여길 수 없는 정신이다. 다문화사회에서 '민족(民族)'을 말하면 시대에 뒤떨어졌다고 한다. 그러다보니 상부상조의 정신도 사라지고 개인주의가 강력하게 자리 잡고 있다. 특히 아파트 밀집지대에 살고 있는 현대인들은 서로 돕는 것은 뒷전으로 밀려나고 말았다. 뉘 집에서 시집장가를 가도 나는 알 바가 아니요, 애사를 당하여 장례를 치러도 강 건너 불구경하듯 바라만 보고 있다. 심지어는 이웃에 사는 독거노인이 죽어서 며칠이 지나도 모른 척하는 세상에 지금 우리는 살고 있다.

기독교적인 시민사회 운동 캠페인에 참여하기

기독교는 사랑의 종교다. 하나님께서 세상을 사랑하셔서 독생자 예수 그리스도를 세상에 보내셨다. "하나님이 세상을 이처럼 사랑하사 독생자를 주셨으니 이는 그를 믿는 자마다 멸망하지 않고 영생을 얻게 하려 하심이라 하나님이 그 아들을 세상에 보내신 것은 세상을 심판하려 하심이 아니요 그로 말미암아 세상이 구원을 받게 하려 하심이라" (요 3:16-17). 사랑의 화신(化身, Incarnation)으로 오신 예수 그리스도는 사람을 사랑하셨다. 사람을 사랑하시되 가난한 사람, 병든 사람, 버림받은 사람, 어려움에 처한 사람을 돌보셨다.

예수님은 "서로 사랑하라 내가 너희를 사랑한 것 같이 너희도 서로 사랑하라" (요 13:34)는 새 계명을 주셨다. 사랑은 서로 나눔이고 섬김이다. 예수님은 섬기기 위해서 세상에 오셨다고 했다. "인자가 온 것은 섬김을 받으려 함이 아니라 도리어 섬기려 하고 자기 목숨을 많은 사람의 대속물로 주려 함이니라" (마 20:28). 예수님은 떡을 찢듯이 자신의 몸을 십자가에서 찢으셨고, 포도주를 나누어주신 걸처럼 자신의 피를 마시게 하셨다. 예수님의 삶은 대속으로 나눔과 섬김의 바탕이 되셨다. 성도는 나눔과 섬김의 삶을 실천해야 한다.

시민사회 운동의 정신은 나눔과 섬김을 바탕에 깔고 있다. 우리는 기독교 시민사회 운동을 잘못 이해하고 있는 부분이 있다. '받고 주다(give & take)'는 기독교 시민사회 운동의 바른 정신이 아니다. 성경적인 시민사회 운동은 '받고 주다'의 사상을 넘어서 받지 않았어도 베푸는 삶이어야 한다. 가진 자는 베풀 줄 알아야 한다. 자력으로 얻었다 할지라도 얻은 것을 사회에 환원시키는 것이 나눔이고 섬김이다. 성도는 나눔과 섬김의 삶을 바로 가질 필요가 있다. "주 예수께서 친히 말씀하신 바 주는 것이 받는 것보다 복이 있다 하심을 기억하여야 할지니라" (행 20:35). 성도는 순수한 믿음으로 베푸는 섬김의 삶을 살아야 한다.

초대교회의 시민사회 운동 캠페인

시민사회 운동 캠페인의 대표적인 사례는 초대교회 사회였다. 오순절 다락방에서 성령을 충만하게 받은 그리스도인들이 한 자리에 모였다. 저들이 성령을 받고 나니 세상을 보는 눈과 이웃을 대하는 가치관이 달라졌다. 내 것을 내 것이라 여기지 않고 나누고 베풀고 섬기기에 여념이 없었다. "믿는 사람이 다 함께 있어 모든 물건을 서로 통용하고 또 재산과 소유를 팔아 각 사람의 필요를 따라 나눠 주며 날마다 마음을 같이하여 성전에 모이기를 힘쓰고 집에서 떡을 떼며 기쁨과 순전한 마음으로 음식을 먹고 하나님을 찬미하며 또 온 백성에게 칭송을 받으니 주께서 구원 받는 사람을 날마다 더하게 하시니라"(행 2:44-47).

초대교회 그리스도인들은 함께 모였다. 모든 물건을 서로 통용했다. 자신의 재산을 팔아 각 사람의 필요를 따라 나누었다. 날마다 모이기를 힘쓰고 떡을 떼며 기쁨과 순전한 마음으로 먹고 마시며 하나님을 찬미했다. 그러니 자연히 백성에게 칭송을 받았다. 그러니 구원을 받는 사람들이 날마다 더해질 수밖에 없었다. 초대 교회의 가치관에 삶의 바탕을 두고 살면 자신이 행복하고 나아가서 다른 사람도 행복하게 할 수 있다.

그리스도인은 나눔과 베푸는 삶의 가치관을 두어야 한다. 꼭 받았으니 주어야 한다는 낡은 사고방식에서 벗어나 손길이 닿은 데까지 베풀고 나누어야 사회가 밝아지고 더불어 살아가는 사회를 만들 수 있다. 사람에게는 대사(大事)라는 것이 있다. 대사는 크게 '혼례'와 '장례'다. 이를 '애경사(哀慶事)'라 한다. 친척이나 이웃, 아는 사람이나 잘 모르는 사람이라도 손길이 미칠 수 있다면 애경사에 동참하도록 하라. 애경사를 당한 집을 찾을 때는 반드시 자녀를 대동하라. 자녀와 함께 참석하여 나눔과 베풂의 본을 보여주면 자녀도 실행에 옮긴다.

애경사는 당한 사람의 현장에 가서 봉투만 내밀고 오는 것은 적절한 행동이 아니다. 옛날에는 친척이나 이웃이 애경사를 당하면 처음부터 끝까지 함께하였다. 애경사를 당한 집에서 함께 음식을 만들고 수의를 만들면서 기쁨과 슬픔을 나누었다. 이게 두레정신이고 품앗이였다. 계도 동인이 애경사를 당하면 같이 하는 것을 전제로 한다. 초대교회에서도 성도들이 기쁨과 슬픔을 함께하면서 살았다. 이게 사랑이고 나눔이고 섬김이고 베푸는 것이다. 성도가 삶의 보람을 갖고 아름다운 시민사회 운동의 캠페인에 참여하기를 원한다면 다른 사람의 애경사에 참석하게 하여 희로애락(喜怒哀樂)을 체험하는 것이 좋을 것이다.

성도가 죽기 전에 시민사회 운동 캠페인에 참여해야 하는 이유

우리는 어떤 모양으로든지 사회를 떠나서는 살 수 없다. 그러므로 성도는 사회를 기피하지 말고 즐거운 마음으로 참여해야 한다. 비록 사회가 부패하고 타락했어도 부정적인 생각을 버리고 오히려 긍정적으로 참여하여 참다운 그리스도인의 삶을 보여주어야 한다. 성도가 사회에 보여줄 긍정적인 모습은 무엇일까? 그것은 사람과 나눔이다. 사랑과 나눔의 구체적인 모습은 시민사회 운동 캠페인에 참여하여 작지만 변화시키려는 노력이 있어야 한다.

주님은 "너희가 내 말에 거하면 참으로 내 제자가 되고 진리를 알지니 진리가 너희를 자유롭게 하리라" (요 8:31-32)고 말씀하셨다. 주님은 우리에게 진리의 말씀을 믿어 알게 하시고 자유를 주셨다. 하지만 우리가 사는 사회는 아직도 진리이신 주님을 모르고 자유롭지 못한 사람들이 많이 존재한다. 우리가 시민사회 운동 캠페인에 참여하는 이유는 사람들에게 주님을 알게 하고, 그들로 하여금 참다운 자유를 얻게 하려는 데 있다.

우리는 무슨 일을 시도하기 전에 하나님의 뜻과 섭리를 깨달아야 한다. 그리고 자신의 삶으로 하나님의 나라를 이루어야 한다. "그런즉 너희는 먼저 그의 나라와 그의 의를 구하라 그리하면 이 모든 것을 너희에게 더하시리라" (마 6:33). 그러므로 성도는 시민사회 운동 캠페인에 참여하여 선하고 아름다운 사회를 이루는 하나님의 나라와 복음으로 인간을 구원하시려는 주님의 의를 가르쳐주어야 한다.

그러기 위해는 고난과 역경이 있을 수 있다. 하지만 성도는 순교적인 사명감으로 죽기 전에 시민사회 운동 캠페인에 참여하여 빛과 소금이 되는 삶을 통해서 가치 있는 사회 정화의 시범을 보여주어 하나님의 뜻을 구현해야 한다.

매사에 정직하고 진실하게 살라

Bucket List **#045**

우리는 매사에 정직하고 진실한 사람을 바라지만 그렇지 못한 경우가 너무 많다. 왜 그럴까? 답변은 간단하다. 세상에는 정직하고 진실한 사람이 많지 않기 때문이다. 필자는 이 글을 쓰면서 스스로 고민하고 있다. 누군가가 물을 것이다. "당신은 매사에 항상 정직하고 진실한가?" 솔직한 고백은 다음과 같다. "그렇지 못할 때도 있다." 그렇다면 그가 다시 물을 것이다. "당신은 진짜 목사인가?" 그래도 필자는 당당하게 말할 수 있다. "나는 진짜 목사다." 황당한 답변이라고? 아니다. 나는 매사에 정직하고 진실하려고 날마다 자신을 돌아보고 있다.

'정직과 진실'은 마음에서 나온다. 거기에는 거짓이나 속임수와 위선이 없다. 진실은 예수님의 성품이다. 사람은 진실해야 한다. 하나님과 사람 앞에서 그리고 자신에게 진실해야 한다. 자신에게 진실하지 못한 사람은 하나님이나 사람에게 진실할 수 없다. 사도 바울은 "빛의 열매는 모든 착함과 의로움과 진실함에 있느니라"(엡 5:9)고 했다. 진실은 빛의 열매이다. 성도는 매사에 정직하고 진실하여 빛의 열매를 맺으며 살아야 한다.

진실이란 무엇인가?

진실(眞實, Sincerity)은 히브리어로 '메츠'이다. 이 말은 '신실, 믿음, 신임'(시 25:10, 사 59:14)이라는 뜻이다. 헬라어로는 '하플로테스'라고 하는데 '순수, 단순, 소박, 진지, 성실, 올바름'(고후 11:3, 골 3:22)의 뜻을 가지고 있다. 예수님은 말씀을 하실 때, '진실' 을 '아멘' 이라는 말과 같은 뜻으로 사용하셨다. 아멘의 그 기본적인 뜻은 '굳게 하다', '고정시키다', '확신하다' 이다. 헬라어 번역본은 아멘을 보통 '그대로 이루어지기를' 이라고 했으며, 영어 성경은 '진실로(truly)' 또는 '참으로(Indeed)' 라고 번역한다.

'아멘' 이라는 말이 성경에 처음 쓰였을 때는 다른 사람의 말을 듣고 그 말에 동의할 때 먼저 '아멘' 이라는 말을 하고 그 사람의 말을 다시 인용하였다. 그래서 아멘이라는 말 다음에는 보통 긍정적인 말이 따라왔다. 그리고 그 말을 강조할 때는 엄숙한 서약을 할 때처럼 아멘이라는 말을 반복해서 쓰기도 하였다. 그렇게 쓰인 아멘이라는 말은 그 다음에 오는 말이 확실하고 진실하다는 것을 표현하는 것이었다. 복음서의 예수님께서 엄숙한 말씀을 하시기에 앞서 아멘이라는 말을 1번씩 혹은 2번씩 사용하셨다(공관복음서에 52번, 요한복음에서 25번 쓰임). 예수님의 이런 말투는 종래의 유대인의 관습과는 상당히 다른 것이었다.

'정직과 진실' 은 '아멘' 은 동의어다. 공식적으로든 개인적으로든 감사나 기도는 진실과 아멘으로 이어져야 한다. 진실과 아멘이 빠진 삶은 허무하고 하나님이 보시기에 아름답지 못하다. 성도의 삶은 진실로 시작하고 아멘으로 마쳐져야 한다. 그런 의미에서 정직하고 진실과 아멘은 그리스도인의 삶의 모든 것이다. 성도의 정직과 진실한 말과 행동은 세상의 빛과 소금이 된다. 성도의 신실한 삶이 하나님을 기쁘시게 하고 영광을 돌릴 수 있다.

성도는 왜 정직하고 진실해야 하는가?

성도의 생활 규범은 여러 가지가 있다. 그중에서도 하나님께서 보시기에 가장 두드러지는 것은 역시 성도의 생각과 말과 행동이다. 성도는 예수를 믿고 생각과 말과 행동이 바뀐 사람이기 때문이다. 그리고 성도의 말과 행동은 사람들의 눈에 가장 많이 띄고 평가를 받는다. 성도가 성도다우려면 무엇 보다고 정직하고 진실해야 한다.

첫째, 성도는 올바른 예배를 위하여 정직하고 진실해야 한다.

성도에게 예배는 모든 것의 시작이고 마침이다. 성도에게 예배는 생명과 같은 것이다. 성도에게 예배 없이 되는 것은 아무 것도 없다. 성도는 예배를 통해서 하나님을 만난다. 예배는 하나님과 소통하는 최상의 수단이다. 예배를 통해서 하나님께 찬양과 경배를 드리고, 말씀을 듣는다. 성도는 예배를 통해서 기도하고, 헌신하고, 교제한다. 예배는 하나님을 향하여 나의 몸과 마음과 영을 드리는 것이다. 간혹 예배가 형식에 치우치고 내용이 빠져버린 경험을 할 때가 있다. 왜 그럴까?

하나님이 받으시는 예배는 정직하고 진실해야 한다. 주님은 "하나님은 영이시니 예배하는 자가 영과 진리로 예배할지니라"(요 4:24)고 말씀하셨다. 하나님은 시간과 장소를 초월하여 계신다. 성령은 장소나 시간을 가리지 않는다. 성령은 성도의 속마음을 보시고 진실성을 보신다. 하나님은 영과 진실로 드리는 예배를 받으신다. 성도가 예수님의 마음을 배우는 것은 정직하고 진실한 예배를 드려서 하나님을 만나 소통하기 위한 것이다.

둘째, 성도의 거룩한 생활을 위해서 정직하고 진실해야 한다.

베드로 사도는 "오직 너희를 부르신 거룩한 이처럼 너희도 모든 행실에 거룩한 자가 되라"(벧전 1:15)고 했다. 거룩함이란 구호나 표어가 아니라 생활이다. 그러기에 거룩함에는 마땅히 신령한 투자가 있어야 한다. 거룩함은 순간적으로 이루어지지 않는다.

현대의 인스턴트 시대에 모든 것이 빠르고 순간적으로 되기를 바란다. 그래서 성도들까지도 인스턴트에 매료되어 순식간에 거룩해지려고 한다. 신앙생활도 열광적인 부흥집회나 어떤 분위기에 휩싸이면서 곧바로 거룩한 경지에 이르는 것으로 착각할 때가 있다. 거룩한 삶의 기본은 진실이다. 하나님이 진실하신 것처럼 우리가 진실하면 거룩함에 접근할 수 있다.

셋째, 성도는 진실로 사랑하기 위해서 정직하고 진실해야 한다.

성도의 사랑은 기독교의 진수(眞髓)이다. 사랑은 기독교의 가장 본질적으로 소중한 것이다. 기독교에서 사랑을 빼놓으면 아무 것도 남는 것이 없다. "그런즉 믿음, 소망, 사랑, 이 세 가지는 항상 있을 것인데 그중의 제일은 사랑이라"(고전 13:31). 사랑은 기독교의 모든 것이다.

그런데, 문제는 사랑에도 가짜, 곧 빛 좋은 개살구 같은 것이 있다는 것이다. 그것은 이른바 말과 혀로 사랑하는 것이다. 사도행전 5장의 아나니아와 삽비라의 마음속에는 거짓의 사탄이 들어갔고 결국 그들은 성령을 속였다. 진실함이 없었다는 것이다. 그들은 저주를 받아 순차적으로 목숨을 잃고 말았다. 불행한 일이다. 그들이 교회를 사랑하긴 했는데, 정직과 진실은 실종되고 거짓이 자리 잡고 있었기 때문이다.

어떻게 정직하고 진실하게 살 수 있을까?

우리는 하나님을 믿는 성도로써 정직하고 진실하기 위해 고민하지 않을 수 없다. 우리가 어떻게 하면 정직하고 진실한 삶을 살 수 있을까? 우선 기본으로 돌아가자. 누가 알아주는 위대한 일을 하겠다고 덤비지 말고 하나님과 사람 앞에서 다음 세 가지를 지키자.

첫째, 거짓말을 하지 말아야 한다. 거짓(false)은 우리말 사전에서 '사실과 어긋

남, 또는 사실이 아닌 것을 사실같이 꾸민 것' 라고 했다. 요즘은 사람들은 어리석어 너무나 당연한 일들을 모르고 지내거나 혼동을 일으키고 있다. 사람들은 무엇이 참이고 거짓인지 모르고 살고 있다. 수학공식에 1+1=3이라는 공식이 있다면 그것은 맞지 않는 거짓이다. 교회나 절에 가서 기도하면 모든 액운이 물러가고 불행에서 벗어나 행복이 덤으로 온다고 말하는 것은 거짓이다. 열심히 농사 짓지 아니한 자가 풍년을 기대한다고 풍년이 올 수 없듯이, 노력하지 아니한 자가 기도를 한다고 출세하여 부자가 되고 유명해질 수 있다는 것은 거짓이다.

이처럼 거짓은 세상에 없는 일이며 이치에 맞지 않은 일이다. 그래서 성도에게 중요한 것이 거짓을 버리는 것이다. 올바른 그리스도인은 마음이 진실이 가득함으로써 사실을 사실대로 보는 것이며 바른 이치를 옳게 깨닫는 것이다. 그리고 사실과 다른 거짓을 행하지 않아야 그 마음이 진실로 가득하고, 진실로 가득한 마음은 허상과 거짓이 없어지고 세상을 바로 보게 되는 것이다. 사실 속에 없는 허상과 거짓을 가까이 하면 사실을 사실로 보지 못하고, 그 마음은 점차 어두워지고 거짓에 침몰되고 자신이 거짓인지조차 모르고 살게 된다.

'거짓말을 식은 죽 먹듯' 하는 사람이 있다. 거짓말은 습관이 된다. 한번 거짓말을 하고 넘어가면 재미가 붙어서 자신도 모르게 거짓말을 한다. 사소한 거짓말은 그냥 넘겨버리는 세상이다. 그리고 '하얀 거짓말' 도 있다. 거짓말이 아닌 거짓말? 물론 상황윤리는 때로 정의를 위한 거짓말을 용납하는 경향이 있는 것은 사실이다. 그럼에도 거짓말은 엄연한 죄악이다. 거짓말을 버릴 수 있는 유일한 무기는 '진실' 이다. 진실한 사람은 거짓말을 못한다.

둘째, 항상 하나님 앞에 있다고 생각해야 한다. 목숨을 걸고 복음과 정의를 지킨 독일의 본 훼퍼(Dietrich Bonhoeffer) 목사님은 정직하고 진실한 신학자였다. 그는 히틀러의 정권에 대한 적극적인 저항을 스페인, 북아프리카, 멕시코, 쿠바, 미국, 영국 등지에서 히틀러의 폭정을 알리고 정의를 추진했다. 그는 왜곡된 교회와 정치를 향해 삶이 뒷받침 된 쓴 소리를 했으며 정보 요원으로 활동했다. 그는 1945년 4월 9일, 39세의 나이로 처형을 당했다.

우리는 늘 하나님 앞에 있다. 그러나 하나님을 망각할 때가 많다. 거짓은 여기서부터 출발한다. 하나님이 보고 계시는데 안 본다고 착각하고 거짓말과 거짓된 행동을 한다. 하나님은 안 계신 곳이 없으시다(無所不在). 하나님은 모르는 것이 없으시다(全知全能). 하나님이 늘 보고 듣고 계신다는 것을 잊지 말라. 다른 사람을 속일 수는 있어도, 하나님과 자기 자신은 속일 수 없다. 하나님 앞에서 항상 진실하고 정직하라. 그리고 자신을 속이지 말라. 주어진 상황에 감사하면서 자신이 늘 하나님 앞에 있다고 생각하면 진실하게 살 수 있다.

죄를 범하지 않으신 예수님, 입에 거짓이 없으신 예수님, 욕을 당하시되 맞대어 욕하지 않으신 예수님, 고난을 당하시되 상대방을 위협하지 않으신 예수님, 오직 모든 일을 공의로 심판하시는 하나님에게 부탁하신 예수님, 친히 십자가에 달려서 그의 몸으로 우리의 죄를 담당하신 예수님, 우리에게 죄에 대하여 죽고 의를 위하여 살라하신 예수님, 채찍에 맞음으로 우리를 낫게 하신 예수님, 우리가 전에는 양과 같이 길을 잃었으나 이제는 우리 영혼의 감독이 되신 예수님은 영원토록 정직하시고 진실하신 선한 목자이시다.

우리가 예수님을 배우면 정직하고 진실해질 수 있다. 예수님을 떠나면 무거운 거짓의 죄에 시달린다. 하지만 예수님께 나와 그분을 배우면 온유하고 겸손해진다. 온유와 겸손은 정직하고 진실한 마음에서 나온다. 예수님을 삶의 스승으로 삼고 배운다는 것은 온유하고 겸손한 마음으로 정직하고 진실한 삶을 살겠다는 의지이다.

성도가 죽기 전에 매사에 정직하고 진실해야 하는 이유

성도가 정직하고 진실해야 하나님을 볼 수 있기 때문이다. 거울은 정직하다. 있는 그대로의 모습을 거울에 비추어준다. 그래서 거울에 비추어진 자신의 모습을 보고 차림새를 단정히 한다. 그러나 겉모습은 거울을 보고 바로잡을 수 있다 할지라도, 거울로 마음의 모습까지 볼 수는 없다. 그러므로 사람들은 자칫 자신의 생각이나 행동이 잘못된 것은 자각하기가 어려운 것이다.

거울로 자신은 볼 수 있어도 하나님은 볼 수 없다. 하나님은 영(靈)이시기 때문이다. 하나님은 은익(隱匿, 숨겨져 있는)되어 계신다. 사람이 자력으로는 하나님을 볼 수 없어도 믿는 자에게 하나님께서 보여주시면(啓示, Revelation) 볼 수 있다. 성경에 나타난 선지자들이나 사도들은 하나님을 보았다. 그들이 하나님이 보여주신 영감(靈感, Inspiration)을 기록한 것이 성경이다. 그런데 그들에게는 하나의 공통점이 있었다. 그 공통점은 한결 같이 그들의 마음이 '진실'하였다는 것이다. 진실은 하나님께 접근할 수 있는 신령한 혜안(慧眼)이다.

겉모양이 달걀이라고 해서 모두 같은 달걀은 아니다. 생명이 있는 정란과 생명이 없는 무정란이 있다. 정란은 암탉이 품고 있으면 때가 되어서 새로운 생명인 병아리가 나오지만, 무정란은 암탉이 아무리 오래 품고 있어도 생명을 기대할 수 없다. 정란은 생명의 인자를 소유한 살아있는 달걀이요, 무정란은 생명의 인자가 없는 죽은 달걀이다. 이것은 생명과 죽음의 차이이다. 생명이 있느냐, 없느냐 하는 것은 중요한 문제다. 어린아이는 태어나는 순간에 울음을 터트리며 몸을 움직이지만, 사산된 아이는 똑같이 눈, 코, 입이 있고 손과 발이 있어도 울음이 없고 움직임도 없다. 겉모양은 같으나 속에 생명이 없다는 것이다.

미국의 신학자인 콕스(H. Cox)는 "오늘날 우리는 복음이 기독교인들에 의해서 무효화되는 세상에서 살아가고 있다."고 하였다. 하나님의 말씀과 일치되지 않는 삶, 하나님을 기쁘시게 하지 못하는 삶, 진실하지 못한 삶은 때로는 불신자들보다 못하게 살아가고 있다는 것이다. 진실한 그리스도인들의 삶 때문에 하나님이 기뻐하신다면 하나님이 영광을 받으실 것이다.

정직하고 진실하지 않으면 하나님을 만날 수 없다. 세상에는 두 종류의 사람이 살고 있다. 하나는 하나님을 만날 수 있는 사람이고, 다른 하나는 하나님을 만날 수 없는 사람이다. 하나님을 만난 사람은 살아계신 하나님 앞에 두려움 마음과 함께 경외하는 자세를 가지고 사는 사람이다. 하지만 하나님을 만날 수 없는 사람은 매사에 거짓과 하위로 살아가고 있다. 우리는 막연히 교회에 다니기만 할 것이 아니라, 정직하고 진실한 삶으로 하나님을 만날 수 있어야 한다. 사무엘과 다윗은 진실할 때 하나님을 만날 수 있었다.

하나님은 언제나 우리 곁을 지나신다. 하나님께서는 늘 우리 곁에 계시는 분이다. 우리가 어떤 상황에 있건 하나님은 감추어져 계신 분이다. 하지만 하나님은 여러 가지 모양으로 나타나신다. 우리는 이런 설교를 수없이 들어왔다. 그러나 우리가 그 하나님을 보지 못하는 것은 우리의 마음이 진실로 채워져 있지 않기 때문이다. 우리 마음이 거짓된 세상 것들로 분별력이 흐려졌기 때문이다. 하나님은 결코 인간 세계 밖에 존재하시는 분이 아니다.

진실한 성도는 하나님을 만나 새로운 인생을 사는 사람들이다. 하나님께 기꺼이 순종하기로 작정한 사람들이다. 믿지 않는 사람들에게 매사에 정직하고 진실하게 살아서 참된 믿음을 보여주는 사람들이다. 매사에 정직하고 진실하게 살며 예수님을 따르는 우리의 삶이 세상 사람들에게는 미련하게 보일 것이다. 하지만 하나님은 우리의 진실한 믿음을 보시고 아신다. "그러므로 이제는 여호와를 경외하며 온전함과 진실함으로 그를 섬기라" (수 24:14). 죽기 전에 매사에 장직하고 진실하게 살아서 천국에 가는 성도가 되어야 한다.

하버드대학생들이 졸업한 지 30년 후 그들의 삶을 조사한 결과, 목표가 있는 사람과 목표가 없는 사람과의 차이가 엄청났다고 한다. 그래서 목표가 있는 사람이 성공적인 삶을 사는 대신에 그렇지 않은 사람은 실패하는 삶을 사는 경우가 많았다고 한다.

행복은 누가 선물로 주는 게 아니다. 행복은 스스로 만드는 것이다. 독점의식이 강한 사람은 결코 행복하지 않다. 적절히 포기할 줄 아는 사람이 행복하다. 행복은 나누고 배려하고 양보할 때에 만들어진다. 예수님은 자기를 미워하는 자를 덩달아 미워하시지 않으셨다.

예수님은 자신을 미워하는 자들을 위하여 기도하셨고, 오히려 그들을 위하여 목숨까지 주셨다. 죄인들을 위하여 십자가에서 피를 흘려주시고 죽으신 예수님은 행복하셨을 것이다. 우리도 진정한 행복을 원한다면 나누고 배려하고 이해하고 사랑해야 한다.

제 6 장

행복한 나누는 삶을 위해서

046 마음을 나눌 친구들과의 관계를 잘 유지하라

047 가정에 전승되는 음식 레퍼토리를 만들어 보라

048 악기 하나를 다룰 수 있게 노력하라

049 매일 일정 분량의 책을 읽어라

050 매일 정해진 시간만큼 운동하라

051 자신만의 취미를 정하고 실천하라

052 자신만의 예술(문학) 장르를 가지라

053 성경의 위인 중 한 사람을 신앙모델로 정하라

054 하나님의 나라와 그의 의를 구하라

마음을 나눌 친구들과의 관계를 잘 유지하라

Bucket List **#046**

사람에게는 누구나 장점과 단점이 있다. 장미에게 뛰어난 향기와 찌르는 가시가 있듯이, 사람에게도 장점과 단점이 있다. 단점만 떼어 내어 생각하면 가장 나쁜 사람으로 보이지만, 그가 가진 장점을 보면 존경스럽게 보일 수 있다. 그래서 옥을 닦을 때에는 돌로 하고, 금을 씻을 때는 소금으로 하라는 옛말이 있다. 사물의 장단점을 잘 알아내어 처리해야 한다는 뜻이다.

친구도 마찬가지다. 친구에게 함께 어우러져 있는 장점과 단점이야말로 그 친구만이 지닌 독특한 향기일 수 있다. 친구의 장점과 단점을 따로 떼어놓고 바라본다면, 하늘에서 해와 달을 각각 따로 떼어놓고 바라보는 것과 같은 이치다. 한쪽으로만 치우치는 것도 결점일수 있고, 제 힘만을 믿고 객기를 부리는 것도 결점일 수가 있다. 또 친구의 단점을 드러내어 말하는 것도, 자신의 어리석음을 드러내는 단점으로 지적될 수 있다. 그러나 생각해 보라. 그대는 그럴 수밖에 없었던 적이 없는가? 그럴 수 있었을 것이다. 그럴 수 있어야 한다.

친구란 무엇인가

친구(親舊)란 사전적인 의미로 '가깝고 오래 사귄 사람'이라는 뜻이다. 영어로는 friend라고 하는데 '함께하는 사람'이라는 의미를 가지고 있다. 하지만 친구의 정의를 이렇게 내린다고 해서 모두 친구가 되지는 않는다. 친구에 대한 경계가 너무 애매모호해서 나는 친구로 생각해도 상대가 나를 친구로 인정하지 않을 수도 있다.

새삼스럽게 다시 묻는다. 친구란 무엇인가? 참 좋은 친구는 또 다른 "나" 일 수 있다. 친구와 함께 기쁨을 나누고 슬픔을 나누고 고통을 나눌 때 서로 닮아가는 것이 친구다. 그래서 우리는 친구에게 쉽게 충고해주고, 좋고 나쁜 일을 애써 도와주려 한다. 힘써 친구를 살펴주는 벗이라 함은, 친구가 다른 길로 가지 않도록 살펴주고, 어떤 불안하고 무서운 일에 처했을 때 그것을 잘 위안시키어 안심케 해주고, 친구가 하는 사업에 힘을 다하여 마음과 지혜의 양면으로 도와주는 자이다.

괴로움과 즐거움을 함께한다 함은, 자기의 비밀은 친구에게 알려주고, 친구의 비밀은 남에게 발설하지 않으며, 친구가 궁핍할 때에는 도와주고 버리지 않으며, 친구의 행복한 삶을 위하여 최선을 다하는 것이다. 친구에게 자주 충고한다 함은, 친구가 죄악을 범하지 않도록 설득하고, 친구에게 착한 일을 행하도록 조언하며, 항상 유익한 이야기를 들려주어 올바른 삶의 길로 인도하는 것이다.

예수님은 우리의 영원한 친구

친구가 많을수록 좋지만 그 많은 친구가 진실하고 좋은 친구가 되기는 쉽지 않다. 가끔 가장 가까운 친구에게 배신을 당하기도 한다. 많은 수보다는 단 한 사람이라도 진짜로 진실한 친구를 두는 것이 좋다. 우리의 진짜로 좋은 친구는 누구일까? 그분은 예수님이시다. 예수님께서 "이제부터 너희를 종이라 하지 아니하리니 종은 주인이 하는 것을 알지 못함이라 너희를 친구라 하였노니 내가 내 아버지께 들은 것을 다 너희에게 알게 하였음이라" (요 15:15)고 말씀하셨다. 예수님이 나의 친구라니 세상에 이보다 더 좋을 수는 없다. 예수님은 세상에서부터 천국에까지 우리의 친구가 되신다.

그런데 예수님은 그냥 친구가 아니시다. 우리의 모든 것을 아시고, 모든 문제를 해결해 주시고, 더욱 우리의 죄까지 대신 감당하신 영원한 친구이시다. 그리고 친구의 사명까지 말씀해 주셨다. "사람이 친구를 위하여 자기 목숨을 버리면 이보다 더 큰 사랑이 없나니 너희는 내가 명하는 대로 행하면 곧 나의 친구라" (요 15:13-14). 예수님께서 친구인 우리를 위하여 십자가에서 자신의 목숨을 버리시기까지 사랑해 주셨다. 그야말로 친구 사랑의 극치를 보여주신 것이다. 세상에서 누가 나를 위하여 목숨을 버려줄까? 세상에는 아무도 없다. 심지어 부모님이나 자녀조차 사랑하기는 해도 목숨까지 버려줄 수는 없다.

그러나 예수님은 우리를 친구로 삼고 사랑하셨으며, 자신의 목숨을 버리셨다. 예수님께서 그 큰 사랑을 우리에게 주셨다. 그 희생을 치르셨다. 우리를 위해 십자가의 희생제물로 당신 자신을 드리신 것이다. 우리는 죄로 말미암아 하나님과 원수 되었는데, 예수님께서 화목제물이 되어주심으로 하나님의 자녀 된 신분을 회복시켜 주셨다. 친구로서 교제의 끈을 회복시켜 주셨다. 우리를 친구라 하시며 만나주셨다. "죄 짐 맡은 우리 구주 어찌 좋은 친군지/ 걱정 근심 무거운 짐 우리 주께 맡기세"(찬송가 369장 1절). 이 찬양을 부를 때마다 우리를 친구로 삼아 주시고 위하여 목숨을 버리신 예수님을 기억하게 된다.

마음을 나눌 수 있는 좋은 친구 사귀는 방법

좋은 친구를 사귀려면 먼저 자신이 좋은 친구가 되어야 한다. 좋은 친구란 완벽한 조건을 모두 갖춘 사람이 아니다. 서로 허물없이 말을 주고받고 허물까지 덮어주고 마음으로 통하는 사람이 좋은 친구가 된다. 대부분의 사람들은 자기의 잘못을 지적하는 것을 싫어한다. 그러나 친구의 잘못 된 것을 인정하고 바로 말해주는 친구의 말에는 본심이 녹아 있다.

좋은 친구가 되려면 상대의 입장이 되어 생각해야 한다. 언제나 자신의 입장을 주장하지 않고 상대방의 입장에서, 아니 한 계단 낮은 자리에서 상대를 배려하고 이해해주고 베푸는 삶을 살면 많은 사람에게 호감을 얻을 수 있다. 언제나 호감이 가는 사람, 두고두고 사귀고 싶은 사람은 상대방의 입장에서 생각하는 사람이다. '나와 너'의 입장에서 항상 '너'가 먼저여야 친구가 된다.

좋은 친구 사이를 오랫동안 잘 유지하려면 가까울수록 예의를 지켜야 한다. 친하다고 실례까지 보이지 않는 것은 아니다. 부족한 것이나 허물은 결례하는 것과 다르다. 부족한 것은 이해가 될 수 있고, 허물은 덮고 넘어갈 수 있다. 그러나 무례한 행동이나 잘못된 말 한마디는 친구의 가슴을 후비는 비수가 될 수도 있다. 좋은 친구가 되는 것은 성품, 가치관, 취향 등으로 유유상종(類類相從)하는 것이다.

좋은 친구끼리는 자기의 자존심을 버리려고 노력하는 것이 좋다. 세상에 자존심이 없는 사람은 없다. 그러므로 친구를 무시하지 말고 인정하고 높여주라. 어떤 이유로든지 잘난 체 하지 말라는 말이다. '불협장 불협귀 불협형제이우 우야자 우기덕야 불가이유협야(不挾長 不挾貴 不挾兄弟而友 友也者 友其德也 不可以有挾也)' 맹자가 한 말이다. '나이 많고 적은 것을 따지지 않고 귀한 것과 천한 것을 따지지 않으며, 형제의 권세 여하를 따지지 않고 친구를 사귄다.' 친구를 사귄다는 것은 덕으로 사귀는 것이므로 자신의 자존심을 버리고 겸손하게 사귀어야 한다.

친구 끼리는 완벽한 사람이 아니라 솔직한 사람이 되도록 노력하는 것이 좋다. 세상에 완벽한 사람은 없다. 누구나 크고 작은 실수와 허물이 있다. 그러므로 자신을 완벽하게 보이려고 꾸미지 말아야 한다. 누구나 가까이 지내다 보면 모든 것이 알려지게 되어 있다. 그러므로 솔직해야 한다. 더욱이 좋은 친구로 오래 사귀고 싶으면 솔직담백해야 한다. 거짓 없는 친구를 좋아한다.

다윗과 요나단의 친구 이야기

이스라엘이 블레셋의 침략으로 위기에 빠졌을 때 목동인 다윗이 블레셋의 대장군 골리앗을 작은 물맷돌로 쓰러뜨리고 말았다. 다윗은 계속해서 블레셋과 싸울 때마다 백전백승했다. 이 사건으로 사울 왕과 왕자 요나단은 다윗을 보고 놀랐다.

그런데 다윗이 골리앗을 물리친 사건으로 사울 왕과 요나단은 전혀 다른 감정을 갖게 되었다. 요나단은 다윗의 믿음과 용기에 감동한 나머지 다윗을 친구로 삼았다. "요나단의 마음이 다윗의 마음과 하나가 되어 요나단이 그를 자기 생명 같이 사랑하니라 … 요나단은 다윗을 자기 생명 같이 사랑하여 더불어 언약을 맺었으며 요나단이 자기가 입었던 겉옷을 벗어 다윗에게 주었고 자기의 군복과 칼과 활과 띠도 그리하였더라"(삼상 1:3-4).

요나단과 다윗의 마음이 통하여 친구가 되었다. 사람은 마음이 통한다는 것은 쉽지 않다. 사람은 환경과 생활이 다른데 한 마음이 되기는 실제로 어려운 일이다. 솔직히 한 솥밥 먹고 한 이불 속에 사는 부부도 마음이 다를 수 있다. 한 피 받은 형제들도 마음이 다르다. 한 교회에서 한 하나님을 섬기는 성도들도 마음이 다르다. 그런데 왕세자 요나단의 마음이 목동 다윗의 마음과 하나가 되었다고 하는 것은 참으로 놀라운 일이 아닐 수 없다.

이것은 하나님의 은혜가 아닐 수 없다. 그리고 여기서 다윗의 믿음과 요나단의 겸손에도 주목해야 한다. 요나단은 당시의 왕세자였다. 장차 사울 왕의 뒤를 이어 왕이 될 사람이다. 그런데 목동 다윗이 블레셋과의 전투에서 대승리를 거두었으니 민심은 다윗에게 쏠릴 것이고 자칫하면 왕권을 잃을 수 있다. 실제로 나라의 정황을 그렇게 돌아가고 있었다. 그럼에도 불구하고 요나단은 왕권을 포기하고 다윗을 "자기 생명 같이 사랑" 했다. 이 마음을 하나님께서 주셨다.

여기서 우리는 친구의 결단하는 마음과 포용력을 배울 수 있다. 요즘은 서로 높아지면 끌어내리고, 잘 나가면 흠과 티를 잡으려고 한다. 이는 비단 정치계나 세상 이야기가 아니다. 교회에서도 이런 비열한 짓거리가 있는 것을 볼 수 있다. 교회에서 누군가가 주님의 선한 사업에 헌신하고 충성하면 성도들이 존경한다. 그런가 하면 어떤 사람은 그 꼴을 보기 싫어한다. 그래서 그를 비난하고 투정하고 끌어내린다. 자신이 올라가려고 발버둥을 친다.

우리는 여기서 요나단의 겸손과 우정을 배워야 한다. "요나단은 다윗을 자기 생명 같이 사랑하여 더불어 언약을 맺었으며 요나단이 자기가 입었던 겉옷을 벗어 다윗에게 주었고 자기의 군복과 칼과 활과 띠도 그리하였더라" (삼상 1:3-4). 요나단은 다윗을 친구로 삼고 자기 생명 같이 사랑하여 더불어 언약을 맺었다.

그는 이 언약은 죽을 때까지 지켰다. 다윗의 생명이 위태로울 때마다 지켜주고 피할 길을 알려주었다. 자기가 없었던 겉옷과 띠를 벗어서 다윗에게 주었다. 이것은 왕세자의 권한을 친구에게 인계해주었다는 뜻이다. 자기의 군복과 칼과 활도 주었다고 했다. 이것은 앞으로 어떤 위기에도 살아남으라고 무장시켜준 것이다. 요나단은 말로만 우정을 나누는 친구가 아니었다. 자신의 모든 것을 주는 친구로서의 우정을 가지고 있었다. 우리는 요나단에게 자기 생명 같이 사랑한 친구의 우정을 배울 수 있다.

성도가 죽기 전에 마음을 나눌 친구들과 관계를 유지해야 하는 이유

말이 많은 친구는 귀찮을 수 있다. 또한 말이 없는 친구와는 오래 관계를 유지하기 어렵다. 말로 서로 소통을 하되 진실한 말을 하는 친구가 필요하다. 서로 마음을 나눌 수 있는 친구들과 관계를 유지하는 방법은 상대가 다가오기 전에 자신이 먼저 다가가서 친밀한 관계를 유지해야 한다. 어떤 경우에는 수다스런 말보다 간단한 몇 마디 혹은 침묵이 친구관계를 더 오래 유지할 수 있다. 친구관계는 종잇장과 같아서 서로 자주 들어야 찢어지지 않는다.

성도가 죽기 전에 마음을 나눌 친구들과 관계를 유지해야 하는 이유는

첫째, 복음을 전하기 위해서다. 친구를 사귀는 목적이 여럿이 있겠지만 무엇보다도 천국의 동행자, 즉 복음을 전하여 천국에까지 우정을 유지하면서 동행할 수 있다면 이보다 더 좋을 수 없다. 예수님께서 우리에게 친구가 되어주신 이유로 우리를 구원하시기 위한 것이었다. 마음을 나눌 수 있는 진실한 친구, 속임수나 비밀이 없는 정직한 친구를 사귀에 천국에까지 동행하다.

둘째, 참된 주님의 제자가 되기 위해서다. 우리는 이미 주님의 제자가 되었다. 하지만 주님의 제자 중에서 진짜와 가짜가 있다. 주님의 제자랍시고 교회는 다녀도 사랑을 실천하지 않은 성도는 진짜 주님의 제자가 못 된다. "새 계명을 너희에게 주노니 서로 사랑하라 내가 너희를 사랑한 것 같이 너희도 서로 사랑하라 너희가 서로 사랑하면 이로써 모든 사람이 너희가 내 제자인 줄 알리라" (요 13:34-35). 친구에게 진실한 사랑을 베푸는 성도가 진짜 주님의 제자가 된다. 말로만 사랑하지 말고 몸으로 사랑해서 주님의 진짜 친구, 제자가 되자.

셋째, 하나님의 청조 섭리 때문이다. 사람이 힘든 세상을 혼자 힘으로는 힘든 세상을 살아갈 수 없다. 세상에는 각종 시련과 환란이 무수히 많아 홀로 해결할 수 없다. 그래서 하나님은 세상을 창조하실 때 아담과 하와가 함께 살도록 하셨다(창 2:18). 하나님께서 처음에 아담을 지으시고 보니까 무척 외로워 보였다. 그래서 아담을 돕는 하와를 지어주셨다. 부부는 어쩌면 죽을 때까지 함께하는 친구가 된다. 성도가 죽기 전에 마음을 나눌 수 있는 친구들(부부를 포함하여)과의 관계를 잘 유지하여 하나님의 창조 섭리를 이루어드리자.

가정에 전승되는 음식 레퍼토리를 만들어 보라

Bucket List **#047**

의·식·주(衣·食·住) 중에서 인간에게 가장 가깝게 느껴지는 것은 역시 '먹거리'다. 그래서인지 요즘 TV 지상파에서는 초저녁 골든타임에 '먹방' 프로그램이 판을 치고 있다. 그런 TV 방송을 보노라 하면 역시 '먹는 것이 최고라'는 생각이 든다. 하기야 '금강산도 식후경이라'는 속어도 있으니 말이다.

세상에 먹는 것보다 더 중요한 게 어디 있겠나. 사람은 살기 위해 먹는 것이 아니라 먹으려고 사는 것 같다. 사람들은 먹는 것에 목숨을 건다면 너무 지나친 말일까? 사실 인류의 조상 아담과 하와는 먹는 것 때문에 죄를 짓고 후손들을 죽음까지 물려주었으니 말이다. 그후로부터 인간들은 먹는 것 때문에 죽고살기로 떼쓰고 있다.

먹는다는 것은 무엇인가를 자신 속으로 받아들이는 것이다. 먹거리가 일단 속으로 들어가면 자신이 된다. 물질적인 것이든 정신적인 것이든 영적인 것이든 그 모든 것이 자신을 만든다. 그러므로 무엇을 먹든지 잘 가려서 먹어야 한다. 먹지 않으면 죽는다. 생명을 유지하기 위해 먹을 필요가 있다. 먹은 것들이 소화되어서 자신의 구성체와 성분이 되기에 인간은 먹는 것을 잘 선택해야 한다.

먹는 문제에 대한 성경적인 교훈

예수님은 "나는 생명의 떡이니 내게 오는 자는 결코 주리지 아니할 터이요 나를 믿는 자는 영원히 목마르지 아니하리라" (요 6:35)고 말씀하셨다. 이어서 "나를 먹는 그 사람도 나로 말미암아 살리라" (요 6:57)고 말씀하셨다. 성경은 우리에게 하나님의 중심된 것, 즉 하나님의 말씀이 성육신(Incarnation)되여 하나님 자신을 우리 안으로 역사하여 넣으시는 것임을 말씀하셨다. 사도 바울은 "주와 합하는 자는 한 영이니라" (고전 6:17)고 말씀했다. 하나님의 말씀은 하나님 자신을 우리와 하나 되게 하시는 것이다. 이것은 아주 놀라운 사건이다.

"너희가 내 안에 거하고 내 말이 너희 안에 거하면 무엇이든지 원하는 대로 구하라 그리하면 이루리라" (요 15:7). 하나님은 말씀이신 예수 그리스도를 먹는 방법으로 자신을 우리 안으로 역사하여 우리와 하나 되게 할 수 있다. 주님은 자신을 생명나무로 제시하셨다. 이는 생명나무이신 예수님을 먹게 하시기 위한 것이다. 먹는 것은 이만큼 중요하다. 먹는 것의 중요성을 이야기하다 보니 지나치게 영적으로 너무 앞서 나간 감이 있다. 여기서는 굳이 신령한 이야기를 하고자 하는 것은 아니다. 순수하게 그저 '먹는 것' 그리고 가정에 전승될 음식 레퍼토리를 만들어 정이 넘치고 풋풋한 웃음꽃이 피는 가정을 만들고 싶을 뿐이다.

가정에 전승되는 음식 레퍼토리 만들어 물려주기

가정마다 특유의 맛을 내는 음식이 있다. 조상 대대로 전승된 음식 맛을 고이 지키기 위해서 가문에 전승되는 음식 레퍼토리를 만들 필요가 있다. 음식은 또 하나의 문화다. 가정에도 독특한 음식 문화를 형성하여 후대에 물려주면 좋을 것이다. 가족마다 입맛이 다르고, 입맛에 따른 음식솜씨도 다르다. 할머니의 손맛을 어머니가 혼자만 간직하지 말고 자녀에게 가르쳐 주어서 공유한다면 상당한 세월이 흐른 다음에는 가문의 전통 음식이 될 수 있다.

우리 가문에 전승되어 내려오는 음식 맛의 맥을 끊어버리는 후손이 되지 말아야 한다. 이미 끊겨 있다면 생존해 계시는 웃어른들을 찾아가 물어서라도 정리하면 된다. 그리고 후손들을 위해서 "우리 가문의 음식"이라고 써서 주면 된다. 조씨 가문의 '인삼생태식혜'와 '생강서대껍질묵'이나, 예안 이씨 가문의 '연엽酒·화분된장' 그리고 해남 윤씨 가문의 '동국장(東國醬)'도 따지고 보면 별 것 아니다. '나만의 맛'이 고이 간직되어 전승되면 '특별한 맛'이 된다.

*** 배천 조씨 가문의 전통 음식 '인삼생태식혜'와 '생강서대껍질묵'**

독립운동가 신익희 선생의 손녀딸인 신화자(90) 여사가 황해도 '배천 조씨' 가문에서 전수받아 며느리인 김현숙 대표에게 물려준 종가 음식 '인삼생태식혜'와 '생강서대껍질묵'이라는 것이 있다. 생태를 말려서 조, 무, 미나리, 갓 등을 넣어서 속을 채우고 3개월 이상 발효시켜 만든 '인삼생태식혜'는 감칠맛이 뛰어난다. 자박자박 찌개를 끓여도 맛있고, 곰삭았을 때 삭힌 식혜의 맛은 또한 일품이다. 무엇보다 조가 들어간 식단은 조상의 지혜를 엿보게 한다.

'생강서대껍질묵'은 생선이 귀하던 옛날에 먹던 특별 보양식이다. 내륙지역에서는 바닷가 생선을 쉽게 구하지 못했기에 서대 껍질을 말려서 묵을 쑤었다고 한다. 거기에 생강은 열을 식히는 성분이 있어서 건강에 좋도록 우려서 사용했다. 얼핏 생각해 보면, 서양의 음식은 모두 다 갈아서 통합적인 맛을 낸다고 여겨진다. 하지만 한국의 음식은 각각 도드라진 개개의 맛을 낼 뿐 아니라 자연과 인간이 공존하며 건강하게 살아가는 길을 모색하는 것 같다.

*** 예안 이씨 가문의 전통음식 '연엽酒·화분된장'**

예안 이씨 가문에서 5대에 걸쳐 내려온 연잎을 곁들여 쌀로 빚은 술, 연엽주가 있다. 예안 이씨 가문의 맏며느리에게만 전수되는 이 술의 제조법을 8대 종부인 최황규 씨에게 들었다. 멥쌀(7.2㎏)과 찹쌀(1.8㎏)을 섞어 술밥을 만들어 식힌 후

누룩(4.5㎏)을 버무린다. 불길로 바싹 말린 항아리에 먼저 연잎과 솔잎, 감초와 꿀을 넣은 뒤 버무린 술밥을 넣고 깨끗한 지하수를 붓는다. 여름에는 생 연잎을 넣지만 겨울에는 말린 연잎을 사용한다. 솔잎은 적송솔잎만 사용한다. 연잎향이 은은하게 배어 있는 쌉쌀한 맛이 깔끔하다.

예안 이씨 집안에 내려오는 또 하나의 전통음식은 인고추장(칼슘고추장)과 화분(花粉)된장이다. 인고추장은 직접 담근 고추장에 호랑이뼈나 멧돼지뼈, 노루뼈 등을 푹 담가 놓은 뒤 2-3년 동안 숙성시켜서 먹는다. 색깔은 일반 고추장과는 달리 진한 갈색이 나고 맛은 맵지도, 달지도 않은 중간 맛이 난다. 화분된장은 꽃가루인 화분을 솔방울크기로 뭉쳐 2개를 된장에 넣은 뒤 1년 정도 숙성시키면 색깔이 노랗고 순하면서도 달착지근한 맛이 일품이다.

*** 해남 윤씨 가문의 전통음식 '동국장(東國醬)'**

조선시대 왕후 집안인 사직촌 한씨 가문과 해남 윤씨 집안의 장류제조 비법을 전수받아 '동국장(東國醬)' 이란 전통식품을 개발한 한안자 씨(71. 해남군 황산면)가 전통식품 명인 제 40호로 지정됐다. 한씨는 조선시대 왕후 집안인 사직촌 한씨 가문의 30대 손으로 태어나 한씨 집안 전통장류 비법을 전수받고, 결혼 후에는 시어머니로부터 해남 윤씨 집안의 장류제조 비법까지 전수받아 50년간 제조해오고 있다.

특히 '동국장' 을 산업화하기 위해 '귀빈식품' 을 설립하고 전통적 제조 방법으로 제품을 생산 판매해 전통장류 명맥을 유지시키기 위해 노력해 왔다는 평가를 받고 있다. '동국장' 은 알이 굵고 고른 최고 품질의 대두재료로 발효시킨 메주를 3년 이상 간수를 뺀 천일염을 사용해 맥반석 항아리에서 숙성시킨 후 용수를 넣어 간장과 된장을 걸러내는 가장 전통적인 제조 방법을 이용해 만들어진다. 구수하고 담백하면서도 맛이 깊은 동국장은 자랑할 만하다.

성도가 죽기 전에 가정에 전승되는 음식 레퍼토리 만들어야 하는 이유

이스라엘 백성이 광야에서 하나님께서 내려주신 만나와 메추라기를 먹으며 40여년을 살았다(출 16:4-18). 광야에서 굶주린 백성에게 매일 한결 같이 먹거리를 주신 하나님은 지금도 당신의 백성에게 먹을 것을 주신다. 여기에는 구속사적인 종말론이 함축되어 있다. 우리가 음식을 먹는 것은 단순히 배부르고 건강하여 이 세상에서 오래 살기 위한 것이 아니다. 우리는 한 끼의 식사라도 그 속에 하나님의 사랑과 은혜가 있다는 것을 알아야 한다. 우리가 아무 생각도 없이 끼니를 맞춰서 먹기만 한다면 세상 사람과 무엇이 다를까?

이스라엘 백성은 하나님께서 마련해 주신 '광야의 식탁' 에서 하나님의 은혜와 장차 그들이 들어가 살려는 가나안 복지의 축복을 기도하였다. 오늘의 우리에게도 가족이 둘러앉아서 '사랑의 식탁' 을 갖는 것은 모든 가족이 함께 천국에서 영원히 목마르지 않고 배고프지 않을 '하늘의 양식' 을 먹기 위한 것이다. 가족을 위한 사랑과 정성이 담긴 음식 레퍼토리는 천국생활을 꿈꾸는 성도의 마땅한 정성이다. 오늘의 성도는 현실에 만족하지 않고 미래의 천국생활을 기대한다. 성도가 죽기 전에 가족과 함께하는 식사는 하나님의 축복이다.

성도는 "오늘 우리에게 일용할 양식을 주시옵고" 라고 가르치신 주님의 기도가 이루어지기 위해 심령을 비워야 한다. 무엇을 먹든지 세상 것으로 가득 채워진 심령에는 하늘의 양식이 들어갈 틈이 생기지 않는다. 주님께서 기도하신 '일용할 양식' 은 육신의 양식을 포함한 하나님의 말씀이다. 모든 먹거리에는 하나님의 말씀이 숨어 있다. 성도는 죽기 전에 모든 먹거리에 숨어 있는 하나님의 말씀을 발견하고 천국에서 먹을 생명의 양식을 기도해야 한다.

악기 하나를 다룰 수 있게 노력하라

Bucket List **#048**

요즘 건조한 삶을 벗어나기 위해 피아노나 바이올린, 클래식기타 같은 악기를 능숙하게 연주하는 사람들이 사람들에게 인기가 많다. 아무래도 악기를 능숙하게 연주하는 모습이 사람들의 시선을 집중시키기 때문이다. 그래서 주목 받는 연주자에게서 후광과 같은 것을 느낀다. 이 말은 실제로 그에게서 빛이 보인다는 말이 아니라 그 사람이 특별하게 보인다는 뜻이다. 그래서 사람들에게 박수를 받고 매력적으로 보이게 된다. 그뿐만 아니라, 악기를 능숙하게 연주할 때, 그 악기의 소리가 듣는 사람들의 감성을 흔들고 뭔가를 깊이 사색하게 만든다.

'아름다운 소리를 만들어 내는 사람'은 사람들에게 멋지게 보인다. 그리고 악기를 열심히 연주할 때에 집중하는 그 모습이 아름답게 보이면서, 사람들에게 인생의 낙(樂, pleasure; enjoyment)과 흥(興, interest; fun)을 일깨워 주기도 한다. 또한 악기를 집중적으로 연주하면, 악기와 사람이 혼연일체가 되어 악기와 사람이 하나가 되어 사람이 악기가 되고 악기가 사람이 되기도 한다. 이만큼 악기는 우리의 생활에서 빼놓을 수 없는 존재가 되었다.

사실 웬만한 집에는 피아노 같은 악기 하나쯤은 있다. 그런데 아름다운 소리를 내는 악기를 집에 그냥 놔두고 먼지만 타게 하는 경우가 많다. 가족이 모일 때에 가족 중의 하나가, 즉 자녀가 악기를 능숙하게 연주하여 즐거움을 더한다면 이보다 더 좋을 수는 없다.

악기란 무엇인가?

「악기는 무엇으로 사는가?」라는 다큐멘터리가 있다. '악기는 무엇으로 사는가?' 음악을 만드는 악기에 대해서 알려주는 영화로 인성을 깨우치는 인문학적인 요소가 풍부한 작품이다. 음악을 만드는 악기를 모르는 사람도 이 다큐멘터리에서 인문학과 음악과의 관계를 알 수 있다.

사람들이 좋아하는 베토벤의 월광 소나타는 장조마다 바뀌면서 인간의 느낌을 연주한다. 그 음악을 밤에 들으면 잔잔한 노래로 들리면서 인간의 과거가 생각나게 한다. 음악에 대해서 배우고 음악을 만드는 악기를 이해하면 좀 더 음악을 잘 들을 수 있지 않을까 하는 기대로 그 다큐를 시청했다. 그 다큐는 첫째, 악기들의 무덤, 둘째, 어떻게 소리가 합쳐지는가, 셋째, 새로운 악기 만들기까지 총 세 단원으로 나뉘어져 있었고 전체적으로 인문학과 합쳐진 악기의 세계에 대해서 설명하고 악기와 인간의 조화를 메시지로 전하고 있다.

악기는 공기를 진동시켜 사람의 귀로 들어오게 하는 도구이고 장치다. 악기는 인간의 목소리를 좀 더 아름답게 표현하기 위해 만들어진 도구이기도 하다. 악기의 종류는 여러 가지가 있는데 현악기, 건반악기, 타악기, 금관악기가 저마다 다른 악기에서 다른 소리가 나는 이유는 전부 공기를 다른 방식으로 진동시키기 때문이다.

악기 연주로 나타나는 성경적 메시지

성경은 인류 역사상 최초로 악기를 연주한 사람은 유발이라고 했다. "그의 아우의 이름은 유발이니 그는 수금과 퉁소를 잡는 모든 자의 조상이 되었으며" (창 4:21) "유발" 은 '수양의 뿔' 이라는 '요벨' 과 같은 이름으로 '악기를 연주하는 자'

란 뜻이다. 유발은 수금과 퉁소 등 악기를 연주하는 모든 사람의 조상이 되었다니, 그는 여러 악기로 하나님을 찬양했을 것이다. '수금'은 '줄을 튕겨 소리를 내는 악기'로 현악기를 가리키고, '퉁소'는 '숨을 내거나 바람을 불어줌으로써 소리를 내는 악기'로 관악기를 이른다. 여기서 우리가 깨달을 수 있는 것은 이때부터 인간이 할 수 있는 모든 수단을 동원하여 하나님을 찬양하였다는 것이다. 인간은 본성적으로 악기를 통해 하나님을 기쁘시게 하는 습성을 가지고 있다고 본다.

악기, 즉 나팔소리는 하나님을 찬양하는 것과 함께 승리와 휴거를 일으킨다. 이스라엘에 여리고성을 공략할 때 육일은 침묵하고 여리고성을 한 번씩 돌다가 일곱째 날은 제사장이 양각나팔을 불 때 여리고성이 동시에 우장창 무너졌다. 고통과 역경이 앞을 막고 있을 때에 믿음으로 악기를 연주하며 진행하면 승리할 수 있다는 메시지를 알려주고 있다.

또한 하나님의 나팔소리는 성도의 휴거를 알리는 신호가 된다. 예수님은 "그가 큰 나팔소리와 함께 천사들을 보내리니 그들이 그의 택하신 자들을 하늘 이 끝에서 저 끝까지 사방에서 모으리라"(마 24:31)고 하셨다. 하나님은 공중에서 큰 나팔소리로 우리를 모으신다. 바울은 "마지막 나팔에 순식간에 홀연히 다 변화하리니 나팔소리가 나매 죽은 자들이 썩지 아니할 것으로 다시 살고 우리도 변화하리라"(고전 15:51-52)고 하였다.

마지막 날에 하나님의 나팔소리가 공중에서 울릴 것이다. 그리고 믿음 소망 사랑으로 예비한 성도는 변화되어 공중에서 주님을 뵐 것이다. 그리고 어린양의 혼인잔치가 아버지의 보좌에서 시작될 것이다. 혼인잔치의 주관은 하나님께서 하시고 천사들은 나팔을 불 것이다.

이스라엘의 절기에서 나팔절은 새해의 시작을 말한다. 나팔절은 유대력 7월

1-2일 초승달이 처음 뜨는 날이다. 달력이 없던 그 시절에 어느 날이 나팔절인지 아무도 모른다. 그리고 하나님의 나팔소리로 시작되는 휴거도 아무도 모른다. 예수님은 도적같이 오신다. 나팔절에는 심판의 책을 펴는 재판의 시작과 어린양의 혼인잔치, 만왕의 왕인 그리스도의 대관식을 알리는 데 의미가 있다. 이처럼 거룩한 믿음의 악기 연주는 성도의 승리, 주님의 재림, 성도의 휴거, 어린양의 혼인잔치, 그리스도의 대관식과 관련이 있다.

사람과 악기의 관계

대규모 관현악단인 심포니 오케스트라의 경우에 인원수는 무려 100명이 넘는다. 연주자의 수가 많은 현악기를 중심으로 60명, 목관악기 15명, 금관악기 15명, 타악기 10명의 4개 악기군으로 편성된다. 여기에 하프·피아노·오르간·색소폰·비브라폰 등이 포함되기도 한다. 현악기군에는 제1, 제2 바이올린·비올라·첼로·콘트라베이스가 들어가며, 목관악기 군에는 피콜로·플루트·오보에·클라리넷·파곳 등이 포함된다.

금관악기 군에는 트럼펫·호른·트롬본·튜바가 들어가며 타악기 군에는 팀파니·큰북·작은북·심벌즈·트라이앵글 등이 포함된다. 오케스트라를 편성할 때 목관악기의 수를 기준으로 하여 그것을 2관 편성, 3관 편성, 4관 편성이라 부른다. 관악기 수의 증감에 따라 음의 균형을 맞추기 위해 현악기 수도 같은 비율로 증감시켜 준다. 2관 편성 오케스트라는 평균 60명 내외다.

다양한 악기를 뜯어보면 인간의 모습과 흡사하다. 우리 주변에는 다양한 사람이 있다. 낮은 곳에서 모두를 포용하는 사람, 사람들 위에서 지휘하려는 사람, 밥 먹을 때 일찍 먹는 사람, 늦게 먹는 사람 등 저마다 다르면서 닮은 사람들이 있다 악기도 비슷하면서 전혀 다른 소리를 낸다. 콘트라베이스 같은 사람, 바이올린 같은 사람, 피아노 같은 사람, 사람들도 자기만의 고유한 소리를 가지고 있고 그 소리에 맞게 행동한다.

이런 점에서는 정말 악기와 사람이 많이 닮아있다. 그리고 다른 사람들이 모여서 사는 세상은 아름다운 조화와 함께 바람직한 미래를 준비하고 있다. 여러 악기들에게서 '다름'을 발견하고 화음을 만들어 가듯, 다른 사람들로 구성된 세상에서 조화로운 공동체를 만들어가야 한다는 교훈을 깨닫는다.

미래를 창조하는 악기

단순한 소리만 내는 악기는 도구가 아니다. 악기는 연주자가 악보에 따라 아름다운 소리를 만들어 낸다. 악기는 과거를 연주하는 게 아니라 미래를 연주한다. 독주이든 합주이든 악기가 내는 음악은 하나님 창조의 연주자다. 음악의 근원에 해답을 주는 것은 오직 성경뿐이며 하나님의 소리가 심오한 음악으로 들렸다. "태초에 하나님이 천지를 창조하시니라"(창 1:1) 이 말씀은 하나님께서 태초에 악기가 되셨다는 표현이다. 하나님은 태초에 인간이 살아가게 될 시간과 공간을 창조하셨음을 장엄한 음악의 악기로 선포하고 있다.

그것은 음악이 존재할 수 있는 기본적인 요소가 마련된 것이다. 그 이유는 음악은 사람의 사상과 감정을 표현하는 시간적인 예술이기 때문이다. 그리고 이러한 음악에 있어서의 시간적 요소는 리듬의 형태로 나타난다. 이와 같이 음악은 창조하신 시간 위에 근거를 주고 있기 때문에 하나님을 찬양해야 한다는 분명한 목적을 가질 수 있다.

음악의 근원이 무신론적 바탕 위에 있으면 인격을 파괴하고 우리를 불행한 가운데로 인도할 것이다. 하나님은 천지를 말씀으로 창조하시면서 소리(악기)를 처음으로 발하셨다. 하나님은 음악의 기본적 요소인 소리(악기)를 처음으로 창조하셨고 그 속에 사상과 감정을 나타내셨다. 그리고 그분은 당신의 형상을 따라 사람을 창조하셔서 찬송을 부르게 하셨다. 따라서 인간에게는 '나의 찬송'이 지정곡이다. 그러나 그 어원을 살펴보면 그 방법에 있어서는 자유롭다는 것을 알 수 있다. 그러므로 악기는 당연히 하나님을 찬양하는 데 써야 한다.

성도는 자신이 악기 하나를 능숙하게 다룰 수 있도록 해서, 자신의 믿음을 키울 뿐만 아니라 하나님을 찬양하고 가족이 모였을 때 능숙히 연주하여 화목과 즐거움을 선사하게 한다면 하나님을 기쁘시게 하고 영광을 돌리며, 나아가 가족들을 행복하게 할 수 있을 것이다.

하나님의 백성의 찬양

하나님은 셋의 후손 중에서 아브라함을 택하셔서 인류 구속 사업을 이루신다. 하나님의 부르심을 받은 아브라함은 하나님의 말씀에 무조건 순종하여 고향을 떠나 약속의 땅에 갔고, 가는 곳마다 제단을 쌓고 하나님께 예배를 드렸다. 그러나 아직 아브라함을 찬송을 드리지 않았다. 최초의 하나님 찬양의 기록, 완전한 찬송의 가사가 등장한 곳은 출애굽기 15장에 나오는데 홍해를 육지와 같이 건넌 후에 부른 모세의 즉흥 찬양이다(출 15:1-18).

참으로 완벽한 하나님 찬양이다. 신앙적으로 보면 이 찬양은 성령의 감동으로 부른 찬양이다. 그러나 성령의 감동도 인간이라는 인격체를 통하여 이루어지기 때문에 그 사람의 학력을 무시할 수가 없다. 모세는 애굽의 궁전에서 음악을 공부했다고 필론(Philon Judaeus, 주전 15?-주후 45?)이 전한 바 있다. 참고로 필론은 브리태니커 백과사전에 의하면 '그리스어를 사용한 유대 철학자로서 헬레니즘 유대주의를 대표하는 가장 중요한 인물이다. 그의 저작들은 디아스포라에서 유대주의의 발전에 관한 가장 명확한 견해를 제공해준다.'고 기록되어 있다.

이사야 6장에 보면 하늘나라에서 천군과 천사들이 하나님을 찬양하는 노래가 기록되어 있다. 이 기록은 예배학에서 예배의 모범으로 인용되고 있다. 여기서 찬양의 주제는 '거룩하신 하나님' 이다. 삼위일체 하나님께 드리는 찬양이기에 "거룩하다 거룩하다 거룩하다"(사 6:3)를 세 번 연속으로 반복하고 있다. 하나님 아버지가 다스리시는 나라에서 옛날에는 천군천사가 찬양드렸지만 아버지의 뜻이 이루어지는 날 그리스도로 말미암아 구속받은 우리들이 하늘나라에 모이면 하나님과 예수님을 모시고 "영원무궁토록 거룩하시다! 거룩하시다! 거룩하시다!" 라고 찬양을 하게 될 것이니 이 얼마나 기쁜 일이겠는가.

사도 요한은 "새 노래를 불러 이르되 두루마리를 가지시고 그 인봉을 떼기에 합당하시도다 일찍 죽임을 당하사 각 족속과 방언과 백성과 나라 가운데서 사람들을 피로 사서 하나님께 드리시고 그들로 우리 하나님 앞에서 나라와 제사장을 삼으셨으니 그들이 땅에서 왕 노릇 하리로다 하더라"(계 5:9-10)고 했다. 여기서 이십사 장로가 주님 앞에 찬양을 드리고 있다.

여기서 "새 노래"란 하늘나라에서 새롭게 부르는 노래를 말한다. 이 땅에서 부르는 노래는 하나님을 경배하며 높여드리는 찬양도 있지만, 우리가 은혜를 받고 감사로 부르는 찬양도 있다. 하지만 하늘나라에 가서는 우리의 은혜나 축복을 위해 찬양을 할 필요는 없다. 물론 하늘나라에 가서도 찬양을 하면 더욱 은혜가 충만하고 감사가 더해지지만 이 땅에서처럼 육을 입고 있지 않기 때문에 굳이 은혜나 감사함을 입기 위해 찬양할 필요가 없다는 말이다. 그래서 찬양의 목적도 오직 하나님을 경배하며 영광과 감사를 돌리기 위한 것이다.

성도가 죽기 전에 악기 하나를 다룰 수 있어야 하는 이유

하나님은 사람에게 노래를 부를 수 있는 기능을 주셨다. 물론 새들이나 동물들도 소리를 내지만 그 소리가 먹이를 구하고 짝을 찾는 소리일 뿐 굳이 노래는 아니다. 어떤 시인은 새들이 아름다운 노래를 한다는 시적 표현을 하지만 그것도 엄격히 말하면 부르짖음일 뿐 노래는 아니다. 특히 인간을 제외하고 하나님의 구원을 찬양하는 피조물은 없다.

성도가 죽기 전에 악기 하나를 다룰 수 있어야 한다는 이유는 여기서 찾을 수 있다.

첫째, 하나님께서 성도에게 찬양할 수 있는 기회를 주신 것 때문이다. 하나님께서 성도를 구원해 주셔서 감사하여 죽기 전에 찬송을 더욱 아름답게 하는 악기를 다룰 수 있어야 한다. 성도가 다루는 악기는 세속적인 음악을 연주하기 위한 것이 아니다. 성도는 음악적인 기능을 발전시켜서 찬양을 돋보이게 하는 악기를 다루어 하나님께 영광을 돌려야 한다.

둘째, 자녀들에게 하나님을 찬양하는 기법을 전수하기 위해서이다. 성도가 죽기 전에 자녀에게 무엇을 전수하면 좋을까? 여러 가지가 있을 것이다. 자신이 보던 성경책, 자신이 쓰던 안경, 자신이 집필한 책, 자신의 교훈 기타 등. 하지만 가장 아름다운 것은 자신이 하나님을 찬양할 때 즐겨 다루던 악기를 유산으로 준다면 이보다 더 좋을 수 없을 것이다.

셋째, 진지하게 하나님을 찬양하는 모습을 보여주기 위한 것이다. 우리가 하나님을 찬양하는 방법은 여럿이 있다. 입으로 하나님을 찬송하고, 믿음의 생활로 하나님을 찬송하고, 전도를 많이 해서 하나님을 기쁘시게 할 수 있다. 하지만 기억에 남을 수 있는 것은 하나님을 악기로 찬양하는 방법이다. 아기를 그냥 다룰 수 있는 게 아니다. 오랜 연습과 노력이 없이는 악기를 능숙하게 다룰 수 없다. 성도는 죽기 전에 악기를 다루어 하나님을 찬양하자.

매일 일정 분량의 책을 읽어라

Bucket List **#049**

우리가 못 먹고 살 때는 '책 속에 밥이 있다' 고 했다. 그런데 최근에는 '책 속에 길이 있다' 고 말한다. 책은 인생의 희망이다. 우리는 책을 통해서 인생을 배운다. 인간의 삶이 무엇인지 미처 모르더라도 지혜 있는 사람들과 성현들이 써놓은 책을 통해서 인생의 지혜와 삶의 도리를 배울 수 있다. 그래서 책이야말로 우리가 가장 가까이 해야 할 보물이라고 한다.

R.D 베리는 『독서의 명언』에서 "그대(책)는 생명의 나무요, 사방으로 뻗은 낙원의 강이다. 그대에 의해 인간의 마음은 자라고 지성의 갈증은 해갈되며 마침내는 무화과나무에 열매를 맺게 한다." 고 했다. 그의 말에 따르면 책은 우리에게 생명의 가치를 알게 하는 나무와 같고, 삶의 지혜를 배우는 강과 같다. 그리고 우리는 책에 의해서 마음이 자라고, 책을 통해 지성의 갈증을 해결한다. 결국 무화과나무의 열매처럼 금방 드러나지 않아도 삶의 열매를 맺게 한다.

공자도 책을 읽는 즐거움을 인생의 세 가지 크나큰 가치 라고 꼽으면서 '학이시습지불역열호(學而時習之不亦說乎)', 즉 '배우고 때때로 익히면 이 또한 기쁘지 아니한가?' 라고 하였다. 세상에 좋은 일도 많이 있지만 책을 통하여 글을 읽고 배우고 배워서 때때로 익히면 그 보다 즐거운 일은 없을 것이다. 그러므로 우리는 책을 마음의 등불로 심아 항상 가까이 하며 살아야 할 것이다. 책 읽기에 빠진 상태를 독서삼매경(讀書三昧境)이라고 한다. 특히 하나님의 말씀인 성경책을 깊이 묵상하며 정독하여 말씀의 진리에 흠뻑 빠져보기 바란다.

왜 책을 읽어야 하는가?

하나님은 인간이 다른 동물, 즉 침팬지 따위와 달리 책을 읽고 생각하며 기록을 남길 수 있는 존재로 창조하셨다(창 1:22). 이러한 작업이 가능한 것이 문명의 탄생, 축적, 번영을 만들어낸 원동력이 되었다. 문명을 통해 인간은 '사회적 학습자'로 발전하였고, 이러한 발전이 문자 텍스트(넓은 의미의 '책')가 존재하게 되었다.

정보 물리학의 관점에서 책은 정보 전달의 성공을 가져왔으며, 독서는 인간의 사회적 학습을 촉진하고 인간을 사회적 학습자로 진화시킨 '문명의 엔진'이라고 할 수 있다. 또 뇌 전체를 활용하는 독서는 느린 생각(창의성)을 가장 효과적으로 만들어내는 행위다.

인류가 창조할 수 있는 모든 문화의 원천적인 지혜를 제공하는 것이 독서다. 그러므로 독서는 직접 경험하지 못한 것들을 타인의 경험을 전수 받아 자신의 지식과 경험을 숙지시키는 간접경험의 수단이다. 첫째로 독서는 우리가 폭 넓은 지식을 배워서 수학학습(受學學習)에 임하기 위해서 필요하다. 책을 읽지 않으면 우선 지식을 습득하지 못하고 누가 무엇을 가르쳐도 그것조차 깨닫지 못한다. 둘째로 독서는 전문가로서 권위를 유지하기 위하여 필요하다. 전문가는 그냥 되지 않는다. 자신의 분야에 대한 책을 무수히 읽어야 지식을 습득하여 전문가가 될 수 있다.

셋째로 독서는 자신의 정서 순화와 깊은 사고의 지름길을 얻기 위하여 필요하다. 우리는 자주 여러 가지 스트레스로 허덕이며 무엇을 어떻게 해야 할지를 모르고 방황할 때가 있다. 그럴 때 책을 읽으면 자신의 스트레스를 해소할 수 있고, 나아가서 문제해결의 방법을 터득할 수 있다. 넷째로 독서는 교양인으로서 덕성과 품위를 높이기 위하여 필요하다. 돈이 많고 많이 알고 지위가 높다고 교양인이 될 수는 없다. 교양인은 끊임없는 독서를 통해서 수양을 터득하고 겸손과 덕성을 쌓아야 가능하다.

책을 잘 읽는 방법

독서는 글을 매체로 하여 능동적으로 의미를 재구성해 나가는 사고 과정이라 할 수 있다. 그렇기 때문에 책의 내용과 표현 방법, 읽을 사람의 개성과 환경에 따라 적절한 독서 계획을 세우는 한편 보다 효과적인 독서 방법을 선택할 필요가 있다.

① 다독(多讀) : 교양을 쌓고 지식을 넓히기 위해 여러 가지 종류의 책을 많이 읽는 방법이다. 현대 사회는 정보화 사회로 정보량의 증대나 그 전달 속도가 엄청나게 빠르다. 이러한 가운데 어느 한 종류만 편향적으로 읽는 것은, 편식이 우리 몸에 해로운 것처럼 지적인 편협성을 초래할 수도 있다.

② 정독(精讀) : 글의 세밀한 내용까지 파악하기 위하여 자세히 꼼꼼하게 읽는 방법이다. 전문 지식을 얻거나, 연구와 학술 활동을 위하여 책을 읽을 때 적당하다. 단어나 문장 하나 하나의 의미를 알고, 필자가 전달하고자 하는 주제나 요지 등을 정확하게 파악해야만, 독자가 원하는 지식을 얻을 수 있다.

③ 음독(音讀) : 책을 읽을 때 입술을 움직여 작은 소리를 내어 읽는 방법이다. 이 방법은 묵독과는 달리, 발음 기관을 동원하여 문자 기호를 음성화하여 읽는 것이다. 주로 초등학교 저학년의 경우나, 음률을 살려 읽어야 할 필요가 있는 시 낭송의 경우에 알맞은 방법이다.

④ 묵독 (默讀) : 소리를 내지 않고 눈(마음 속)으로 읽는 방법이다. 대부분의 독서에서는 음독보다는 묵독의 방법이 주로 사용된다. 음독에 비하여 묵독이 내용 이해의 집중도나 정확도가 높으며, 읽는 속도가 빠르기 때문이다. 깊이 있는 사고가 요구되는 연구 논문이나 전문 서적을 읽는 독서 방법으로 알맞다.

⑤ 속독(速讀) : 제한된 시간에 많은 분량의 독서를 위하여 빨리 읽는 방법이다. 일반적으로 정보를 얻기 위한 목적으로 신문, 잡지 등을 읽거나 여가 선용으로 문학 작품, 교양서적 등 비교적 쉬운 글을 읽는데 적합하다.

⑥ 지독(遲讀) : 글의 내용을 상세히 파악하기 위하여 천천히 읽어가며 필요한 부분을 노트나 메모지에 기록하는 방법이다. 학술 논문과 같은 전문적인 지식이 필요한 어려운 글을 읽는 데 적합하다.

⑦ 적독(摘讀) : 한 권의 책에서 자기에게 꼭 필요한 부분만 골라 읽는 방법이다. 발췌(拔萃)한 지식이나 정보를 얻기 위해서 읽는 일종의 '조사용 독서'라고 할 수 있다. 사전, 동식물 도감, 사진 등과 같은 참고 자료를 조사할 때 꼭 알고 싶은 부분만 찾아 읽는다.

⑧ 통독(通讀) : 차례를 따라 책 속에 등장하는 주인공의 성격, 인물, 사건의 전개 등을 파악하기 위해 처음부터 차근차근 빠짐없이 읽는 방법이다. 이야기의 전개를 이해해야 하는 하나님의 말씀이 기록된 성경책을 읽기에 필요한 독서 방법이라 할 수 있다.

⑨ 색독(色讀)과 체독(體讀) : 색독이란 표현된 글의 문자적 의미만 읽는 것을 말하며, 체독이란 표현된 것 이상의 내포적 의미를 몸으로 느끼며 읽는 방

법이다. 효과적인 독서를 위해서는 색독보다는 체독의 자세가 필요하다.

기타 효과적인 독서 방법으로 다음과 같이 간략하게 정리할 수 있다. ① 표제(제목), 서문 읽고 내용 짐작해 보기 ② 책의 내용을 파악하기 위해 목차 살피기 ③ 자기 생활이나 의견과 비교하며 읽기 ④ 강한 자극이 있는 부분을 기록하며 읽고 메모해두기 ⑤ 사실과 의견을 구별하고 작자의 주장 파악하기 ⑥ 훌륭한 작품 읽고 마음에 담아두기 ⑦ 읽는 도중 가슴에 뜨거운 것을 느낄 수 있게 읽기 ⑧ 세세한 부분까지 주의하여 읽기(정확히) ⑨ 표현이 잘된 곳, 좋다고 느낀 곳을 메모하기 ⑩ 장면을 상상하면서 마음을 모아서 음독하기 ⑪ 자기가 읽은 책을 여러 사람에게 소개하고 권장하기(권장 이유, 내용을 대강 알림) ⑫ 읽은 책의 우수한 점을 발표하기 ⑬ 첫 페이지부터 넘겨보며 큰 제목, 작은 제목, 그림과 함께 살피며 전체 윤곽을 파악하기 ⑭ 책의 중심이라 생각되는 내용을 요약한 부분 읽어보기

독서에 대한 성경적인 교훈

성도는 하나님을 알아야 한다. 그런데 하나님을 아는 것은 인간의 경험을 통해서 시작되는 것이 아니다. 그렇다면 하나님을 어떻게 알 수 있을까? 하나님께서 성령의 영감을 통해서 계시하신 성경을 읽음으로서 가능하다. 성경을 읽어야 하나님을 알 수 있고 인간을 알 수 있다. 성경을 읽는 것은 우리가 하나님을 인격적으로 만나기 위한 노력 중에 가장 좋은 방법이다. "모든 성경은 하나님의 감동으로 된 것으로 교훈과 책망과 바르게 함과 의로 교육하기에 유익하니 이는 하나님의 사람으로 온전하게 하며 모든 선한 일을 행할 능력을 갖추게 하려 함이라(딤후 3:16-17). 그러므로 독서 혹은 통독으로 성경을 읽는 것이 중요하다.

성경은 독서의 초석이라고 할 수 있다. 그러면 우리가 하나님과 인간을 아는데 있어서 성경 외에 다른 책을 읽을 필요가 있는가? 감수성이 예민한 청소년 시절이나 열정이 넘치는 청년기에 한 권의 책을 통해 인생의 방향을 결정한 사람들

을 볼 수 있다. 또한 특별한 계획 없이 읽은 책을 통해 신앙을 가진 사람들도 있다. 성인(聖人)들의 전기를 읽고 감동을 받아 그를 신앙생활의 모델로 삼게 되기도 한다. 이 말은 성경 이외의 독서가 성경을 읽기보다 더 좋다는 뜻이 아니다. 성경에 나타난 하나님과 인간을 이해하는 데 독서가 도움을 준다는 뜻이다. 특히 『천로역정』 같은 기독교 고전으로 그들이 체험한 하나님을 만날 수 있다.

성경 66권 속에 계시된 하나님을 신앙 서적 안에 있는 사람들의 경험을 통해 간접적으로 만날 수 있다. 다른 한편으로 독서는 하나님의 은혜 속에서 발견되는 인간을 이해하는 데 도움을 준다. 예를 들어 어거스틴의 『고백록』을 읽는다면, 그의 '찬양의 고백', '죄의 고백', '신앙고백' 으로 그를 변화시키신 하나님뿐만 아니라, 인간의 마음 속 깊은 곳을 드러내는 신앙적인 결단과 삶의 개혁을 통해서 인간을 더욱 깊이 이해할 수 있다.

성도가 죽기 전에 매일 일정 분량의 책을 읽어야 하는 이유

우리가 음식을 편식하면 건강에 지장을 받을 수 있다. 아울러 독서도 그렇다. 성경이 모든 책 중에 최고의 서적이지만, 매일 성경만 읽다보면 광범위한 신앙 인격을 소유하기는 어렵다. 종종 엉뚱한 성경 해석으로 이단자가 되는 경우는 대개 정상적인 신학공부를 하지 않고 혼자 오직 성경만 탐독한 나머지 기상천외한 이단자가 되기도 한다. 가끔 성경을 100독, 1000독을 했다고 떠들며 상상을 초월하는 교리로 혹세무민하는 자들이 모두 그렇다.

건전한 신앙은 건전한 독서에서 나온다고 생각한다. 성경말씀을 매일 정해놓고 열심히 읽되 다른 신앙서적도 매일 일정 분량을 읽으면 인격적인 신앙인으로 성숙해질 수 있다. 독서는 마음의 양식과 삶의 지혜를 제공한다. 자신에게 관심이 있는 책만 읽지 말고 광범위하게 여러 분야의 책을 선별하여 일정표를 만들어서 매일 일정 분량을 읽으면 폭 넓은 인간으로 더 나아가서 다른 종교인도 포용하는 지혜롭고 건전한 기독교 신앙인이 될 수 있다.

성도가 죽기 전에 할 일들 중에서 매일 일정 분량의 책을 읽으면 현세와 천국을 바라보는 시야가 더욱 넓어지고, 구원의 확신과 함께 참과 거짓을 구별할 수 있을 것이다. 가끔 교회가 시끄러워지고 혼란과 분쟁을 가져오는 이유는 인격의 부족과 함께 찾아오는 어리석음 때문이다. 신앙적인 올바른 사고방식과 긍정적인 삶의 태도는 성경과 함께 일반 도서를 매일 일정 분량을 정하고 읽는 데서 얻게 된다. 건강한 독서는 건강한 신앙인을 만든다.

매일 정해진 시간만큼 운동하라

Bucket List **#050**

우리의 평생 소원은 건강이다. 성도가 세상에 사는 동안 건강을 유지하는 것만큼 좋은 것은 없다. 재산도 명예도 권력도 좋지만 건강을 잃으면 모든 것을 잃게 된다. 아프지 않고 건강하게 살 수 있다면 그 이상 바랄 것은 없다. 건강에는 육체적인 건강, 정신적인 건강, 영적인 건강, 생활의 건강 등이 있다. 이러한 건강을 총 지배하는 것은 역시 운동, 즉 스포츠다.

운동은 최고의 보약이다. 혹 보약을 진열장에 모셔놓고 먹지 않는 분을 보게 된다. 왜 그 좋은 보약을 먹지 않고 모셔두고 있냐고 물으면 그냥 지나치다보니 못 먹는다는 말을 한다. 운동이란 보약이 그렇다. 운동이 몸에 좋다는 것을 모르는 사람은 거의 없다. 그런데 일상을 바쁘게 살다보니 운동을 안하고 그냥 지나치는 경우가 많다.

운동을 하면 심장과 폐 기능을 좋게 만들어준다. 매일 정해진 시간만큼 운동을 하면 건강을 지속적으로 지킬 수 있다. 운동은 습관이다. 아침에 일어나서 세수를 하듯이 매일 시간을 정해 놓고 운동을 하면 계속적으로 할 수 있다. 우리 몸의 심장은 언제나 멈추지 않고 몸속의 동맥과 정맥에 피가 흐르게 한다. 심장이 멈추고 피가 흐르지 않는다는 것은 곧 죽었다는 것이다. 같은 이치로 운동을 하지 않으면 죽는다는 원칙을 세워놓고 규칙적으로 정해진 시간 동안 운동을 하면 몸과 마음 그리고 생활과 영혼까지 건강을 유지할 수 있다.

건강과 창의적인 운동

두뇌운동이 신체운동이고, 신체운동이 곧 두뇌운동이다. 두뇌와 신체는 서로 밀접하게 관련되어 있으므로, 매일의 운동량과 두뇌활동 역시 매우 긴밀하게 연결되어 있다. 어느 체육 심리학자의 조사에 따르면, 사람의 운동은 대뇌 중추에 민감하게 영향을 주어 신경 활동을 활발하게 만든다고 한다. 빨리 걷는 사람은 빨리 배우는 것을 볼 수 있다.

운동신경은 연습이 거듭될수록 발달 속도가 빠르기는 하지만, 대뇌의 '배선' 이 완료된 후에는 아무래도 더디기 때문에 일찍부터 가벼운 운동을 시켜주는 것이 좋다. 특히 공원에서 마음껏 걸어 다니면 혈액순환이 왕성해져서 두뇌에 맑은 피를 공급하여 건강한 사고(思考)를 할 수 있다.

굳이 심리학적인 이론을 빌리지 않더라도, 매일 정해진 시간만큼 운동을 하면 적당한 육체적 자극으로 스트레스를 풀어 주고 두뇌활동을 촉진시켜 주는 중요한 요소가 된다. 흔히 작가들이 작품이 잘 풀리지 않을 때 산책을 하면서 새로운 구상을 세우는 것이나, 사업가들이 긴장을 풀기 위해 스포츠를 즐기는 것도 같은 맥락에서 이해할 수 있다.

아주 간단한 운동 중 하나가 걷기다. 뇌의 움직임을 촉진시키는 것이 걷기다. 마라톤 선수는 출발 후, 800미터 정도 달린 뒤부터 머리가 맑아져 그날의 경기 운영을 침착하게 되짚어 볼 수 있다고 한다. 이는 발의 움직임에 따라 호흡량이 많아져 뇌에 공급되는 산소량이 높아지기 때문이다. 마찬가지로 운동을 자주 하는 사람일수록 생각이 활발해지고 하는 일도 잘 될 수 있다.

매일 정해진 시간만큼 운동을 하면 좋은 점

매일 운동을 하면 우선 기분부터 좋아진다. 답답한 서재나 집안에 웅크리고 있다가도 운동복으로 갈아입고 집을 나서면 기분이 상쾌하고 파란 하늘이 보이고 대지는 금방 '내 세상' 으로 바뀌게 된다. 부모는 일상의 업무에 시달리게 되고, 자녀는 학교수업과 학원공부에 쪼들리는데, 일단 모든 것을 접고 운동을 시작한다는 것 자체에서 해방감을 얻을 수 있다.

운동을 하면 생각이 더 잘 된다. 어떤 심각한 일이나 사업에 시달리다가도 거기에서 아무 생각 없이 운동을 하게 되면, 평소에 생각지도 않았던 생각이 떠오르게 되고 창의적인 아이디어가 발생할 수 있다. 대개 독특한 아이디어도 새로운 발명품을 만든 사람들은 연구실이나 서재에서가 아니라, 산책을 하거나 운동을 하다가 발견한 것이라고 한다.

운동을 하면 하던 일이 더 잘 된다. 운동은 노는 것이나 쉬는 것이 아니다. 하던 일을 잠시 멈추고 운동을 한다고 생산력이 떨어지는 것은 절대로 아니다. 운동을 하고 다시 일을 하면 일도 잘 되고 사업이 더 발전하게 된다. 운동은 즐기는 것이다. recreation, 즉 재창조(再創造)하는 것이 운동이다. 운동을 하면 심리적으로 자신감이 생긴다. 그러므로 새로운 일을 시작하기 전에 정해진 시간만큼 제 몸에 맞는 운동을 하고 시작하면 일이 더 잘 되는 경우를 볼 수 있다. 매일 정해진 운동은 새로운 마음가짐을 갖게 하기 때문이다.

운동을 하면 일단 젊어진다. 노화를 지연시켜서 나이 들어도 젊음을 유지해 준다. 운동을 하면 심장의 박동수가 줄어들고, 혈압이 낮아진다. 물론 운동을 하는 순간에는 심장 박동수가 늘고 혈압이 높아지는 것은 당연하다. 그러나 정해진 운동을 마치면 심장 박동수는 줄고 혈압도 정상으로 돌아온다. 운동은 성인병(고혈압, 당뇨, 비만 등)을 예방한다. 누구보다도 심장병자나 고혈압 환자는 자기 몸에 맞는 규칙적인 운동이 필수다.

운동을 하면 콜레스테롤 수치가 낮아지고 스트레스가 줄어든다. 지렁이도 밟으면 꿈틀거린다. 지렁이가 꿈틀거리는 것은 스트레스를 받기 때문이라고 한다. 가만히 보면 세상에 스트레스를 받지 않는 사람은 없다. 사람은 누구나 갓 가지 스트레스를 받는다. 스트레스를 받으면 콜레스테롤 수치가 올라간다. 콜레스테롤 수치를 낮추고 스트레스를 해소하는 가장 좋은 방법이 운동이다. 매일 정해진 시간만큼 운동을 하면 스트레스를 해소할 수 있다.

운동을 하면 인내심이 강해진다. 사람들이 운동이 좋다는 것을 알면서도 쉽게 포기하는 이유는 인내심이 약하기 때문이다. 운동에 길들이지 않으면 쉽게 지친다. 지친 몸을 이끌고 정해진 운동의 코스를 마치기에는 인내심이 필요하다. 운동에도 고비가 있다. 우리가 피곤하고 싫은 운동의 고비는 주기적으로 만나게 된다. 이 고비를 극복해야 한다. 운동을 하다가 피곤하고 힘들다고 포기하지 말고, 잠시 쉬었다가 다시 계속해야 한다. 그 고비를 몇 단계 거치면 운동이 즐겁고 동시에 인내심이 강하게 길러져서 다른 일에도 성공할 수 있다.

우리가 할 수 있는 운동의 종류

운동의 종류는 각 개인의 체력과 기술, 흥미(적성), 설비용구, 운동프로그램의 목적 등에 따라 선택할 수 있다. 아래 중에서 본인이 좋아하는 운동을 선택하여 실행에 옮겨보자.

① 전신운동 : 온 몸을 움직이는 지속적인 운동으로 5분 이상 60분 이내의 지속적인 운동이다(걷기, 조깅, 달리기, 자전거 타기, 스키, 수영, 등산 등).

② 체중조절 운동 : 고칼로리 소비형 운동(체지방, 혈중 지질 감소)으로 지방을 연소하여 에너지원으로 쓰이는 유산소 운동이다(걷기, 수영, 건강 체조,

무용 등).

③ 무산소 운동 : 짧은 시간에 큰 부하를 주는 운동으로 산소 공급이 없이 에너지를 생산하는 운동이다(테니스, 야구, 농구, 웨이트트레이닝 등).

④ 단시간의 강한 운동 : 심근 내측 부의 활발한 자극을 주는 운동으로 근육의 발달을 위한 운동이다(헬스, 역도, 포환 던지기 등).

⑤ 가벼운 신체운동 : 스트레스 해소, recreation 효과를 기대하는 아침저녁으로 하는 운동이다(맨손체조, 곤봉, 아령 스트레칭 등).

몸의 건강을 위한 성경적인 교훈

사도 바울은 "육체의 연단은 약간의 유익이 있으나 경건은 범사에 유익하니 금생과 내생에 약속이 있느니라"(딤전 4:8)고 말했다. 이 말씀은 유대인의 금욕주의를 배격하는 말씀이다. "연단(鍊丹, gumnasia)"이라는 헬라어는 신약성경 중에서도 이곳에만 나오고 칠십인역에서도 찾아볼 수 없다. 이 단어의 원뜻은 '체육적인 연습'으로 어떤 종류의 육체적 훈련을 말한다. 성경은 "육체의 연단"은 약간의 유익이 있다고 말씀한다. "약간"은 다음에 이어지는 "경건"을 강조하기 위한 문학적 어구상의 전조로 사실은 필요가 없다는 말은 아니다.

우리 스스로 자신의 신체를 잘 돌봐서 병으로 고통을 받지 않게 해야 한다. 이는 우리의 몸은 하나님의 영광을 위한 것이기 때문이다. 성도는 몸과 마음이 건강하고 신앙생활과 영혼이 건강하기 위하여 몸에 맞는 운동을 매일 정해진 시간만큼 해야 한다.

성도가 자신의 건강을 위해서 운동하지 않는 것은 하나님을 근심하시게 만들고 나아가서 질병을 유도할 수 있다. 사도 바울은 디모데에게 "이제부터는 물만 마시지 말고 네 위장과 자주 나는 병을 위하여는 포도주를 조금씩 쓰라"(딤전 5:23)고 하였다. 하나님의 사역을 위해서는 건강이 그만큼 중요하다는 말씀으로 이해할 수 있다. 성도는 건강해야 주님의 일을 할 수 있다. 매일 정해진 시간만큼 운동을 해서 건강한 몸과 신앙으로 주님을 섬기자.

성도가 죽기 전에 매일 정해진 시간만큼 운동을 해야 하는 이유

성도들은 모두 하나님께 사명을 받은 자들이다. 사명을 받은 자가 건강하지 못해서 하나님의 일을 못한다면 하나님께 부끄러운 일이 아닐 수 없다. 종종 건강하지 못해서 오랜 기간 동안 병원에 입원하여 목회를 하지 못하는 목사님을 볼 수 있다. 미안하지만 그런 목사님은 하나님을 근심시키고 교회에 짐이 될 수 있다. 사도 바울도 몸에 자신을 찌르는 가시와 눈병을 가지고 있으면서도 순교할 때까지 멈추지 않고 하나님의 사역을 감행하였다.

성도는 무조건 건강해야 한다. 성도가 건강해야 하는 이유는 자신을 위한 것이 아니다. 성도는 건강해야 주님의 일을 할 수 있고, 하나님을 기쁘게 할 수 있다. 건강은 그저 주어지는 것이 아니다. 성도는 죽기 전에 규칙적인 생활을 하고, 때를 맞춘 식사를 해야 한다. 매일 드리는 새벽기도회와 시간을 정해 놓고 성경을 읽고, 정해진 시간만큼 기도하고, 정해진 시간만큼 운동을 하면 건강한 몸과 마음으로 주님의 일을 해서 하나님께 영광을 돌릴 수 있다.

성도의 건강은 축복의 자산이다. 하나님께서 성도에게 건강을 주신 이유는 축복일 뿐만 아니라, 건강한 몸과 믿음으로 주님의 몸 된 교회를 섬기고 복음을 전하라는 명령이다. 몸과 믿음이 건강해야 섬기는 삶을 살 수 있고, 매일 믿지 않은 이웃을 찾아다니면서 복음을 전할 수 있다. 성도는 죽기 전에 매일 정해진 시간만큼 운동을 해서 죽을 때까지 주님께 받은 사명을 감당하여 하나님의 나라와 그의 의를 이루어드리기 바란다.

자신만의 취미를 정하고 실천하라

Bucket List **#051**

취미를 나름대로 즐기는 사람이 있는가 하면 그렇지 못한 사람도 있다. 또한 취미가 전혀 없는 사람도 있다. 정신건강과 삶의 여유를 위해서 취미를 권장할만하다. 물론 취미에 빠져서 가정과 생업에 지장을 줄 정도라면 곤란하다. 건전한 취미는 결코 나쁘지는 않다. 권장할만한 취미생활은 정서의 함양과 정신건강에 도움이 될 뿐만 아니라, 대인관계에도 효율적이다.

혹자는 취미와 오락을 혼동하는 사람이 있다. 특히 보수적인 기독교인들 가운데 취미를 신앙생활의 적으로 생각하는 사람도 있다. 그러나 그것은 취미를 제대로 알지 못하기 때문이다. 취미는 오락이 아니다. 물론 취미를 빌미로 그릇된 유흥에 빠진다거나 성수주일을 범한다면 하나님께서 원하시지 않을 것이다. 취미는 쾌락으로 하는 것이 아니기 때문이다.

취미란 무엇인가

취미에 대해서 우리말 백과사전을 찾아보았더니 "취미(趣味)는 인간이 금전적인 목적이 아닌 기쁨을 얻는 활동"이라고 정의되어 있다. 취미는 첫째로 좋아하는 데서 시작하고, 둘째는 지속성이 있어야 하고, 셋째는 돈벌이를 목적으로 하는 직업과는 구별되는 것이다.

우리는 취미를 통해서 삶의 활력소를 얻을 수 있고 자신이 바라던 그 무언가를 이루어 낼 수 있다. 그런데 아이러니하게도 취미를 통해서 그 무엇인가를 이루어 내려고 하다가 자신을 잃어버리는 난관에 부딪칠 수도 있다. 취미활동 때문에 자기 자신을 상실할 수 있다. 취미는 그저 재미로 하는 것이 아니고, 나름대로의 윤리와 철학을 가지고 있다.

취미가 과유불급(過猶不及)하여 정도에 지나치면 미치지 못한 것과 같다. 하지만 취미활동은 우리의 생활을 윤택하게 하고, 살맛나는 세상을 만들어준다. 또한 취미 활동을 통하여 자신의 개성을 표현할 수 있고, 취미를 특기로 만들면 자신만의 경쟁력을 만들 수 있다.

취미가 없는 것은 마치 인생이라는 삶을 앙꼬가 빠진 빵과 같이 만들어준다. 즉, 생활에 단맛이 사라져 무미건조한 삶을 사는 것과 같다. 취미는 딱딱한 삶의 윤활유가 되며, 방전된 삶의 배터리에 충전하는 것과 같다고 할 수 있다. 취미는 생활의 연장이며 삶의 한 부분이 된다. 취미는 그냥 재미로 해보는 것이 아니고, 어쩌다가 장난으로 하는 것이 아니다.

취미활동의 종류

취미활동의 종류는 사람의 직업만큼이나 다양하다. 일반적으로 사람들에게 취미를 물으면 대부분 독서, 음악 감상, 스포츠 등 흔한 것들 중 하나를 이야기 한다. 또는 취미가 아예 없다고 하는 사람도 있다. 물론 취미에서 귀천을 따질 수는 어렵지만, 취미의 선택에도 창의력 발휘하면 그 분야의 선구자가 될 수 있다. 자신이 '지금 나는 무엇을 좋아 하는가'를 진지하게 생각해보고, 아래에서 자기에게 맞는 자신만의 취미를 정하고 실천해 보자.

★ 공예 : 리본 공예, 와이어 공예, 비즈 공예, 점토 공예, 종이접기 공예, 양초만들기 공예, 도자기 공예, 가죽 공예, 스탬프 공예, 목공예, 석공예, 철 공

예, 수예, 자수, 퀼트, 펠트 공예, 얼음 공예, 매듭 공예 기타 등

★ DIY(공예와 비슷함) : 인형 옷 만들기, 비누 만들기, 화장품 만들기, 홈패션 만들기, 리본 만들기, 악세서리(반지, 목걸이, 리본 등) 만들기, 스탬프 만들기, 모형 만들기(자동차, 자전거), 집짓기, 전자 조립(앰프 등 전자회로), 모델, RC 만들기, 인테리어 가구 만들기, CAD/CAM, 팬시용품 만들기 기타 등

★ 요리 및 음식 : 제과, 제빵, 초콜릿, 사탕, 주류(맥주, 와인, 칵테일 등), 커피 기타 등

★ 창작 : 사진, 그리기(동서양화, 캐리커처, 만화, 모래그림 등), 문학 활동(시, 소설, 수필 쓰기), 작사, 작곡, 편곡, 손 글씨(붓, 펜, 예쁜 글씨, POP 등), 꽃꽂이, 스텐실, 포크아트, 페이스페인팅, 초크아트, 풍선 만들기, 판화, 염색 기타 등

★ 수집(너무 많아서 몇 개만) : 우표, 화폐, 만년필, 칼, 수석, 미니카, 시계, 그릇, 컵

★ 스포츠(운동) : 구기 종목(축구, 테니스, 농구, 족구, 배드민턴, 탁구, 게이트볼, 당구, 포켓볼, 야구 등), 자전거, 인라인, 마라톤, 수영, 무술, 검도, 펜싱, 댄스, 등산, 스킨스쿠버, 패러글라이딩, 암벽 타기, 야마카시, 비보이, 스키, 보트, 요가, 권투, 골프, 승마, 줄넘기, 요트, 수상스키, 서바이벌 게임, e스포츠(게임류), 아크로바틱, 철인 3종, 기타 등

★ 기르기와 꾸미기 : 애완동물(강아지, 곤충, 물고기 등), 식물(분재, 난, 채소

등), 텃밭 꾸미기, 수족관 꾸미기, 다이어리 꾸미기 기타 등

★ 자기개발(전문 공부) : 독서, 어학, 자원봉사, 특정 곤충 전문가 되기(예: 벌, 모기 등), 자격증 따기(예: 수상구조요원, PC정비사, 이용사 등), 수화 배우기 기타 등

★ 기타 : 악기 연주(피아노, 바이올린, 드럼, 오카리나 등), 레고, 퍼즐, 바둑, 장기, 체스, 카드놀이, 낚시, 별보기(천문), 연극 활동, 오디오, 여행, 마술, 요요, HAM, 노래 부르기, 맛 집 찾기, 수지침, 자물쇠 열기, 노래 부르기, 비트박스, 프로그래밍 기타 등

★ 감상 : 영화 감상, 음악 감상, 미술품 감상, 공연 감상(연극, 뮤지컬 등) 기타 등

취미 활동의 좋은 점

자신에게 맞는 취미를 선택하는 것은 결코 쉽지는 않다. 자신의 성격과 경제생활의 형편을 고려해서 한두 가지 선별하여 익혀보고 자신만의 취미를 정하는 것이 좋다. 취미 활동을 하면 정신이 맑아진다. 취미 활동에 열중하면 근심이나 걱정이 사라지고 잠시나마 그 취미에 몰입할 수 있다.

사람들이 잘할 자신이 없다는 이유로 취미 활동을 포기하는 경우가 있다. 하지만 이와는 반대로 취미활동을 하면서 기술을 연마하고 발전을 이루어 가면 그 취미를 계속 하려는 동기가 생긴다. 연구에 따르면 열정을 추구하는 것은 자부심을 갖도록 해서 목적의식을 향상시키고 전반적인 삶의 질을 높인다고 한다. 솔직히 취미 활동은 전문가가 되려고 하는 것은 아니다. 그러나 그 일을 열심히 하다 보면 전문가에 가깝게 발전할 수 있다. 취미 활동은 돈을 벌려는 것이 목적은 아

니지만 말이다.

취미 활동은 뇌를 건강하게 한다. 취미활동은 젊은이들도 많이 하지만 대개는 주로 인생의 후반기의 노인들이 하는 경우가 많다. 사람이 나이가 들면 생각이 후퇴하고 뇌가 쇠약해진다. 그러므로 취미활동을 열심히 하면 뇌를 건강하게 유지하는 데 도움이 된다. 연구에 의하면 인터넷 사용법을 배우거나 사회관계망을 유지하는 것과 같은 대부분의 새로운 취미들은 나이든 사람들에게 인지력을 높이는 데 좋은 효과가 있는 것으로 나타났다. 특히 그림 그리기나 수예 같은 예술적인 활동은 새로운 신경회로를 형성해 준다고 한다.

취미활동을 하면서 기량을 향상시키려면 경쟁적 관계가 아닌 환경에서 다른 사람들로부터 배우기 위해 동호인 모임 등에 참가하는 것이 좋다. 같은 취미를 가지고 공통의 목표를 향해 일하는 사람들과 지내다보면 활동이 더 즐거워지고 다른 사람들로부터 영감을 얻는 데 도움이 된다. 그림 그리기와 같은 혼자서 하는 취미라도 온라인 카페 등을 통해 다른 사람과 교류하며 건설적인 비평과 찬사를 얻어 보라. 분명히 보람과 재미를 느끼면서 더 나은 취미생활로 발전시킬 수 있을 것이다.

취미활동에 관한 신앙적인 자세

필자는 앞에서 취미활동은 생활에 활력을 주고 윤택하게 한다고 했다. 그러나 취미활동이 지나쳐 신앙생활에 지장을 줄 정도이면 곤란하다. 이쯤 되면 취미활동에 '중독' 되었다고 말할 수 있다. 지나친 취미활동은 신앙에 좋지 않은 영향을 끼치기 때문이다. 특히 놀이문화가 부족한 청소년들이 게임을 취미생활로 즐기고 있어 교회학교 중·고등부의 모임에 참여하지 않는 것을 볼 수 있다. 무엇보다 큰 문제는 교회에 나오는 횟수가 줄어든다는 것이다.

그리고 같은 취미를 가진 사람들끼리 만나 정보를 교환하고 친목을 도모할 수 있는 '동호회' 활동은 기독교인에게는 고민거리가 아닐 수 없다. 대부분의 동호회 활동이 평일이 아닌 주일에 갖는 경우가 많기 때문이다. 교회에 다니는 성도가 주일에 모이는 동호회에 빠지면 회원들에게 소외를 당하고, 동호회 모임에 참석하면 신앙을 잃어버릴 수 있다.

취미활동은 자신의 선택으로 이뤄진 것이기 때문에 흥미를 더욱 빨리 느끼고 깊이 빠져들기 쉽다. 도박이나 컴퓨터 게임처럼 취미활동이 약물중독처럼 빠져들 정도는 되지 말아야 한다. 저만치 함정이 있는 줄 뻔히 알면서도 그곳을 향해 달려가는 기차와 같이 취미는 우리를 유혹하고 있다. 성도가 취미활동이라는 습관에 중독되면 하나님과 가정을 잃어버리고 깊이 빠져서, 이러면 안 된다고 후회하면서도 빠져나오지 못한다.

성도가 죽기 전에 자기만의 취미를 정하고 실천해야 하는 이유

하나님께서 우리에게 조성해주신 여건과 환경은 은혜의 동산이다. 그중에 어느 한 가지도 버릴 수 없다. 우선 건강과 지혜, 시간적인 여유와 경제적인 능력은 하나님의 축복이다. 하나님의 은혜와 축복 그리고 섭리를 활용하여 하나님을 기쁘시게 하고 영광을 돌리는 것은 성도의 사명이라고 할 수 있다. 또한 이러한 여건과 환경이 충분이 갖추어지지 않은 상태에서라도 자신만의 취미를 정하고 실천해도 또 다른 축복이다.

성도는 하늘나라를 바라보고 사는 사람들이다. 우리는 현세에서 삶이 끝나는 것이 아니고 천국에까지 연장된다. 다시 말하면 현세에서 하나님을 기쁘시게 하는 삶은 천국에서도 계속된다는 말이다. 이 세상에서 취미생활을 즐기면 하늘나라에 가서도 그 취미를 연장시켜서 실천할 수 있다고 믿는다. 전혀 상상할 수 없는 일이지만, 어쩌면 세상에 살면서 취미 하나도 없이 무미건조한 생활을 한 성도가 천국에 가면 거기서도 멋대가리 없는 생활을 할지도 모른다. 이런 생각은 비성경적인 추측이다.

성도가 죽기 전에 자신만의 취미로 하나님과 자신을 기쁘게 하면 그 연장으로 천국에서도 기쁘고 즐거운 삶을 살 것으로 믿는다. 성도는 자신만의 취미를 갖되 세속에 빠지지 않고, 건강한 신앙생활을 할 수 있어야 한다. 자신만의 취미로 가정과 교회생활을 등한히 해서는 안 된다. 자신만의 취미로 어떠한 죄를 범해서도 안 된다. 성도는 죽기 전에 자신만의 취미로 동호인들에게 복음을 전해서 하나님께 영광을 돌리기 바란다.

자신만의 예술(문학) 장르를 가지라

Bucket List **#052**

사람은 자신이 예술가나 문필가는 아니어도 예술적인 기능과 글을 쓰는 소질을 조금씩 가지고 있다. 그러나 대개는 그 잠재력을 숨겨두고 예술이나 문학에서 멀리 떨어져 있는 것으로 생각하고 있다. 물론 개인의 성향과 적응력이 예술과 문학에 뛰어난 사람이 있고, 그가 예술가가 되고 문학가가 되는 것은 사실이다. 하지만 하나님께서 모든 사람에게 주신 성능을 전혀 무시하면 안 된다. 자신 속에 숨겨져 있는 예능을 살리는 것도 사람의 도리다.

자신이 무엇을 좋아하는가를 세심하게 살펴보면 자신의 재능을 알 수 있다. 음악을 좋아하면 음악의 장르를, 그림을 좋아하면 그림의 장르를, 문학을 좋아하면 문학의 장르를 발견하여 발전시키면 딱딱한 현실에서 벗어나 유쾌하고 즐거운 삶을 살 수 있다. 이 분야에 대해서 너무 거창하게 생각하지 말라. 그 분야의 전문가가 되지 않아도 괜찮다. 자신이 대중 앞에 서지 않더라도 혼자나 혹은 가까운 지인들과 같이 노래를 부른다거나, 시나 수필 혹은 단편 소설을 써서 함께 나누면 정서 함양에 좋고 유쾌한 삶을 즐길 수 있다.

자신의 예술을 발견하는 방법

그간 예술은 전문 예술가들을 중심으로 공연되어 왔다. 우리는 그들의 예술작품을 소통할 수 있는 공연장이나 전시장과 같은 문화 예술 공간을 통하여 경험하게 되었다. 그런데 최근에는 새로운 대안으로 일반인들도 수동적 예술향유자가 아니라 예술창조의 능동적인 주체로서 파악하게 되었다. 이들의 아마추어 예술을 지원하는 방향이 모색되고 있다. 실제로 우리나라의 TV 지상파에서 '무한도전' 이나 '남자의 자격' 과 같은 프로그램으로 연예인들이 본인들의 비전문분야인 스포츠댄스, 레슬링, 합창, 밴드와 같은 문화예술 활동에 참여하여, 고군분투하고 나름의 찬란한 성취를 이루어내는 프로젝트들이 시청자들에게 사랑을 받은바 있다.

이는 보통 사람도 예술에 직접 참여하여 자신의 삶을 아름답게 가꾸는 방향으로 나아가고 있다. 예술을 대중화해서 누구나 참여하고 즐기게 하려는 것으로 보인다. 그런데, 일반인들은 TV 예술 프로그램을 통해서 자신들의 잠재된 꿈이 성취되는 것을 보면서 대리만족하는 것에 머무르지 않고 스스로 아마추어 예술가가 되고자 노력하고 있다.

최근에는 아마추어 예술에 관련된 '자발적 예술(Voluntary Arts)', '비공식 예술(Informal Arts)', '참여 예술(Participatory Arts)' 등과 같은 새로운 예술 활동이 등장하고 있다. '자발적 예술' 은 영국에서 아마추어 예술을 대치하는 새로운 개념으로 일반인들이 자기 개발, 사회적 유대, 여가와 유흥을 목적으로 수행되는 비전문 예술을 의미한다.

미국에서는 아마추어 예술을 '비공식 예술' 이나 '참여 예술' 이라는 개념으로 재조명하고 있는데 이 역시 아마추어 예술의 역할인 일반인들의 정체성 증진, 집단적 유대, 공동체 구축, 문화적 전통의 고수, 경제적 가치 창출에 주목적을 두고 있다. 아마추어 예술의 가치에 주목하는 사회 구성원들의 일상생활과 공동체의 유대, 사회 발전에 긍정적으로 기여하는 예술개념들을 총칭하여 '생활 예술' 로 부르고 있다.

생활 예술에 대한 우리나라의 정책적 관심이 본격화된 것은 2004년 발표된 「예술의 힘-새로운 한국의 예술정책」의 '새 예술정책' 으로 볼 수 있다. 당시 '새 예술정책' 의 4대 기본방향은 향유자 중심의 예술 활동 강화, 예술의 창조성 증진, 예술의 자생력 신장, 열린 예술행정 체계 구축이었다. 이 중에서 향유자 중심의 예술 활동 강화의 추진과제로 예술교육을 통한 문화향유능력 개발, 생활 속의 예능 참여 활성화, 예술의 공공성 제고가 설정되었다. 당시 생활 속의 예술 활성화 대상은 일반인 아마추어, 동호인 등으로 분류되었으나 실제로 소외계층 대상의 문화예술교육 및 공연 관람 등의 문화향유 지원정책으로 수행되었다.

이제 예술은 전문적인 예술가만의 전담부분이 아니라, 누구든지 관심이 있으면 참여하여 계발하고 발전시켜서 일반화하는 시대가 되었다. 과거에는 재력이 풍부하고 뛰어난 재능에 있는 사람만이 예술인이 되는 것으로 알려졌으나 이제는 누구나 자신만의 예술(문학) 장르는 가질 수 있게 되었다. 자신만의 예술 장르는 만들고 싶다면 다음을 참고할 수 있다.

화가, 건축가, 공예가, 큐레이터, 만화가, 일러스트레이터, 캘리그라피스트, 디자이너, 영화감독, 사진작가, 촬영 기사, 가수, 작곡가, 지휘자, 성악가, 연주자, 판소리 가수, 기타 등.

예술이 성도의 신앙생활에 미치는 영향

하나님은 천지창조의 최고의 예술가이시다. 예배는 성도들의 예술적 표현 자체다. 예배를 통해서 하나님을 찬양하여 기쁨과 영광을 돌리고 있다. 교회는 궁극적으로 하나님의 생명이 세상으로 흘러갈 수 있도록 하게 하기 위한 효과적인 전략을 수립해야 할 사명이 있다. 따라서 교회의 메시지는 불변해야 하지만, 그 메시지를 전달하는 방법은 시대의 변천에 따라 효과적이며 적절해야 하는데, 하나님의 메시지를 전달하는 효과적인 방법 중에 하나가 예술적 표현이 되는 것이다.

교회가 구속의 문화(Redeeming Culture)를 올바로 이루어 가려면 거룩함에 대한 성경적인 바른 개념을 가르쳐야 한다. 이러한 기초 아래서 세상의 문화를 주도해나갈 수 있는 바람직한 아이디어가 기독교적 예술이다.

하나님은 우리에게 주신 예술을 복음적으로 사용하기를 바라고 계신다. 요새 늙은이들은 젊은이들 때문에 교회가 세속화되어 간다고 말하는데, 성경이 말하는 세속화는 무엇인가? 가요인지 찬양인지 구분이 안 간다는 CCM, 드럼, 국악악기 몇 개를 예배에 올리는 것이 교회가 오염되며 세속화되는 것은 아니다. 예수님께서 제사장들과 바리새인들을 책망한 것은 그들이 성전(오늘날의 교회)을 거룩하게 지킨다고 새로운 복음을 받아들이지 않았기 때문이다. 예수님은 강도라고 표현하였다(마 21:12-13).

정작 강도의 소굴을 만드는 자들인 현대판 바리새인들은 신세대들이 하나님을 찬양하기 위한 순수한 마음으로 교회로 들여온 세상의 악기들과 예술로 교회를 강도의 굴혈로 만든다고 한다. 그러나 신세대들의 잘못이 있다면 그들이 세상의 예술을 복음적으로 어떻게 표현해야 할지를 배우지 못한 것뿐이다.

예술에 있어서 중요한 것은 그 속에 담겨있는 메시지다. 예술의 껍데기만 보고 비판할 것이 아니다. 사단은 인간의 그런 약점을 이용하여 진정으로 드리는 찬양을 막아버린다. 하나님을 찬송하는 곡은 비본질적인 요소이고 가사가 본질적인 요소다. 지금의 기성세대는 찬송 곡의 형태를 보고 세속화되었다고 평가한다. 한편 젊은 세대들은 찬송의 노랫말의 언어적 정서로 경배와 찬양, CCM과 워쉽송으로 표현하고 있다. 여기서 중요한 것은 어떤 형식이 아니라 어떤 내용으로 하나님을 찬양하느냐 하는 것이다. 하나님은 찬양의 형식을 보시지 않고 찬양의 내용을 청취하신다. 하나님은 복음적인 찬양 예술을 기뻐하신다.

오늘날의 예배 문화가 하나님이 원하시는 뜻대로 바로 세워지기 위해서는 우리 기성세대들은 정직하게 전통을 성경의 진리(the truth)라고 말하지 말고, 성경에 언급한 예배 문화의 참된 모습을 배워 적용해야 할 것이다. 그리고 신세대들로 하여금 올바른 예배 문화를 만들어갈 수 있도록 자리를 펼쳐주어야 한다. 여기서 진정한 복음적인 예술이 자라날 수 있다.

다윗의 예술활동

다윗은 하나님 구원의 역사를 찬양으로 표현한 대표적인 인물이다. 시편의 여러 곳을 보면 다윗의 찬양이 끝없이 이어진다. 다윗의 생애는 무수한 고난으로 이어지고 있다. 자신의 죄로 인해 말할 수 없는 수렁에도 빠져봤고, 그 죄의 몇 배에 해당하는 징벌을 당하면서 고통을 당해보았다. 그랬기에 절망의 구렁텅이 그 깊음을 누구보다 잘 아는 다윗이었다. 그런 다윗이었기에 하나님의 은혜와 사랑을 남달리 체험할 수 있었다.

다윗은 외로운 목동으로 인적이 없는 벌판에서 양을 칠 때 하나님을 만났다. 중장비로 무장한 거인 골리앗과 물맷돌 하나로 맞설 때 하나님을 만났다. 사울 왕에게 쫓길 때 하나님을 만났다. 이방인의 고을에 숨어들어 미친 척을 할 때 하나님을 만났다. 광야의 토굴에 숨어 있을 때 하나님을 만났다. 아들에게 반역을 당하고 왕궁을 떠나 마른 떡 한 조각으로 허기를 채울 때 하나님을 만났다. 몹쓸 죄를 짓고 나단 선지자에게 지적을 받고 회개의 눈물로 울고 있을 때 하나님을 만났다. 그는 항상 찾아오시는 하나님을 찬송으로 영접하였다.

다윗의 시편은 일곱 개의 기본적인 장르를 가지고 있다. 물론 이 장르는 시편 안에서 조직적으로 연대기적으로 배열되어 있지는 않다. 그러나 문학적으로 가장 일반적인 장르는 찬양시, 애가, 그리고 감사시다. 찬양시는 시편에서 가장 두

드러진 장르다. 대부분의 찬양시들이 이유를 들고 있기는 하지만, 그것들이 구체적이지는 않다. 이러한 일반화는 의도적으로 모든 세대에 적용될 수 있도록 한 것이다.

시편 103편은 다윗이 하나님을 체험하고 부른 찬송시편이다. "내 영혼아 여호와를 송축하라 내 속에 있는 것들아 다 그의 거룩한 이름을 송축하라 내 영혼아 여호와를 송축하며 그의 모든 은택을 잊지 말지어다"(시 103:1-2). 하나님의 은택을 잊지 않는 것이 찬송이다. 1절과 2절, 마지막 절에서 "내 영혼아 여호와를 송축하라"를 여러 절에서 반복하는 것은 다윗의 체험에서 나오는 뜨거운 찬송이다. "송축하라"(頌祝, praise to God)은 평범한 찬송 이상으로 사랑과 감사함으로 찬양하라는 뜨거운 권면을 담고 있다.

성도가 죽기 전에 자신만의 예술(문학) 장르를 가져야 하는 이유

하나님을 찬양하고 기도하는 성도는 누구나 무명의 예술인라고 할 수 있다. 교회는 하나님을 찬양하는 거룩한 마당이고, 기도실을 성도 자신의 간구와 고백을 은밀히 표현하는 문학을 표현하는 처소다. 성도의 이러한 예술 활동이 공개적일 수 있고, 비공개적일 수도 있지만 오직 하나님께서는 모든 것을 잘 아신다. 일반적인 예술 활동은 관객이 있어야하지만 신앙적인 예술 활동은 공개되지 않아도 괜찮다. 왜냐하면 하나님을 위한 것이기 때문이다.

은익(隱匿)하여 계신 하나님은 은밀한 성도의 기도와 찬양을 모두 듣고 아신다. 성도가 죽기 전에 자신만의 예술(문학) 장르를 갖는다는 것은 때때로 외로울 수도 있으나 그것만으로 만족할 수 있다. 그 이유는 지상에서 갖는 성도의 예술 활동은 천국에서도 계속될 영원성을 가지고 있기 때문이다. 성도의 자신만의 예술 활동은 천국에서 하나님을 찬양할 일종의 훈련이 된다. 우리의 하나님 찬송은 사람을 위한 것이 아니고 오직 하나님을 위한 행위다.

자신만의 예술(문학) 장르는 다양하다. 여기서 비단 다윗의 찬송과 문학 장르만을 이야기했지만 주변을 살펴보면 자신의 적성에 맞는 예술적 소재들이 존재한다. 무용, 수화, 수공예, 풍선 만들기, 색종이 접기, 전도편지 쓰기 기타 등등의 소재들을 찾아서 익히면 성도가 죽기 전에 하나님을 기쁘시게 하고, 아울러 자신도 하나님의 은혜와 축복을 체험할 수 있다. 우리의 주변에 산재해 있는 예술의 장르는 계발하는 기쁨을 소유하자.

성경의 위인 중 한 사람을 신앙모델로 정하라

Bucket List **#053**

창세기에서부터 요한계시록까지 등장하는 인물은 모두 2,197명이다. 그런데 그중에서 위인을 구별해내기란 쉽지 않다. 위인에 대한 최종 판결은 하나님의 몫이기 때문이다. 그리고 엄격히 말하면 성경에 등장하는 사람을 위인으로 정한다는 것 자체도 모순이 있다. 아무리 훌륭한 위인이라도 하나님 앞에서는 모두 죄인이기 때문이다. 그럼에도 불구하고 우리가 성경에 등장하는 위인을 찾는 이유는 그들의 믿음과 행위를 배워서 본받기 위해서다.

성경에 등장하는 위인들은 그들의 행위가 온전해서가 아니다. 그들도 모두 부족하지만 믿음으로 산 사람들이다. 다시 말하면 그들은 위인으로서가 아니라 하나님의 은혜를 입은 사람으로 등장하고 있다는 사실을 반드시 기억해야 한다. 그들은 아무런 자격과 조건을 갖추지 못했는데도, 아무런 재주와 능력을 갖추지 못했는데도 하나님을 바르게 믿고, 하나님의 말씀을 온전히 순종하고, 하나님의 말씀대로 완벽하게 살아갈 때에 하나님의 은혜를 받으며 살았다는 것을 보여주고 있다. 우리의 기초적인 신안생활은 여기서부터 시작해야 한다.

성경에 등장하는 위인들

성경에는 수많은 신앙의 위인이 등장한다. 우선 구약의 대선지자(이사야, 예레미야, 에스겔, 다니엘)와 소선지자(호세아, 요엘, 아모스, 오바댜, 요나, 미가, 나훔, 하박국, 스바냐, 학개, 스가랴, 말라기)가 있고 신약의 12제자(베드로, 야고보, 요한, 빌립, 바돌로매, 도마, 마태, 알패오의 아들 여고보, 다대오, 맛디아) 그리고 세례 요한과 사도 바울을 꼽을 수 있다. 그들을 여기서 낱낱이 거론할 수는 없고, 히브리서 11장에 나오는 17명의 '믿음의 사람들'에 대해서 간략하게 정리해서 그들의 믿음을 살펴보자.

① 아벨 : 아벨은 속죄의 믿음을 소유하였다. 가인은 땅의 소산으로 제물을 삼아 여호와께 드렸으나, 아벨은 양의 첫 새끼와 그 기름으로 드렸다. 하나님께서는 아벨의 제물은 받으셨으나 가인의 제물은 받지 않으셨다. 이는 예수 그리스도의 십자가 희생을 상징한다.

② 에녹 : 에녹은 하나님과 동행하는 믿음으로 살았다. 그는 자녀를 낳는 평범한 일상생활에서도 죄를 짓지 않고 300년이나 하나님과 동행하며 생활하였다. 그는 모든 일에 하나님을 기쁘시게 하다가 죽음을 당하지 않고 하늘나라에 가서 예수님 승천의 모델이 되었다.

③ 노아 : 노아는 의인이요, 온전한 사람으로 살았다. 그는 보지 못하는 일들에 경고를 받았고 하나님의 말씀을 믿었다. 그는 하나님께서 장차 홍수로 땅에 있는 모든 생명을 심판하실 것을 믿고 구원의 방주를 만들어 가족을 구원하여 오늘날 교회의 모형을 만들었다.

④ 아브라함 : 아브라함은 하나님의 부르심에 순종하는 믿음으로 살았다. 하나님의 명령으로 고향을 떠났고, 가는 곳마다 제일 먼저 제단을 쌓고 하나님의 이름을 불렀다. 그는 오랜 기간 동안 기다려 100세에 아들을 얻음으로 믿음으로 구원받는 성도의 모델이 되었다.

⑤ 사라 : 사라는 믿음으로 잉태하는 힘을 얻었다. 그녀는 죽은 자와 방불한 한

사람으로 하늘에 허다한 별과 해변의 무수한 모래와 같이 많이 생육하였다. 이는 불가능을 가능으로 만드는 신앙의 표본이 되어서, 복음으로 온 인류를 구원할 수 있다는 믿음을 보여주었다.

⑥ 이삭 : 이삭은 믿음으로 산 평화로운 삶을 살았다. 그는 부친 아브라함이 자기를 하나님께 번제물로 드리려 했을 때 저항하지 않고 순종했으며, 블레셋 사람들이 그의 우물들을 여러 번 빼앗을 때에도 싸우지 않고 온유한 모습을 보여준 예수님의 모형으로 살았다.

⑦ 야곱 : 야곱은 믿음의 기도로 축복을 받은 사람이다. 그는 하나님의 축복을 사모하여 아버지와 형, 그리고 외삼촌을 속였지만 하나님께서 언약하신 축복을 받았다. 또한 에서의 보복으로 자신과 가족이 생명을 잃을 위기에 놓였지만 목숨을 걸고 기도하여 이스라엘이 되었다.

⑧ 요셉 : 요셉은 믿음으로 꿈꾸는 소년이었다. 믿음의 꿈으로 축복을 계시 받고, 그 꿈을 버리지 않고 인내하여 하나님께서 형통하게 하심으로 애굽의 국무총리가 되었으며, 온 가족을 위기에서 구원하였다. 그는 이방의 객이 되었으나 하나님의 축복으로 형통함을 얻었다.

⑨ 모세 : 모세는 믿음으로 세상의 부귀영화를 버리고 민족을 해방시키는 위인이 되었다. 그는 동족을 위해 살인하고 광야로 도피했으나 하나님을 만나 성령의 불을 받고 민족을 애굽에서 해방시켰으며 십계명을 받아 말씀의 기본이 되는 성도의 생활 규범을 완성하였다.

⑩ 여호수아 : 여호수아는 모세의 후계자가 되었다. 그는 하나님의 말씀을 의심하지 않고 믿음으로 여리고성을 6일 동안 매일 한 번씩 돌고 제 7일에는 7

번이나 돌도록 인내하며 순종하였다. 그가 믿음으로 여리고성을 정복한 것은 우리에게 천국에 가는 모범이 되었다.

⑪ 라합 : 라합은 기생 출신이었으나 믿음으로 구원받았다. 그녀는 이스라엘 정탐꾼을 평안히 영접하여 숨겨주었으며, 하나님을 순종하지 않는 자와 함께 멸망하지 않고 자신의 가족을 구원했다. 그녀는 여호수아의 군대가 가나안 땅에 진입하는 데 도움을 주었다.

⑫ 기드온 : 기드온은 믿음으로 성품이 겸손하며(삿 6:15), 신중하며(삿 6:17), 경건하며(삿 6:24), 순종하며(삿 6:27), 하나님과 교제하며(6:36; 7:4,7,9), 지혜와 재치를 겸비한 사람이다. 그는 믿음으로 확신하기까지 시간이 걸리지만, 확신이 서면 즉시 실천하는 믿음의 위인이다.

⑬ 바락 : 바락은 믿음으로 드보라 여자 사사를 도와 원수를 물리친 사람이다. 그는 하나님의 도움으로 시스라와 그의 모든 병거와 그의 온 군대를 칼날로 혼란에 빠지게 하였다. 바락이 그의 병거들과 군대를 추격하여 한 사람도 남은 자가 없게 만든 승리의 위인이다.

⑭ 삼손 : 삼손은 믿음으로 위대한 힘으로 블레셋의 손에서 이스라엘 민족을 구원한 사람이다. 그는 이스라엘의 서원한 사사이며, 민족에게는 스스로 결박될 만큼 애족심을 갖고 있었으나 이방 여인에게 속아 비참한 최후를 마치면서 역설적으로 승리한 구원의 위인이다.

⑮ 입다 : 입다는 믿음으로 암몬 자손에게서 이스라엘을 구해낸 사사다. 그는 훌륭한 인내력과 자제력을 지닌 사람이다. 자기 형제들과 동족의 잘못을 용서해주고 오히려 그들을 구원하였다. 그러나 경솔한 서원으로 자신의 딸을

희생시켜 하나님께 한 서원을 지켰다.

⑯ 다윗 : 다윗은 이스라엘의 2대 왕으로 하나님의 마음에 합한 믿음의 사람이다. 그는 가난한 목동이었으나 숱한 고난을 이기고 믿음으로 승리하였다. 그는 시인이자 연주자였으며, 수많은 시편을 남겼으며, 메시아이신 예수 그리스도의 조상이 된 믿음의 위인이다.

⑰ 사무엘 : 사무엘은 이스라엘의 마지막 사사이며 제사장이고 선지자인 위인이다. 그는 기도로 태어났고, 어려서부터 성전에서 자랐고, 위대한 기도의 사람이고 특별한 중보기도의 신앙인이다. 그는 하나님의 말씀을 철저히 순종하고 백성을 가르친 위대한 교사다.

믿음으로 생활한 신앙의 위인들

히브리서 기자는 믿음으로 산 신앙의 위인들을 다음과 같이 평가한다. "이 사람들은 다 믿음을 따라 죽었으며 약속을 받지 못하였으되 그것들을 멀리서 보고 환영하며 또 땅에서는 외국인과 나그네임을 증거하였으니" (히 11:13). 여기서 "이 사람들은" 아벨과 에녹과 노아는 제외하고 아브라함과 이삭과 야곱과 사라, 드리고 이삭, 야곱, 요셉, 모세, 여호수아, 라합, 기드온, 바락, 삼손, 입다, 다윗, 사무엘과 미처 설명하지 않은 믿음의 사람들을 가리킨다.

이들은 모두 믿음으로 살다가 믿음 안에서 죽었다. 사람은 누구나 죽는다. 다만 어떻게 살다가 죽느냐 하는 차이가 있을 뿐이다. 믿음으로 의롭게 살다가 죽으면 소망이 있다. 성경은 "의인은 그 죽음에도 소망이 있느니라" (잠 14:32)고 했다. 그러나 믿음이 없는 악인의 죽음은 절망이요 멸망이다. 믿음의 사람들이 '약속들을 받지 못했다' 는 말씀은 그들이 약속의 말씀을 순종하지 못했다는 말이다.

원문에는 '약속' 이 '약속들' 이라고 되어 있다.

약속들은 그들의 자손이 하늘의 별과 같이, 바다의 모래와 같이 번성하게 하시겠다는 것으로 가나안 땅을 기업으로 주시겠다는 언약이다. 그들의 자손을 통해 천하 만민이 복을 얻게 하시겠다는 약속이었다. 그러나 그들은 그 약속들을 경험하지 못했다. 그렇다고 하나님의 약속들이 헛된 것은 아니다. 다만 아직 하나님께서 약속하신 때가 이르지 않은 것뿐이다.

그들은 그 약속들을 멀리서 보고 환영하였다. 하나님의 약속하신 가나안 땅은 아브라함 때로부터 4백년 내지 5백년 후에 그들에게 실제로 주어질 것이다. 그들의 자손인 예수 그리스도를 통해 천하 만민이 구원의 복을 얻게 되는 것은 아브라함 때로부터 2천년 이상이 지난 후의 일이다. 또한 하나님께서 예비하신 천국도 멀지만 가까운 때에 성취될 일이다.

믿음의 위인들은 하늘나라는 찾는 자들이다. 죽기 전에 성도가 믿음의 위인들을 신앙의 모델로 삼아야 하는 것은 천국을 바라보고 사는 사람들이라는 의미이다. "그들이 이제는 더 나은 본향을 사모하니 곧 하늘에 있는 것이라 이러므로 하나님이 그들의 하나님이라 일컬음 받으심을 부끄러워 아니하시고 그들을 위하여 한 성을 예비하셨느니라" (히 11:16).

성경의 위인을 신앙 모델로 삼는 성도의 자세

성도가 신앙의 위인들을 자기만의 모델로 정하고 하나님의 약속들을 믿고 있다. 하지만 그것을 자신의 생애에서 경험하지 못했을지라도 소망을 가지고 천국을 사모하면서 끝까지 믿음으로 살아야 한다. 우리는 그 소망을 이루기 위해서 다음과 같은 자세를 가져야 한다.

첫째, 앞서 간 믿음의 위인들처럼 하나님의 약속을 믿어야 한다. 하나님께서 우리에게 주님의 재림과 죽은 자들의 부활과 천국의 영생과 복락을 약속하셨다. 믿음의 위인들이 하나님의 약속을 경험하지 못했으나 멀리서 그것을 보고 환영하며 믿고 확신하면서 죽었던 것처럼, 우리도 하나님의 약속을 우리의 생애 중에서 경험치 못한다 할지라도 그것을 굳게 믿고 믿음 안에서 죽을 수 있어야 할 것이다. 하나님의 약속은 결코 헛되지 않을 것이다.

둘째, 믿음의 위인들처럼 세상에서는 외국인과 나그네라고 고백하며 살아야 한다. 왜냐하면 이 세상은 우리가 영원히 살 곳이 아니기 때문이다. 우리는 이 세상에서 천년만년이나 오래 살 것처럼 생각해서는 안 된다. 우리는 세상에서 언젠가는 떠나야 할 외국인과 나그네의 심정으로 살아야 한다. 우리가 그처럼 신앙의 위인들 같이 살 때에 세상의 모든 일에 바른 의미와 가치를 부여할 수 있다. 성도의 미래는 가까운 장래에 성취될 것이다.

셋째, 믿음의 위인들처럼 오직 하나님의 약속하신 천국을 사모하며 살아야 한다. 천국은 하나님께서 친히 지으신 나라다. 우리를 위해 예비하신 처소, 영원히 요동하지 않을 성이다. 천국은 우리의 '더 나은 본향'이다. 하나님께 택하심과 부르심을 받아 구원을 얻고 진실한 믿음으로 그분을 섬기는 성도들은 모두 천국에 들어갈 것이다. 천국은 하나님의 구원 계획의 목적이다. 우리가 그 곳에 들어갈 때, 인류의 비극적 역사는 끝나고 기쁨과 평화의 새 역사가 시작될 것이다. 그러므로 우리도 믿음의 위인들처럼 천국을 사모하며 살도록 하자.

성도가 죽기 전에 성경의 위인을 신앙모델로 정해야 하는 이유

우리는 하나님 앞에서 항상 부족함을 느낀다. 아무리 말씀을 열심히 듣고 그 말씀대로 살기를 원해도 제대로 되지 않고, 마음을 먹고 기도해도 여전히 미숙한 신앙생활을 하고 있다. 왜 우리의 신앙생활이 하나님의 뜻에 미치지 못할까? 여러 가지 이유를 말할 수 있겠지만 예수님처럼 살지 못하기 때문이다. 솔직한 고백을 하면 예수님과 나는 너무나 먼 곳에 있는 것 같다. 그래서 얻은 정답이 예수님을 닮은 믿음의 위인을 신앙의 모델로 삼는 것이다.

예수님을 닮은 신앙의 모델은 성경에 많이 있다. 앞에서 거론한 신앙의 모델을 자신의 교사로 삼고 기도하면서 배우면 자신의 신앙생활이 바람직하게 성장할 것이다. 실제로 성도가 세상에 살아남아 있을 기간은 그리 길지 않다. 언제 하나님께 부르심을 받을지 모르는 가운데 늘 깨어서 기도하고 말씀을 상고하는 것은 물론이거니와 성경의 위인 중에서 한 사람을 신앙의 모델로 삼고 배우는 것은 참으로 바람직한 일이라고 생각한다.

사람은 죽을 때까지 배워야 한다. 특히 누구보다도 성도는 내세를 준비하며 배워야 한다. 배우지 못한 사람은 뒤떨어질 수밖에 없다. 그런 의미에서 성도라고 예외는 아니다. 성경에서 위인을 신앙의 모델로 삼아 배우지 않고 죽음을 맞으면 후회할 것이다. 하나님의 부르심을 받고 천국에 갔을 때에 하나님 앞에서 부끄러움을 당하지 않기 위해서 성경에서 위인을 신앙의 모델로 삼아 배워서 자신의 생활에 적용하여 성공적인 인생을 마치기 바란다.

하나님의 나라와 그의 의를 구하라

Bucket List **#054**

바리새인들이 예수님에게 하나님의 나라가 어느 때에 임하느냐고 물었다. 예수님은 "하나님의 나라는 볼 수 있게 임하는 것이 아니요 또 여기 있다 저기 있다고도 못하리니 하나님의 나라는 너희 안에 있느니라"(눅 17:20-21)고 하셨다. 이 말씀은 하나님의 나라가 없다는 말씀이 아니라, 하나님의 백성답게 살지 못하는 그들의 잘못을 지적하신 말씀이다.

이 말씀은 옛날의 바리새인들에게 하신 말씀이 아니라, 오늘에 살고 있는 우리에게 하신 말씀이다. 사람들은 하나님이 없는 삶을 살고 있다. 심지어 교회에 다니는 사람들 중에도, 그리고 이른바 신학을 연구하는 신학자들 가운데 일부가 하나님이 없는 삶, 즉 '신적 무신론(神的 無神論)'에 빠진 자들이 있다. 그러면 하나님의 나라는 과연 어디에 있는가?

하나님 나라의 실체

하나님의 나라는 사람의 눈으로 볼 수 없다. 다시 말하면 하나님의 나라는 세상의 나라처럼 정치적, 제도적, 현상적, 영토적으로 존재하는 것이 아니다. 하나님의 나라는 영적으로 하나님을 왕으로 모시고 통치를 받는 '하나님의 주권'이 행사되는 나라다. 즉, 하나님의 '통치'을 고백하고 순종하며 복종하는 하나님의 백성으로 살아가는 모든 영역을 의미한다.

하나님의 나라는 '지금 여기에(here & now)' 있다. 바리새인들은 자신들의 상황을 변화시킬 미래적 메시아의 임재를 기대하고 있었다. 그러나 하나님의 나라는 미래적이고 신비적인 것이 아니라, 바로 '지금 이 곳에' 현실적으로 임하심을 의미한다. 하나님의 나라는 시간과 공간과 상황을 초월하여 하나님의 말씀에 순종하고 복종할 때 임하는 것이다.

하나님의 나라는 '우리(We)', 즉 성도의 공동체 가운데에 있다. 바리새인들은 '메시아가 임하는 하나님의 나라를 기대했다. 그러나 예수님은 하나님의 나라가 '너희 안에' 있다고 하셨다. 이 말씀은 오직 당시의 바리새인들의 마음에만 존재한다는 말씀이 아니다. 누구든지 예수 그리스도를 주님으로 모시고 하나님의 다스리심에 복종하는 각자의 내면과 사람들의 모임(공동체) 속에 이미 임하여 있다는 말씀이다. 단지 사람들이 하나님 나라의 의미를 깨닫지 못하고, 하나님의 주권을 인정하지 않기 때문에 하나님의 나라를 경험하지 못하는 것이다. 예수님은 '우리'를 통하여 '하나님의 나라'를 세우기 원하셨다.

하나님의 나라와 그의 의(義)

'나라'는 영어로 '왕국(kingdom)'이라고 한다. 이 말은 구약성경의 '말쿠트'와 신약성경의 '바실레이아'의 영어 번역이다. 여기서 '나라(kingdom)'라는 말이 하나님의 나라(the kingdom of God)에 적용될 때 그것은 하나님의 절대적인 통치, 하나님의 완전한 지배, 하나님의 전적 주권을 지칭하게 된다. "여호와께서 그 보좌를 하늘에 세우시고 그 정권으로 만유를 통치하시도다"(시 103:19)에서 그의 '정권'이 곧 '나라(kingdom)'이다.

하나님의 나라는 하나님께서 통치하신다. "내가 진실로 너희에게 이르노니 누구든지 하나님의 나라를 어린아이와 같이 받들지 않는 자는 결단코 들어가지 못하리라"(막 10:15) 하신 말씀처럼, 신약교회 성도들은 하나님의 나라를 어린아이처럼 섬겨야 한다. 성도들이 구해야 하는 것은 하나님의 나라는 하나님이 통치하시는 세계다. 성도들이 구해야 할 것은 이 세상에 속한 그 어떤 것이 아니다. 오직 하나님의 의를 구하고 각각의 삶 속에서 하나님의 통치받기를 구해야 한다. 그래서 주기도에서 "하나님의 나라가 임하옵시고"라고 기도하는 것도 하나님의 통치가 완전히 실현되기를 바라는 기도다.

하나님의 나라와 그의 의는 예수님께서 직접 전하신 복음의 핵심이다. 그러나 하나님의 나라는 복음서에 많이 등장하는데 사도들의 편지에는 자주 쓰이지 않았다. 그 이유는 세상 임금인 마귀에 대한 심판이 인간의 구원보다 우선하기 때문이다.

하나님의 나라와 그의 의는 영원 전부터 하나님의 뜻 가운데 있었다. 하나님의 나라와 그의 의는 서로 불가분의 관계에 있다. 하나님의 나라는 하나님의 의를 기초로 건설되었다. 하나님의 나라는 하나님의 의가 없이는 존재할 수도 유지될 수도 없다. 하나님의 의가 없이는 하나님의 나라를 볼 수 없고 들어갈 수도 없다.

하나님의 때와 성도의 사명

하나님의 나라와 그의 의는 '하나님의 때'에 실현된다. 주님은 그때는 "인자의 날"(눅 17:22)이라고 말씀하셨다. 주님은 우리가 '인자의 때' 즉, 마지막 시대를 살면서 본받지 말아야할 부정적인 모습에 대해서 두 가지의 비유를 말씀하셨는데, 노아의 때와 롯의 때이다.

첫째, 주님은 "노아의 때에 된 것과 같이 인자의 때에도 그러하리라"(눅 17:26)고 하셨다. 주님께서 재림하실 때도 많은 사람이 노아의 때와 같을 것이라고 말씀하셨다. 노아의 때에 사람들은 죄악으로 가득 차 있었다. 그래서 하나님께서 사람 지은 것을 탄식하시고 물로 심판하시기로 작정하셨다. 하지만 하나님은 노아에게 구원의 기회를 베풀어 방주를 짓도록 하셨다. 그러나 노아가 방주에 들어가던 날까지 사람들이 먹고 마시는 타락의 길을 갔다.

결국 세상을 홍수로 심판하실 하나님의 때가 가까이와도 사람들은 하나님께서 세상을 심판하실 것이라는 사실을 믿지도 않고 관심조차 두지도 않았다. 그래서 사람들은 먹고 마시고 즐기는 세상의 일에만 모든 신경을 쓰면서 살았다. 노아가 방주에 들어가던 날, 즉 하나님의 심판의 때까지 사람들은 방종과 타락의 길을 갔다. 그리하여 노아와 그 가족들을 제외한 세상의 모든 사람들이 홍수로 심판을 받고 죽게 되고 말았다.

둘째, 주님은 "롯의 때와 같으리니"(눅 17:28)라고 하셨다. 주님께서 이 땅에 다시 오실 때에 우리가 본받지 말아야 할 모습은 롯의 때와 같다고 하셨다. 롯의 때에 사람들이 먹고 마시고 사고팔고 심고 집을 짓더니 하늘로부터 불과 유황이 비 오듯 하여 그들을 멸망시켰다. 즉, 소돔 성의 사람들도 하나님의 심판에 대해서 전혀 관심이 없었다는 것이다.

창세기 19장 14절을 보면 롯이 자기의 딸들과 결혼할 사위들에게 '여호와께서 이 성을 멸하실 터이니 너희는 일어나 이곳에서 떠나라'고 했지만 그의 사위들은 농담으로 여겼다고 했다. 하나님의 무서운 심판의 사실을 얘기해주는데도 불구하고 그 말을 우습게 여겼다. 그래서 결국 사위들은 소돔성이 유황불에 무너질 때 그들도 멸망하고 말았다.

이처럼 예수님께서 재림하실 때도 사람들이 노아와 롯의 때와 같이 살 것이라고 말씀하셨다. 그러므로 성도들은 그렇게 살지 말라는 말씀이다. 다시 말해서 주님이 다시 오실 날을 기억하고 그 날을 준비하는 마음으로 살라는 것이다. 마지막 때를 사는 성도는 세상 사람들과 사는 모습이 같아서는 안 된다. 세상 사람들은 노아와 롯의 때의 사람들처럼 먹고 마시고 놀고 즐기고 세상의 일에만 마음을 쏟으면서 살아간다. 그러나 마지막 때를 준비하는 성도는 언제든지 주님을 만날 수 있도록 몸과 마음가짐을 조심하고 살아야 할 것이다.

따라서 성도가 마지막 때를 기다리는 사람이라면 아직도 우리 주변에 지금이 마지막 때라는 사실을 모르는 사람들에게 이 사실을 알려주어야 할 사명이 있다. 그래서 할 수만 있다면 많은 사람들에게 마지막 때가 있다는 사실을 알게 해줌으로써 그들도 구원을 받을 수 있도록 전도하는 일에 힘써야 하는 사명이다. 반드시 세상의 마지막 때가 올 것이다. 성도는 주님께서 재림하실 그날을 바라보고 준비함으로써 마지막 때에 구원받을 기쁨을 누리자.

성도가 죽기 전에 하나님의 나라와 그의 의를 구해야 하는 이유

역사의 시간표는 시작과 끝이 있기 마련이다. 개인에게 주어진 삶의 시간표도 출생이 있는가 하면 죽음이 있다. 공원묘지에 세워진 비석에는 하나같이 생(生)과 졸(卒)이 기록되어 있다. 그러므로 성도는 자신에게도 죽음의 순간이 온다는 것을 잊지 말아야 한다. 성도가 '나는 과연 언제 죽을 것인가' 하는 진지한 물음은 자신의 신앙을 돋보이게 할 수 있다. 성도는 항상 하나님의 부르심을 염두에 두고, 언제든지 하나님이 부르시면 "아멘 주 예수여 오시옵소서"(계 22:20) 하고 응답하며 하늘나라에 갈 준비를 하고 있어야 한다.

그러면 성도가 죽기 전에 하나님의 나라와 그의 의를 구해야 하는 이유는 무엇인가?

첫째, 하나님의 뜻을 이루기 위해서다. 하나님께서 성도를 부르신 목적은 하나님의 나라와 그의 의를 이루기 위해서다. 하나님께서 성도를 부르신 이 목적을 분명히 알면 신안생활 자체가 달라진다. 미안한 이야기지만 교회에 다니는 사람들 중에 뜻도 없이 목적도 없이 그냥 다니는 사람이 많다. 물론 우리가 하나님을 믿고 교회에 다니는 것은 자신의 구원을 위한 것이지만, 궁극적으로는 하나님의 나라와 그의 의를 이루기 위해서가 그 목적이 되어야 하고, 또한 그것을 삶의 주제로 삼아야 한다. 하나님은 성도를 그냥 재미삼아 부르시지 않았다. 자신의 삶의 목적을 하나님의 나라와 그의 의를 이루는 성도가 되도록 하자.

둘째, 믿음을 쌓기 위해서다. 어느 사찰에서 돌탑을 기묘하게 쌓아놓은 광경을 보고 감탄하였다. 비록 그들에게 구원은 없을지라도 정성껏 쌓은 돌탑이 존경스럽게 보였다. 우리 기독교인도 그런 정성으로 믿음을 쌓아야 할 것이다. 믿음은 심령의 내면에서 출발하여 행위로 표현된다. 자신의 믿음을 쌓아가는 정성이 없으면 하늘나라에 닫지 못할 수도 있다. 죽기 전에 하나님의 나라와 그의 의를 이루기 위해서 믿음을 쌓으라. 믿음을 정성껏 쌓으면 말세에 시험이 닥쳐오고 마귀가 유혹을 해도 넘어지지 않는다. 아브라함이 믿음의 조상이 된 것은 하나님의 언약을 믿고 오랜 기간 동안 믿음을 쌓았기 때문이다.

셋째, 하늘나라에 가서 상급을 받기 위해서다. 주인에게 한 달란트를 받은 종은 그것을 땅에 묻어두었지만, 다섯 달란트를 받는 종을 열심히 장사하여 갑절로 남겼다. 주인은 결산할 때 그에게 "착하고 충성된 종아 네가 적은 일에 충성하였으매 내가 많은 것을 네게 맡기리니 네 주인의 즐거움에 참여할지어다" (마 25:21)고 칭찬하였다. 성도가 받은 은사(달란트)는 하나님의 나라와 그의 의를 이루기 위한 수단이다. 성도가 각자가 하나님께 받은 은사가 있다. 성도가 죽기 전에 받은바 은사를 충분히 활용하여 하나님의 나라와 그의 의를 이루어드리면 하늘나라에서 하나님이 의의 면류관을 축복으로 주실 것으로 확신한다.

우리가 외국에 나가려면 여권(passport)과 비자(visa)가 있어야 한다. 여권은 외국에 입국하려는 사람의 신분과 국적을 국가가 증명해주고 입국하는 나라에 보호를 의뢰하는 문서이며, 비자는 해당 나라에서 출입국을 허락하는 표로 여권에 붙여주는 보증서다. 여권과 비자가 없으면 합법적으로 외국에 입국할 수 없다.

하늘나라에도 여권과 비자가 필요할까? 정확한 비유는 아니지만 여권과 비자에 해당하는 '천국시민권'이 있어야 한다. 하나님께서 예수 그리스도를 구주로 영접하여 자녀가 된 성도에게 천국시민권을 주셨다(빌 3:20). 성도에게 천국시민권이 있어야 한다. 천국시민권은 영생을 보증하는 자격증이다.

예수님께서 "내가 곧 길이요 진리요 생명이니 나로 말미암지 않고는 아버지께로 올 자가 없느니라"(요 14:6)고 말씀하셨다. 하나님의 백성 된 우리는 천국 시민권을 잘 간수하여야 한다. 우리가 천국시민권을 잃으면 실패자가 되기 때문이다.

제 7 장

행복한 천국시민을 위해서

055 매월 하루를 정해 죽음을 연습하라

056 사후 장기기증을 신청하라

057 자신의 유언장을 미리 써라

058 자신의 장례의견서를 써라

059 가까운 분의 애경사에 적극 동참하라

060 생의 마지막 순간 연명치료에 대한 의견서를 미리 써놓아라

061 천국을 기대하는 일기를 써라

062 천국에 보내는 편지를 써라

063 한 달에 한 번 정도 주변(옷장, 책장)을 정리하라

매월 하루를 정해 죽음을 연습하라

Bucket List **#055**

죽음(死, death)은 사람에게 정신적 외상(Psychological Trauma)이다. 세상에는 죽지 않을 사람이 없기 때문이다. 성도도 언젠가 죽는다. 그런데 아무 준비도 없이 갑자기 죽는다면 참으로 억울할 것이다. 인간이 사는데 매사에 준비가 있어야 하듯이 죽음도 미리 연습해 둔다면 아무런 고통도 없이 편히 죽을 것이다. 특히 하나님을 믿는 성도에게는 죽음을 연습해두면 하나님께서 부르시거나, 주님께서 재림하실 때에 아무 걱정이 없을 것이다.

미국 오클라호마시 한 작은 교회에 목사님이 청빙되었다. 그는 첫 설교하기 며칠 전에 교인들의 가정을 심방하여 인사를 하고 다음 주일에 교회에서 보자고 했다. 그런데 주일에 불과 5명의 교인밖에 나오지 않았다. 실망한 목사님은 죽은 교인이 있어서 다음 주일 오후 장례식을 치르겠노라고 광고를 냈다.

예전에 교회에 나오던 사람들이 모여들었다. 강대상 앞에 놓인 관은 꽃으로 장식되어 있었고, 목사님이 정중하게 장례식을 집례했다. 마지막으로 죽은 사람에게 조의를 표하는 순서가 되었다. 관 뚜껑은 열렸고 조객들은 꽃 한 송이씩 들고 와서 차례로 관속을 들여다보고는 모두 송구스러운 눈초리로 씁쓸히 물러가는 것이었다. 관속에는 큼직한 거울이 들어 있어서 보는 사람의 얼굴을 정확하게 비추고 있었다. 죽은 사람은 바로 자기 자신들에게 있었던 것이다. 깊이 깨달은 교인들은 모두 회개하였다고 한다.

우리는 가끔 교회가 부흥되지 않는 책임을 목사님에게 돌리고, 목사의 영적 능력의 부족하다거나 기도가 부족하다는 이야기를 한다. 그 책임은 누구 하나에만 있는 것이 아니라 모두에게 있다. 어떤 목사님은 "양이 새끼를 낳지 목자가 양 새끼를 낳느냐?" 라고 한다. 틀린 말은 아니다. 하지만 심령이 부흥되지 않은 것은 목사님과 성도 모두의 책임이다.

영화로 보는 관의 내부

「베리드」(베리드 : '묻다' (매장)라는 뜻)라는 영화가 있다. 칠흑 같은 어둠 속에 들리는 주인공의 거친 숨소리의 영화 첫 장면이 나온다. 주인공 폴 콘로이(라이언 레이놀즈 분)가 라이터를 켜면서 그의 얼굴이 처음 눈에 들어온다. 입과 손은 묶여있고 피와 땀이 범벅이 된 모습이다. 그가 벗어던진 점퍼주머니에서 전화기를 발견하고 통화를 한다는 설정이 없다면, 왜 주인공이 관속에 들어가 있는지 알 길이 없다. 그는 이라크에서 근무하는 미국인 트럭 운전사로 정체 모를 납치범에게 갑작스런 습격을 받고 관 속에 실려 어딘가에 묻혀버렸다.

관객은 콘로이의 휴대폰 속의 배터리 양까지 체크해가며 관 속의 상황에 몰입하기 시작한다. 그러면서 관객의 뇌리에서 떠나지 않는 생각은 '내가 저 관 속에 있다면, 나는 누구에게 전화를 하지?' 라는 생각을 연발한다. 이쯤 되면 과거 회상장면이나 바깥세상을 보여줄 법도 한데, 앵글은 꿈쩍도 않고 관 속만 비춘다. 그리고 어느 순간 관객은 더운 숨을 몰아쉬는 주인공과 함께 관 속에 묻혀있는 자신을 발견하다.

영화「베리드」가 호평을 받는 이유는 현실 세계의 이면과 부조리가 극명하게 전달된다는 점이다. 주인공이 살려달라는 절박한 구조를 하지만, 상대방은 정치적인 상황과 사회조직을 변명으로 책임을 회피할 방법만을 찾기 때문이다. 영문도 모른 채 관 속에 갇힌 주인공이 구조요청을 시도하는 수많은 통화를 통해「베리드」는 거대 사회의 숨겨진 이면과 이기주의, 관료주의에 대해 과감히 이야기한다.

시종일관 콘로이의 상황을 지켜보던 관객은 영화가 끝날 즈음 '폴 콘로이'와 함께 분노하고, 절망하게 된다. 그러나 우리는 영화에서 분노와 절망을 넘어 새로운 희망을 보아야 한다. 보이는 이미지보다 상상 속의 이미지가 갈망을 극대화시킬 수 있다는 장점을 극단적으로 시도한 영화기 때문이다, 이 영화는 할리우드에서 약 1년 간 돌던 '블랙리스트 시나리오(촬영하는 게 불가능하지만 내용이나 구성 등이 좋은 시나리오)'였다. 로드리코 코르테스 감독은 시나리오를 읽고 '가장 작은 공간에서 가장 위대한 이야기를 보았다'며 비(非)할리우드적인 방식으로 영화를 완성시켰다.

누구나 한 번쯤 위험한 상황에 갇히게 되는 상황을 생각해 본 적이 있을 것이다. 예고되지 않고 정전이 된 상태에서 여러 시간을 견디는 절망감을 생각해 보라. 혼자 타고 내려가던 엘리베이터가 갑자기 정지되고 문이 열리지 않을 때 밀려오는 그 공포감을 상상해 보라. 깊은 산속을 등산하다가 길을 잃고 휴대전화의 배터리마저 죽어서 어디에 전화도 할 수 없는 경우를 떠올려 보라. 지진이나 광산이 붕괴된 뉴스를 접하거나, 전쟁이 난 지역에 출장을 갔다거나 불이 난 곳에 갇히거나 한다면 그 공포는 어떠할까. 영화「베리드」는 이러한 최악의 상황을 소재로 극단적인 실험을 시도했다. 목사에게도 가끔은 그런 경험이 필요하다.

죽음에 대한 성찰

사람은 누구나 젊었을 때는 큰 꿈을 꾼다. 무엇보다도 성도는 세상을 변화시키고자 하는 꿈이 있다. 그러나 실제로 세상을 변화시키란 그리 쉬운 일이 아니다. 어느 성도의 회고담이다. "일찍이 나를 변화시켰더라면 가정과 세상을 변화시켰을 것이다." 공감한다. 자신이 죽고자 하는 각오가 없으면 자신과 세상을 변화시킬 수 없다. '필사즉생 필생즉사(必死卽生 必生卽死)', '죽고자 하는 자는 살고, 살고자 하는 자는 죽을 것이다'라는 말이 있다.

사도 바울은 "나는 날마다 죽노라"(고전 15:31)고 하는 결단으로 땅 끝까지 이르러 복음을 전파하였다. 우리가 사도 바울을 존경하는 것은 날마다 죽는다는 그의 신앙이다. 성도도 죽음을 알아야 자신을 알고 주님과 가족을 제대로 알 수 있다. 흔히 '날마다 죽는다'는 말을 쉽게 한다. 그러나 말로만 죽지 말고 실체로 죽음을 연습해 보아야 한다. 자신이 죽는 연습을 해보면 삶이 얼마나 소중한지를 알 수 있고 인생의 바른 가치도 알 수 있다.

모든 것 다 내려 놓고 말 없이 '네모난 상자', 즉 관 속에 누워서 천천히 땅 밑으로 내려가는 것이 죽음이다. 그래서 사람은 누구든지 죽음 앞에서는 숙연해진다. 죽음 앞에서는 돈도 명예도 권세도 아무 소용이 없다. 살아 있을 때는 아웅다웅하고 싸우다가도 죽을 때는 아무 말 없이 조용히 떠난다. 죽음을 연습해 본다는 것은 진실한 자신의 모습으로 돌아가는 방법이 될 수 있다.

죽음을 연습해 봐라

죄인이 성도가 된 것은 하나님의 남다른 은총을 입은 것이다. 하나님께서 아무 뜻도 없이 우리를 성도로 부르시지 않으셨다. 하나님께서 우리를 성도로 부르신 목적의 첫째는 하나님의 영광을 위한 것이고, 둘째는 우리가 죽어서 천국에 가게 하시려고 부르셨다. 그런데 천국은 그냥 가는 것이 아니다. 천국은 믿음으로 가지만 그보다 앞서 하나님의 은혜로 간다. 자신의 믿음과 하나님의 은혜를 확인하기 위한 훈련 혹은 연습이 필요하다. 죽어서 천국에 가는 연습을 매월 하루를 정해서 죽음을 연습해 보는 것도 신앙적인 도움이 될 것이다.

이런 일을 이벤트로까지 할 필요는 없다. 아무에게도 알리지 말고 은밀하게 관 하나를 마련하라. 관을 마련해 놓고 외부와는 완전히 차단해 버려라. 휴대폰도 꺼놓고 실내조명도 끄고 관 속으로 들어가라. 그리고 숨 쉴 틈만 남기고 관 뚜껑을 닫아라. 이렇게 해서 몸이 제대로 움직일 수 없는 캄캄한 공간에서 죽음을 연습하는 것이다. 여기서 죽어가는 자기 자신을 발견해야 한다. 죽음 앞에서 기도부터 시작하는 것이 좋을 것이다. 먼저 자신을 돌아보며 성찰하는 기도부터 하라. 그리고 침묵하며 새로운 자신을 천천히 발견하라.

'나는 누구인가?', '나는 지금껏 왜 살았는가?', '나의 삶의 목적은 무엇인가?', '나는 사명을 다 하고 있는가?', '나는 누구에게 상처를 입히지 않았는가?', '내가 지금 죽는다면 마지막 남기고 싶은 말이 무엇인가?', '나는 진짜 주님을 믿는가?', '나는 과연 죽으면 부활할 수 있는가?', '나는 주님을 위해서 순교할 수 있는가?', '나는 목숨 걸고 복음을 전했는가?' '나는 주님과 교회를 위해서 무엇을 했는가?', '나는 가족과 이웃을 위해서 무엇을 했는가?', '내가 지금 죽는다면 꼭 하고 싶은 일이 무엇인가?', '나에게 과연 진정한 생명이 있는가?'

일단 자신이 죽었다고 가정하라. 혈기와 감정이 죽었고, 미움과 시기도 죽었다. 죽음이란 무(無)에 이르는 과정이다. 무(無)는 허무(虛無)가 아니다. 무(無)는 텅 빈 공간(空間)이다. 지금까지 채우기 위해서 얼마나 몸부림쳤는가. 재물을 늘리기 위해서, 높아지기 위해서, 자신의 이름을 내기 위해서 지나치게 애썼던 과거가 생각날 것이다. 이것은 하나의 욕망이었다. 그런 것 때문에 주님을 만나지 못했다. 공간(空間)이 있어야 주님을 만날 수 있다. 관 속에서 죽음을 연습하고 텅 빈 자신을 만들어라. 지나간 인생의 모든 여정을 묻어버려라. 학력도 지위도 인연도 지연도 모두 묻어버려라. 그리고 새롭게 태어난 성도로 거듭나라.

죽음 후에 있는 부활

부활은 죽음 후에 나타나는 것이다. 죽음이 없는 부활은 없다. 니고데모는 나름대로 성공한 사람이다. 그는 '바리새파 사람'이고, '유대인의 지도자'였다. 대도시 예루살렘에 살면서 종교적으로는 경건한 삶을 위해 힘쓰고, 사회적으로는 산헤드린 의회의 의원으로서 권력과 부를 누리며 살아가는 사람이었다. 그러나 그는 예수님을 존경하면서도 주님의 제자가 되지 못했다. 그 이유는 자신을 미처 죽이지 못했기 때문이다. 나중에 예수님께서 십자가에서 죽으신 후에야 주님의 시신을 자신의 무덤에 안장했지만, 일단은 주님 밖의 사람이었다.

주님께서 니고데모에게 한 말씀을 기억하라. "진실로 진실로 네게 이르노니 사람이 거듭나지 아니하면 하나님의 나라를 볼 수 없느니라"(요 3:3). "진실로 진실로 네게 이르노니 사람이 물과 성령으로 나지 아니하면 하나님의 나라에 들어갈 수 없느니라"(요 3:5). 귀가 아프도록 들은 말씀이다. 그러나 이 말씀을 그냥 지나쳤다면 이제부터라도 다시 생각하라. 거듭나기 위해서는 아니 주님께서 오실 때 부활하기 위해서 먼저 죽어라. 관 속에 들어가서 얼마 동안이라도 있으면서, 자신을 발견하고 거듭나서 부활을 체험하는 성도가 될 수 있다.

성도가 죽음을 연습해두면 아무 것도 두려울 것이 없어진다. 무슨 일이든지 목숨을 내놓고 죽기 살기로 하는 사람을 이길 자는 세상에 없다. 아무리 힘이 약한 자도 죽기 살기로 대드는 자는 천하장사도 이길 수 없을 것이다. 성도의 일상생활로 어떤 의미에서 살고자 하는 짓이다. 그러나 방만한 자세로 적당하게 하면 세상을 이길 수 없다. 자신의 사업을 위해서나 선한 일을 위해서, 또한 복음을 전하기 위해서 목숨을 걸면 승리할 수 있을 것이다.

성도가 죽기 전에 매월 정해서 죽음을 연습해야 하는 이유

엄격히 말해서 '죽음'에는 연습(練習), 즉 몇 번 해 보는 리허설이 없다. 사람이

한 번 죽으면 그것으로 끝장이다. 그럼에도 불구하고 죽음을 연습하라는 말은 평소에 죽음을 생각하지 않고 허투로 아무렇게 살지 말자는 뜻이다. 사람이 사는 방식은 여러 가지가 있으나 크게 두 가지로 구별할 수 있다. 하나는 '나에게 오늘 하루밖에 없다' 는 생각으로 진지하게 사는 사람이 있고, 다른 하나는 '소털 같이 많은 세월에 먹고 마시고 즐기자' 며 하는 사람이 있다. 우리는 여기서 죽기 전에 날을 정해서 죽음을 연습해야 할 이유를 발견할 수 있다.

사람은 영원히 살 수 없기 때문이다. 우리가 영원히 산다면 자신의 삶에 대해서 고민할 필요도 없다. 우리가 언제나 죽지 않고 살테니까 인생을 마음껏 즐기면 좋을 것이다. 그러나 그렇게 살다가 막상 죽으면 그 책임은 오롯이 자신이 져야 한다. 성경은 사람이 죽은 후에는 반드시 심판이 있다고 했다. "한 번 죽는 것은 사람에게 정하신 것이요 그 후에는 심판이 있으리니" (히 9:27). 이 말씀과 같이 사람에게 죽음은 정해져 있고, 그후에는 심판이 있는데, 그때 자신의 삶에 대하여 어떻게 변명할 것인가? 자신이 죽은 후에 부끄러운 심판을 받지 않기 위해서 죽음의 연습을 해두면 떳떳하게 구원받을 수 있을 것이다.

주님께서 축복 받을 종들을 비유로 "주인이 와서 깨어 있는 것을 보면 그 종들은 복이 있으리로다" (눅 12:37)고 말씀하셨다. 이 말씀에서 '깨어있음' 은 단지 잠들지 않고 있다는 것을 말하지 않고 '기다리는 있다' 는 것을 말한다. 잠들지 않고 있다고 해서 누구나 기다리고 있는 것은 아니기 때문이다. 그러니 주인이 돌아오면 문을 '곧바로 열어 주려고' 뜨거운 열망으로 기다리는 사람이 '깨어있는 사람' 이라는 뜻이다. 곧 사랑의 열망으로, 주님을 그리워하는 것이 깨어있음이요, 주님을 바라는 것이 깨어있음이라는 뜻이다.

죽기 전에 매월 정해서 죽음을 연습하는 이유는 영혼이 잠들지 않고 깨어서 기도하기 위해서다. 주님을 자나 깨나 기다리기 위해서다. 죽기 전에 이미 깨어서 기도하며 주님을 기다리는 성도는 이미 축복을 받은 사람이다. 아무나 할 수 없는 특별한 신앙훈련이 죽기 전에 매월 정해진 날에 죽음을 연습하여 재림하시는 주님을 만나기 바란다.

사후 장기기증을 신청하라

Bucket List **#056**

신앙인의 소중한 자산은 자신의 소유를 타인에게 제공할 수 있다는 것이다. 예수 그리스도께서 자신의 생명을 죄인들을 위하여 십자가에서 희생하였고, 수많은 신앙의 선진도 주님을 본받아 자신의 몸과 마음을 희생하여 인간 구원을 위한 삶을 살았다. 만일 성도에게 증여나 희생이 없다면 그의 존재 가치가 무의미할 것이다.

장기기증이 사회적으로 많은 관심을 모으고 있다. 난치병으로 고통을 당하는 환자들이 많이 있을 뿐만 아니라, 그들을 위해서 자신의 장기를 기증하는 사람들이 날로 늘어나고 있기 때문이다. 최근에 전체 장기기증자 중 69%는 기독교인으로 조사되었는데, 이는 기독교의 '이웃 사랑' 의 정신이 기독교인들의 장기기부 동기로 작용했다는 전문가들의 견해가 있다. 단, 위의 통계는 특정 종교를 추천하는 것이 아닌 장기기증 단체에 의해 발표된 통계다.

장기기증의 의미와 절차

장기기증(Organ Donation)이란 자신의 장기 일부를 난치병 환자들에게 아무런 조건 없이 나눔으로써 새 생명을 선물하는 것을 말한다. 장기기증은 뇌사상태에 기증할 것인지, 사후에 기증할 것인지, 생존 시에 할 것인지에 따라 기증 할 수 있는 종류와 절차가 다르다.

장기는 '사람의 내장과 그밖에 손실되거나 정지된 기능회복을 위하여 이식이 필요한 조직' 으로써 고형장기 7종(신장, 간장, 췌장, 심장, 폐, 소장, 췌도)과 조직 2종(골수, 각막)이 이에 해당 된다. 장기기증은 '다른 사람의 정지되었거나 황동이 불가능한 장기의 기능을 회복하기 위하여 대가 없이 자신의 특정한 장기를 제공하는 행위' 를 말한다.

장기기증의 종류는 3가지 형태로 아래 같이 구분된다.

① 뇌사기증 : 뇌사기증이란 뇌사상태에 빠진 환자의 장기를 기증하는 것이다. 흔히 '식물인간' 을 오해하고 있는데, 식물인간이란 뇌의 기능이 완전히 소실되어서 호흡증후의 기능이 마비되어 2주 이내에 사망하게 될 상태를 말한다. 뇌사상태에 환자가 '장기기증희망카드' 를 소지하고 있거나 평소의 희망이나 유언으로 표시를 밝혔어도 가족의 동의가 있어야 가능하다. 환자가 뇌사 시에는 심장, 폐장, 간장, 췌장, 신장, 소장, 각막, 피부, 뼈, 혈관 등을 기증할 수 있다. 뇌사기증은 뇌혈관질환이나 교통사고 등으로 인한 경우가 많이 있다.

② 생체기증 : 생체기증이란 살아있는 사람이 기증 후에도 살아가는데 아무런 지장이 없고, 장기(신장, 간장, 폐장, 췌장, 소장 등)를 다른 환자에게 기증하는 것을 말한다. 이는 보통 이식 후에 거부반응이 적은 혈연관계의 직계존속과 형제자매가 대부분이다. 하지만 혈연관계가 아닌 배우자나 친구도 본인의 적극적인 동의와 혈액형이 같으면 가능하다.

③ 사후기증 : 사후기증은 장기기증자가 사망한 후에 장기를 의학교육과 연구에 사용할 수 있도록 기증하는 것을 말한다. 이러한 기증은 본인의 자발적인 의지와 가족들의 동의가 있어야 가능하다. 사후에 기증한 시신은 이러

한 교육과 연구를 위해 귀히 쓰이게 되어, 한 분의 소중한 시신기증이 의학 발전의 귀한 밑거름이 될 뿐 아니라 우리 후손의 건강한 삶에 크게 기여하게 된다. 사후기증의 절차는 '시신기증인의 유언서와 시신기증인 가족 동의서 확인 → 시신기증 서류접수 → 등록증발급 → 시신기증 서약인 사망 → 사망진단서를 발급받은 다음 해부학교실로 연락 → 고인을 모심 → 유가족은 시신 없이 영정사진으로 장례식 진행 → 교육 기간 2-3년 → 교육 종료 후 화장 진행 → 유가족에게 고인의 분골을 전해드림'으로 진행된다.

장기기증을 하는 사람들

앞에서 말한 대로 장기기증이란 자신이 이 세상을 떠날 때에 자신의 시체 일부분을 장기가 손상되어 죽어가는 사람들을 위하여 주는 것을 말한다. 예수님께서는 "주는 자가 받는 자보다 복이 있다"(행 20:35)고 친히 말씀하셨다. 얼마 전에 타계한 김수환 추기경도 죽기 며칠 전에 자신의 각막을 앞을 보지 못하는 사람에게 기증을 서명을 하는 모습을 TV를 통해서 보았다. 지금까지 앞을 보지 못하고 살던 사람이 그로 인하여 밝은 세상을 볼 수 있게 된 것은 무한한 기쁨과 축복이 아닐 수 없다. 이식을 받은 사람이 감동을 하는 모습을 신문 기사에서 읽을 수 있었다. "아! 내가 그런 훌륭한 분의 눈을 기증을 받다니 너무나 감격합니다." 김수환 추기경의 눈은 한 짝씩 두 사람에게 기증이 되었다고 한다.

세상을 떠나면서 살아있는 자에게 자신의 모든 장기를 아낌없이 주고 가는 모습이 거룩해 보인다. 성자와 같은 삶을 살다간 사람의 안구를 받았으니 받은 사람은 기쁨이 말할 수 없을 것이다. 그 사람의 눈은 생전에 좋은 일만 보았을 것이니 말이다. 그래서 그런 사람의 눈을 받았으니 자신도 그런 사람과 같이 좋은 일만하며 좋은 모습만 보고 싶을 것이다.

또한 흉악범의 장기나 안구를 기증 받는 사람도 나쁘지는 않을 것이다. 왜냐하면 사람의 마음이 죄를 짓지 장기가 죄를 짓은 것은 아니기 때문이다. 언젠가 어느 흉악범이 사형을 받기 직전에 자신의 모든 장기를 기증하고 가겠다고 한 기사를 본 적이 있다. 그가 목사님의 말씀을 듣고 회개하며 자신이 죽으면 자신의 장기를 모두 죽어가는 사람들에게 나누어 주라고 유언을 하며 자신의 죄를 깊이 뉘우치고 사형 집행을 받았다고 한다. 비록 무서운 죄를 짓고 사형을 당했지만 그가 모든 것을 뉘우치고 세상을 떠났으니 그의 장기를 받은 사람도 새로운 마음으로 살게 될 것이다.

요즈음은 일반적으로 자신의 장기나 시신기증을 하겠다고 서명을 하는 사람들이 꽤 있다. 얼마 전에 달리기를 하다가 죽은 어느 개그맨이 자신의 시신을 기증하고 시신이 없는 장례식을 치렀다고 한다. 어느 추모공원 묘인지는 알 수 없으나 그곳엔 생전에 그가 즐겨 입던 옷과 물품만이 유골함에 보관되어 있다는 뉴스를 연예가 중계에서 들은 바 있다. 연예인들이 사후 시신기증을 많이 하고 있는데, 그 모습이 과히 나쁘지 않다는 생각이다.

필자 또한 '사랑의 장기기증 센터'에 이미 장기기증 서약을 했다. 내가 죽은 후에 나의 장기가 난치병으로 고생하는 환우에게 새 생명을 주는 데 일조할 수만 있다면 여한이 없을 것이다. 사람은 누구나 죽으면 그의 시신은 썩어서 흙으로 돌아간다. 세상의 그 누구도 이를 막을 수는 없다. 썩을 장기를 차라리 필요한 사람에게 기증하는 죽음은 아름다울 것이다.

장기기증의 중요성

사람들은 누구나 선물을 좋아한다. 우리가 예수님을 믿는다는 이유로 하나님께 이미 영생(永生)이라는 선물을 받았다. 사람이 선물을 받았으면 답례를 하는 것이 예의다. 하나님께 영원히 사는 선물을 받았으니 사랑으로 충성을 다하는 것이 마땅하고 이웃에게도 사랑의 선물을 해야 할 것이다. 성도가 이웃에게 사랑의 선물을 하는 방법 중에 장기기증이 있다.

우리가 살면서 선물만큼 기분 좋은 행위는 없다. 선물은 받는 사람보다 주는 사람이 더욱 행복감을 느낀다. 선물은 그 종류가 무엇이 되었던지 그 자체로 소중하기 때문에 값어치를 매길 수는 없지만, 주는 것이 어렵기 때문에 더 큰 의미를 가지는 것이다. 이는 바로 '생명의 선물'이다. 사람의 목숨은 하나뿐이기 때문에 선물한다는 것은 상상 할 수 없는데 '장기기증'이라는 것을 통해 생명을 나누는 기적을 실현시킬 수 있다.

우리나라는 2000년 2월에 뇌사가 공식적으로 인정되었는데, 뇌사를 인정한다는 것은 장기적출 대상자가 가능해진다는 것을 의미한다. 이렇게 장기적출이 합법화되었기 때문에 장기기증이 활발해질 것을 기대하고 있다. 하지만 뇌사를 인정하는 사회적인 공감대의 부족으로 아직은 장기기증이 생각보다 원활하지 않다고 한다. 하지만 매년 장기기증의 수는 조금씩 증가하고 있다.

매년 뇌사 시, 사후 시, 생존 시 기증 중에 생존 시 기증을 하는 경우가 가장 많으며 해가 지날수록 그 숫자도 증가하고 있음을 알 수 있다. 하지만 사후 시 기증은 2009년에 잠시 증가추세를 보이다가 많이 감소하였으며 여전히 부진한 상황임을 알 수 있다. 생존 시 장기기증은 생존 시에 건강한 두 개의 신장 중 하나를 만성신부전 환우를 위해 기증하는 것으로, 아무래도 뇌사나 사후에 기증하는 것보다 가능성이 많기 때문으로 추정한다.

연령별 기증자 현황을 보면 18세부터 64까지의 사람들이 가장 많은 기증을 하는 것으로 나타났다. 장기 기증을 신청 가능한 나이가 만 19세 이상부터이며, 그

미만은 법정대리인의 동의가 필요하고 증빙서류를 갖추어야 하는 등 조금 복잡한 절차를 지니고 있기 때문에 이러한 수치의 결과가 나타난 것으로 보인다. 또한 나이가 많더라도 장기기능만 좋다면 이식이 가능하다. 국내에서는 최고령 83세의 나이에 장기기증을 하고 세상을 떠나신 분도 있다. 때문에 65세 이상의 노인도 적지 않은 수로 장기기증을 하고 있음을 알 수 있다.

혈액형별 기증자의 현황은 O, A, B, AB형 순으로 장기기증의 비율이 높다. 이것은 우리나라에 존재하는 사람의 혈액형이 이 순서대로 많다는 것을 뜻하기도 한다. 적합한 혈액형만 장기이식이나 장기기증이 가능하기 때문에 이런 수치가 나타난 것이라고 본다.

하지만 서울아산병원 장기이식센터 신장이식팀 한덕종 교수는 "이제 더 이상 혈액형은 장기를 기증하는 데 걸림돌이 되지 않는다." 며 "신장이식 대기자가 1만 3,000명, 간이식 대기자가 6,000명에 이를 정도로 기증자보다 말기부전 환자가 더욱 빠르게 증가하고 있는 국내 현실에서 수술법의 발전과 더불어 장기기증 문화도 확산되어 많은 환자가 빠르게 치료받을 수 있었으면 좋겠다." 고 말했다 [출처, 헬스조선, 2010.10.14.]. 이를 통해 앞으로 장기기증이 조금 더 활성화 될 것이라는 희망을 가질 수 있게 되었다.

매년 9월 9일은 '장기기증의 날' 이다. 생명을 선물 받았을 때의 형용할 수 없는 감동을 또 다른 사람과 함께 나누고자 하는 따뜻한 마음의 소유자는 이미 축복받은 사람이다. 성도는 하나님의 축복을 나누면 더욱 행복한 사람이 된다. 성도는 서로 장기기증을 격려하고 예우하는 분위기를 조성해 보다 성숙한 문화를 정착시켜야 할 것이다. 뿐만 아니라 다양한 캠페인과 홍보대사 활동을 통해 장기기증을 격려하고 하나님의 사랑을 실천해야 할 것이다.

장기기증에 대한 신앙적인 자세

과거에는 장기기증에 대한 정보 부족 혹은 잘못된 상식과 편견으로 장기기증 자체가 교회에서 터부시되어 왔다. 하지만 이제는 상황이 많이 달라졌다. 많은 언론매체를 통하여 아름다운 장기기증 미담기사와 유명인사의 장기기증 소식을 접하며 이제는 장기기증은 참 좋은 일이고, 기회가 된다면 참여하고 싶다는 생각을 갖게 할 정도로 사회적 분위기가 조성되었다.

그러므로 성도도 '주님을 본받아 나의 생명을 내어 이웃을 살리겠다.'는 신앙적 결단 위에 이 운동에 동참해준다면 주님께서도 기뻐하실 것이다. 장기기증은 말뿐인 서약이 아닌 실천이 무엇보다 중요하다. 장기기증 등록의 결단의 마음과 이웃사랑 실천의지를 먼저 가족에게 알리고, 타인에게 선물해 줄 자신의 소중한 신체를 더욱 아끼고 소중히 살아가야 한다.

예수님은 죄 많은 우리를 살리기 위해 기꺼이 십자가를 지셨다. 그리고 부활하셨다. 장기기증도 마찬가지다. 죽음으로 다시 사는 생명, 나눔으로 더욱 커지는 사랑, 바로 그것이 예수님께서 우리에게 주신 큰 가르침이다. 장기기증은 결코 성경에 위배되지 않는다.

성경은 영혼의 기원을 인간 육체의 어느 부위에도 두지 않는다. 창세기 2장 7절에 따르면 인간의 영혼은 하나님으로부터 곧 인간의 몸 밖으로부터 기원하여 육체 안에 들어온 것으로 되어 있다. 또한 영혼이 육체 안에 들어 온 순간부터 흙으로 만들어진 아담의 몸이 살아 움직이기 시작했다는 것은 영혼이 몸을 작동시키는 생명의 원리요, 육체가 작동하는 한 그 안에 영혼이 실재한다는 뜻이다. 예를 들어 뇌가 기능을 정지했어도 호흡과 심장이 몸 전체에 영양분과 산소가 공급되면 생명의 원인인 영혼이 육체 안에 머물러 있다는 것이다.

그렇다면 영혼과 뇌의 기능을 어떻게 생각해야 할까? 뇌의 상태는 인간의 의식을 말해줄 수 없다. 따라서 혼수상태의 환자를 '의식을 상실한 환자'라고 말하면 잘못된 것이다. 뇌는 뇌의 기능 여부와는 상관없이 육체 안에 머물러 있는 영혼이 자기의 의식을 외부를 향하여 표현하는 창구일 뿐이며, 뇌의 기능이 상실되었다는 말은 바로 이 기능에 문제가 생긴 것뿐이다. 따라서 뇌의 기능정지보다는 심폐의 기능정지를 죽음의 시점으로 보는 것이 당연히 성경의 인간관과 조화된다. 결론적으로 장기이식은 영혼과 관련이 없고, 신앙적으로도 죄악이 아니라고 본다. 성경은 호흡이 있는 자마다 하나님을 찬양하라고 했다(시 150:6).

성도가 죽기 전에 사후 장기 기증을 신청해야 하는 이유

우리는 예수님의 생애와 십자가의 죽음을 통해서 '나눔'의 기쁨과 축복을 배우고 있다. 예수님은 온 생애 동안 베풀고 나누고 섬기는 삶을 사셨다. 예수님은 삶의 모델로 삼고, 그분을 따른다고 하는 사람이 최소한의 희생과 헌신을 하지 않는다면 그는 성도라고 말하기 어렵다. 기독교는 사변(思辨)이나 묵상(默想)을 목표로 하는 종교가 아니고, 사랑과 헌신을 목적으로 하는 종교다. 성도가 죽기 전에 사후 장기기증을 신청해야 할 이유가 여기 있다.

첫째, 성도도 죽으면 육체를 포함하여 모든 것을 내려놓고 가기 때문이다. 사람이 아무리 건강한 육신을 지니고 있다고 할지라도 일단 죽으면 땅에 묻혀 썩거나 화장을 해서 한 줌의 가루가 되고 만다. 그러니 이른바 성도가 되어 가지고 자신의 육신을 죽도록 사랑할 수 없다. 성도는 육신에 대한 아무런 미련이 없이 사후에 장기를 기증해야 할 것이다.

둘째, 성도의 소망은 하늘나라에 있기 때문이다. 성도는 천성을 향해 가는 순례자들이다. 비록 생명이 다할 때까지는 육신을 입고 살지만 궁극적인 삶의 목적은 이 세상이 아니라 하늘나라다. 성도가 하늘나라에 가면 먹지 않아도 배고프지 않고, 마시지 않아도 목마르지 않을 것이다. 그러므로 성도가 사후에 장기를 기증하는 것은 당연한 일이다.

셋째, 성도에게는 하늘 양식이 있기 때문이다. 주님은 "사람이 떡으로 살 것이 아니요 하나님의 입으로 나오는 모든 말씀으로 살 것이라"(마 4:4)고 말씀하셨다. 떡은 육신을 살리는 양식이다. 그러나 하나님의 입으로 나오는 모든 말씀은 영혼의 양식이다. 육신의 양식은 살아 있을 때만 먹지만 영혼의 양식은 죽어서도 섭취해야 한다. 그러므로 성도는 영혼의 양식을 영원히 먹기 위하여 사후에 장기를 기증하는 것이 마땅한 일이다.

자신의 유언장을 미리 써라

Bucket List **#057**

사람이 죽으면서 마지막으로 남기고 가는 말을 유언(遺言, testament)이라고 한다. 유언은 법적인 효력이 있는데, 단순히 말만한다고 유효(有效)한 것은 아니다. 그래서 불가불 유언은 직접 자필로 써놓아야 한다. 죽어가는 입장에서 사전에 유언장을 써놓는다는 것이 약간 거북하지만 그래도 하고 싶은 말을 제대로 남기기 위해서는 필요하다고 생각한다.

성도도 죽기 전에 유언장을 써놓는 것이 좋다. 성도의 유언장은 세상 사람들처럼 단순히 재산문제나 다른 가족적인 내용만을 써놓아서는 안 될 것이다. 보다 차원 높게 신앙적인 내용과 하나님의 나라와 사회봉사에 대한 내용을 포함시켜야 할 것이다. 성경에 보면 아브라함이나 야곱은 자손들에게 유언을 남겨서 그 내용이 하나님의 말씀이 되게 한 것을 볼 수 있다. 신약성경에 모두 기록되지는 않았어도 사도들도 유언을 말한 적이 여러 군데에 있다.

성도에게도 유언이 필요할까

성도는 죽음이 마지막이라고 생각하지 않는다. 주님을 믿는 성도에게는 하나님께서 영원히 살 수 있는 거처를 하늘나라에 마련해 놓으셨다. "너희는 마음에 근심하지 말라 하나님을 믿으니 또 나를 믿으라 내 아버지 집에 거할 곳이 많도다 그렇지 않으면 너희에게 일렀으리라 내가 너희를 위하여 거처를 예비하러 가노니 가서 너희를 위하여 거처를 예비하면 내가 다시 와서 너희를 내게로 영접하여 나 있는 곳에 너희도 있게 하리라"(요 14:1-3).

사도 요한은 그가 계시로 본 하늘나라를 이렇게 표현하였다. "그가 수정 같이 맑은 생명수의 강을 내게 보이니 하나님과 및 어린 양의 보좌로부터 나와서 길 가운데로 흐르더라 강 좌우에 생명나무가 있어 열두 가지 열매를 맺되 달마다 그 열매를 맺고 그 나무 잎사귀들은 만국을 치료하기 위하여 있더라 다시 저주가 없으며 하나님과 그 어린 양의 보좌가 그 가운데에 있으리니 그의 종들이 그를 섬기며 그의 얼굴을 볼 터이요 그의 이름도 그들의 이마에 있으리라 다시 밤이 없겠고 등불과 햇빛이 쓸 데 없으니 이는 주 하나님이 그들에게 비치심이라 그들이 세세토록 왕 노릇 하리로다"(계 22:1-5). 이 얼마나 아름다운 세상인가.

그럼에도 성도의 죽음은 가족들과의 이별이고 세상을 떠나는 마지막 여행이다. 여행은 일종의 호기심이고 새로운 도전이라고 할 수 있다. 동시에 아무리 믿음이 좋은 사람이라도 미지의 세계에 대한 관심이 있다. '죽음의 여행'은 돌이킬 수 없는 일방통행이다.

매기 캘러넌이 쓴『마지막 여행(Final Journeys)』이란 책이다. 그녀는 미국의 저명한 호스피스 간호사로 아버지가 암과 투병하는 중에 이렇게 말했다. "누구도 살아서는 이 세상을 떠날 수 없는데 왜 우리 모두는 두려움 속에서 죽음을 맞아야 하는가. 이 책이 우리 모두에게 죽음으로 나아가는 여행에 대한 두려움을 덜어주는 역할을 했으면 좋겠다."

구미(歐美)에서는 1960년대에 '죽음학(thanatology)'이 정립되었다. 죽음학에서 임종영성은 환자와 가족을 위한 치유의 수단으로 활용되고 있다. 국내서도 최근 창립한 '한국임종치유협회'(회장, 전세일 차 의과대학 통합의학대학원장)가 전문교육을 통해서 '임종영성치유사(thanatologist)'를 배출하고 있다. '여행'과 '임종영성' 은 같은 맥락에서 나왔다. 호스피스도 중세 교회에서 지치고 병든 순례여행자를 돌봐주던 데서 유래했다고 본다. 병원(hospital)과 환대(hospitality), 호텔(hotel)과 호스텔(hostel)이 모두 '죽음 여행' 에서 나온 말이다.

죽음으로 천국에 가는 여행을 과연 어떻게 준비해야 할까. 그 답은 '보람된 삶' 이다. '후회 없는 생' 이야말로 죽음의 여행길에 가장 든든한 가이드가 된다. 이제 죽음이 삶을 비추는 거울임을 알았다면 할 일이 하나 있다. 그것은 죽음이 아니라 삶이란 여행을 충실히 준비하는 것이다. 인생이 곧 여행이다. 여행을 떠나는 사람은 메모를 남긴다. 여행 메모를 편지로 가족들에게 보내기도 한다. 자신의 여정과 가족들에게 하고 싶은 말을 적어 보내는 것이다. 그런 의미에서 자녀와 가족에게 남기는 '유언' 은 죽음 여행 보고서라고 할 수 있다.

유언의 의미와 교훈

유언의 사전적 의미는 '한 사람이 죽음에 임박하여 남기는 말' 이다. 유언이란 대체로 마음에서 우러나는 마지막 소망이라고 할 수 있다. 특히 위대한 위인들이 남긴 유언은 후세의 사람들에게 삶의 귀감이 되기도 한다.

유언은 삶에 큰 변화를 준다. 노벨은 자신이 죽었다는 오보와 자신을 '죽음의 상인, 무기판매상' 이라는 기사를 보고 큰 충격을 받고 자신의 유언장을 고쳐 썼다고 한다. 그의 유언으로 인류 최대의 노벨상이 탄생했다. 유언은 그처럼 새로운 삶을 위한 다른 계획서가 되기도 한다. 낯선 한국 땅에서 평생 나환자를 돌본 한 천주교 신부의 유언은 "내가 죽으면 나를 땅에 묻은 후에 내 묘위에 나무 세 그루를 심어 그 나무가 잘 성장한 다음 갈 곳 없는 나환자를 위한 집을 짓는 데 써 주시오." 였다. 그는 생사의 갈림길에서도 나환자들을 먼저 생각했다.

인생의 절반을 전쟁터에서 보낸 전설적 인물 알렉산더 대왕은 33세의 젊은 나이에 갑작스럽게 죽음을 맞게 되는데, 그는 "내가 죽거든 묻을 때 손을 밖에 내놓아 남들이 볼 수 있도록 하시오"라는 유언을 남겼다. 천하를 한 손에 쥐었던 알렉산더도 떠날 때는 빈손으로 간다는 걸 보여주기 위한 것으로 이해된다. 조선 세종 때 좌의정을 한 인물로 청백리로 이름이 높았던 허조는 "평소 내가 입던 옷을 수의로 해 달라."고 유언했고, 1950년대 최고의 영화배우로 사랑받던 오드리 헵번은 화려한 영화배우에서 인류 봉사자의 삶을 택한 그녀는 사랑하는 딸에게 이런 유언을 남겼다. "네가 더 나이가 들면 손이 두 개라는 것을 발견하게 될 것이다. 한 손은 너 자신을 돕는 손이고 다른 한 손을 다른 사람을 돕는 손이다."

야곱의 유언

성경에는 신앙인들의 유언이 여러 곳에 기록되어 있다. 그 중에 대표적으로 야곱의 유언을 생각해 본다. 야곱은 아브라함과 이삭의 아들로 147세를 살았다. 그의 삶은 참으로 파란 만장한 생활이었다. 세상의 모든 고난을 겪어 보았다. 죽음이 자신에게 임박함을 느낀 야곱은 사랑하는 아들 요셉을 불러 몇 마디의 유언을 하였는데 창세기 49장에 기록되어 있다. 열두 아들에게 낱낱이 열 두 지파의 조상이 될 것을 예언하고 그들의 분량대로 축복했다. 그리고 마지막으로 남긴 말이 "그가 그들에게 명하여 이르되 내가 내 조상들에게로 돌아가리니 나를 헷 사람 에브론의 밭에 있는 굴에 우리 선조와 함께 장사하라"(창 49:29)였다.

야곱의 유언을 통해 다음과 같은 사실을 알 수 있다. 첫째, 그 자신은 비록 애굽에서 죽으나 하나님이 약속하신 가나안 땅을 사모했다. 그래서 자신이 죽으면 조상 "아브라함과 그의 아내 사라가 거기 장사되었고 이삭과 그의 아내 리브가도 거기 장사되었으며 나도 레아를 그 곳에 장사"된 막벨라 밭에 장사하라고 했다. 우리의 고향은 천국이다. 육신이 죽으면 비록 땅에 묻히거나 화장된다 해도 영혼은 천국에 가도록 예언해야 한다.

둘째, 자녀에게 하나님의 구원에 대한 약속을 상기시켜 주었다. "이 사람들은 다 믿음을 따라 죽었으며 약속을 받지 못하였으되 그것들을 멀리서 보고 환영하며 또 땅에서는 외국인과 나그네임을 증언하였으니 그들이 이같이 말하는 것은 자기들이 본향 찾는 자임을 나타냄이라 그들이 나온 바 본향을 생각하였더라면 돌아갈 기회가 있었으려니와 그들이 이제는 더 나은 본향을 사모하니 곧 하늘에 있는 것이라 이러므로 하나님이 그들의 하나님이라 일컬음 받으심을 부끄러워하지 아니하시고 그들을 위하여 한 성을 예비하셨느니라"(히 11:13-16).

자신의 유언장을 미리 써라

공병우 박사는 "나의 죽음을 세상에 알리지 말라."고 유언했다. 그는 이 한 마디를 남기고 하늘나라로 떠났다. 공병우 박사는 1995년 3월 7일 아흔을 일기로 세상을 떠난 한국 최초의 안과의사였다. 그는 "장례식도 치르지 말라. 쓸 만한 장기와 시신은 모두 병원에 기증하라. 죽어서 한 평 땅을 차지하느니 그 자리에 콩을 심는 것이 낫다. 유산은 맹인 복지를 위해 써라."는 말을 남기고 세상을 떠났다. 만약 그렇게 하지 못한다면, 가장 가까운 공동묘지에 매장하되 입었던 옷 그대로 값싼 널에 넣어 최소면적의 땅에 묻어달라고 당부했다.

이런 유언 때문에 공박사가 별세했다는 소식은 이틀이 지나서야 동아일보 특종기사로 세상에 알려졌다. 공박사는 콘택트렌즈와 쌍꺼풀수술을 국내에 도입한 유능한 안과의사였지만 한글사랑, 맹인사랑으로 더 유명하다. 그는 1938년 공안과에 눈병 치료를 받으러 온 한글학자 이극로를 통해 한글의 우수성에 대해 감화를 받아 한글의 과학화에 앞장섰다. 고성능 한글타자기를 발명했고 한글 텔레타이프, 한영 겸용 타자기, 세벌식 타자기 등을 발명해 보급했다. 한글시력표를 만들었고 한글문화원을 세워 한글 글자꼴과 남북한 통일자판문제 등에 대해 연구했다. 그는 옷과 신발을 해어질 때까지 입고 신으며 검소하게 살았지만, 맹인부흥원을 설립하고 맹인타자기, 지팡이를 개발하여 맹인을 위한 돈을 아끼지 않았다.

93세에 세상을 떠난 덩샤오핑(鄧小平)은 1997년 2월19일 세상을 떠나기 나흘 전에 부인 줘린(卓琳)을 통해 유언을 남겼다. 줘린은 중국공산당 중앙판공실로 편지를 보내 "이것이 덩샤오핑 동지의 마지막 부탁"이라고 전했다. 부인이 전한 덩샤오핑의 유언은 이런 것이었다. "유체(遺體, 시신) 고별의식 같은 것은 거행하지 마라. 영당(靈堂, 빈소)도 차리지 마라. 유체는 의학연구를 위해 해부용으로 제공하고, 각막은 필요한 사람에게 제공하라, 화장한 뼛가루는 바다에 뿌려라." 이것이 한때 중국대륙을 흔들던 최고 권력자의 유언이다.

중국은 전통적으로 매장(埋葬)이었으나 1949년 중국공산당이 중화인민공화국을 수립하면서 화장(火葬)으로 통일됐다. "사고행위가 끝난 육체는 아무런 가치가 없다."는 사회주의 철학에 따른 것이었다. 베이징(北京)에서 세상을 떠나면 권력자이건 보통 인민들이건 예외 없이 베이징 장안사 서쪽에 있는 팔보산(八寶山) 화장장에서 화장되어 거기에 있는 공묘(公廟)에 안장된다. 덩샤오핑의 유골은 유언에 따라 비행기에 실려 동중국해에 뿌려졌다.

부모의 삶은 자녀가 지켜보아서 잘 알고 있다. 대개 부모가 살아간 삶의 모습을 자녀가 답습하는 경향이 있다. 그러나 부모들이 살아간 모습이 자녀에게 모두 바람직하고 옳다고 여기지는 않는다. 평소에 가슴에 담아 두었던 부모의 말을 언젠가는 털어놓아야 하는데, 그리고 자녀에게 삶에 대한 소망과 꿈을 심어주어야 하는데, 가장 바람직한 것이 부모의 감동적인 유언을 남기는 것이다. 부모가 가지고 있는 삶의 철학과 신앙의 지분을 문서로 작성하여 자녀에게 남겨놓아라. 그 유언은 가문과 후손들에게 언제까지 기억되는 자산이 될 것이다.

유언장은 자필로 작성하라

우리나라의 현행법은 유언 상속을 우선으로 판단한다. 만약 사후에 자손들이 상속을 둘러싼 문제가 생기지 않도록 하고 싶다면 유언을 작성해 두는 것이 좋을 것이다. 유언을 할 수 있는 대상이 법률에 규정이 되어 있어 그 이외의 사항에 대한 유언을 하거나 적법한 방식에 의해 유언장이 작성되지 않는 경우 유언의 효력은 인정되지 않는다. 유언장의 작성 방식으로는 ①자필증서에 의한 유언 ②공증증서에 의한 유언 ③비밀증서에 의한 유언 ④구수증서에 의한 유언 등이 있다. 가장 흔한 유언장 작성 방식은 자필증서에 의한 유언이다.

자필로 유언장을 작성한다면 유언의 전문, 작성 연월일, 주소, 자필로 된 성명 및 날인 등을 전부 기재해야 한다. 유언자가 유언의 전문과 연월일, 주소, 성명을 모두 스스로 쓰고 날인하는 방식이면 된다. 주소는 원칙적으로 본문에 기재되어야 하는데, 유언장의 일부로 볼 수 있는 봉투에 기재하더라도 무방하다. 유언장에 작성된 문자의 삽입, 삭제나 변경 시에는 유언자가 스스로 쓰거나 정정한 다음 날인해야 한다. 다만 자필 유언장은 본인 스스로 작성하기 때문에 비용이 들지 않지만, 초보자가 작성해서 형식을 지키지 않으면 유언장 자체가 무효가 될 수도 있어 조심해야 한다. 또 유언장 분실이나 위조, 은닉 등의 위험도 따른다.

이런 위험을 막고 싶다면 일정한 비용이 들더라도 유언자가 공증인에게 유언의 취지를 진술(구술)하고 공증인이 이를 필기하는 방식으로 작성하는 공정증서 유언이 대안이 될 수 있다. 공정증서 유언은 반드시 증인 2인이 참여해야 한다. 분실이나 위조, 은닉 위험이 없어 안심이지만, 비용이 많이 든다는 점과 유언의 존재나 내용을 비밀로 할 수 없다는 것이 단점이다. 한편, 구술증서에 의한 유언장은 질병 등 급박한 사정으로 미리 유언 준비를 못한 경우에 유용하다. 유언자가 증인에게 유언의 취지를 진술하고 증인이 이를 필기하는 방식으로 작성하게 된다. 급박한 경우에도 할 수 있다는 장점이 있지만 다른 유언의 방식과는 달리 7일 이내 검인을 받지 못할 경우 효력이 사라지니 유의하여야 한다.

성도가 죽기 전에 자신의 유언장을 미리 써야 하는 이유

대개 자녀는 부모님의 말이나 교훈을 따른다. 특히 하나님을 믿는 성도의 자녀는 부모님의 교훈을 잘 따를 것이다. 그러나 이는 공식적인 탁상이론에 불과할 수 있다. 부모의 신앙이 좋다는 자들도 무조건 신앙이 좋다고 보장할 수 없다. 심지어는 목회자의 자녀조차 하나님을 믿지 않는 경우가 있기 때문이다. 성도가 죽기 전에 유언장을 미리 써야 하는 이유가 여기에 있다. 좀 껄끄러운 말 같지만 성도가 죽기 전에 유언을 써서라도 자녀의 신앙을 지켜주면 좋겠다. 부모가 자녀에게 믿음을 지키라고 유언을 한다면 효력이 있을 것이다.

첫째, 자녀에게 성수주일을 하고 십일조 예물을 드리라고 유언장에 써놓아라. 세상에 자녀가 축복받는 것을 원하지 않는 부모는 하나도 없다. 자녀가 축복받는 비결은 주일을 거룩하게 지키고, 소득의 십일조를 하나님께 예물로 드리는 것이다. 역사적으로 성수주일하고 십일조를 지킨 사람이 축복받지 못한 예는 거의 없다. 자녀에게 성주일과 십일조를 유언하라.

둘째, 형제자매가 자주 만나도록 유언장에 써놓아라. 대개는 부모가 살아 있을 때는 자주 모이고 만나는 경우가 많다. 그러나 일단 부모가 세상을 떠나면 자주 만나지 못하고 연락마저 끊고 지내는 수가 많이 있다. 형제자매들이 주 안에서 연합하면 보배로운 기름이 내림과 같이 복이 있다고 하셨다(시 133:1-2). 형제자매가 자주 만나 화목하도록 유언하라.

셋째, 죽은 후에 남겨질 재산이 있으면 분할에 관해 유언장에 써놓아라. 많든 적든 재산의 1/10은 불우이웃을 위해 기부하고 그 나머지는 법에 따라 상속할 것을 미리 유언해 두라. 부모가 죽으면 얼마 안 되는 재산이라도 그것 때문에 다툼이 일어나는 사례가 많이 있다. 그러므로 유산을 아예 정확하게 유언장에 써놓으면 형제자매들이 불화하지 못할 것이다.

자신의 장례의견서를 써라

Bucket List **#058**

인간의 죽음은 빈부귀천을 막론하고 엄숙하다. 누구에게나 찾아오는 죽음이지만 아무렇게나 치룰 수 없는 것이 장례(葬禮)다. 근간에 우리나라의 장례문화가 허례허식으로 많은 비용이 들면서도 정작 고인에 대한 추모는 뒷전이라는 지적을 받고 있다. 장례식장의 비용과 묘지의 비용을 포함해서 우리나라 평균 장례비용은 1,200만 원 정도로, 외국보다 3~4배 많은 편이다. 그리고 고급 수의와 염습, 관 등 시대에 맞지 않는 관습도 많이 남아 있다.

망자(亡者)가 일생에 한 번도 입어보지 않은 고급 의례에 맞춘 옷을 입고 관에 들어가야 하는 현실에서 한번 생각해 볼 일이다. 특히 기독교인은 죽으면 천국에 가서 세마포 옷을 입을 것인데 그 따위 수의가 진정 필요할까. 지상에서 천국에 이르는 시간이 얼마나 걸린다고. 그래서 망자가 평소에 즐겨 입던 옷을 입히는 것도 좋을 것이라고 생각된다. 화장을 할 경우 수의는 길어야 하루 이틀 입히는 옷이다. 이처럼 고비용에다 시대에 맞지 않는 장례를 치르면서도 정작 고인의 인생과 업적을 무시하는 장례는 하나님도 기뻐하지 않을 것이다.

준비된 자신의 장례식

수도사들의 고행에 관해 이런 말을 한 적이 있다. '인간은 자신의 손가락 끝이 눌리거나 상처를 받으면 그 고통이 어떠한가를 생각하고 그로 인해 몸 전체가 부패하거나 분해되었을 경우 죽음의 고통이 어떠할 것이라는 것을 상상해야 한다.'

대개 실제의 죽음은 수족의 상처가 받는 고통보다 작은 고통으로 끝나게 마련일 것이다. 무서운 죄를 짓고 회개하지 못하고 죽는 사람이나, 세상의 욕망을 버리지 못하고 살려고 발버둥치는 사람을 제외하고 말이다. 왜냐하면 가장 치명적인 죽음은 반드시 감정의 가장 예민한 부분은 아니기 때문이다.

사람은 자연인으로 태어나 자연인으로 죽는다. 한 사람의 자연인으로서 정말로 무서운 것은 '죽음 그 자체' 보다도 죽음을 감싸고 있는 여러 가지 상황이 힘들 것일 것이다. 예컨대 죽는 자의 신음소리, 경련, 핏기 없는 얼굴, 그리고 슬피 우는 가족과 친지들, 죽음을 상징하는 검은 상복, 교우들의 애도, 엄숙한 장례식 등이 죽음을 무시무시한 것으로 보이게끔 만들고 있다. 자신의 죽음이라고 울지 않을 수 없고, 상처 없이 보낼 수는 없을 것이다.

헤르만 헤세가 "우리에게 유일한 힘, 유일한 구원, 유일한 행복이 있다고 한다면 그것은 다름 아닌 사랑이다." 고 말했다. 사랑이라면 죽음의 고통도 잊을 수 있을까? 강한 힘을 가진 사랑도 죽음 앞에서는 안 통하나 보다. 방송을 통해 소개된 다큐멘터리 「아빠 안녕」이라는 프로가 있었다. 대장암 말기 판정을 받은 40대 초반의 가장이 아내와 자식들과 이별을 준비하면서 죽어가는 전 과정이 담긴 기록물이다. 우리나라는 일 년에 약 12만 명의 암환자가 새로이 발생하고 그 중 6만 5000여 명이 사망한다고 한다. 다시 말하면 수많은 사람이 죽음으로 슬퍼하고 있다. 이런 평범함에도 우리는 죽음에 관한 이야기를 터부시한다.

잘 사는 것만큼 잘 죽는 것도 중요하다. 잘 죽기 위해서, 죽음을 담대히 받아들이는 훈련이 "착한 죽음의 연습" 이다. 좋은 죽음은 마지막 정리를 잘하고 사랑하는 가족들이 보는 앞에서 찬송을 들으면서 눈을 감는 것이다. 할 수 있다면 자신의 죽음을 알고 삶을 정리할 기회를 가지게 하는 것이 좋다.

루게릭병으로 죽어가는 은사 모리와 그의 제자가 나누는 죽음에 관한 단상「모리와 함께 한 화요일」에 나오는 구절이다. "모두들 죽게 된다는 것은 알고 있지만 자기가 죽는다고 믿는 사람은 많지 않아. 언제든 죽을 수 있도록 준비를 해두는 것이 필요하네. 그렇게 되면 사는 동안 자기 삶에 더 적극적으로 참여할 수 있거든." 모리 교수는 가까운 친구들과 가족들을 모아놓고 자신의 '살아 있는 장례식'을 미리 치른다. 어차피 죽을 텐데 사람들과 작별인사를 먼저 하는 것이 준비된 죽음이라는 이유에서다. 그날 그는 사랑하는 사람들에게 미처 하지 못한 이야기를 하며 울고 웃고를 반복한다. "먼저 죽는 것이 미안하다, 사랑한다." 고 마지막 영상편지에서 말하고 있는「아빠 안녕」의 주인공도 차근차근 삶을 정리하고 떠났다. 웰 빙(well being), 곧 '잘 살자' 하는 것도 중요하지만 웰 다이잉(well dying), 즉 '잘 죽자' 도 못지않게 중요하다. 그러므로 자신의 장례를 준비해 둘 필요가 있다.

사전 장례의견서 작성 운동

골든 에이지 포럼(회장 김일순)이 '사전(事前)장례의향서' 작성운동을 하고 있다. 고령자가 죽음에 대비해 장례 방식과 절차를 자손들에게 미리 글로 당부해두자는 캠페인이다. 불필요한 장례 의식을 과감히 생략해 사회적 비용을 줄이고 간소한 장례문화를 자리 잡게 하려는 것이다. 사실 장례 몇 시간 뒤면 소각되는 수의(壽衣)에 많게는 수백만 원을 쓸 필요가 있는지 의아할 때가 많다. 그래도 자식들은 지인들이 보기에 그동안 부모를 잘못 모셨다는 생각에 장례만이라도 성대하게 치르고 싶어 한다. 부모가 '사전장례 의향서' 를 통해 "내 마지막 바람이니 꼭 따라주기 바란다." 며 장례를 부탁하면 우리 장례 문화도 많이 바뀔 것이다.

사전장례 의견서(양식)

나에게 사망진단이 내려진 후 나를 위한 여러 장례의식과 절차가 내가 바라는 형식대로 치러지기를 원해 나의 뜻을 알리고자 이 사전장례의견서(事前葬禮意見書)를 작성한다. 나를 위한 여러 장례의식과 절차는 다음에 표시한대로 해주기 바란다.

1. 기본 원칙

1)부고 : ① 나의 죽음을 널리 알려 주기 바란다.( )
② 나의 죽음을 알려야 할 사람에게만 알리기 바란다.( )
③ 나의 죽음은 장례식을 치르고 난 후에 알려 주기 바란다.( )

2)장례식
① 우리나라 장례문화를 이해하고 전통문화를 계승하는 차원에서 해주기 바란다.( )
② 나의 장례는 가급적 간소하게 치르기 바란다.( )
③ 나의 장례는 가족과 친지들만이 모여 치르기 바란다.( )

2. 장례 형식

1) 전통(유교)식( )
2) 천주교식( )
3) 기독교식( )
4) 불교식( )
5) 기타(지정)( )

3. 부의금 및 조화

1) 관례에 따라 하기 바란다. ( )
2) 일체 받지 않기 바란다. ( )

4. 음식 대접

1) 음식 등을 잘 대접해 주기 바란다.( )
2) 간단히 다과를 정성스럽게 대접해 주기 바란다. ( )

5. 염습

1) 정해진 절차에 따라 해 주기 바란다.( )
2) 하지 말기 바란다.( )

6. 수의

1 사회적인 위상에 맞는 전통 수의를 입혀주기 바란다.( )
2) 검소한 전통 수의를 선택해 주기 바란다.( )
3) 내가 평소에 즐겨 입던 옷으로 대신해 주기 바란다.( )

7. 관

1) 사회적인 위상에 맞는 관을 선택해 주기 바란다.( )
2) 소박한 관을 선택해 주기 바란다.( )

8. 시신 처리

1) 화장해 주기 바란다.( )
2) 매장해 주기 바란다.( )
3) 내가 이미 약정한대로 의학적 연구 및 활용 목적으로 기증하기 바란다.
4) 화장하는 경우 유골은 : ① 봉안장( ) ② 자연장( ) ③ 해양장( ) ④ 기타( )
5) 매장하는 경우 : ① 공원묘지( ) ② 선산(先山)( ) ③ 기타( )

9. 삼우제

1) 격식에 맞추어 모두 해 주기 바란다.( )
2) 가족끼리 추모하기 바란다.( )
3) 하지 말기 바란다.( )

10. 기타

영정사진, 제단 장식, 배경음악 등에 대한 나의 의견

이상은 장례의식과 절차에 대한 나의 바람이니 이를 꼭 따라 주기 바란다.

년 월 일

작성자 이름 : 서명

자신의 장례예식을 미리 써 놔라

자신의 장례예식 순서를 미리 마련하면 여러 가지로 도움이 된다. 부모가 세상을 떠나면 자녀는 당황한다. 자녀들이 장례에 대한 경험이 없으면 더욱 그렇다. 부모가 기독교인으로 세상을 떠났는데 자녀가 불신자이면 일반 예식이나 유교식으로 장례하는 경우도 있다. 고로 자신의 장례예식을 미리 준비해두면 망설이거나 자녀들이 장례식 때문에 왈가왈부하지 않아도 된다. 당연히 부모가 다니던 교회의 목사가 장례식을 주례하는 것이 원칙이지만, 사전에 장례예식의 절차나 담당할 자를 미리 정해 놓으면 순조로운 장례예식이 될 수 있다.

평소에 자신을 잘 알고 존경하는 목사님에게 미리 예식 집례와 설교를 부탁하고, 자신을 가까이 했던 장로님이 기도를 한다면 편안한 마음으로 주님의 품에 안길 수 있을 것이다. 자신의 장례식 순서를 마련해 놓으면 죽음에 친근감을 느끼게 된다. 죽음은 현세와 전혀 다른 세계로 가는 것이 아니라, 현재의 삶의 연장이다. 지금까지 살아온 공간에서 지금까지 살아보지 못한 공간으로 이동하는 것이 죽음이다. '여기서 저기', '현세와 천국'은 문을 하나 열고 가는 것일 뿐이다. 그러기에 죽음은 자연의 순환이기도 하다. 그래서 마치 결혼식을 올리고 신방을 차리듯 장례식을 마치면 천국이라는 더 좋은 신방을 차리는 것과 다름이 없는 것이다. 자신의 장례식순서를 미리 마련해 놓으면 편안한 마음으로 살 수 있을 것이다.

기독교 장례예식은 임종예배, 입관예배, 발인예배, 하관예배 네 가지 예식을 진행한다.

1. 임종예배

운명한 자신의 영혼을 찬송과 기도로 하나님께 맡긴다는 것이 얼마나 아름다운가. 자신이 임종하면 담임목사에게 가장 먼저 연락을 드리고 목사님이 오시면 임종예배를 드리고 장례 일정 및 제반사항을 의논할 것이다. 기독교식 장례예식에서는 분향(焚香)을 하지 않고 촛불은 켜고 헌화(獻花)는 한다(유족이 특별히 요청할 경우 분향을 허락하는 경우도 있다). 상차림과 곡을 하지 않고 정중하고 경건한 마음과 분위기 가운데 장례를 진행한다.

2. 입관예배

입관을 모든 유족들이 모인 자리에서 한다. 운명한 시신의 수시부터 목사가 직접 주관하여 장례식 전날 염습과 입관도 반드시 목사의 집례하에 예배를 본다. 상복은 남자는 검정색 계통의 양복에 완장을 착용하고, 여자는 흰색이나 검정색 치마저고리로 복장을 통일한다.

3. 발인예배

1) 영결식 순서

① 개식사 : 지정된 집례목사가 맡는다.
② 찬송 : 자신이 부르고 싶은 장례찬송을 정해 놓는다(제 608, 607장).
③ 기도 : 교회 대표 장로로 정해 놓는다.
④ 성경 봉독 : 자신이 읽고 싶은 성경말씀을 정해 놓는다.
(요한복음 11:17-27, 고린도후서 5:1-7, 디모데전서 6:11-12)
⑤ 시편 낭독 : (시편 90편)
⑥ 신약 낭독 : (요한복음 14:1-3, 6, 10-12)
⑦ 설교 : 지정된 집례 목사가 한다.
⑧ 기도 : 설교자
⑨ 고인 약력보고 : 유가족 대표나 교회대표를 정한다.

⑩ 찬송 : 장례 찬송을 정해 놓는다(제 606, 610장).
⑪ 헌화 : 고인의 명복을 빌며 영전에 바친다.
⑫ 축도 : 노회장이나 지정된 집례 목사가 한다.

4. 하관예배

① 개식사 : 주례 목사가 맡아서 한다.
② 기원 : 창세기 3:19 하반절을 읽는다.
③ 찬송 : 제 480장
④ 기도 : 장로 중에서
⑤ 성경 봉독 : 데살로니가전서 4:13-18
⑥ 기도 : 주례 목사가 명복을 비는 기도를 한다.
⑦ 신앙 고백
⑧ 취토 : 집례 목사가 먼저 하고 상제들이 서열 순으로 흙 한줌씩 관 위에 뿌린다.
⑨ 축도 : 집례 목사가 축복을 기도를 한다.

성도가 죽기 전에 자신의 장례의견서를 써야 하는 이유

성도의 죽음은 인생의 끝이 아니라, 새로운 영생의 길로 나아가는 계기가 된다. 성도의 죽음은 전혀 슬픈 일이 아니고 오히려 기쁜 일일 수 있다. 그래서 김활란 박사는 그녀의 유언에 장례식에서 행진곡을 불러달라고 했다. 그럼에도 죽음은 처음 경험하는 엄숙한 사건이기에 아무런 계획도 없이 그냥 맞이할 수는 없다. 그러므로 성도가 죽기 전에 자신의 장례의견서를 미리 써 두면 자신이나 가족들에게 도움이 될 것이다. 또한 일반 장례가 전통적인 예식을 따른다면 그로 인한 여러 가지 정신적 갈등과 경제적 부담을 주기 않기 위해서다.

첫째, 자신의 장례의견서를 미리 써놓으면 평안한 마음으로 죽음을 맞이할 수 있다. 성도의 죽음은 천국에 대한 로망이다. 천국에 대한 로망을 이루기 위해서 기도하고 말씀을 묵상하며 천국에 대하여 미리 준비해 두면 즐거운 마음으로 천국에 갈 수 있다. 그러므로 장례의견서는 먼저 자신을 위한 일이지만, 자녀에게도 편한 마음으로 장례를 치를 수 있다.

둘째, 자신의 장례의견서를 미리 써놓으면 세상에 대한 미련을 버릴 수 있다. 세상에서 가장 추한 것은 세상에 미련을 버리지 못하는 것이다. '노추(老醜)' 라는 말이 있다. 늙은이가 육신의 정욕으로 더러운 행동을 하는 것처럼 볼썽사나운 것은 없다. 그러나 자신의 죽음을 준비하고 장례의견서를 미리 써놓는다면 더 이상 부끄러운 작태를 하지 않을 것이다.

셋째, 자신의 장례의견서를 미리 써놓으면 마음이 개운해질 수 있다. 사람이 더러운 세상을 살다보면 자신도 모르게 더러운 세상에 물이 든다. 자신이 더 높아지려고 다른 사람을 끌어내리고, 자신이 더 소유하기 위해서 거짓된 이익을 취하려고 한다. 그러나 자신의 모든 욕망을 내려놓고 자신의 장례의견서를 미리 써놓으면 편안히 눈을 감을 수 있다.

가까운 분의 애경사에 적극 동참하라

Bucket List **#059**

주님께서 "새 계명을 너희에게 주노니 서로 사랑하라 내가 너희를 사랑한 것 같이 너희도 서로 사랑하라"(요 13:34)고 하셨다. 이 말씀은 기독교의 근본정신으로 '서로 도우라'는 것이다. 기독교의 가치관에서 사랑과 협조가 없으면 무의미하다. 그러므로 성도는 가까운 분을 도와야 한다. 성도에게 가까운 분은 같은 교회에 다니는 성도와 이웃을 이른다. 또한 멀리 살기는 해도 자주 안부를 묻고 만나는 사람이라면 지역을 떠나서 가까운 분일 수 있다.

두레와 품앗이의 정신

우리 민족에게는 오래 전부터 '두레문화'라는 것이 있었다. 두레는 우리 선조들의 생활방식으로 농경생활에서 많이 보는 아름다운 풍습이다. 봄가을에 모내기나 추수할 때에 넓은 논밭의 일을 혼자하기가 힘들어 서로 돕는 지혜를 짜내어 '두레'를 만들었다. 두레는 공동으로 일 하는 마을단위의 모임이다. 예를 들어 '오늘은 모여 김씨의 논에서 일을 하고, 내일은 이씨의 논에서 일을 하는 방식'이다. 두레는 마을 사람들의 협동심으로 비롯된 것이다.

또한 이웃 간에 정을 느끼며 서로 돕는 '품앗이'라는 풍습이 있었다. 품앗이는 어원적으로 품(勞力)+앗이(受)에 대한 품갚음(報), 즉, 증답(贈答)의 의미를 가지고 있다. 그러므로 품앗이는 단순한 노동의 교환형태라고 보기는 상대방의 노동능력의 평가에서 이해하는 것이 좋다. 조상들은 사람과 농우(農牛)의 노동력을 교환하고 남성과 여성, 장년(壯年)과 소년의 노동력을 동등하게 여겼다. 인간의 노동력은 원칙적으로 모두 대등하다는 가정(假定) 아래에서 노동력을 상호 제공했다. 이러한 생각이 품앗이를 성립시키는 근본적 가치관이었다.

두레와 품앗이의 기본정신은 같다. 그러나 두레는 농사일이 바쁜 농번기에 이루어진데 반해서, 품앗이는 시기와 일에 관계없이 언제든지 생길 수 있는 대소사에 서로 돕는 것이다. 애사나 경사가 있을 때, 혹은 집을 수리하거나 지붕을 이을 때에 서로 오가며 돕는 것이 품앗이다. 두레나 품앗이는 이웃 간에 도움을 주고받으며 의리를 지키고, 어렵고 힘든 일을 함께 대처해 나가는 우리 민족의 아름다운 풍습이다. 선조들이 해왔던 이런 두레와 품앗이 정신을 오늘에 사는 우리가 함께 나누었으면 산다면 얼마나 행복하고 좋겠는가.

상부상조의 보편적 사회복지

두레는 상부상조의 기본정신으로 시작되었다. 이 정신은 보편적 사회복지의 동기가 되었다. 전통적 농경사회에서 발원한 두레의 정신은 공동생산과 소비의 중심으로 가족의 성원들이 복지기능을 담당하기도 했던 것이다. 현대사회는 나날이 핵가족화하고 있으며, 고령화 사회로 신속하게 나아가고 있다. 그래서 가족의 구조 역시 다양화해서 한 부모 가구, 노인 단독가구, 싱글 단독가구 등으로 집단사회를 배격하고 있다. 이렇게 사회가 변천했다고 상부상조의 정신마저 저버린다면 우리 사회는 급속하게 쇠약해지고 말 것이다

우리 사회에는 상호부조 조직으로 '계(契)' 라는 것이 있다. 계는 십시일반 작은 돈을 모아서 서로 나누어 가짐으로 목돈의 혜택을 누리는 방법이다. 최근에는 계가 타락하여 선의의 가입자들에게 엄청난 피해를 입혀서 사회적인 폐단으로 지탄을 받고 있으나, 조선시대에는 건전한 사회생활의 광범위한 영역에 걸친 생활공

동체 조직이었다. 가장 일반적인 계조직으로 '동계' 라는 것이 있다. 동계는 마을 주민의 생업이나 동제와 같은 의례로 공동의 노동조직이었다. 그 외에 '친족계', ' 동창계', '친목계', '관혼상조계', '관광계', '낙찰계' 등이 있다.

'두레' 와 '품앗이' '계' 는 공통적으로 '우리 함께' 라는 의미를 가지고 있다. '우리' 란 사람들의 모임을 이르는 말로 일인칭 복수대명사다. '우리' 라는 말에는 우선 정감이 흐르고 공동체적인 함수를 가지고 있다. 때로 우리는 집단의 결의와 함께 생사고락을 같이 하는 철두철미한 투쟁을 요구하기도 한다. 극단적인 경우에는 '우리 함께 나가 죽자' 라는 전투적인 대명사로 쓰이기도 한다. 우리의 종류는 다양하여 그 수를 셀 수 없을 정도로 헤아리기 힘들다.

우리말의 '우리' 와 영어의 'WE' 는 비슷한 말이나 그 뜻은 상당한 차이를 가지고 있다. 우리말의 '우리' 는 좀 더 광범위하고 그 강도가 강력하다. 그러나 영어의 WE는 그 의미가 가볍고 보편적인 수준의 집단을 의미한다. WE는 단순한 수준의 대명사로 그들(They), 즉 남과 조금 다른 격의 사람들로 쓰이고 있다. 우리말의 '우리' 는 나와의 관계가 뚜렷하다. 즉 '우리나라', '우리 집', '우리 가족', '우리 남편', '우리 아내', '우리 아들(딸)' 하는 혈연 집단이나 피를 나눈 집착이 너무나 뚜렷하여 그 사이에는 조금도 남이 끼여 들어갈 틈이 없다.

이렇게 상부상조의 집단으로 오래 전부터 결속된 우리 민족은 결코 흩어질 수 없는 강력한 힘을 가지고 있는데 이는 다문화사회에서도 소홀히 여길 수 없는 정신이다. 다문화사회에서 '민족' (民族)을 말하면 시대에 뒤떨어졌다고 말한다. 그러다보니 상부상조의 정신도 사라지고 개인주의가 강력하게 자리 잡고 있는 것 같다. 특히 아파트 밀집지대에 살고 있는 현대인들은 서로 돕는 것은 뒷전으로 밀려나고 말았다. 뉘 집에서 시집장가를 가도 나는 알바가 아니요, 애사를 당하여 장례를 치러도 강 건너 불구경하듯 바라만 보고 있다. 심지어는 이웃에 사는 독거

노인이 죽어서 며칠이 지나도 모른 척하는 세상에 우리는 살고 있다.

나눔과 섬김의 기독교 공동체

기독교는 사랑의 종교다. 하나님이 세상을 먼저 사랑하셨다. 그리하여 독생자 예수 그리스도를 세상에 보내셨다. “하나님이 세상을 이처럼 사랑하사 독생자를 주셨으니 이는 그를 믿는 자마다 멸망하지 않고 영생을 얻게 하려 하심이라 하나님이 그 아들을 세상에 보내신 것은 세상을 심판하려 하심이 아니요 그로 말미암아 세상이 구원을 받게 하려 하심이라”(요 3:16-17). 사랑의 화신(化身, Incarnation)으로 오신 예수님은 사람을 사랑하셨다. 사람을 사랑하시되 가난한 사람, 병든 사람, 버림받은 사람, 어려움에 처한 사람을 사랑하셨다.

예수님은 새 계명을 주셨는데 “서로 사랑하라 내가 너희를 사랑한 것 같이 너희도 서로 사랑하라”(요 13:34)고 하셨다. 사랑은 나눔이고 섬김이다. 예수님은 자신이 섬기기 위해서 세상에 오셨다고 했다. “인자가 온 것은 섬김을 받으려 함이 아니라 도리어 섬기려 하고 자기 목숨을 많은 사람의 대속물로 주려 함이니라”(마 20:28). 예수님은 떡을 찢듯 자신의 몸을 십자가에서 찢으셨고, 포도주를 마시듯 자신의 피를 마시게 하셨다. 예수 그리스도의 대속의 사상이 나눔과 섬김의 바탕이 되었다. 신앙인은 나눔과 섬김을 실천해야 한다.

두레와 품앗이의 정신은 나눔과 섬김을 바탕에 깔고 있다. 우리가 두레와 품앗이를 잘못 이해하고 있는 부분이 있다. ‘받았으니 준다(give & take)’고 하는 생각은 두레와 품앗이의 바른 정신이 아니다. 보편적 사회복지는 ‘교환(交換)’의 사상을 넘어서 받지 않았어도 베푸는 삶이어야 한다. 가진 자는 베풀 줄 알아야 한다. 자력으로 얻었다 할지라도 얻은 것을 사회에 환원시키는 것이 나눔이고 섬김이다. 성도는 나눔과 섬김의 삶을 살아야 한다. “주 예수께서 친히 말씀하신 바 주는 것이 받는 것보다 복이 있다 하심을 기억하여야 할지니라”(행 20:35). 주님의 가르침으로 받는 것보다 주는 것을 우선으로 살아가자.

초대교회의 나눔과 섬김

나눔과 섬김의 대표적인 사례는 초대교회 사회였다. 오순절 다락방에서 모여 기도하고 성령을 충만하게 받은 성도들이 한 자리에 모였다. 그들이 성령을 받고 나니 세상을 보는 눈과 이웃을 대하는 태도가 달라졌다. 내 것을 내 것이라 여기지 않고 나누고 베풀고 섬기기에 여념이 없었다. "믿는 사람이 다 함께 있어 모든 물건을 서로 통용하고 또 재산과 소유를 팔아 각 사람의 필요를 따라 나눠 주며 날마다 마음을 같이하여 성전에 모이기를 힘쓰고 집에서 떡을 떼며 기쁨과 순전한 마음으로 음식을 먹고 하나님을 찬미하며 또 온 백성에게 칭송을 받으니 주께서 구원 받는 사람을 날마다 더하게 하시니라"(행 2:44-47).

초대교회의 성도들이 한 곳에 함께 모였다. 그들은 모든 물건을 서로 통용했다. 자신의 재산을 팔아 각 사람의 필요를 따라 나누었다. 날마다 모이기를 힘쓰고 떡을 떼며 기쁨과 순전한 마음으로 먹고 마시며 하나님을 찬미했다. 그러니 자연히 백성에게 칭송을 받았다. 그러니 구원을 받는 사람들이 날마다 더해질 수밖에 없었다. 초대교회의 가치관에 삶의 바탕을 두고 살면 자신이 행복하고 나아가서 다른 사람도 행복하게 할 수 있다.

애경사에 동참하신 예수님

예수님은 가까운 분의 애경사에 동참하시는 본을 보였다. 예수님께서 사역을 시작하시면서 갈릴리 가나에 사는 분의 결혼잔치에 가셔서 즐거움을 함께 나누셨다. 그런데 그 잔칫집에 하객이 너무 많이 참석하여서인지 포도주가 떨어져서 곤궁에 처해 있을 때에 물로 포도주를 만들어주시는 이적을 베풀어 연회장과 많은 사람을 즐겁게 하셨다. 결혼은 신랑과 신부가 인생의 새 출발을 하는 날이기에 주님께서도 가까운 분의 혼례를 모른척하시지 않으셨다.

또한 예수님은 친구 나사로가 병들어 죽었다는 소식을 듣고 바쁘신 일정에도 불구하고 뒤늦게라도 동참하셨다. 그리고 오라버니의 죽음을 슬퍼하는 마르다와 마리아를 위로하시며 이렇게 말씀하셨다. "나는 부활이요 생명이니 나를 믿는 자는 죽어도 살 것이요 무릇 살아서 믿는 자는 영원히 죽지 아니하리니 이것을 네가 믿느냐"(요 11:25-26). 예수님께서 장례를 치르고 슬퍼하는 자들을 위로하시고 죽은 나사로를 다시 살리는 본을 보여주셨다.

애경사에 대한 성도의 자세

성도는 나눔과 배려에 삶의 가치관을 두어야 한다. 꼭 받았으니 주어야 한다는 낡은 사고방식에서 벗어나 손길이 닿은 데까지 베풀고 나누어야 사회가 밝아지고 더불어 살아가는 사회를 만들 수 있다. 사람에게는 대사(大事)라는 것이 있다. 대사는 크게 '혼례'와 '장례'다. 이를 '애경사'(哀慶事)라 한다. 친척이나 이웃, 아는 사람이나 잘 모르는 사람이라도 손길이 미칠 수 있다면 애경사에 동참하도록 하라. 애경사에 참여하면 자신이 복을 받을 것이다.

애경사는 당한 사람에게 봉투만 내밀고 돌아오는 것은 성도의 적절한 행동은 아니다. 옛날에는 친척이나 이웃이 애경사를 당하면 처음부터 마지막까지 함께 하였다. 애경사를 당한 집에서 함께 음식을 만들고 도우면서 기쁨과 슬픔을 나누었다. 이게 바로 두레정신이고 품앗이다. 계도 가입한 자가 애경사를 당하면 같이 하는 것을 전제로 한다. 초대교회에서도 성도들이 기쁨과 슬픔을 함께하면서 살았다. 이것이 사랑이고 나눔이고 섬김이고 배려다. 성도가 아름다운 나눔의 정신으로 다른 사람의 애경사에 참석하여 인생의 희로애락(喜怒哀樂)을 함께 체험하면 스스로 복을 받을 것이다.

성도가 가까운 분의 애경사에 적극 동참해야 하는 이유

애경사는 희비(喜悲)가 엇갈리는 기쁨과 슬픔이 있는 인간의 중대사다. 그런데 서로 가까이 하면서 잘 아는 사이인데도 모른척한다는 것은 인간의 도리가 아니다. 특히 같은 하나님을 믿는 성도로서 가까운 분의 애경사에 동참하지 않으면 하나님께 죄송한 일이고, 성도로서 체면이 서지 않는 일이다. 성도가 가까운 분의 애경사에 동참하는 이유는 무엇일까?

첫째, 하나님께서 사랑하시는 분이기 때문이다. 하나님은 모든 사람을 사랑하신다. 하나님은 빈부귀천을 막론하시고 모든 사람을 구원하시려고 독생자 예수 그리스도를 세상에 보내셨다(요 3:16). 그런데 다른 사람도 아니고 가까운 분이 애경사를 당했는데 안면몰수하면 결국 하나님의 사랑을 무시하는 꼴이 되고 만다. 성도는 무슨 이유로도 가까운 분의 애경사에 동참하여 하나님의 사랑을 보여주어야 할 것이다.

둘째, 성도는 교회공동체의 일원이기 때문이다. 기초적인 인간의 도리로 교회에 나오지 않는 이웃의 애경사도 찾아보아야 하지만 특별히 성도의 애경사는 의무적으로 동참해야 한다. 성도와 성도는 지상에서도 믿음의 가족이지만, 천국에서까지 영원히 함께할 신앙공동체의 일원이다. 그러므로 멀고도 가까운 미래를 바라보면서, 가까운 분의 애경사에 동참하면, 언제까지나 아름다운 교제가 이루어질 것이요, 천국에서도 신령한 교제가 이어질 것이다.

셋째, 주님께서 이웃을 네 몸과 같이 사랑하라고 하셨기 때문이다(마 22:39). 하나님을 사랑하는 것과 이웃을 사랑하는 것은 온 율법과 선지자의 강령이라고 하셨다(마 22:40). 이웃을 사랑하는 것은 모든 율법과 선자자의 강령을 초월하는 힘이 있다. 힘을 저축하면 교만이 된다. 그러나 힘을 나누면 사랑이 된다. 성도는 하나님께서 주신 돈을 쌓아놓지 말고 가까운 분의 애경사에서 나누므로 이웃을 사랑하는 실천을 보여주어야 할 것이다.

생의 마지막 순간 연명치료에 대한 의견서를 미리 써놓아라

Bucket List **#060**

건강은 건강할 때 지켜야 한다. 일단 질병에 걸리면 고통과 치료의 수고가 따라온다. 우리는 소소한 잔병쯤이야 하고 돌보지 않거나 좀 아프면 가까운 동네 의원에 가서 치료할 수 있다. 하지만 불치병이나 암에 걸리면 대형 병원에 입원해서 치료해야 하므로 그 고통이 자신은 물론 가족에게 커다란 짐이 된다. 그래서 우리는 평소에 건강관리를 잘 해야 한다.

'우환이 도둑' 이란 말이 있다. 요즘은 건강의료보험이 병든 자에게 많은 도움을 주지만, 사대 질환(암, 심혈관, 뇌혈관, 희귀성난치질환)에 걸리면 엄청난 비용과 고통에 직면하게 된다. 우리는 건강과 그 치유에 대해서 그 개념을 새롭게 정립할 필요가 있다. 필자가 어느 신문에서 기 독교적인 건강법을 일러주는 '전인건강과 전인치유' 라는 글을 읽었다. 여기서 성도의 건강을 위해서 간략하게 소개하겠다.

전인건강법과 전인치유법

'전인건강' 은 '전인치유' 와 연결된다. 박상은 교수(분당 중앙병원 심장내과)는 전인치유를 다음과 같이 설명하였다. "첫째, 과학적이고 실험적인 서양의학의 접근법과 양생중심의 동양의학적 접근법을 조화시킨 의학적 돌봄이다. 둘째, 질병의 원인을 잘못된 정신과 영적 무질서로까지 추적하여 근원적으로 밝히는 목회적인 돌봄이다. 셋째, 치료 후에 가정과 사회에 정상인으로 적응할 수 있도록 환경을 개선해주는 사회적 돌봄이 있어야 한다.” 이상의 세 가지가 적용될 때 환자는 건강을 회복할 수 있다는 것이다.

따라서 전인치유란 목회적인 돌봄으로 이루어진다고 했다. 손영규 교수(아세아연합신학대교 치유선교학과)는 전인건강은 타락하고 병든 인간과 사회와 자연을 함께 회복해 '하나님의 나라 건설(계 21:1-4)을 하는데 궁극적 목적이 있다고 했다. 이에 따라 전세일 교수(연세대 재활의학과)는 전인치유를 위한 구체적인 전인건강법으로 '건강 5계명'을 소개해 건강에 관심이 있는 많은 사람들의 눈길을 끌고 있다. 다음은 그의 전인건강 5계명이다.

제1계명은 바르게 먹는 정식(正食)이다. 규칙적으로 먹되 골고루 먹고 소식하며 천천히 먹어야 한다는 것이다. 무엇을 먹느냐는 것보다 어떻게 먹느냐가 더 중요하다고 강조한다. 편식하지 않고 골고루 먹고 싱겁게 채소와 생선을 많이 먹는 것이다.

제2계명은 제대로 숨을 쉬는 정식(正息)이다. 오염된 공기를 피해 심신이 안정된 상태에서 복식호흡을 하라고 권한다. 담배를 피우면 기도와 기관지의 점막에 솜털과 같은 섬모의 활동이 거의 8배나 약하게 된다는 것이다.

제3계명은 제대로 잠을 자는 정면(正眠)이다. 정해진 시간에 잠자리에 들고 바르게 누워 잠을 자야 한다. 규칙적으로 잠을 자되 꿈을 꿔야 한다. 꿈을 꾸기 위해 잠을 잔다고 해도 과언이 아니라는 것이다. 건강한 내일을 꿈꾸는 사람에게는 희망이 있다.

제4계명은 적당한 운동을 하는 정동(正動)이다. 운동에서 제일 중요한 것은 운동 습관이다. 평생 할 수 있는 운동이 사람마다 각각 다르기 때문에 이를 잘 선택해야 한다. 심폐기능 및 근육 강화운동과 관절운동을 동시에 할 수 있는 종류여야 한다.

제5계명은 하나님과의 바른 관계인 정심(正心)이다. 기도는 영적 건강을 위해 가장 필요한 요소라는 것이다. 기도가 막히거나 끊기게 되면 반드시 육체적 질병을 앓을 수밖에 없다는 것이 전교수의 주장이다. 영혼은 생각을 지배하고 생각은 몸을 지배하기 때문이다. 특히 기도하면서 욕심을 부리는 것은 금물이다. 이와 함께 스트레스도 잘 관리하면 몸의 저항력을 높여 면역성을 강하게 할 수 있지만 이를 잘못 관리 하면 질병의 원인이 된다. 주목할 것은 스트레스도 따지고 보면 지나친 욕심에서 비롯된 것이다.

성인들이 가장 두려운 질병

우리나라의 성인이 가장 두려워하는 질병은 암인 것으로 조사됐다. 서울 삼성생명에 따르면 한국갤럽조사연구소에 의뢰하여 전국 18세 이상 남녀 1천5백 명을 대상으로 설문조사한 결과 59.1%가 암을 가장 무서운 병으로 꼽았고 다음은 고혈압 6.9%, 디스크. 관절염 4.0%, 뇌질환 3.4%, 심장마비 3.0%, 후천성면역결핍증(AIDS) 2.8% 등으로 나타났다.

암을 가장 무서운 병으로 생각하는 비율은 여자(64.4%)가 남자(53.8%)보다 높았고 연령별로는 30대(64.9%), 직업별로는 가정주부(66.2%)가 제일 많았다. 응답자 10명 가운데 9명은 건강유지를 위해 구체적인 노력하고 있었으며 그 방법으로는 규칙적인 식사가 37.0%, 운동 23.1%, 충분한 수면이 18.4%였다. 또 전체의 69.5%는 불규칙적인 생활과 부족한 수면이었다.

암은 인간이 죽음 직전에 만나는 가장 큰 적이다. 암이란 잘못된 생활습관(식습관, 잠과 운동습관, 발암 및 유해물질유입, 불건전한 생활 등)에 의해 오랜 시간

영양 결핍(불균형)이나 독소에 노출되어 유전자의 손상(변형)으로 이상 세포가 무한 분열과 증식되는 세포 덩어리를 말한다. 다시 말하면 잘못된 생활습관으로 유전자의 이상으로 인해 발생하는 돌연변이 세포가 암이며, 잘못된 생활습관에 의해 어떤 유전자 프로그램이 손상을 입느냐에 따라 암의 이름이 달라지는 것이다.

사람은 매일 수십 내지 수백 개나 되는 정상 세포가 암세포로 변화하고 있다. 그러나 인간에게는 면역력과 유전자 회복기능과 손상된 유전자를 교체하고, 새로운 유전자와 세포를 만들어 내는 신진대사기능이 갖춰져 있기 때문에 모든 사람이 다 암 환자가 되는 것은 아니다. 암은 발병하면 수술이나 항암치료, 방사선치료만으로 완치될 수 없으며, 반드시 유전자회복을 위하여 평생을 관리 해 줘야 하는 병이다. 그래서 병원에서도 생존율이란 단어를 사용하는 이유가 여기에 있다. 암은 손상된 유전자가 100% 회복(복원)되기 전까지는 완치될 수가 없는 병이기 때문에 완치가 어려운 것이다. 암에 걸리면 치명적인 고통이 따른다.

연명치료의 어려움

연명치료란 난치병에 걸린 환자를 사망할 때까지 치료하는 방법이다. 사실 치료가 불가능한 환자를 무작정 치료한다는 것은 대단히 어려운 일이 아닐 수 없다. 그렇다고 목숨이 붙어 있는 환자를 죽게 놔둘 수도 없는 일이다. 또한 인간의 생명회생가능성이 없는 상태에서 단지 기계장치에 의하여 치료를 계속한다는 것도 무의미한 일이다. 이러한 상황이라면 헌법이 보장하는 자기결정권에 근거하여 구체적인 사정에 따라 연명치료의 중단을 요구할 수 있고, 그 경우 연명치료를 행하는 의사는 환자의 자기결정권에 근거한 무의미한 연명치료의 중단 요구를 존중해야 한다는 주장이 많이 등장하고 있다.

하지만 환자의 요청에 의한 의료인의 연명치료중단 행위가 현행 형법에 의하여 촉탁승낙의 살인에 해당하는 행위로 금지되어 있는 상황에서는 중환자실에서 임종할 때까지 연명치료 장치를 부착하고 이를 떼어내지도 못하는 상태로 유지할 수밖에 없는 실정이다. 세브란스 김 모 할머니 사건과 같이 법원에 인공호흡기 제거 청구소송을 제기할 수도 있지만 개개의 사례를 소송하여 법원의 판단을 받게 하는 것도 매우 비현실적이며 어려운 일이다.

이에 경실련은 2009년 1월 말기환자의 인권적 차원에서 생전유언 및 사전의료의향서 등의 제도적 장치와 존엄한 죽음에 대한 말기환자의 자기결정권을 존중하는 존엄사법 입법 청원안을 국회에 제출한 바 있다. 경실련에서 입법청원안을 발의한 이후 몇 차례 연명치료중단과 관련된 법안이 발의되었으며, 특히 인공호흡기 제거청구사건의 대법원 판결 이후 사회적 의견을 수렴해 기본적 합의안이 마련되었지만 찬반 논쟁 끝에 논의가 중단된 상태에 있다.

사전 연명 치료 의료 의견서 (보건복지부 지정 생명정책연구센터)

현대의학의 비약적인 발전은 우리의 삶을 크게 바꾸어 놓았다. 기대 수명은 예전보다 길어졌고 삶의 질도 크게 향상되었다. 그러나 의학적인 치료의 발전으로도 사람들은 죽음에서 자유스럽지 않다. 사람들은 누구나 죽을 때 인간으로서의 존엄성을 유지하면서 편안하게 가족에게 둘러싸여 마지막 작별 인사를 나누고 싶어 한다. 그리하여 가족들에게 부담을 적게 주면서 떠나기를 바란다. 그러나 불행하게도 이러한 작별을 맞이하지 못하는 사람들이 많다. 그 이유는 미리 자신의 죽음을 대비해 놓지 않았기 때문이다.

대법원은 최근 노화로 인해 장기들이 더 이상 기능하지 못하거나, 더 이상 회복이 불가능한 질병의 말기에 치료 여부를 최종적으로 결정하는 사람은 바로 '죽음에 임박한 본인' 이라고 판결하였다. 그러나 사람이 죽음에 임박한 상태에서는 의식이 없거나, 약물치료 등으로 의식이 명료하지 않아 대개는 자신의 의사를 충분하게 표시할 수 없게 되는 경우가 허다하다. 따라서 죽음에 임박한 사람들은 대개 죽음을 앞두고 발생하는 많은 문제에 대해서 자신의 의견을 명확하게 표현할 기회를 갖지 못하는 경우가 많다. 죽음에 대한 나의 생각을 미리 밝혀놓지 않으면, 나를 돌보는 의사나 가족들이 크게 어려운 상황에 처하게 된다.

① 치료 담당 의사의 입장

치료를 담당하고 있는 의사는 당신의 분명한 의사를 알 수 없는 경우, 현존하는 모든 의학기술을 동원하여 생명을 연장해야 한다는 윤리적인 압력을 받게 된다. 환자에게 모든 선(善)을 행해야 하는 것이 의료윤리의 기본이념이며, 만일 의사가 환자를 위해 가능한 모든 의학적 방법을 사용하지 않는다면 법적으로 살인행위로 간주될 수도 있다. 발전된 현대 의학기술을 적용하면 사망에 임박한 환자라 할지라도 환자의 호흡과 심박동을 상당기간동안 지속시킬 수 있으며, 결과적으로 인위적인 생명의 연장이 되는 셈이다.

그러나 연장된 기간 동안 삶의 질이나 가치 등의 판단은 의학영역에 속하지 않는다. 따라서 죽음을 맞이하는 자신의 의견을 미리 밝혀 놓으면 의사는 윤리 및 법적인 문제에서 자유스럽게 환자 본인이 원하는 바대로 치료여부를 결정할 수 있을 것이다.

② 가족의 태도

죽음에 임박한 환자가 스스로 명확하게 의사표시를 하지 않은 경우 환자를 위해 생명유지 장치나 특정 치료의 시행 여부에 대한 결정권은 법적으로 가족들에게 주어져 있지 않다. 가족은 환자의 사망으로 유산과 상속 등 이해관계가 얽히기 때문이다. 따라서 죽음을 맞이하는 나의 의견을 미리 밝혀 놓으면 가족들도 부담에서 자유로워질 것이다.

③ 환자 자신의 의견

환자 자신이 아무런 의사표시를 하지 않는다면 당연히 그 생명을 의학적으로 연장시켜야 한다. 생명을 인위적으로 연장하기 위해서는 중환자실에서 기도에 인공호흡기가 삽입되고 이를 통해 수동적으로 호흡하게 되며, 코를 통해 소장에 이르는 관을 통해 유동식 음식이 제공되고, 삽입된 요도 관을 통해 소변을 보게 되며, 혈관을 통해 지속적으로 각종 약물을 투여 받게 되고, 간혹 손과 발이 침상에 묶여지게 됨으로서 인간으로서의 존엄성을 유지하기 어렵게 된다. 따라서 죽음을 맞이하는 나의 의견을 미리 밝혀 놓으면 이러한 무의미한 생명유지와 고통에서 자유스럽게 중환자실이 아닌 곳에서 인간으로서의 존엄성을 유지하며 가족들과 마지막 작별인사를 나누는 가운데 편안하게 삶을 마감할 수 있게 될 것이다.

죽음에 임박한 상황에서 어떤 일이 일어나리라는 것은 누구나 예상할 수 없다. 따라서 의학적 결정에 관한 의사결정 능력이 있을 때 자신의 의사표시를 미리 해 둘 것을 권고한다. 그리고 그런 자기의 의사를 가족들에게도 알려 가족들이 평소 마음의 준비를 할 수 있게 도와주는 것이 대단히 중요하다. 죽음에 임박한 상황을 대비하여 생명의 연장 및 특정치료여부에 대해 자신의 의사를 서면으로 미리 표시하는 공적 문서를 '사전의료의견서(事前醫療意見書, Advance Medical Directives)'라고 한다. 사전의료의견서를 미리 작성해 두면 훗날 자신이 죽음에 임박했을 때 본인은 물론 담당 의사 및 가족들에게 크게 도움이 될 것이다.

사전의료의견서 서식 청구방법

생명윤리정책연구센터에서 '사전의료의견서' 전용 홈페이지(사전의료의견서.kr) 양식을 받을 수 있다. 사전의료의견서 신청서식을 받은 후 사전의료의견서 작성방법은 다음과 같다.

자필기명 A. (먼저 설명서를 읽고 내용을 숙지한다)
B. (그 후 박스 안 빈 칸에 본인의 이름을 자필로 쓴다)

필수 선택 항목

A. 적용 시기 선택

1. 가족이나 의료진 등 주변 사람들이 사전의료의향서에 기재된 내용을 바탕으로 의학적 치료에 대한 결정을 내리는 시기를 선택하는 항목이다.
2. 본인이 스스로 결정 할 수 없을 때를 대비하여 그 시기를 미리 선택할 수 있다.
3. 원하는 항복에 체크(v) 한다. 1개 이상 선택이 가능하다.

B. 연명치료의 거부 또는 중단 지시

1. 위에서 선택한 적용 시기에 연명치료를 거부하는 내용이다. 무의미한 연명치료란 회복 불가능한 환자의 생명을 위해 시행되는 인위적인 치료를 말하며, 연명치료 중단이란 이러한 인위적인 치료를 중지하는 것을 말한다.
2. 연명치료를 거부하더라도 통증조절과 청결 서비스는 계속 받을 수 있다.

임의 선택 항목

A. 치료법을 구체적으로 결정하고자 한다면 체크(V) 하라.

1. 이 항목은 본인의 담당 의사 또는 전문가의 조언을 받아서 결정할 수 있다.

B. 추가사항

1. 의료진과 가족들에게 하고 싶은 말을 직접 적을 수 있다.
2. 본인의 몸에 특수의료기기를 삽입하였거나 장기기증 서약을 한 적이 있는

지를 적는다.

3. 기록할 내용이 없으면 적지 않아도 된다.

대리인 지정

A. 본인을 위해 치료를 결정할 수 있는 대리인을 결정할 수 있다.

1. 가족이나 가까운 사람 중에서 본인의 가치관을 잘 알 수 있는 사람을 지정한다.
2. 단 대리인은 민법상 성인이면 좋다.

B. 대리인은 연락두절 등을 대비하여 필히 2명을 기입한다.

1. 대리인을 결정한 후 박스 안에 대리인의 성명, 연락처, 주민등록번호, 본인과의 관계를 기입한다.

원본 및 사본의 관리

A. 사전의료의향서의 원본은 본인이 보관한다.

B. 사본을 보건복지부 지정 생명윤리정책연구센터에서 보관하고 싶다면 체크(V)한다.

1. 생명윤리정책연구센터에서는 사본을 받은 즉시 '사본 보관 확인증'을 발송하여 준다.
2. 본인의 몸에 특수 의료기기를 삽입하였거나 장기기증 서약을 한 적이 있는지를 적는다.
3. 확인증 발송 후에는 홈페이지에서 증서번호로 사본 확인이 가능하다.

C. 그외 다른 곳에 보관하고자 한다면 기타, 다른 곳에 체크(V)하라.

1. 해당 장소의 주소와 전화를 정확하게 기입하시고, 해당 장소에 보관하라.

대리인 지정

A. 작성자

1. 본인의 성명, 주민등록번호, 전화, 주소를 차례로 기입하고 반드시 자필 서명한다.

B. 입회인

1. 입회인의 의사를 합리적으로 결정하여 이를 표현할 수 있는 민법상 성인이어야 한다.
2. 입회인은 작성자와 이해갈등이 없어야 한다.
3. 입회인은 사전의료의향서의 작성과정에 어떠한 압력이나 영향력을 행사해서는 안 된다.
4. 위 내용을 모두 충족한다면 입회인의 성명, 주민등록번호, 연락처, 주소를 기입한다.

C. 서명일시

1. 사전의료의향서를 작성하고 있는 시점을 확인한다.
2. 년, 월, 일, 시, 분까지 정확하게 기입하라.

* 작성한 '사전의료의향서'는 담당 의사의 판단에 따라, 본인이 의학적 치료를 결정할 수 없다고 판단될 경우에 사용될 것이다.

* 또한 이 사전의료의향서는 본인의 의사에 따라 언제라도 변경 또는 철회가 가능하다.

성도가 죽기 전에 사전의료의견서를 미리 써놓아야 하는 이유

성도의 죽음은 불신자의 죽음과 비교했을 때 본질적으로 다르다. 불신자의 죽음은 생명의 마지막이기 때문에 연명하려고 애를 쓰지만, 성도의 죽음은 천국으로 이어지는 새 출발이기 때문에 두려워하지 않는다. 여기서 사전의료의견서를 미리 써놓을 수 있는 근본적인 이유를 알 수 있다. 인간의 생명은 세상의 그 무엇보다도 소중하다. 그래서 사람들은 죽지 않으려고 최선을 다하고 있다. 또한 가족들도 가족의 한 사람이 쉽게 죽는 것을 원하지 않는다.

그러면 어떻게 해야 할까? 더 이상 치료가 불가능하지만 죽지 않으려고 산소호흡기로 연명만 하고 있는 가족을 지켜보기만 한다는 것도 몹시 난처한 일이 아닐 수 없다. 성도는 이것을 미리 예상해야 한다. 진정으로 가족을 사랑한다면 자신의 연명을 고집할 것이 아니라, 아무 미련이 없이 편안한 마음으로 죽기 전에 자신의 사전의료의견서를 써놓는 것이 좋을 것이다. 이러한 태도가 죽기 전에 사전의료의견서를 미리 써놓아야 할 이유가 된다.

성도에게 행복한 죽음은 하나님의 축복이다. 성도는 죽음을 두려워하거나 피하지 말고 과감하게 맞이해야 한다. 성도의 행복한 죽음은 본인에게는 물론이고, 자신의 죽음을 지켜보는 가족에게도 은혜가 된다. 그렇다고 성도가 죽음을 재촉할 것은 없다. 다만 자신의 죽음을 준비해 놓고, 언제든지 하나님께서 부르시면 '아멘!' 하면서 하나님의 나라에 가면 된다. 그런 의미에서 성도는 죽기 전에 사전의료의견서를 미리 써놓아야 한다.

천국을 기대하는 일기를 써라

Bucket List **#061**

학교에 다닐 때 선생님의 강요로 일기를 써보지 않은 사람은 거의 없을 것이다. 그러나 성인이 되도록 일기를 쓰는 사람은 별로 없을 것이다. 일기 쓰기는 자신의 삶에 많은 도움이 된다고 하는 사실을 누구나 알면서도 실천은 잘 되지 않는다. 일기 쓰기도 하나의 습관이다. 태어나 자녀를 위해서 기도문을 일기처럼 쓰는 부모도 보았다. 일기 쓰기에 대한 습관을 제대로 익혀 놓으면 죽을 때까지 일기를 쓸 수 있을 것이다.

특별히 성도에게 천국을 기대하는 일기를 쓰는 습관은 아주 바람직하다. 천국(天國), '하나님의 나라'는 현재에부터 미래까지 이어지는 과정이다. 바리새인들이 예수님에게 하나님의 나라는 어디에 있냐고 물었을 때에 "하나님의 나라는 볼 수 있게 임하는 것이 아니요 또 여기 있다 저기 있다고도 못 하리니 하나님의 나라는 너희 안에 있느니라"(눅 17:20-21)고 답변하셨다. 성도는 이 말씀에서 천국을 기대하는 일기를 써야 할 필요성을 깨달을 수 있다.

좋은 습관을 만드는 방법

좋은 습관은 바람직한 버릇을 만든다. 사람이 어떤 습관을 갖고 있느냐에 따라서 성공과 실패, 행복과 불행이 결정된다고 말할 수 있다. "그 사람에게서 그 나쁜 습관 한 가지만 없으면 임금님의 진지 그릇 같이 귀한 사람이 될 수 있는데, 그 악습 하나 때문에 강아지 밥그릇 같이 못된 사람이 있다."는 속담이 있다. 이는 술, 담배, 도박, 음란, 거짓말, 사치, 부부싸움 등에 해당될 수 있다. 처음에는 실수로 죄를 범하나 나중에는 고의로 죄를 범하게 되고, 그 다음에는 습관이 되어서 죄의 종이 되고 만다.

『습관의 힘』(찰스 두히그 지음/갤리온/ 2012.10.30.)란 책이 있다. 이 책은 자기계발 도서로 최근 베스트셀러 반열에 올라 많이 읽히고 있다. 저자는 하버드 MBA 출신, 뉴욕타임스 심층보도 전문 기자로 자신의 나쁜 습관을 고치기 위해서 발로 뛰어 밝혀낸 스마트한 습관 사용법을 제시한 책이라고 할 수 있다. 사람이 어떤 습관을 지니느냐에 따라서 인생의 길이 달라질 수 있기 때문에 길들여진 '습관의 힘'은 무척 대단하다고 할 수 있다.

이 책에서 이야기하는 것은 보이지 않는 '습관의 힘'이다. 과학적으로 밝혀지지 않는 습관의 힘을 여러 사례를 통해 알려주는데, 자신이 1초 전에 어떤 일을 했는지 기억 못 하는 사람이 매일 똑같은 일을 반복하고 행하다 보면 이것이 자연스럽게 습관으로 남아 자신을 움직이게 한다고 한다. 생각의 기억은 사라져도 습관은 우리의 몸에 남아서 우리를 지배한다. 학습이나 의사결정에 대해서는 전혀 기억을 하지 못하더라도, 무엇인가 무의식적으로 터득하고 선택할 수 있다는 것을 보여주고 있다. 이것은 기억이나 이성적 판단만이 아니라 습관도 우리의 행동에 깊은 영향을 미친다는 것이다. 습관을 실천하면 크고 작든 보상을 받게 되고, 우리 몸은 그런 보상을 받기 위해서 무의식적으로 습관을 행하게 된다는 것이다.

좋은 습관에는 긍정적인 힘을 가지고 있지만, 나쁜 습관은 무의식적으로 부정적인 힘도 가지고 있다. 저자는 습관의 좋은 힘과 나쁜 힘을 사례를 들어 소개하고 있는데, 몸에 그대로 새겨진 습관이 결과까지 달라지게 만들어 낸다는 것을 알 수 있다. 대한민국 스포츠 영웅인 김연아 선수와 박태환 선수 역시 평소 잘하는 것을 오랫동안 반복하고 연습한 결과 하나의 습관으로 완성시켜 그것이 승리의 요인으로 만든 것이다. 이를 창조적인 힘이라고 한다.

책에서는 다양한 사례와 인물들을 통하여 개인의 습관뿐만 아니라 기억의 습관까지 소개하고 있는데, 인간의 습관을 잘 활용하면 마케팅에도 효과적이라는 것을 증명해 보였다. 저자는 다양한 사례를 통하여 좀처럼 변하지 않는 자신과 세상을 간단하고 완벽하게 바꿀 수 있는 방법을 소개하고 있다. 누구나 원하고 있지만, 뜻대로 되지 않는 일들을 잘 살펴보면 그 중심에는 항상 습관이 있다는 것도 알 수 있다. 긍정적인 습관은 계속 가지고 갈 필요가 있지만, 매번 후회하면서 같은 일을 반복하고 있는 습관은 하루빨리 버릴 수 있어야 한다.

이 책을 읽고 느낀 점은 습관은 우리가 생각했던 것보다 훨씬 인간에게 더 많은 영향을 미치고 있다는 것이다. 습관을 어떤 방향으로 사용하느냐에 따라서 행복과 불행이 결정될 수도 있고 성공과 실패가 결정될 수도 있다는 것이다. 사람들은 누구나 이왕이면 행복과 성공의 방향으로 갈 수 있는 좋은 습관을 지니고 싶어 한다. 그러나 이런 마음을 가지고 있다고 해서 좋은 습관이 저절로 생기는 것은 아닐 것이다. 좋은 습관은 오랫동안 가지고 가려고 노력하고 나쁜 습관은 좋은 습관으로 바꿀 수 있는 노력이 필요할 것이다.

일기 쓰는 습관을 만들어라

사람을 변화시키는 좋은 습관 중에 일기쓰기만큼 좋은 것은 없다. 초등학교 다닐 때, 선생님은 방학 때면 어김없이 '일기쓰기' 숙제를 내 준다. 그러나 방학 동안 일기를 쓰지 않다가 개학날이 가까워지면 몰아치기 일기를 거짓말로 쓴다. 그런데 제일 곤란한 것이 날씨를 쓰는 것이다. 다른 말은 거짓말로 쓸 수 있어도 날씨만은 거짓으로 쓸 수 없기 때문이다. 사람마다 새해 첫날이 되면 '금년엔 일기를 써야지' 하고 일기쓰기를 시작한다. 그러나 이도 작심삼일, 며칠 지나면 일기쓰기를 포기한다. 이런 일기쓰기 습관이 안 되어 있기 때문이다.

일기 쓰기의 힘은 지속하는 데 있다. 일기는 지난 하루를 반성하는 기록이지만, 자신의 지나간 하루에 대한 연민에 머물면 아무 의미가 없다. 일기가 하루의 기록이지만 앞으로 살아갈 나날들에 대한 애정과 꿈 때문에 쓴다. '오늘은 이렇게 살았는데, 내일은 어떻게 살 것인가'를 꿈꾸며 적는 것이 일기다. 그런 의미에서 장차 갈 천국을 기대하는 일기를 써야 한다. 오늘은 비록 절망일지라도 천국을 기대하는 희망 때문에 일기를 쓴다.

일기 쓰기는 지난 하루를 되돌아 볼 수 있고 성숙해질 수 있는 기회가 될 수 있다. 글쓰기를 하다보면 글 쓰는 능력도 향상되고 원인과 결과에 따른 논리적 사고를 기를 수 있다. 더불어 어떤 일에 대한 감정과 느낌을 표현할 수 있는 표현력과 문학작품을 대할 때 더 심층적으로 감상할 수 있는 능력이 생긴다. 특히 성도는 일기를 쓰면서 천국을 기대하는 기도를 하면서 그 내용을 적으면 자신의 마음에 천국이 이루어지는 은총을 누릴 수 있다.

성도가 죽기 전에 천국을 기대하는 일기를 써야 하는 이유

성도는 이 세상에 오래 살 사람이 아니다. 성도가 이 세상만 기대하며 오래 살 생각이라면 굳이 일기 따위를 쓸 필요는 없다. 성도는 천국을 바라보고 사는 사람이다. 성도가 천국을 기대하면 바라는 것이 무엇인가? 그것을 일상생활에서 발견하고 일기에 쓰는 것이 이유가 된다. 그 내용이 기도의 제목이 되고, 하나님께서 그 기도에 응답하실 것으로 믿는다.

첫째, 흔들리지 않는 믿음으로 살기 위해서 천국을 기대하는 일기를 쓴다. 우리는 유혹이 많은 세상에서 하루하루를 살아가고 있다. 자칫 잠시만 방심하면 믿음이 흔들려서 마귀의 유혹에 빠질 수 있다. 생활 주변에서 자주 발생하는 사건들을 일기에 쓰면서 자신의 믿음을 바로 잡아 흔들리지 않는 신앙생활을 위해서이다. 일기로 천국을 기대하는 기도를 하자.

둘째, 천국에 대한 기대를 키우기 위해서 일기를 쓰는 이유가 된다. 일기는 하루의 지나간 일을 쓰기보다 앞으로 기대하는 마음을 기록하는 것이 바른 자세다. 일기에 과거의 일만 기록한다면 그 일기는 폐지에 불과하다. 성도는 일기를 쓰면서 오늘을 반성하고 바람직한 내일을 꿈꾼다. 성도는 일기를 쓰면서 내일의 천국을 기대하면서 솔직하게 써야 한다.

셋째, 요셉은 애굽에서 험난한 노예생활을 했지만 그에게는 꿈이 있었다. 성경에 요셉이 꿈이 이루어지기를 바라며 일기에 쓴 기록은 없으나, 그는 마음속에 하나님의 나라 곧 천국을 기대하는 일기를 썼을 것이다. 마침내 요셉은 그 꿈이 성취되는 기쁨과 은총을 누리게 되었다. 오늘의 성도에게도 요셉과 같이 천국을 기대하는 일기를 쓰는 것이 당연할 것이다.

천국에 보내는 편지를 써라

Bucket List **#062**

인류의 역사상 아주 오래된 통신의 수단이 '편지 쓰기'다. 물론 봉화(烽火)로 소식을 알리긴 했지만 그것은 단순한 알림(sign)이고 내용까지는 자세히 알릴 수는 없었다. 통신 수단이 발달하지 않은 옛날에는 비둘기의 발목에 편지를 붙여서 상대방에게 보내기도 했다. 지금은 인터넷과 스마트폰이 발달하여 손쉽게 순간적으로 소식을 전할 수 있는 아주 편리한 세상이 되었다. 하지만 아무리 인터넷과 스마트폰이 편리해도 손으로 쓴 편지만 못하다.

천국에 계시는 하나님은 우리의 아버지시다. 하나님 아버지께 무엇을 알리고 싶을 때에 우리는 기도를 드린다. 기도는 언제 어디서나 드릴 수 있어서 스마트폰과 같이 편리할 수 있다. 그런데 곰곰이 생각해 보니 우리 하나님 아버지는 어떤 방법을 더 좋아하실까? 아마도 그냥 쉽게 할 수 있는 방법보다 시간을 정해 놓고 조용히 앉아서 기도하고 손으로 꾹꾹 눌러서 편지를 써서 드린다면 더욱 좋아하실 것으로 생각이 든다. 그런 의미에서 지극히 추상적인 믿음의 방법이지만 천국에 계시는 하나님 아버지께 편지를 쓰는 것도 좋을 것이다.

편지의 의미

전과는 달리 요즘에는 인터넷으로 클릭 한 번으로 소식을 무제한 보낼 수 있다. 기술이 발전하여 세상이 바뀌었고, 그중에서도 대표적인 예는 이메일(e-mail)이 아닐까 한다. 그래서 종이 위에 손으로 꾹꾹 눌러서 쓴 편지를 우체통에 넣는 사람들을 쉽게 볼 수 없다. 우리 집 앞에도 몇 년 동안 줄곧 좁은 골목을 지켜오던 빨간 우체통이 있었지만, 몇 달 전에 조용히 자취를 감췄다. 그도 그럴 것이 전과는 달리 이제는 우체통을 찾는 사람들이 없기 때문이다.

집 앞의 빨간 우체통과 편지봉투를 뜯는 사람들의 모습을 쉽게 볼 수 없어서인지 모르겠지만, 최근에 주위의 지인들로부터 편지를 받았다는 말을 들어보지 못했다. 어쩌면 사랑하는 사람으로부터 편지를 받을 때 가장 행복할 것이다. 하지만 생일과 같은 특별한 날이어도 거의 편지를 받지 못하고 있다.

생각해보면 나는 편지를 받아 읽을 때마다 누군가가 나 하나를 위해 소중한 시간을 써가며 진심을 전해주는 것이 고맙다. 단 몇 분일지라도 내게 편지를 쓰는 동안에 나를 떠올리며 한 단어, 한 문장, 고민하며 썼을 모습을 생각하니 마음이 아려온다. 그렇기 때문에 나는 편지 단 한 통으로도 내가 그 사람에게 소중한 존재라는 느낌을 받는다. 누군가와 특별한 무엇인가를 공유하고 있다는 느낌, 작은 편지지 위에 고민하며 써내려간 글자 하나, 단어 하나, 몇 번이고 썼다 지웠을 삐뚤삐뚤한 글씨, 희미하게 남아있는 흔적, 그렇게 정성스레 완성된 문장 하나, 그리운 편지 한 통에 많은 감정이 쏟아져 내린다.

편지를 쓰는 방법(성도가 하나님께 편지를 쓰는 방법 포함)

한때는 편지를 쓴 경우가 많았다. 편지를 써서 한번 보내면, 보통 4-5일이 걸려 도달하는데 보내는 사람과 받는 사람은 그 사이에 설레는 마음으로 기다린다. 편지를 쓰는 사람은 편지를 쓰는 내내 상대방을 얼굴을 그리며 그가 어떤 생각을 들게 할지 곰곰이 궁리하여 쓰고, 받는 사람은 편지를 쓴 사람의 마음을 헤아리며 마음 깊이 편지에 메시지를 담는다.

편지를 쓰는 방법은 어떤 것일까? 편지를 쓰는 방법은 특별히 정해진 것은 없다. 편지는 쓰는 사람마다, 그리고 받는 사람마다 쓰는 방식이 다르기 때문이다. 가족에게 편지를 쓰는 방법이 다르고, 선생님과 사랑하는 사람에게 보내는 편지를 쓰는 방법이 다르다. 그래도 편지를 쓰는 방법의 가장 공통적으로 중요한 것이 있다. 그것은 과연 무엇일까?

첫째, 편지를 받는 사람이 누구인지를 먼저 파악해야 한다. 받는 사람에 따라 편지를 쓰는 어투와 방식은 달라진다. 자신보다 높은 사람인지, 아랫사람인지, 친구인지, 연인인지 등에 따라 편지에 쓰이는 글의 격은 달라진다. 받는 이에게 맞는 맞춤법과 예의, 문구들을 맞추어야 한다. 성도가 천국에 계시는 하나님께 편지를 쓴다고 하면 신앙적인 예의를 갖추어서 통상적으로 기도드리는 어투로 편지를 쓰면 무난할 것이다.

둘째, 편지를 받는 상대방이 결정되었다면 어떤 메시지를 전할 것인가를 생각해야 한다. 전하고자 하는 메시지를 분명히 드러내야 상대방이 편지의 내용을 알 수 있다. 자칫 이에 대한 적절성이 떨어지면, 편지를 아니 쓴 것만 못하다. 의사소통이 다 그렇듯 전달하고자 하는 메시지를 정확히 표현해야 한다. 성도가 하나님께 편지를 쓸 때도 알리고자 하는 내용과 바라는 내용까지 차근차근 자세히 적어야 이미 다 아시는 하나님도 응답하신다.

셋째, 감동을 주는 표현 방식으로 써라. 편지를 쓰면서 상대방에게 감동을 주어야 한다. 편지를 쓰는 표현방식이 미사여구를 늘어놓아도 읽는 자가 감동을 받지 못하면 편지의 가치가 떨어진다. 편지를 쓰는 스타일은 사람마다 다를 것이다. 그의 가치와 생각, 취향이 글의 스타일에 반영된다. 편지의 표현방식은 숙련성에 따라 효과가 다르다. 진정성을 중시하는가 하면, 좋은 말만 늘어놓는 이들도 있고, 극적으로 표현하려는 사람도 있다. 성도가 하나님께 편지를 쓴다면 중언부언으로 여러 쓸데없는 글을 쓰지 말고 중심으로 표현해야 한다.

편지를 쓰는 형식(성도가 하나님께 편지를 쓰는 형식 포함)

편지란 어떤 특정한 상대에게 전할 말이 있을 때 말 대신 글로 적어 보내는 글을 말한다. 편지를 서간문, 서한문 또는 서신이라고 한다. 글을 쓰는 목적에 따라서 안부를 묻는 편지가 일반적이며, 실용적인 목적으로 편지를 쓰기도 하며, 멀리 떨어진 상대방과 정보나 지식을 교환하기도 한다. 또한 간절히 보고 싶은 연민의 정을 전하는 연애편지도 있다.

성도가 하나님께 편지를 쓴다면 첫째는 하나님의 이름을 부르면서 찬양과 영광을 돌리는 내용을 쓰도록 한다. 둘째는 교회와 사회 그리고 다른 성도를 위한 중보의 내용을 기록한다. 셋째는 자신의 죄를 고백하고 회개하는 내용과 거듭난 삶을 위하여 다짐하는 내용을 적는다. 넷째는 자신이 바라는 소원과 서원을 기도하는 내용을 호소한다. 다섯째는 하나님의 나라와 그의 의를 위하는 내용으로 하나님을 높이는 마지막 인사를 드리고 아멘으로 마친다.

일반적으로 편지의 특성은 본질적인 면에서는 실용문이나 문학적 측면에서 보면 수필에 속한다. 그리고 편지는 특정한 상대가 있는 글이다. 또한 상대방의 신분, 연령, 성별, 친숙의 정도에 따라 문장이 달라지며, 예절을 지키는 글이어야 한다. 편지는 직접 말하듯이 쓰는 글이며, 서두와 본문과 결미가 있는 일정한 형식이 있는 글이다.

편지의 형식을 요약하면 다음과 같다.

① 서두 : 가) 받을 사람의 호칭

(윗사람 - @@@께, 대등하거나 아랫사람 - @@@에게)

나) 첫인사(계절 인사, 문안, 자기 안부)

② 본문 : 하고 싶은 말, 편지의 가장 중요한 내용

③ 결미 : 가) 끝인사

나) 날짜

다) 보내는 사람의 이름

편지의 종류는 내용에 따라 개인적인 편지와 공적인 편지가 있다. 개인적인 편지는 개인의 필요에 의해서 쓰게 되며, 안부 편지를 주로 쓰지만, 감사 편지 또는 사과의 편지, 위문이나 축하의 편지를 쓰기도 한다. 그리고 실용적인 면에서 초청장이나 주문서, 청탁서, 독촉장 등의 편지를 쓰기도 한다. 또한 정보나 지식을 교환하는 편지도 있다. 공적인 편지는 관공서나 회사 등에서 직무상 필요에 따라 쓰며, 공문이나 상용문이 대표적이다. 편지의 외형상 형식에 따른 분류는 봉함 편지와 엽서로 나누며, 엽서에는 봉함엽서와 왕복엽서도 있다.

성도가 천국에 계신 하나님께 보내는 편지는 편지지와 글의 내용은 있으나 우표나 우체통, 우편국 사무원과 우편집배원이 필요하지 않다. 다만 편지를 보내는 성도의 진실한 마음과 온 정성을 다한 손 글자가 있어서 기도와 더불어 천사가 하나님께 배송해 줄 것이다.

편지를 잘 쓰기 위해서는 첫째로 진실한 마음으로 써야 한다. 둘째로 예의를 갖추어 써야 한다. 셋째로 지나치게 형식에 얽매이지 말고 써야 한다. 넷째로 마주 앉아 대화하듯이 써야 한다. 다섯째로 하고 싶은 말이나 내용을 충실하게 써야 한다. 여섯째로 쓴 날짜와 쓴 사람을 분명하게 밝혀야 한다. 일곱째로 편지지와 봉투는 깨끗해야 한다. 여덟째로 글씨를 바르게 써야 한다. 아홉째로 부치는 시간을 미루지 말고 즉시 우송해야 한다.

성경에 기록된 편지들

성경은 모두 66권으로 구성되어 있는데 그중에 무려 20권이 편지로 신약성경에 들어있다. 그러니까 성경의 거의 2/3 정도가 편지다. 물론 이 편지들은 사도들이 하나님께 받은 계시를 여러 곳에 있는 성도들에게 보낸 편지로, 성도가 천국에 계신 하나님께 쓴 편지는 아니다. 그러나 그 편지의 내용을 자세히 연구해 보면 하나님께 보내는 감사와 찬송이 있고, 사도들의 기도도 포함되어 있어서 간접적이나마 하나님께 보내는 편지라고 할 수 있다.

사도들의 서신(편지)은 초기 교회의 성도들과 오늘 날 우리들의 삶과 신앙을 발전시키는 데 대단히 중요한 역할을 하고 있다. 사도들과 교부들은 신약성경에 수록되어 있지 않은 다른 많은 서신을 썼다. 그 가운데 많은 서신을 잃어버렸거나 없어졌거나, 어떤 다른 이유로 신약에 수록되지 못하였다. 사도 바울은 신약성경에 없는 다른 서신들을 썼다는 사실을 말하였다(고전 5:9, 고후 3:2-4, 골 4:16).

신약성경에는 수록되지 않았으나 오늘날까지도 알려져 있는 서신들이 주후 1세기 말과 2세기 후반에 쓰였다. 「클레멘트 일서」, 「바나바 서신」, 그리고 이그나티우스와 폴리캅이 쓴 서신들은 기독교인들 사이에 널리 읽혀져 영향력이 끼쳤다. 일부 기독교인들은 실제로 「클레멘트 일서」와 「바나바 서신」을 성경으로 여겼고, 그런 이유로 두 서신이 신약의 초기 필사본들 가운데 수록되어 있는 경우가 있다.

1세기 기독교에 대한 일반적인 이미지가 처음에는 신앙적인 일치와 통일성이 있었으나, 얼마 지나지 않아 이단의 출현으로 큰 혼란에 빠져들었다. 사실 신약성경에 있는 대다수의 서신들은 열띤 신앙적인 논쟁 속에서 기록되었다. 그러나 신약에 보존되어 있는 서신들은 사도의 권위를 인정받았던 저자들의 신앙을 대

변한다. 우리에게 전해진 초기 교회의 서신들은 얼마 되지 않는다. 그래서 초기 기독교인들의 신앙과 관습에 대해 우리가 잘 알지 못하거나 전혀 모르는 부분들이 많다. 예를 들어 고린도 교인들이 주의 성만찬을 기념하는 문제로 갈등하지 않았었다면, 우리는 성만찬에 대한 바울의 전혀 몰랐을 것이다(고전 11:17-34).

신약성경에 있는 서신들은 보통 바울 서신과 공동서신 두 부분으로 나뉜다. 대다수의 사람들은 신약 서신이라 하면 대체로 사도 바울이 쓴 서신을 생각한다. 그 이유는 바울의 서신이 다른 서신보다 앞에 실려 있고, 기독교 신학에 지대한 영향을 주었기 때문이다. 바울의 서신은 교리에 대해 체계적으로 쓴 논문으로 생각하기도 한다. 그러나 바울은 추상적인 기독교 신학을 가르치기 위해 서신을 쓰지 않았다. 그의 서신들은 특정 교회가 처한 상황에 대한 목회적인 대응이므로 그의 서신을 읽고 활용할 때에 이것을 기억하는 것이 중요하다.

신약성경에는 바울의 서신에 일반서신이 있다. 일반서신들은 히브리서, 야고보서, 베드로 전후서, 요한 1,2,3서, 그리고 유다서다. 히브리서는 전통적으로 바울 서신으로 여겨져 왔으나 정확하지는 않다. 주후 4세기에 비로소 이 서신들이 '공동서신' 또는 '일반서신'으로 불리기 시작했다. 이런 명칭이 붙은 이유는 바울 서신처럼 어떤 특정한 개인이나 교회를 두고 쓴 것이 아니라 교회 전체를 두고 썼기 때문이다. 그러나 사실 요한2서는 특정한 교회에 보내진 것이고, 요한3서는 특정한 개인에게 보내진 서신이다. 베드로전서도 소아시아의 여러 곳에 흩어져 있는 교회들을 위해 쓰였다. '서신'이라 불리지만 야고보서는 서신 형식으로 끝맺음이 되어 있지 않고, 히브리서는 서신 같지 않게 시작된다. 요한1서는 시작도 끝도 서신 형식이 아니다. 이 서신들은 편지라기보다는 오히려 기록된 설교에 더 가깝다.

신약성경에 수록된 편지들을 말한 것은 우리가 천국에 계신 하나님께 편지를 쓸 때에 그 의미와 내용을 참고하라는 뜻이 있다. 솔직히 하나의 인간으로써 하늘에 계신 하나님께 편지를 쓴다는 것 자체가 무모하다고 생각할 수 있다. 하나님은 어느 피조물인 인간처럼 편지나 글을 받으시는 분이 아니기 때문이다. 그러나 필자가 시도하는 것은 천국에 보내는 편지를 통하여 자신의 신앙을 다지고 세속에 물들지 않게 하려는 의도에서라고 할 수 있다.

천국에 보내는 편지

혹시 하나님께 편지 써 본적 있는가? 만일 쓴다면 특별히 크리스마스 시즌을 맞이해서 쓰게 된다면 무슨 내용의 편지를 쓰게 될까? 해마다 연말이 되면 천국 우체국 직원들의 손이 바빠진다고 한다. 물론 세상에서 오는 크리스마스카드나 연하장 때문이 아니다. 거기서는 크리스마스나 새해라는 것 자체가 없으니까. 길거리의 캐럴송이나 크리스마스트리도, 새해도 전혀 볼 수 없는 천국의 아름다운 매우 영광스러운 날이 영원토록 날마다 계속되니까.

만일 당신이 천국에 계신 하나님께 편지를 쓴다면 천국 우체국 직원들은 속달로 하나님께 전해드릴 것이다. 천국에 보내는 편지는 아무리 많고 무게가 많이 나가도 저울에 달아보거나 비싼 요금표를 붙이지 않는다. 천국에 보내는 모든 편지는 무료다. 천국 우체국에서는 돈도 받지 않고 무조건 접수해준다니 얼마나 좋은가? 무슨 소원을 담아서 하나님께 보내는지는 몰라도, 새해에는 아니 일 년 12달 하루 24시간 언제라도 '하나님께 보낸 성도의 소원' 이 천국에 보내는 편지를 통하여 이뤄지는 한해가 되기를 소망한다.

"기도를 들으시는 주여 모든 육체가 주께 나아오리이다" (시 65:2).

하나님이 수취인으로 되어 있는 편지가 매년 수천 통씩 천국 우체국으로 배달

된다. 수취인이 '이스라엘의 하나님' 이라고 되어 있는 어떤 편지에는 "불도저 운전기사로 일할 수 있는 직장을 구하는 데 도와달라." 고 쓰여 있고, 다른 편지에는 "좋은 직장과 좋은 아내를 얻어서 행복해질 수 있도록 도와주세요. 빨리요." 라고 쓰여 있다. 또한 어떤 사람은 그가 어린 아이였을 때 식품점에서 돈을 훔쳤던 일에 대하여 용서를 구하고 있는 편지를 보냈다.

그런데 하나님은 이런 진심 어린 간구들을 들어주실까? 다윗은 자신의 경험으로 하나님은 기도를 들어주시는 분이라고 말하고 있다(시 65:2). 우리가 기도할 때 조용히 하든지 큰소리로 하든지, 아니면 종이에 써서 하든지 그 기도들은 하나님께 곧바로 전달된다. 그러나 하나님은 구하는 것마다 우리가 바라는 대로 응답해주시지는 않으신다. 우리의 청원이 우리 자신의 욕망을 위한 것일 수도 있고(약 4:3), 혹은 우리의 죄가 하나님과의 교제를 가로막고 있을 수도 있기 때문이다(시 66:18). 이러한 편지 기도의 조건을 알아두는 게 좋겠다.

하나님은 단지 우리가 바라는 것을 주시는 것이 아니라 우리에게 무엇이 가장 필요한가를 알고 계시며, 날마다 주님이 우리와 함께하심을 알고 살기를 원하신다. 주님을 믿는 믿음으로 인해 우리의 기도는 하나님과 교제하는 방편이 되는 것이지, 하나님께로부터 얻어내려고 하는 것들을 나열해 놓는 목록이 아닌 것이다. 하나님은 그의 지혜로 우리의 모든 기도를 듣고 계신다. 하나님은 그의 은혜로 우리의 모든 죄를 용서해 주신다. 그리고 하나님은 그의 사랑으로 하나님의 독생자를 통해 우리에게 영원한, 그리고 풍성한 생명을 주신다.

성도가 죽기 전에 천국에 편지를 보내야 하는 이유

하나님은 성도와 항상 교제하시기를 원하신다. 그런데 우리는 너무나 자주 하나님을 외면하고 자신의 생활에 분주히 빠져서 '하나님 없는 삶' 을 살 때가 많다.

하나님께서 함께하시지 않는 삶을 살면 죄악을 가까이 할 수밖에 없고 여러 가지 시험에 들 가능성을 가지고 있다. 그렇다면 하나님과 시시때때로 함께할 수 있는 방법이 무엇일까? 그야 물론 언제 어디서나 할 수 있는 기도일 것이다. 그런데 기도를 글로 써놓지 않으면 금방 사라진다.

하나님께 드리는 나의 소원을 오래 보전할 수 있는 방법이 없을까? 있다. 그것은 천국에 계신 하나님께 편지를 쓰는 것이다. 하나님께 휴대폰이나 컴퓨터로 편지를 쓸 수 있지만, 그래도 노트와 펜을 준비하여 정성을 담은 손으로 꼭꼭 눌러서 편지를 쓰면 하나님께서 기쁘게 받으실 것이다. 하나님은 성도가 쓴 기도 편지를 절대로 외면하지 않으실 것이다.

성도가 죽기 전에 천국에 편지를 보내야 할 이유는 첫째로 하나님을 기쁘시게 하고, 둘째로 하나님의 뜻을 이루어드리고, 셋째는 자신의 기도와 소원을 성취하기 위한 것이다. 우리의 기도를 들으시는 하나님께서 결코 성도가 보낸 편지를 읽지도 않으시고 휴지통에 버리지 않으실 것이다. 가장 정확하게 하나님께 전달되고 영구히 기록으로 남아 있을 우리의 기도는 손으로 써서 천국에 보내는 편지라고 생각한다. 이를 잊지 말고 실천하는 성도가 되자.

한 달에 한 번 정도 주변(옷장, 책장)을 정리하라

Bucket List **#063**

사람은 주변 환경에 따라서 상쾌한 생활을 할 수도 불쾌한 생활을 할 수 있다. 사람의 주변에는 생활필수품이나 장식품이 있다. 생활필수품은 대개 소모품이기에 자주 바뀌지만, 장식품은 실증이 나서 버리기 전에는 오랜 기간 동안 주변에 남아 있기 마련이다. 그런데 그 장식품에 대해서 쓸데없는 미련으로 여러 해가 지나도 그대로 놔두는 경우가 많다. 물론 중고품이라고 해서 무가치하고 쓸모가 없는 것은 아니지만, 자주 약 한 달에 한 번 정도는 옷장이나 책장을 정리하는 것이 유쾌한 생활을 위해서 많은 도움이 될 것이다.

그리고 생활 주변을 자주 정리하지 않으면 다른 사람에게 게으르다는 악평을 받을 수 있고, 또한 자신도 타성이 생겨서 무슨 일이든 제 때에 하지 않는 못된 습성이 생길 수 있다. 환경은 성품을 만들고, 성품은 성격을 만들며, 성격은 제 2의 천성이 된다고 한다. 창조적이고 발전적인 사람이 되기 위해서는 무엇인가 새로운 것을 찾아 개선하고 새로운 아이디어를 세워서 자신을 개발하고 진취적인 삶을 살 필요가 충분히 있다.

주변 환경이 생활에 미치는 영향

사람이 살아가는데 있어서 그들이 살아가는 삶의 모습, 성격, 기질은 여러 가지 요인에 영향을 받고 결정된다. 크게는 지형, 기후, 자연환경 등이 있고, 작게는 주변인, 공동체, 개인의 경험 등이 요인이 된다. 특히 사소하게는 자신의 가구나 책장 속에 자리 잡고 있는 물품들이 자신의 성격이나 성품에 미치는 영향이 크게 나타난다고 하는 보고가 있다.

'나(自身, I)'라고 하는 하나의 인격체가 만들어지기까지 어릴 적에 나의 경험들과 주변 환경들 그리고 주변사람들로부터 어떤 영향을 받았을까 하고 고민해 보게 하는 경우가 자주 있다. 내가 사용하다가 버려둔 물품들이나, 내가 입다가 안 입고 그대로 방치해둔 옷가지와 이제는 전혀 거들떠보지도 않은 낡은 책들이 수북하게 쌓여서 아주 볼썽사나운 일이 많다. 이러한 주변의 환경이 나로 하여금 퇴보적이고 변화를 꺼려하는 인간을 만들 수 있다.

한 가정생활 연구단체에서 가정환경이 사람에게 어떠한 영향을 미치는지, 일상생활에 스트레스에 간접적인 영향을 주는지에 대하여 검증하였다. 전국의 400개의 가정을 대상으로 우편설문을 통한 조사를 실시하였고, 그 결과 320부의 설문지가 수거되어 총 80%의 회수율을 나타냈다. 연구결과 첫째, 저소득 가정의 환경이 의외로 고소득 가정보다 다소 높게 나타났다. 둘째, 저소득 가정은 일상생활의 하위영역에서 스트레스를 많이 받는 순위는 학업영역, 부모영역, 주변 환경 영역 순서로 나타났다. 셋째, 가족환경이 고소득으로 수많은 가구 배치로 부정적인 영향을 미치는 과정에서 일상생활에 많은 스트레스요인으로 검증되었다. 즉, 가족환경의 요인은 직접적으로는 가족들의 일상생활 스트레스에 영향을 주고 있다.

주변 환경을 정리하는 습관

사람은 남녀노소를 막론하고 누구나 깨끗한 환경을 원하고 정갈한 분위기를 좋아한다. 그런데도 천성이 부지런하거나 깔끔한 성격을 지닌 사람이 아닌 이상 주변을 청소하거나 환경을 정리정돈하기를 좋아하는 사람은 그다지 많지 않다.

주변을 청소나 정리정돈을 하려면 신경을 쓰며 몸을 수고롭게 움직여야 한다. 매캐한 먼지를 들이키거나 불쾌한 냄새를 맡으며 손발을 바삐 움직여야 하는 까닭에 정리정돈을 싫어하는 사람이 많은 게 사실이다.

그런데 상당수의 사람들은 쾌적한 생활환경을 바라면서도 번거로운 주변을 청소하거나 환경의 정리정돈을 은연중에 자기 대신에 누군가가 해 주기를 바라는 마음을 가지기도 한다. 쾌적한 환경에서 생활하기를 바라면서 청소라든지 정리정돈을 하지 않으려는 심사는 마치 손도 대지 않고 코를 풀고 싶은 것처럼 공짜를 바라는 심보나 마찬가지다.

필자가 목회를 할 때 심방을 가면 현관에 있는 신발장을 열어 보기도 했다. 가끔은 주인 냉장고 문도 열어 보았다. 잘 정돈되지 않은 것은 타고난 성격이 반드시 게을러서는 아니지만 하는 일과 살아가는 일이 바쁘다는 핑계 아닌 핑계로 정리 정돈하기를 미루는 경우가 많다.

정경자 씨가 쓴『정리습관의 힘』(경향미디어, 2015년)이란 책이 있다. 이 책의 지은이 정경자 씨는 숙명여자대학교 대학원에서 여성인적개발을 전공한 사람이다. 우리나라에서 처음으로 '정리수납 전문가'라는 직업을 만들었으며, 한국정리수납협회 회장, 정리수납 컨설팅 전문 기업 ㈜덤인을 설립하여 현재 대표이사로 재직 중에 있다. 정리수납 전문가 양성 및 정리수납 표준화와 기술 개발을 위해 ㈜덤인의 평생교육원을 운영하고 있다.

지은이는 책에서 "세상을 살면서 대다수의 사람은 아까워서 혹은 언젠가 필요할 것 같아서 또는 비싸게 산 것이라서 필요하지 않은데도 버리지 못하고 '모셔두는' 물건을 갖추고 있다. 그런 물건은 모셔두는 물건이라 떡하니 내 공간을 차지하고 있을 뿐 생활에 도움이 되지 않는다. 오히려 내 생활반경을 좁히고 움직임을 불편하게 한다. 내 물건들 때문에 내가 불편해진다면 무언가 잘못된 게 아닐까? 내 방, 우리 집, 사무실 책상 등은 모두 공간의 주인인 나를 위한 것인데 언젠가부터 내가 아닌 내 물건들이 주인이 된 것 같다. 신속히 물건들로부터 내 자리를 되찾아야 한다. 어디서부터 시작해야 할지 막막하다면 우선 잘 버리는 것에서부터 시작해 보자."고 제안한다. 또한 지은이는 "다이어트가 필요한 공간들의 군살을 빼주고, 쓸 수 있는 물건들은 이웃과 나누자. 꼭 필요한 물건들로만 채워진 깔끔하고 산뜻한 내 공간을 보면 기분도 한결 가벼워질 것"이라고 말한다.

세상 모든 일은 처음으로 마음을 먹는 것이 중요하다. 시작이 반이라고 했듯 정리정돈도 시작이 중요하다. 일단 시작하고 나면 중간에 그만두는 경우는 별로 없다. 심신이 좀 고생을 하더라도 나중에 주변 환경이 좋아진다면 기꺼이 수고를 감내할 수 있지 않겠는가! 그런 생각으로 집안과 주변의 상황을 살펴보니 엉망이라는 생각이 들어서 부끄러움을 감출 수 없다. 눈에 보이는 곳은 비교적 깨끗하지만 눈길이 가지 않는 곳은 먼지가 수북하고 어수선하다. 집안에서는 옷장이나 책장 등을 한 달에 한 번 정도 말끔하게 정리하도록 하자.

신앙적으로 본 주변 환경

사람은 태어나는 순간부터 주변의 환경에 접하고 그것의 영향을 받으며 살아간다. 이러한 주변 환경으로는 여러 가지 사물들과 자연환경과 물리적인 것도 있겠고, 여러 가지의 사건이나 사상 등의 사회적 환경도 있다. 인류의 역사를 돌이켜 보면, 현대사회와 같이 다양하고 급변하는 환경 속에서 서로의 삶에 영향을 끼치며 살았던 적이 없었던 것 같다.

특히 신앙인은 물밀 듯이 밀려오는 세속화의 물결 속에서 몸을 가눌 수도 없는 순간에 물들어가고 있다. 불신앙과 다문화의 세속적인 방송이 24시간 방영되고 인터넷에서는 육신의 안목과 인생의 자랑을 일삼는 매체들이 정화되지 않고 보여서 자신도 모르는 사이에 타락의 나락으로 빠져들곤 한다. 성도들은 이러한 주변 환경을 어떻게 피해갈 수 있을까? 고민이 아닐 수 없다. 그러므로 성도가 건강한 믿음을 지키기 위해서는 불필요한 주변 환경을 정리하는 방법밖에 없을 것이다. TV도 건전한 프로그램만 선정해서 시청하고, 인터넷도 음란물은 아예 차단하여 접할 수 있는 기회를 막아야 할 것이다.

요셉은 과감하게 환경의 지배를 벗어난 신앙 인물이다. 그는 환경에 지배를 받은 것이 아니라 오히려 환경을 극복하며 주변에 거룩한 영향력을 끼쳤다. 그는 가는 곳마다 주변 사람들과 환경에 거룩한 영향력을 끼쳤다. 이는 좋은 환경 속에서만 성장과 성숙이 있는 것이 아님을 보여준다. 가장 열악한 환경 속에서도 요셉은 세계적인 인물로 성장하였기 때문이다. 그가 애굽의 총리가 되기 전에 보낸 시간은, 노예생활과 억울한 누명을 쓰고 옥에 갇혀 지낸 것이 전부였다. 그런 불행한 환경 속에서도 요셉은 하나님의 큰 인물로 다듬어졌다.

성도가 죽기 전에 주변 환경을 정리해야 하는 이유

사람은 처음보다 끝이 좋아야 한다. 용두사미(龍頭蛇尾)란 말과 같이 시작은 그럴 듯했지만 마지막이 볼썽사나우면 좋지 않다. 가깝게는 생활 주변이 항상 깨끗하게 잘 정리되어 있어야 하고, 멀게는 죽어서 세상을 떠날 때에 뒤끝이 정결하고 깨끗해야 한다.

우선 성도는 자신의 신변을 자주 돌아보면서 정리정돈하는 습관을 길러야 한다. 한 달에 한 번 정도는 옷장이나 서랍, 선반이나 책장을 살펴서 지저분하고 흐트러져 있으면 단정하게 정리정돈해야 하고, 찬장이나 냉장고도 살펴서 더러워졌으면 깨끗이 청소하라.

성도는 더욱이 물리적인 생활주변보다도 정신적이고 영적인 생활주변을 정리 정돈해야 한다. 누구에게 잘 못한 일이 있으면 먼저 찾아가서 사과하고, 만나지 말아야 할 사람이 있으면 관계를 정리해야 한다. 그리고 못된 버릇이나 술과 담배를 가까이 했으면 이참에 끊어버려야 한다. 특별히 죽어서 천국에 갈 마음이 있는 성도는 믿음을 돈독히 세우고, 진실한 신앙고백을 생활에 실천해야 한다. 사도 바울은 "나는 선한 싸움을 싸우고 나의 달려갈 길을 마치고 믿을 지켰으니" (딤후 4:7)라고 말하여 자신의 인생을 아름답게 마무리하였다.

"네가 만일 하나님을 찾으며 전능하신 이에게 간구하고 또 청결하고 정직하면 반드시 너를 돌보시고 네 의로운 처소를 평안하게 하실 것이라 네 시작은 미약하였으나 네 나중은 심히 창대하리라" (욥 8:5-7). 죽기 전에 주변을 정리하여 천국에 가시기를 축복한다.